郭偉川 著

禮學與歷史研究

中州古籍出版社
·鄭州·

圖書在版編目(CIP)數據

禮學與歷史研究 / 郭偉川著. —鄭州：中州古籍出版社，2022.11

ISBN 978-7-5738-0534-8

Ⅰ.①禮… Ⅱ.①郭… Ⅲ.①禮－研究－中國－古代 Ⅳ.①B2

中國版本圖書館CIP數據核字(2022)第226331號

LIXUE YU LISHI YANJIU

禮學與歷史研究

責任編輯	李曉文　翟　楠
責任校對	周　靖
美術編輯	曾晶晶
封面題耑	郭偉彬

出版社	中州古籍出版社（地址：鄭州市鄭東新區祥盛街27號6層　郵編：450016　電話：0371-65723280）
發行單位	河南省新華書店發行集團有限公司
承印單位	鄭州印之星印務有限公司
開　本	787 mm × 1092 mm　1/16
印　張	21.25
字　數	420千字
版　次	2022年11月第1版
印　次	2023年3月第1次印刷
定　價	49.00元

本書如有印裝質量問題，請聯系出版社調換。

序 一

一年多以前，郭偉川先生來北京講學，談到他即將脱稿的《禮學與歷史研究》一書，提出想請我作序。我立即感到非常惶恐，爲學界前輩的大作寫序，豈有這個道理？誰知郭先生非常認真，後來真的將書稿發了過來。我雖然很快拜讀了郭先生的大作，但還是遲遲不敢動筆，期待他能找到更合適的人爲此書作序。誰知郭先生非常堅持，甚至爲了等我的序推遲了該書的出版。這令我非常汗顔，只好重新捧起這部書稿（較去年已經有了很大的調整），細細讀了起來。

郭偉川先生的名字，我最早是在1998年文苑出版社出版的《二十世紀中國禮學研究論集》上看到的，他與陳其泰、周少川先生合編了這本文集。二十年前，學術界還很少有人對禮學感興趣，而三位先生竟然就有如此的遠見卓識。我當時買到這本書也純屬偶然，如果不是對學界與書界都瞭若指掌的舒煒極力推薦，我也不大可能注意到它。剛剛買下來也沒有特別認真讀，翻了翻就束之高閣了。直到多年後我自己也開始研究禮學的時候，才一篇一篇地認真閱讀書中收録的文章，慶幸我居然早就買了此書。其中很多説法都令人頓開茅塞，特別是吴承仕先生的兩篇文章，成爲我進入禮學研究的門徑。而所有這一切，都應該感謝郭偉川等三位先生。

後來再次被郭先生震撼，是《〈周禮〉制度淵源與成書年代新考》的出版。《周禮》一書的成書年代，從來都是禮學史上爭論巨大的問題，從康有爲開始的現代學者，更是將這一爭論推上了一個新的高潮。近些年來也不斷有學者重新探討這個古老的禮學問題，提出了種種假説。現代學者大多不關注《周禮》的基本架構，而是從一些具體的字句、制度、思想，來推測它的成書年代。郭先生此書與衆不同的地方是，他從《周禮》的制度框架，即六官制度入手，對照文獻中據説堯、舜、夏、商就已有的六卿制度，探索《周禮》的制度淵源。像《周禮》這樣在漢代被發現的書，其中摻雜進後人的字句、思想，乃至制度，都是完全有可能的事，但是否可以因爲這些就將全書定爲後人的著作，却是大可商榷的。我如饑似渴地讀過這部大書，看到了一個完全不同的禮學研究角度，當即就特別希望有機會結識郭先生，請他來北大參加北大禮學研究中心的活動。我也購買了郭先生在内地出版（絶大部分是國家圖書館出版社）的大部分著作，閱讀了其中的主要部分，對郭先生的學術有了一個大概的瞭解。後來通過朋友輾轉聯繫上了郭先生，一見如故，對他也有了更多、更深入的瞭解。

一、當代學界的經學與禮學

在當前華人學術界禮學研究中，郭偉川先生確實顯得與衆不同。并非科班出身的他，學問路數總是與其他學者不大一樣；而由於親炙於饒宗頤先生門下，郭先生有非常敏鋭的學術感覺，常常能夠一下子抓住很多關鍵問題的核心。而《二十世紀中國禮學研究論集》和《〈周禮〉制度淵源與成書年代新考》這兩本書之所以能夠獲得學界的普遍認可，也正是因爲他這種獨特的問題意識，而這也正是當前衆多的禮學和經學學者中非常難能可貴的品質。

比起可以迅速成爲熱點的許多國學話題來，禮學和經學有一個天然的門檻。經學文獻佶屈聱牙，向稱難讀，除了有訓詁、文字、制度、文獻等與生俱來的攔路虎之外，更牽涉到諸多瑣細的義例等問題，不得其門而入，很難做出真正的成績來。不細緻考察文物、制度，就無法讀懂《儀禮》和《周禮》；不學會系統的喪服、親疏等計算和推測，就無法閱讀《喪服》；不懂得《春秋》筆法、義例、三科九旨等，就很難真正研究《春秋》；而對六十四卦的陰陽消息、錯綜、飛伏等没有一個基本的概念，就無法研究《周易》；不通古文字，甚至不對出土文獻有基本的瞭解，就不可能進入《尚書》研究的門徑；如果不讀毛傳鄭箋，乃至不知道三家詩的基本知識，就不可能真正進入《詩經》研究。這些特點爲經學學問竪起了一個個天然的屏障，使它不會過快地流俗化，不可能變成人人可以說幾句的大衆國學，但却面臨着另外一方面的問題：過於專業化。海峽兩岸諸多的經學學者，積年累月地在版本、文字、制度中求索，會爲了一個字的釋讀而爭論不休，却與周圍的世界絲毫不發生關係，使經學徹底成爲象牙塔裏的學問，只能彼此之間做些交流，一旦出了圈子，就没人能夠聽得懂，完全無關世道人心。當然，其中也有些例外，如《詩經》被當作文學作品來理解，《周易》被用來算命預測，更有人打着制禮作樂的旗號，設計各種不倫不類、不今不古的所謂新禮，似乎能夠進入百姓的日常生活，却已經與真正的經義毫無關係。近年來的禮學研究之所以在中國大陸重新興盛，很大程度上就是因爲它有着打破經學專業壁壘却又不至於完全流俗化的可能性。禮學從來都不止是文本上的學問，歷史上曾有容禮實踐，有喪祭制度，有六官制度，無論是鄭君時代還是朱子時代，禮學都是溝通經義與現實生活的一個重要橋梁。因而，在當前的禮學研究中，也必然會產生急於制禮作樂的各種聲音，無論是各種機構的禮儀設計，還是席捲海内外的漢服風潮，都會時不時地浮現出來。但這絕不是當代禮學研究的正途。當代禮學研究的經世作用，還遠不在於這種一厢情願的制禮作樂，而是在對中國經學義理之制度載體，以及中國文化制度之核心精神的考察。因此，當前的禮學研究不僅有和其他經學門類相似的版本、文字、訓詁等的小學研究，更有對歷史流變、制度沿革的歷史學考察，因而吸引了更多領域的學者。在經學、歷史、思想之間往復運思，從而使禮學研究成爲一個更豐富、有更多路向和張力的學術領域，使現代人有可能通過經學研究尋求到中國文化的基本精神，正是我輩禮學研究者所期盼的結果。

而郭先生的禮學研究，從一開始就自覺地朝着這個方向努力。到目前爲止，郭先生的著作除《〈周禮〉制度淵源與成書年代新考》是一本完整獨立的專著外，其他的相關著作，如《兩周史論》《中國歷史若干重要學術問題考論》《先秦六經與中國主體文化》《儒家禮治與中國學術》等書都是論文集。文集中收錄的論文雖然主題各异，側重不同，既不乏扎實的考據與小學研究，又有對制度演變、歷史沿革的動態考察，但這些并非毫無關係的零散文字，而是都指向一個核心主題：對禮制的經義解讀，尤其側重於對西周禮樂文明形成之時的深入考察。郭先生非常自覺地繼承了自王國維先生以來的研究傳統，一方面全面接受現代社會科學和歷史研究的基本方法，另一方面又不認可這些現代學科相對主義和僞價值中立的取向，而是以現代學術方式重新理解古經經義。

從民國之時新式學術確立起來，以古史辨派爲核心的疑古學派興起，將"六經皆史"之説極端化爲"六經皆史料"[1]，批判與檢討成爲整理國故的基本態度，全面否定中國文化，特別是經學的内在價值，這成爲文史學界的主流聲音。只有少數學者仍然堅持傳統學術的價值，面對來勢凶猛的現代價值與學術研究路徑，這些守舊派學者大多只有招架之功，而無還手之力，無力地重複古人的説法，而無法賦予古經經義以新的内涵。更何況，疑古思潮并不僅僅是隨着西方學術進入中國的，而且在很大程度上是清代疑古之風的延續。只有少數學者，如王國維、劉咸炘、章太炎、劉師培、吴承仕等，一方面真誠地繼承了傳統經學的内核，另一方面也并未完全拒斥現代學術的研究路徑，而是試圖以新的學術方法，重新詮釋經學義理。這條道路是賦古經古學以新義的正途，但毫無疑問也是非常曲折而艱難的：面臨着來自各個方面的批評，且在何種程度上接受古學，在何種程度上斷以新義，又各不相同。《二十世紀中國禮學研究論集》已經爲我們展現出這條道路的艱難與力量，而郭先生自己的研究，則主動繼承了這樣的思路，因而和民國前輩一樣，在向我們展現出巨大的思想力量與學術可能的同時，也必然面臨着難爲現代學術主流接納的問題。收入本文集的《疑古思潮與古史重建之我見》，就全面展示了先生治學的基本旨趣。隨着上古考古工作的全面展開，許多被疑古學者全面否定的歷史，逐漸呈現出其真面目。

考古學，這門不折不扣的新學科，爲現代人古史重建的工作提供了豐富的材料，以至於有學者提出"走出疑古時代"的口號。而郭先生也表明了自己的態度：

> "經過半個多世紀的歷史沉澱和無數地下出土文物的問世，時間可謂是判別學術是非的最好證人，歷史事實自會作出確切的結論。毋庸諱言，近數十年來，在不斷問世的大量出土文物，有力地證明我國固有的古史系統基本正確的證據面前，無論上世紀初日人白鳥庫吉鼓吹的'堯舜禹抹殺論'，還是以顧頡剛爲首的古史辨派以'疑古'來否定我國古史系統的那一套理論，業已土崩瓦解，這是學術界有目共睹的鐵一般的事實。"（《疑古思潮與古史重建之我見》）

甲骨文的發現使我們可以清晰地看到殷王傳承的譜系；簡帛《老子》與《孫子兵法》的發現使民國學人對老子、孫子的懷疑消滅於無形；簡帛《五行篇》的出土也使思孟學派的"五行學説"呈現在世人面前；清華簡的出土使我們對《尚書》今古文之爭有了更加有力的證據。甚至傳説中的《歸藏》都在出土文獻中找到了證據，不僅現代人的疑古思潮面臨着巨大挑戰，甚至長達千百年難辨真僞的懸案都可能得到解答。考古學對我們重建古史和重解古經，都提供了豐富的材料，難怪從饒宗頤、李學勤到郭偉川先生都感到如此振奮。

我雖然非常贊同郭先生的態度，但學術界的情況恐怕還遠不是這麽樂觀。疑古思潮不僅沒有因爲這些新材料的發現而土崩瓦解，甚至正是在直接研究這些古文獻、古文物、古文字的專家學者中得到了一次又一次的強化。這使我們不由得想起，當年疑古思潮的興起，不正是在大量甲骨文發現之後嗎？民國的新派學者何嘗因爲地下文物的大量出土，而對經學價值產生溫情？新材料的發現縱然消解了困惑前人的謎題，却也爲我們帶來了大量新的問題。畢竟，出土文獻與傳世文獻之間還是有着巨大的差別，完全可以有不同的詮釋可能。它們雖然可以幫助我們親密接觸那個被遺忘了的時代，却也展示出主流話語之外，更加廣闊、更加豐富的社會文化生活。因而，雖然二重證據法是今日重建古史的必由之路，地下出土的大量新材料也是經義新詮的必備材料，但僅有這些材料還是不夠的，真正使學者信古、釋古，還是疑古的，表面上是材料，更實質的却是觀念。對於顧頡剛先生疑古思想的批判，從來都不少。對於《古史辨》中很多具體的研究，當代學者完全可以提出大量的證據再反駁[2]，但這絲毫不能阻止更多學者接受疑古派的研究態度。

二、郭先生的治學旨趣

因而，我們應該更審慎地看待郭先生治經史之學的價值取向和他可能面臨的困難。郭先生之所以更重視經義之學,并不是因爲他比疑古派學者掌握了更多的歷史和文獻材料,而是因爲他對各種材料的態度與多數學者不同。本文集中的《"禮"與禮學:中國古代文明的基石》和《中國"古典禮學"研究初論》兩文就展現了作者對待禮學審慎的肯定態度。

首先,文章的字里行間透露出作者接受的基本歷史觀和研究方法,都是非常現代的,他對禮學的肯定絶非出於盲目的保守或無理由的信仰。他在前者中給"禮"下定義説,"'禮'是個人自處和人與人之間相處之道,也是人與自然包括天地鬼神之間應對之道",試圖在中外比較以及社會文明史的梳理中,爲中國禮學定位。在後者中,郭先生則仍然秉承着對"禮學"的上述定義,率先在學術觀念上提出了有"古典禮學"就必有"現代禮學"的論點。儘管該文没有對"現代禮學"展開充分的討論,但以禮學的概念貫通古今,發前人之所未發。

郭先生强調禮學是人學,是因爲他認爲,"在思想觀念上,周公并不十分注重'天命'而重視人的作用","而周公尊禮重人、遠天、遠鬼神的思想,至春秋時期,孔子是有所繼承的","周公和孔子重人而遠天、遠鬼神的思想,在中國古代文化的道統之傳上,起了承先啓後的巨大作用,對鑄成中國的古代文明發揮了極其重要的作用,對二千多年來中國知識分子和民衆的思想信仰産生了非常深遠的影響"。郭先生并由此指出,漢學家汪德邁所謂的,中國傳統文化起源於甲骨占卜學和薩滿教的判斷,是不得要領的(參見《"禮"與禮學:中國古代文明的基石》)。本文集中收入的《禮治使中國歷代王朝避免出現"政教合一"——兼論先秦經史中王權與神權的關係》也展現出同樣的理解。中國禮學之獨特之處,正在於它并非一種宗教學説,并非神學,儘管禮學中仍然包含了大量對待天命、對待鬼神的内容,其出發點仍然是人,這一點無疑是非常準確的觀察。但筆者不揣冒昧,略陳郭先生的賸意。説中國禮學是人學,并不是説它不涉及天地鬼神的問題,而是哪怕在討論天命、鬼神等問題,哪怕在祭禮的場合,它都是從人的角度出發想問題的,而真正的神學,多是以神的存在爲前提,來理解人的。而汪德邁先生對占卜的重視,也有一定的道理。從原始的占卜文化到蔚爲大觀的《周易》,無疑是中國文化的一個重要來源,且對包括禮學在內的整個經義體系有巨大影響。但這一過程并非由甲骨占卜直接演化而來的,而是由以龜卜爲主的商代占卜傳統,逐漸演變到以筮占爲主的數字卦傳統,進一步抽象化和系統化,而逐漸催生出《周易》的天命觀念和文明觀念。[3]這種天命觀的核心,正是以人事的努力來面對"陰陽不測"的天命。各種禮制中必不可少的占卜環節,正應該如此來理解,天命的不可測不僅没有使中國文化以神學爲其根基,反而正確證了,禮學乃是一種"上下與天地同流"的人學,是聖人"窮神知化""精義入神""極深而研几"的人學。關於這一問題,筆者也會另外撰文討論。

郭先生不僅在禮學研究的思路上非常接近王國維,而且其基本判斷也與王國維類似：禮樂文明是肇端於周公制禮的。因而，他在許多著作中都特別重視對周初制禮的研究。這本文集也呈現了郭先生以往研究中非常重要的兩個主題：一是《周禮》之職官制度的起源；二是周公攝政稱王的問題。

三、《周禮》與職官制度

前面談到，我最欣賞的郭先生著作是《〈周禮〉制度淵源與成書年代新考》一書，特別是其中對職官制度的重視。《周禮》又稱《周官》，其基本架構是天官冢宰、地官司徒、春官宗伯、夏官司馬、秋官司寇、冬官司空(考工記)六大部分，按照天地四時設立的六官制度。此書的真僞，歷來都是禮學爭論的焦點。而鄭玄確定它是周公致太平之書，稱之爲《周禮》，并以此書爲三禮之綱領，通過其《周禮注》統攝三禮，再通過三禮注統攝群經，而形成一個龐大的經學體系，不僅成爲漢唐經學的主幹，更直接影響了隋唐後六部制度的確立。北宋禮學興盛，《周禮》仍然是討論的中心，王安石更試圖根據《周禮》制定新法。然而在變法失敗後，《周禮》的研究雖仍然不絕如縷，但以《周禮》統攝三禮乃至群經的做法，已經徹底被遺忘了。朱子作《儀禮經傳通解》，以《儀禮》爲中心重建禮學體系，取代了《周禮》的核心地位。其後雖有孫詒讓《周禮正義》這樣的周禮學巨著，但其成就只是在訓詁考據上，而難以做到經義上的發明。不過，這并不意味着《周禮》在宋代之後就喪失了意義，因爲自宋至清的政府架構仍然是來自《周禮》的六部制，它仍然在實質地影響着歷代王朝的官制體系。我們只能說，宋代以後的禮學和經學研究不再以《周禮》爲中心，但它對中國官制制度的影響仍然很大。

由於《周禮》在先秦無人提及，又是在新莽之時得到重視，對此書的來源向來有人質疑，特別是在康有爲的《新學僞經考》之後，對《周禮》的懷疑就愈演愈烈。時至今日，雖然以之爲新莽僞作的極端觀念也沒有多少人支持，但基本不會有人認爲它是周公致太平之書。否定《周禮》早出的理由大致有幾個方面：此書在先秦無人提及，其中滲透了一些漢人才成熟的觀念，以及它的出現過於突然。但幾乎所有研究《周禮》的現代人都忽視了它的實質內容：官制。由於受到朱子以來以《儀禮》統攝禮學的傳統的影響，很多人也無法理解，這部講官制的書爲什麽會是禮書，六官制度與禮制體系究竟有什麽關係？

因而，郭偉川先生能夠從六官制度的源流來研究《周禮》，在現代學者中極爲難能可貴。本書中收入了《〈周禮〉制度淵源與成書年代新考》的引言，將此研究的基本面貌呈現了出來。這樣的角度不僅抓住了《周禮》的經義核心，而且把握了《周禮》之所以在漢唐經學中成爲群經之首的根本原因，更在相當實質的意義上把握了禮學之爲禮學的精義所在。他說："《周禮》一書中的'六官'體系，恰好與帝舜時代及夏、商、西周乃至春秋時期晉國的'六卿'職官制度，有其一脉相承的歷史軌迹，其影響且及於後世。"而與西周官制體系有關的人物，從周公，到晉文公，再到戰國的魏文侯，皆爲周人血脉之傳承，尊奉周代典章制度。《周禮》中如此龐大的官制體系，且又冠以"周"字，必非一般的文士學者所能完成，而應該是與姬周傳統有緊密關係，且有治國可能的一個人物。深深浸潤於現代學術中的郭先生，也并不可能接受《周禮》爲周公親自撰寫的傳說。因而經過層層考索，郭先生鎖定了魏文侯，認爲這位以復興周禮爲己任，且深受子夏學派影響的戰國君主，最有可能組織學者，修撰這樣一部治國大典。當然，這一說法能否成爲定論，還需要更多的材料支持，而郭先生在魏文侯與《周禮》關係上找到的一條材料，即魏文侯樂師竇公之事，也還存在着一些爭議，但迄今爲止，這是現代學者考證《周禮》成書年代的一個非常重要的成果，較之已有的其他說法都更有說服力，在很大程度上扭轉了只能從外部研究《周禮》成書的老套路，而深入到由經義考證歷史的層次。在未來的《周禮》研究中，這將是一個無法被輕易忽略的說法；而且這種研究視角，也是現代學術中經史結合的一個極爲成功的典範，對未來更普遍的經學研究都應該有很大的啓發。

就對禮制和禮學的實質理解上而言，郭先生幫助人們逐漸可能走出朱子以來，只能狹義地理解"禮"的思路。禮，不止是揖讓進退、冠昏喪祭，連國家的官制和根本大法，都是禮學的範疇，因而鄭玄將《周官》稱爲《周禮》，把它當作《三禮》之首、群經之首，并進而以爲《周禮》就是"經禮三百"，統攝着《儀禮》中的"曲禮三千"，在漢唐禮學的思想脉絡中，是非常自然的。這也是郭先生將禮當作中國文明的基石的另一層含義所在。我們不能僅把禮理解爲民間禮俗，與政治無關的社會儀式。"禮樂文明"，是一種文明形態，不僅包括各個層面的社會禮儀和民俗，更重要的是涉及了人與人的相處之道、文明的組織方式、國家的建立形態等更大範圍的問題，因而與西方宗教文明有着相當不同的架構。將禮學研究的範圍延伸到職官制度，也是郭先生禮學研究的一大特色。除了對《周禮》的研究外，在本書收入的很多文章中，郭先生都充分貫徹了這樣一條禮學思路。比如在《"禮"與禮學：中國古代文明的基石》中，他就明確說："就小焉者來說，'禮'是個人自處和人與人之間相處之道。從大方面而言，隨着歷史的演進，至堯舜迄夏、商、周三代，二帝三王轄下職官系統的產生和規模的逐漸擴大，君臣尊卑的關係、朝廷典章制度以及相應禮儀的確立，使國家管治制度逐漸趨於完善。"在《中國"古典禮學"研究初論》中，他也很自覺地將古代職官制度納入到了考察範圍。再如，《先周時期的官制、禮制與古代國家文明》一文更是集中於對官制的考察，可以算作《〈周禮〉制度淵源與成書年代新考》的補充性研究。《孔子儒學的南傳與子夏的西播》，對子夏學派與魏文侯關係的討論，也是對《〈周禮〉制度淵源與成書年代新考》另一方面的補充性研究。

四、周公攝政稱王的討論

　　郭先生禮學研究的另外一個突出特點，是他對周公稱王的堅持和反復申述。2017 年，在我們組織的周原會議上，儘管在周原參與挖掘多年的考古學家認爲并未發現與此有關的堅實證據，郭先生還是反復申説周公攝政稱王的觀點，當時許多人并不理解他爲什麽如此執着。後來我對郭先生的著作有了更全面的閱讀，才注意到，郭先生對這個問題的探討已有多年。早在 1998 年，他就專門編輯過《周公攝政稱王與周初史事論集》一書，由北京圖書館出版社出版（與《二十世紀中國禮學研究論集》同時），其中收入了王國維、顧頡剛、金景芳、楊向奎、馬承源、王冠英、夏含夷、宫長爲、王彩梅、王慎行等先生的相關文章，以及郭先生自己的文章《周公稱王與周初禮治——〈尚書·周書〉與〈逸周書〉新探》一文。在這本書的序言裏面，郭先生寫道：

　　　　"周初歷史上一件影響極爲深遠的重大事件，仍然没有解決。周公之是否攝政稱王，自漢代以後，就是中國政治與學術領域備極争論的一大問題，可謂衆説紛紜，莫衷一是，至今仍未有定論。這個問題不徹底搞清楚，許多周初歷史上的大問題便含混不清，中國上古史中最早的典籍《尚書·周書》及《逸周書》的若干篇什便難以解讀，這正是古今許多譯注本導致錯誤百出、難以自圓其説的要害所在。"(4)

　　《尚書·大誥》"寧王遺我大寶"，鄭玄："王，周公也。"這是"周公稱王"説的來源。孔穎達却謂："惟名與器不可假人，周公自稱爲王，則是不爲臣矣。大聖作則，豈爲是乎？"這是古人否定"周公稱王"説的主要理由，至謂"周公稱王"説是來自王莽篡位，影響到了鄭玄。現代學者之所以主張"周公稱王"説，固然是受到鄭説的影響，但更大程度上是出於對周代歷史與周公地位的理解。郭先生之所以將王國維先生的《殷周制度論》放在文集的第一篇，就是因爲《殷周制度論》中關於周初制禮作樂的理解，是討論這一問題的現代學術源頭。顧頡剛先生的《周公執政稱王》被放在了第二篇，在這個問題上，對待古史態度非常不同的兩派罕見地達成了一致，但出於完全不同的目的。顧先生之所以認爲周公曾經稱王，正是借着這個由來已久的學術争論，打破古代經學中的神話，而不是像王、郭等先生那樣，爲了更深入理解宗周禮樂文明的形成。但不論怎樣，雙方畢竟達成了一致。兩派之間的這種相似性并非表面上的，而是揭示了一些更深層的共同出發點。義理的關懷固然是學術研究的根本動力，但在現代學術公平的討論平台上，這些先在的關懷反而應該放下，大家面對的相同的材料，包括傳世文獻與出土文物，應該以更加客觀的學術態度討論與權衡。

《周公攝政與周初史事論集》中收入的許多文章,都來自不同的立場和學派,出於不同的義理考慮,有着不同的學術觀點,然而都被郭先生放在一個論域當中。無論如何,這是我們的學術共同體,我們必須真誠地對待。從這個角度來說,無論疑古派還是信古派,歸根結底都是現代中國學術中的派別,沒人可以像清代經學家那樣,從君臣大義出發批評鄭玄開創的"周公稱王"說。

周公攝政稱王的問題,也是本書的重要主題,《文王、周公的稱王與相關禮制問題》《周公從代王到稱王與禮制的關係——論清華簡〈金縢〉與〈皇門〉的主旨》《周公確立"傳子"繼位制度的禮治意義及其影響——兼論周公與成王、召公的關係及相關史事》《周公制禮考論》等四篇文章,都與這一主題有關。

其中的前兩篇文章都是在殷周之際的舊禮框架之下,討論周公稱王的問題。第一篇不僅涉及周公稱王的問題,在傳統經學中有着更大爭議的文王稱王的問題也納入郭先生的視野。周公稱王與否涉及更多的是父死子繼與兄終弟及的問題,文王是否稱王,就涉及文王是否篡位,以及湯武征伐正當與否的問題了。郭先生否認文王公開做天子,而肯定周公稱"予一人"因而爲真正稱王。此一討論雖然無可避免地涉及古代經學的兩大爭議,但他以周公稱王的問題涵攝了文王稱王的問題,因爲他真正關心的是殷周禮制之變,而非古代經學家念兹在兹的君臣大義。第二篇則緊承第一篇,以清華簡《皇門》一篇與傳世本《尚書》中的《金縢》《大誥》對讀,對周公稱王的過程與禮制問題做了詳細的討論,認爲周公稱王并沒有破壞殷周之際的禮制,而且是爲當時大多數人所接受的。

第三、第四篇則轉向對周公所制新禮的討論。第三篇根據《尚書》《逸周書》等傳世文獻,結合出土文獻,詳細梳理了周公與子誦的關係,他針對武王崩後繼位問題與召公的討論,以及最後終於確立了傳子制度,并將王位讓給子誦的詳細過程,得出結論:

> "周公摒除干擾,一反殷制'兄終弟及'的傳位制,而決意致政子誦,并以此爲開始,使'傳子'作爲姬周王朝的王位繼承法,從而令兩周王朝得享八百年之基業。其影響所及,日後且成爲漫長的中國古代封建社會歷代皇朝所共同遵行的傳位制度,使皇朝在政權的傳承上得以平穩過渡,從而使長達二千多年的中國封建社會,出現長期相對平穩的局面,這是周公對中國古代文明的一大貢獻。"

這一結論,可以看作郭先生關於周公制禮問題最核心的表述,是對周公制禮之禮制與歷史意義最精要的概括,同時也是對《殷周制度論》基本思想的詳細展開與闡發。第四篇討論的,是除去創立傳子制度這一核心禮制之外,周公其他方面的制禮活動，包括：1.分封和冊命制度；2.朝覲、職供制度以及相關禮儀；3.享禮制度；4.祭禮的用牲制度。在這四個方面當中，當然以分封制度爲最重要。郭先生認爲，武王克商之後的分封，只是臨時性的，幷没有長遠的考慮。而周公的大規模分封，則有着更加深遠和系統的考慮，與傳子制度相配合，確立了宗周封建宗法制度的大致規模，而朝覲、職供、享禮、祭禮等，都是圍繞這一核心禮制展開的。

這樣，四篇文章可謂精心寫作和安排，其中非常系統地講述了周公制禮的一個大故事：從起初按照殷周舊禮，武王命周公兄終弟及，因而周公稱王，到周公爲了姬周天下長治久安，而制定出以傳子、分封爲核心的周禮體系，構建出宗周社會的封建宗法禮制。郭先生之所以堅持周公稱王，幷不是否定周公對君臣之義的堅持，而是要强調周公作爲制禮者，將舊禮轉换爲新禮的偉大貢獻。雖然這一結論仍然面臨着巨大的争論，郭先生的良苦用心，讀者應該仔細體會。

郭先生涉獵相當廣泛，從上古禮制到現代禮學，都有相當深入的研究，非筆者這篇小序所能窮盡。除去上述幾點之外，他的著作中還有很多重要的學術貢獻，需要讀者們去慢慢發現。此處僅抛磚引玉，期待讀者們能够從中讀出更多的啓發，學到更多的東西。

吴飛
謹序於己亥季秋於北京仰昆室
（按：此序作者爲北京大學禮學研究中心主任、哲學系教授、博士生導師）

[注]

（1）參考陳壁生《經學的瓦解》，華東師範大學出版社，2014年。
（2）張京華《古史辨派與中國現代學術走向》，厦門大學出版社，2009年。
（3）沈啓萬、朱耘菴《龜卜通考》之一，《國立華北編譯館館刊》，1942年第一卷第一期，第4頁。
（4）郭偉川《周公攝政稱王與周初史事論集·序言》，北京圖書館出版社，1998年。

序 二

香港知名歷史學家郭偉川先生的大著《禮學與歷史研究》將要付梓，邀序於我，這自然是義不容辭的。首先，偉川先生是我多年摯友，老友新著，豈能不賀；再者，偉川先生的論著往往披沙揀金，令人耳目一新，我也正好借此機會先睹爲快，同時也對他的辛勤耕耘，表達由衷的敬意。

偉川先生的新著收錄他近十年來所撰論文十七篇。雖是一部論文集，但是研究的主題非常鮮明，也非常集中。"禮學與歷史"的選題無疑抓住了中國古代社會變化運動的一個重要因素，開掘了中國史研究的一個"富礦"，由此可以生發出許許多多值得研究的課題。這是因爲"禮"在中國歷史上占有極爲重要的地位，禮學涉及中國歷史文化的方方面面。在歷史上，禮用於治理國家和社會調控的典章制度，中國素稱"禮治"國家，孔子說"爲國以禮"，《禮記》稱"制度在禮"，歷代禮制規定了從事政治、經濟、軍事、外交、文化和祭祀等項活動的秩序。在社會生活方面，禮是人們行爲的規範和準則，孔子說"非禮勿視，非禮勿聽，非禮勿言，非禮勿動"，指的就是人們在日常生活、社會交往，以及家族、鄉社中活動應遵循的禮儀和行爲規範。禮還通過禮義教化，引導社會成員的文明修養和道德自律，孔子說"不學禮，無以立"，指的就是禮在這方面的意義。在思想上，禮學作爲儒學思想的核心理念，也對中華文明產生了深刻的影響。在儒學"仁"和"禮"兩大核心理念中，仁是儒家的人格理想，禮是儒家修養的外化和實踐，仁與禮相互表裏，缺一不可。禮學也是儒家哲學的精華，深刻體現了儒家"禮治"政治思想的智慧。因此，要研究中華民族的歷史和特點，要總結中國傳統文化，應該加深對禮學的研究。

《禮學與歷史研究》(以下簡稱《研究》)一書從禮學研究入手，考察禮學與中國歷史之關係，進而揭示禮學對於歷史變動的重要影響。該書內容非常豐富，其中《"禮"與禮學：中國古代文明的基石》《中國"古典禮學"研究初論》等文，論述了禮學在中華文明形成發展過程中的重要意義和影響，明確提出禮和禮學是中華文明重要根基的理念，表達了作者對中華禮學的深刻認識。書中《上古之"禮"與早期禮器述略》《先周時期的官制、禮制與古代國家文明》《從清華簡〈楚居〉論荊楚之立國——兼論春秋時期楚國的禮治文化》《禮治使中國歷代王朝避免出現"政教合一"——兼論先秦經史干權與神權的關係》等文，則以具體的史實梳理了禮制與禮治在中國古代歷史發展中的重要作用。《文王、周公的稱王與相關禮制問題》《周公從代王到稱王與禮制的關係》《周公確立"傳子"制度的禮治意義及其影響——兼論周公與成王、召公的關係及相關史事》《周公制禮考論》等一組文章，則在作者以往西周史研究基礎上，進一步從禮學的角度，深入論述周初歷史與制度，特別是文王、周公的事迹。此外，《研究》中還有幾篇值得注意的論文，其中有的專論饒宗頤先生的禮學與古史研究，有的論先秦儒學的南傳和西傳，這是作者禮學研究的延伸。總之，《研究》所收之作，精彩紛呈，讀者諸君自可從中品味。

我拜讀《研究》一書，不僅從中獲得新知，更感受到的是作者熱愛中華文化、敬畏歷史、忠於史家職守的赤誠之心。偉川先生的職業本不專門從事史學，但出於發自内心的家國情懷和對中華悠久歷史文化的熱愛，他把史學研究作爲人生的自覺追求。幾十年來，他手不釋卷、筆耕不輟，在他的殫思精研下，一樁樁歷史疑案得以解答，一篇篇史學宏文流傳於世，一個個實事求是的學術觀點得到學界的認同，而他也自然而然成爲港澳與内地的知名史家。偉川先生的成功，來自於對民族歷史文化的赤忱摯愛，這是一種源於根脈的天然情感，更是一位學者的歷史責任心。正如他所說的："我歷來視中華文化爲一整體。無論古史今史或古人今人，彼等在論著學述上，或同源而異流，或殊途而同歸，都共同爲締造中華文明而努力。""我從事學術研究數十載，夙懷澹薄之心，不求聞達，而願以弘揚中華學術爲終生志業。潛心砥礪，靜而後得。"（見氏著《中國歷史若干重要學術問題考論》之《小引》）這是他的真情表白。正因爲他有如此純粹的學術動機，所以他的著述不爲稻糧謀、不爲評職稱、不必趕時間，也不用湊數量，可以"潛心砥礪，靜而後得"，盡述自己研究的自得之見。我想，這不僅是偉川先生學術作品含金量高的原因，也是他能得嘗治學之樂的緣故吧。

我愛讀偉川先生的書。祝偉川先生學術之樹常青，不斷結出新的碩果。

謹爲序。

周少川

2022 年 6 月於珠海粵華苑

（按：本序作者爲北京師範大學歷史學院教授、博士生導師、陳垣研究室主任、中國歷史文獻研究會榮譽會長）

目　　録

"禮"與禮學：中國古代文明的基石 1

中國"古典禮學"研究初論 15

疑古思潮與古史重建之我見 34

上古之"禮"與早期禮器述略 46

先周時期的官制、禮制與古代國家文明 58

禮治使中國歷代王朝避免出現"政教合一"
　　——兼論先秦經史中王權與神權的關係 85

從清華簡《楚居》論荆楚之立國
　　——兼論春秋時期楚國的禮治文化 102

清華簡《楚居》"麗季段"考釋
　　——兼論"賓於天"是古代君主死亡在禮制上的婉稱 120

文王、周公的稱王與相關禮制問題 133

周公從代王到稱王與禮制的關係
　　——論清華簡《金縢》與《皇門》的主旨 156

周公確立"傳子"制度的禮治意義及其影響
　　——兼論周公與成王、召公的關係及相關史事 170

周公制禮考論 205

孔子儒學的南傳與子夏的西播 225

春秋戰國之際"尊王攘夷"的禮治思想
　　——以《春秋》三傳"荊夷"與秦簡《日書》"刑夷"爲例……………255
《〈周禮〉制度淵源與成書年代新考》引言………………………………274
略談選堂先生倡導禮學研究與古史重建…………………………………299
後　　記………………………………………………………………………316
附　　錄　郭偉川著作名錄…………………………………………………322

"禮"與禮學：中國古代文明的基石

在沉寂了半個多世紀之後，近二十多年來，人們對"禮"以及"禮學"的研究顯然又熱乎起來了。學術界同人在一定程度上，已認識到"禮"與"禮學"的重要性，不少著名學府還設立了專門的研究機構，在多所一流的大學中，"禮學"也成了專門的研究學科。

一、關於"禮"的一般定義

大家知道，在《論語》《禮記》和許多相關的文獻典籍中，對"禮"有各種各樣的定義和相關的說法。但在關於"禮"的起源問題上，我認爲荀子的《禮論》說得比較貼切。其開篇是這麼說的：

"禮起於何也？曰：人生而有欲，欲而不得，則不能無求；求而無度量分界，則不能不爭；爭則亂，亂則窮。先王惡其亂也，故制禮以分之，以養人之欲，給人之求，使欲必不窮乎物，物必不屈於欲，兩者相持而長，是禮之所起也。"

荀子上論，顯然指上古時期，"先王"針對人們對物質的爭奪，乃制"禮"以分之，從而達到息爭的目的，并認爲這是"禮"的起源。其實，類似的觀點早已見諸《逸周書》首篇周文王的《度訓》之中。

荀子的上述看法顯然沒有錯，但我認爲還不全面。

大家知道，自遠古以來，人類社會經過漫長的歷史演進，進入氏族社會。而氏族社會是由許多血緣相近的家庭組成的。因此，人自出生開始，即離不開家庭和族群。而家庭有長有幼，有男有女；族群有尊有卑，於是有了長幼、上下、男女之分，從而逐漸產生了規矩和等級秩序，我認爲這才是"禮"最初產生的本源，比荀子所謂先王"制禮以分之"的年代要早得多。

所以，就小焉者來説，"禮"是個人自處和人與人之間相處之道。從大方面而言，隨着歷史的演進，至堯舜迄夏、商、周三代，二帝三王轄下職官系統的產生和規模的逐漸擴大，君臣尊卑的關係、朝廷典章制度以及相應禮儀的確立，使國家管治制度逐漸趨於完善。其時國家需要大量人才進行管理，因此，職官制度的建立，使國家機構能夠有效地運轉，社會規章制度能夠有序地施行。

可以想象，如果一個社會缺乏有效的管理，完全處於無政府的狀態，沒有秩序和規矩，一切只靠蠻力爭奪，弱肉强食，一切都處於混亂之中，實際上仍然是一個野蠻的社會。可見職官制度的建立、吏治的施行，是建立國家文明的必要條件。因此，國家文明的建立，是人類逐漸走向社會文明的重要基礎。

根據經籍文獻的記載，我國的職官制度建立甚早。如在《尚書·舜典》中，就記載帝舜時封了二十多人擔任各種要職，這是中國職官制度建立之始，從而促成了國家文明的產生。毫無疑問，國家文明是奠定中國古代文明的重要基石。

因此，社會有了國家，建立典章制度和社會秩序，實行"禮治"，以"禮"解決人與人之間關係的問題，這是人類從野蠻走向文明的重要象徵。

另一方面，人離不開自然環境的影響。由是先民乃有"祖先崇拜"與"天靈崇拜"的產生。於是在諸禮的儀式中，"祭禮"產生得最早，也最受重視。所以《禮記·祭統》開宗明義即云：

"凡治人之道，莫急於禮。禮有五經，莫重於祭。"

除了祭禮祭拜天地鬼神和先人之外，還有喪禮、葬禮等，以解決人與自然以及活人與死人之間的關係。可見"禮"的包羅極爲廣泛。

有關"禮"與禮治的內容，廣泛存在於我國的古史經學裏面，尤其保存在《儀禮》《周禮》及《禮記》"三禮書"之中。

然而，在二十世紀二三十年代，顧頡剛先生等"疑古派"大師對傳世《尚書》中的《堯典》《舜典》和《大禹謨》諸篇皆持懷疑態度，鼓吹推倒古史，并大肆攻擊禮教，對自己國家民族的傳統文化缺乏自信，以爲這些經典文獻乃出於後人的臆造，甚至對夏王朝的是否存在，都持否定的態度，以至於鬧出了"禹是一條蟲"的笑話。

感謝田野考古學家多年的辛勤勞動和重大貢獻！由於他們的不懈努力，出土了大量的考古文物，爲《尚書》諸篇之所言提供了有力的證據。我國著名考古學家、北大李伯謙教授在《感悟考古》一書中指出：

"以河南偃師二里頭遺址爲代表的二里頭文化爲夏文化的確認，學術界似乎沒有人再懷疑夏王朝的存在。傳爲帝堯陶唐氏部落活動中心地帶的山西陶寺龍山時代面積達280萬平方米的古城和大型貴族墓葬的發現，也爲證明文獻記載含有事實素材提供了重要綫索。"[1]

大量的考古發現證明，我國存世的大部分經典文獻是可信的。

我長期從事傳世文獻的學術研究，常常結合出土文獻以"二重證據法"考證歷史，這正是我之所以對田野考古學家心懷敬意的主要原因。

歷史事實證明，夏、商、周三代的文化是一脉相承的。直至西周初年，周公秉承其父文王的遺教，制禮作樂，創造了輝煌燦爛的宗周禮樂文明，爲中華傳統文化作出了巨大的貢獻。

二、周公、孔子是中國禮學的創造者和奠基人

那麽，何謂"禮學"呢？

我認爲禮學其實就是"人學"。這一點，至西周尤爲突出。這是因爲周禮重視人的緣故。所以，禮是一個人立身處世之本，這一觀念影響十分深遠。有關這一點，孔子在《論語·季氏》中説："不學禮，無以立。"就是這個道理。因此，我認爲禮學主要是講求個人自處之道和人與人之間相處之道，同時是一個人在家庭、社會、國家之間安身立命的一種宗旨和學問。

必須指出，禮學本質上就是"人學"的問題，首先與制禮的周公有十分密切的關係。因爲在思想觀念上，周公并不十分注重"天命"而重視人的作用。在《尚書·君奭》中，周公就曾對召公指出，一個國家之能否獲得政權并保有政權，關鍵"惟人，在我後嗣子孫。……天命不易，天難諶"。所以，不迷信天命而重視人的作用，這是西周政治哲學的一大進步，也是周公締造西周禮樂文明以告别上古蒙昧時代的一個重要標志。

由於上述的原因，《禮記·表記》總結夏、商、周三代的思想信仰，認爲夏道尊天命，商道尊鬼神，周道尊禮以適人。内中云：

"夏道尊命；……殷人尊神，率民以事神，先鬼而後禮；……周人尊禮尚施，事鬼敬神而遠之，近人而忠焉。"

我認爲上述看法符合歷史事實。

而周公尊禮重人、遠天遠鬼神的思想，至春秋時期，孔子是有所繼承的。

孔子重視人的作用，并不迷信鬼神。如在《論語·雍也》中，主張"務民之義，敬鬼神而遠之"。在《論語·述而》中，記載"子不語怪力亂神"。而在《論語·先進》中，孔子教導門人説："未能事人，焉能事鬼？"凡此皆説明孔子先人而後鬼的思想。

由於周公和孔子都重視人的作用，而禮學實際上即爲"人學"。所以，在繼承前代文明的基礎上，周公制禮作樂，創立宗法和典章制度，後世尊爲儒家元聖。孔子繼承周公重人、重制度的禮樂精神，認爲社會的制度秩序和文明行爲都屬於"禮"的範疇，都需要人們去實行。孔子的這一思想，載於《禮記·仲尼燕居》一文之中。内中云：

"子曰：'制度在禮，文爲在禮。行之，其在人乎！'"

毫無疑問，周公和孔子重人而遠天、遠鬼神的思想，在中國古代文化的道統之傳上，起了承先啓後的巨大作用，對鑄成中國的古代文明發揮了極其重要的作用，對二千多年來中國知識分子和民衆的思想信仰產生了非常深遠的影響。如果説，自古至今，中國大部分人在宗教信仰上之所以形成以無神論爲主體的思想觀念，究其根源，我認爲這與周公、孔子上述思想觀念的影響有十分密切的關係；同時，這也是在周、孔禮治思想的主導下，中國過去二千多年來在社會制度上實行儒家禮治的必然結果。

實事求是而言，中國禮學博大精深，實際上包含了人類學、社會學、哲學、史學、宗教學、制度史乃至軍事、外交及相關禮儀等方面的内容。所以，"禮學"在學術上，是一門綜合的學科。

禮學發凡甚古，在没有文字記載之前，在人類文明的萌發階段，禮學中有關人類學和社會學的一些内容，實際上已經歷了從孕育、初生到發展的過程。

在學術研究上，"禮學"并非只是一個泛泛之稱或簡單的概念，從源頭上論，它是以《儀禮》《周禮》《禮記》三禮書爲根基的，漢後歷代的禮學研究正是以"三禮書"爲基礎，進行解詁、注疏并加以演繹、補充和發展的。所以，我認爲"三禮書"可謂中國禮學之源。

另一方面，我認爲"三禮書"之成，與周公和孔子及其弟子有非常密切的關係。《儀禮》一書漢代稱"古禮經"，學術界普遍認爲内中所載多爲西周之禮，這顯然與當年周公所制之禮有關。至春秋中後期，孔子自衛返魯，以整理《詩》《書》《禮》《樂》《易》《春秋》六經爲務。其中孔子所整理的《禮經》，顯然就是傳世的《儀禮》一書。而《周禮》原稱《周官經》，有關此書的來龍去脉，我曾著有《〈周禮〉制度淵源與成書年代新考》一書（2016年由國家圖書館出版社出版），内中經過較爲詳細的學術考證，比勘各方面的歷史因素和必要條件，從而得出《周官》成書於戰國初年魏文侯主政時期，

由孔子的學生子夏爲首的西河學派修撰而成的結論,這一結論頗受學術界同人的肯定。據《史記正義》云:

"(魏)文侯都安邑,孔子卒後,子夏教於西河之上,文侯師事之,咨問國政焉。"

子夏是繼承孔子學術最杰出的學生之一,在儒家六經中,他不僅對《詩》《易》《春秋》諸經的研究有所成就,而且尤精於禮學。我認爲子夏不僅主修了《周官》也即《周禮》一書,而且與《禮記》也有十分密切的關係。《史記·索隱》云:

"子夏(即卜商)文學著於四科,序《詩》,傳《易》。又孔子以《春秋》屬商,又傳《禮》,著在《禮志》。"

《禮志》實即《禮記》,是孔子及其門弟子對西周以來禮學的論述、實踐、演繹和解釋的記録,子夏於魏文侯時期在西河講學時,《禮志》應是教材之一。魏文侯曾師事子夏,所以,《禮志》一書便成爲魏國宗室擁有的儒家經典文獻,及至戰國中後期,此書乃殉葬於文侯的裔孫魏安僖王的墓中,至西晋太康年間於河南汲郡發掘出土,成爲著名的汲冢竹書之一。

綜合而言,"三禮書"與周公、孔子及其學生子夏有極其密切的關係,這都是彰彰可考的歷史事實。

實事求是而言,周公制禮作樂,西周時期,宗周是禮樂文明的中心。及至平王東遷,至春秋時期,周禮盡在魯,這是當時各諸侯國的共識。因魯是周公的封國,魯享有天子禮樂,其時魯都曲阜便取代故都宗周,成爲東周時期禮樂文明的中心。孔子生於斯,長於斯,習禮於斯,并研究和整理儒家六經,尤精於禮學。孔子廣收學生達三千之衆,子夏自衛趨曲阜,長期追隨孔子,最得其儒學的真傳,孔子親傳《禮》於子夏,這是有文獻爲證的。所以,在"三禮學"中,孔子親自整理《儀禮》;其傳人子夏在孔子卒後,則帶領儒家西河學派修撰《周官》也即《周禮》一書;而《禮志》也即《禮記》,實乃孔子在曲阜講學時,與門弟子對禮學的論述、實踐、解詁和演繹的筆記,由包括子夏在內的孔門弟子整理而成。因此,追根溯本,在學術源頭上,曲阜無疑爲"三禮學"的發祥地,是東周之後中國禮樂文明的中心。

三、中國古代文明的起源與"禮"的關係

有關探索中國古文明起源的問題,途徑有各種各樣,但我認爲從如下幾方面進

行研究至爲關鍵:一是從中國獨具的漢字入手進行研究,二是以先秦經史與出土文獻二重證據的方法,三是結合儒家禮學也即從制度史的角度進行綜合的研究,如此得出的結論,才會比較全面和準確。

在漢字起源與中國古文明關係的研究方面,我師饒選堂先生堪稱表率。先生所撰的《符號·初文與字母——漢字樹》一書,正是從漢字發凡的歷史入手,來論證中國古代文明的起源問題。我曾在拙撰《論選堂先生學術》一文中,稱其爲"以字源證史源"。[2]

從中國古文字系統的發展來看,符號、初文的出現無疑是中國文明的發端,經過漫長歷史時期的孕育和演變,才促成中國古文字漸趨成熟,始有陶文和甲骨文的出現。而商代的甲骨文明是伴隨著瑰麗典雅的青銅文明共同出現的,體現了彼時社會經濟文化的高度發展,從而成爲中國古文明高度成熟的象徵。

然而,有的西方學者却因此而將中國古文明的上限定在殷商時代,理由正是此時才出現具有規範文字系統的甲骨文字。

但這種看法顯然不符合歷史事實,亦是不科學的。因爲若以成熟的甲骨文字的出現,來作爲中國古文明的象徵,顯然只看到果而忽視了因,從而抹殺了中國古文明的發端及其形成的過程,遠遠早於殷商時代的歷史事實。因此,某些西方學者所持的這種看法無疑是片面和不準確的。

我認爲,中國古文字系統逐漸成熟的過程,實際上也是中國古文明逐步形成的過程。選堂先生的《符號·初文與字母——漢字樹》一書的主要内容,正是纜述中國的古文字從符號、初文到甲骨文、金文乃至秦漢以後形成的漢字系統。內中說:

"本書主旨在結合考古學和民族學一些最新資料,從世界觀點出發,對漢字的成就做一總的考察,探索原始時代漢字的結構和各自演進的歷程,以及它何以能延續數千年,維持圖形不變的緣由。"[3]

不過,有關中國古文明的起源問題,某些學者長期以來有很大的誤解。他們不僅據甲骨文的出現而認爲中國古文明發凡於殷商時代,甚至有的西方學者認爲中國的傳統思想文化乃建基於殷商時代的甲骨占卜學,與巫覡宗教的薩滿文化有密切的關係。比如法國著名的漢學家汪德邁先生近期的一篇論文《中國特有的互關性思想之起源:龜卜技術》中,就談到這一問題。內中說:

"西洋方面,文化基礎於神學;中國方面,文化基礎於占卜學。神學,關係到上帝命令的概念,而且這個概念作因果律概念的原型。至於占卜學,它起源於龜卜術,而且其技術關係到中國原始時期的巫覡宗教,即沙曼教。沙曼教的

信仰并不是對於世間而上的上帝的,而是對於自然而上的一種靈性的力量的。"(4)

應該說,在西方漢學家中,能像汪德邁先生如此研究中國甲骨文的學者確實爲數不多。但可惜他對整體的中國文化瞭解并不全面,其上述的看法就明顯不符合中國文明發展史的實際情況。其錯誤的觀念,見諸其上文論述的主要脉絡,即:中國的文化乃建基於占卜學,占卜學又起源於龜卜術,而龜卜術又關係到中國原始時期的巫覡宗教——沙曼教(按:即薩滿教)。顯然,這樣推論的結果,無疑說中國的古代文化起源於薩滿教,是建基於巫術文化。

汪德邁先生顯然對甲骨學的瞭解并不全面,只看到甲骨學中涉及占卜的問題,而以爲占卜巫覡充斥了整個中國古代社會,從而錯誤地認爲中國古代文化的基礎來源於以巫覡活動爲象徵的薩滿教。

其實,許多西方學者之所以持有上述觀點,顯然因爲他們僅據甲骨學中出現較多的卜事,而誤認爲殷商時代處於巫卜的世界,受薩滿文化所影響。

毫無疑問,上述這種看法顯然十分片面。他們應該多讀八九十年來中國學術界衆多的甲骨學著作,以便從中瞭解殷商時代的禮制,其中包括政治制度、職官制度、社會政治、經濟、農業生產和工藝製作藝術等,使他們明白中國文化并非基礎於占卜文化,而且與薩滿教風馬牛不相及。

有關這一問題,選堂先生早在1990年前後發表的一篇重要著作《歷史家對薩滿主義應重新作反思檢討——"巫"的新認識》中,對當年流行一時并對海內外古史學界影響甚巨的"薩滿主義"提出批判,指出:

"魔術决不等於宗教。殷固有他們立國的禮制,巫卜只是其龐大典禮機構中負責神事的官吏。巫,從殷以來成爲官名,復演變爲神名。"并指出:"巫咸是殷的名臣,……在屈原的心目中,巫咸應該是一位代表真理的古聖人,和巫術毫不相干。"(5)

選堂先生顯然不同意以"巫"字來涵蓋中國古史,而將殷商文明社會貶返至爲巫術統治的蒙昧時代。他很明確地批判那些持"薩滿主義"古史觀的人,

"把古人記錄下來的典章制度,一筆抹殺,把整個中國古代史看成巫術世界,以'巫術宗教'作爲中國古代文化的精神支柱。"(6)

選堂先生於1990年發表的《歷史家對薩滿主義應重新作反思檢討——"巫"的新認識》,作爲選堂先生的洋弟子,汪德邁照理也應知道。但他像許多西方學者所持

的偏見一樣,直到現在仍然頑固地認爲中國的文化乃建基於占卜學,是起源於以巫文化爲象徵的薩滿(沙曼)文化。他最近發表的那篇文章,就是明證。

其實,薩滿教是遠古人類處於蒙昧時代奉行天靈崇拜的原始宗教。但是,從中國現存的薩滿文化現象進行研究,從語言、民族、地域三大要素加以概括,結果不難發現,中國信仰薩滿教的族群所使用的語言,大部分屬於阿勒泰語系,他們是古代的游牧民族,如中國東北地區古代的契丹族、滿族和鄂倫春族等。

而創造甲骨文字的殷商社會則完全不同:殷商王朝及其人民的主體是華夏民族,他們使用的語言屬於漢藏語系,在文字上則是世界上獨有的方塊字系統;他們屬於農耕民族,其生活的中心區域在中原地區。

顯而易見,兩者之間存在着如此巨大的差別,又怎能因甲骨文字中有較多的占卜事例而將他們等同起來呢?而三四千年前信仰薩滿教的民族,大都是沒有文字的游牧民族,其與創造先進的甲骨文明和青銅文明的華夏民族及殷商社會,有極爲明顯的分野。

因此,我認爲汪德邁先生不明白此中的巨大差別,其説中國文化基礎於占卜巫覡、導源於薩滿教的論點,是錯誤的。

爲了糾正某些西方學者對中國古代文明起源問題的錯誤看法,我認爲除了從中國特有的漢字進行研究之外,重點還應該以先秦經史與出土文獻二重證據的方法,結合儒家禮學進行綜合的研究,來探研古代中國社會個人自處和人與人之間相處的關係,乃至從家庭倫理到社會典章制度的發生、發展和哲學思想逐漸形成的過程。這種從倫理學、制度史和思想哲學等方面來論證中國古文明的研究方法,我認爲比較全面和準確。

在有關人類文明起源的問題上,我一向認爲,人類文明行爲的規範化,應該比文字的規範化要來得更早。在上古時期,這首先體現在家庭倫理的出現上,如男女親疏有別(按:即近親不婚,後來衍生爲"同姓不婚")、長幼有序、尊卑有別等,其後并延伸至宗族乃至國家社會。及至文字系統成熟之後,乃逐步形成爲家族宗法、社會倫理和國家典章制度。其中的精義,可説涵蓋在古代禮學之中。有關這方面,《儀禮》《論語》《周禮》《禮記》《荀子·禮論》,乃至司馬遷《史記·禮書第一》諸篇皆有論及。"禮"之重要性,於此可見。

所以,在古代,"禮"不僅涉及人們的等級秩序和上下尊卑,也并非僅指"禮貌""禮節""禮賓"之類,那只是關乎個人的社會地位以及相關的儀表、言談舉止和待人接物是否合乎禮節的問題,僅屬古代儀禮中的一部分而已。其實,"禮"的內涵比此要廣泛豐富得多。

在有關中國古代文明的起源和發展的問題上,我在拙撰《"禮"與禮治思想及其歷史演進》一文中,曾有簡要的論述,內中説:

"中國的古代文明及其傳統文化,筆者認爲在上古時代,基本是由兩條主綫主導着:

"一條主綫是,隨着人類自遠古以來的逐漸進化,從與野獸相差無幾的野蠻蒙昧,到文明意識的覺醒,并逐漸在家庭和社會形成某些行爲的規範,其主要特徵是:從早期一些習慣與規矩所形成的不成文的家庭倫理和社會倫理,經過漫長歲月的演進和完善,到成文制度文化的出現,并逐漸形成以'禮'爲主導的從個人、家族到國家龐大的制度體系,旨在解決人類社會本身的問題;與此同時,人類出於對大自然及天地鬼神的敬畏和祖宗的紀念,因此祭禮、喪禮及葬禮等制度也隨之產生。

"另一條主綫則是觀念形態方面。從蒙昧時代人們對天地鬼神的崇拜,到人類對自然、宇宙的認識和思考,逐漸形成了天命論、天道論和天人感應論等一系列屬於思維形態的東西,應歸入我國早期樸素的自然哲學、宗教哲學和社會哲學的範疇。後來的《易經》和《道德經》的部分内容,及漢後廣爲流行的讖諱學説和魏晋玄學,就是涉及這些方面思想觀念的著作。

"這兩條主綫各自獨立,又互相影響,共同構成古代中國的燦爛文明及其源遠流長的傳統文化。"[7]

現在許多人談儒家文化,以爲引用一些《論語》的内容或《孟子》之所言,就代表儒家文化。其實,這是很不全面的。孔子一生所從事者,是"六經"事業。而"六經"中,《禮經》是關乎王朝典章、社會制度、家庭倫理、等級秩序以及人們相應的行爲規範的問題,所以極爲重要。讀過《左傳》的人都知道,在春秋時代,孔子爲當時人所看重者,主要是因爲他熟悉《禮經》,人們視他爲禮學大師。事實上,中國傳統文化的主體是儒學,而禮學又是儒家文化最核心的部分。甚至遠在儒學尚未成形之前,在上古時代,人類社會早就逐漸形成家庭倫理和社會倫理,這就是"禮"的萌芽。所以,"禮"的起源應該比其他一切文化都早。

所以,我給"禮"下這樣的定義,即"禮"是個人自處和人與人之間相處之道,也是人與自然包括天地鬼神之間應對之道。所謂個人自處之道,就是通過修身與自省,使個人在家庭和社會中處於合乎自己身分的恰當位置,做合乎社會道德和社會規範的事。至於人與人之間相處之道,就非常複雜,其中涉及的領域,包括人類學、家庭倫理學、社會學和制度史的問題。比如家庭倫理的問題,有父母與子女的關係,有兄弟姐妹的關係,有夫婦之間的關係,以及整個家族甚至宗族中各種複雜的關係,等等。至於人與社會的關係,就更加複雜,其中有各種人在社會中扮演的各種不同的社會角色,彼此之間,有上下級的關係,有個人與社會各階層的關係,有個人與國家的關係；在封建社會，還有君臣之間的關係；等等。總之，整個社會有等級秩序的制度，有尊卑長幼之區別。

我認爲人類之所以爲人類，與其他動物最重要區別之一，就是人類能夠制"禮"以息爭。大家知道，人類與其他動物儘管有高等低等之分，但在特定的情況下，某些行爲本能却存在着一般共性：生存競爭、自私貪婪、弱肉强食等。對動物世界稍有認識的人都知道，力氣最大最爲凶猛的猴子成了那山上群猴之王，它可以對食物有首先飽啖之權，可以擁有"三妻四妾"，可以發號施令，可以任意懲罰其他猴子等。但當這猴王老弱病殘之時，比它雄壯凶猛的猴子就會向它挑戰，較量之下，老猴王倘有餘威則暫保王位，不敵則被打死打傷，或者落荒而逃，悲凉地慘死於山野叢林之中。新猴王便在老猴王的哀鳴中產生了。猴子世界的等級關係、群體秩序和權力交替，就這樣周而復始、循環不斷地由武力維持着。

但是，人與動物最大的區別，在於人類的智慧始終有能力在遠古時代促使人類進入早期的文明。其具體的表現，在於人類能夠使用語言、符號甚至簡單的文字，來作爲人與人之間溝通的工具，在精神上進行自我修養，在行爲上進行自我約束，并訂出規矩作爲群體共同遵循的規範。而人類社會中家庭的親緣關係以及長幼尊卑，社會上的等級關係、權力結構、物質分配和領袖地位的確立，等等，就力求避免重複上述的"猴子現象"，即單純依靠武力來維持，而是制訂共同認可的秩序和制度，來達到人類社會和諧共處的目的。我認爲，這就是產生"禮"最初的本源。

我在上面說過，人類的家庭倫理關係，是儒家禮學最重要的核心部分之一，也是遠古人類社會有別於禽獸最重要的文明象徵。人類因爲有家庭倫理而由母系氏族社會而進入父系氏族社會，因而得以不斷地發展壯大。其他哺乳類動物就不可能。

爲甚麼這樣說呢？

現在，大家在電視上看動物片都會知道，在動物世界，比如在一個獅群或象群之中，當雄獅或公象長至成年的時候，必定會被驅逐出獅群或象群。這顯然有兩方面的原因：一是怕近親繁殖導致動物群體的消亡；二是怕雄性動物在發情期，爲爭奪交配權而打生打死，自相殘殺，導致家族的解體。所以在動物片中，往往可以看到"大家長"將已成年的雄性無情地驅逐出家族，這幾乎成爲像獅子或象群這些動物世界共同的自然法則。這顯然是它們出於自我保護的動物本能，以延續動物的生命和家族的繁殖。

但是，這種以驅逐成年雄性爲代價，以雌性爲主體的動物家族，由於老的雄性動物的地位不斷被其他族群年輕力壯的雄性動物所取代，因而不斷地轉換雄性基因，從而阻礙了動物的繁殖和種性的延續。這種局限性就注定這些動物家族不可能發展壯大。野獸之所以爲野獸，它們的本能令其動物家族不可能有合理的家庭倫理，是最根本的原因。

於是，我由此而悟到，人類之所以與其他動物不同，就是因爲人類有智慧和理性，懂得既能將長成的兒子保留在家族中，又可避免一般動物世界出現的種種悲劇。這是因爲人類懂得定出家庭的規矩并且遵守這些規矩，那就是：長幼有序、男女有別，而且有合理的婚姻關係。同時很重要的一點，是人類有羞恥之心，知道不可亂倫，以避免近親繁殖而導致整個家族的解體。所以，有没有羞恥心，我認爲這是人類與野獸之間的一大區別，這一點極爲重要。人類正是因爲有智慧、有理性、有羞恥之心，才有倫理觀念和道德規範的產生，從而令兒子得以代代留在家族中，因而在漫長的古代社會，父系氏族得以不斷發展壯大。而這一過程，我認爲就是上古時代"禮"之所以產生的歷史本源之一。

所以，我們的祖先"禮"的觀念的產生應該很早，比其他任何文化都早，甚至比文字的出現更早。而倫理觀念的產生和行爲的規範又是人類從家族制度走向氏族社會的必然結果。這時，社會結構規模日大，人口越多，氏族群體在對內對外方面，都存在着生存競爭的問題。所以，對於食物的擁有和物產的歸屬，人類是否要一直像野獸一樣，互相爭奪，互相殘殺，甚至發動氏族之間大規模的戰爭，以致互相毀滅呢？是否有更好的辦法來盡量確保雙方既能分享食物，又可避免戰爭呢？這時，"禮"就發揮了作用。

必要强調的是，一切禮制的產生和完善，必定起源於家庭倫理的確立。因爲只有家庭倫理的確立，才促成家族的繁衍賡續，氏族社會不斷擴大，從而令人類社會得以不斷地發展壯大。所以，我認爲家庭倫理的確立，是體現遠古社會人類文明的一個最重要的象徵，也是人類社會"禮"的起源最重要的內容之一。

四、兩周禮樂的盛衰與漢武帝的中興

根據歷史事實而言，夏、商、周在王制上雖互相傳承，但照孔子的說法，三代各有其禮。直至西周初年，周公繼承其父文王的遺教，制禮作樂，創造了輝煌燦爛的宗周禮樂文明。

所以，我認爲中國古代社會的許多傳統觀念和禮治制度，不少是從家庭倫理發展出來的。比如周文王時代，他認爲家庭倫理高於社會倫理，甚至高於王朝的政治倫理。如在《逸周書·常訓》中，文王提出"八政"的觀念，其先後次序是："夫妻、父子、兄弟、君臣。"[8]

毫無疑問，文王論"八政"，先"夫妻、父子、兄弟"而後"君臣"，非常明顯地强調了家庭倫理的重要性。這與後來孔子的"君君、臣臣、父父、子子"的先"君臣"而後"夫妻、父子、兄弟"，强調專制王權，是完全不同的。

在《逸周書》中，有非常豐富的歷史內涵，尤其是周文王的禮治思想。我認爲後來周公的制禮作樂，實際上是導源於其父周文王的遺教。許多後世儒家的觀念，都可從周文王的思想中找到根源。

正如我在前面說過，家庭倫理使人類的家族逐漸壯大，而社會正是由許多家族組成的。所謂"百姓"，指的就是許多由不同血緣關係組成的家族。其時社會結構規模日大，人口日多，氏族群體在對內對外方面，都存在生存競爭的問題，其中包括對食物的爭奪、占有和物產的歸屬等，是否要像野獸一樣，只是一味互相爭奪，互相殘殺，甚至在氏族間發動大規模的戰爭，而導致互相毀滅呢？正如前述《逸周書·度訓》所言，周文王是主張制禮以息爭的。

總之，周文王凡事皆強調要有制度，有等級秩序，有長幼之別，在《度訓》篇中，指出"天生民而制其度，……教民分次，……長幼有報"。強調制度也即"禮"的重要性。因爲有"禮"，家庭才會和睦，社會才有秩序，國家才會安定。所以文王認爲制禮的目的，正在於"正上下以順政"，使社會出現和諧安定的局面。孔子曾總結夏、商、周三代的分別，指出夏道尊天命，殷道尊鬼神，周道重人而尊禮。——我認爲周道之所以重人而尊禮，正是導源於周文王的禮治思想。

在《逸周書·命訓》中，周文王提出"禮有時""禮無時則不貴"的觀念，我認爲這對日後周公制禮有極大的影響。而且後世成書的《周禮》之所以分"周官"爲四季，如春官宗伯、夏官司馬、秋官司寇、冬官考工，時序井然，正是據周文王"禮有時"廓然而分的。後世從朝廷到民間之所以有春秋二祭，從根源上來說，無不與周文王"禮有時""禮無時則不貴"的遺訓有密切的關係。

在《逸周書·允文》，周文王還提出"遷同氏姓，位之宗子"的宗法制度和繼承法，這就爲周禮的"父死子繼"的王位繼承法和傳"嫡長子"的宗法制度，奠定了基礎。

西周立國後，周公遵循文王的遺教，以禮治國，并確立周天子爲中心，以衆多姬姓侯國爲屏藩共尊周天子，也即是以"親親"爲拱護，從而達到"尊尊"的目的。按《荀子·儒效》所言，"其時封國七十一，姬姓五十三"。在周王室京畿之地周圍，姬姓血親的封國占了絕大多數。所以，我認爲這是自周代以來，"親親"與"尊尊"兩大觀念產生的歷史本源。其時在周禮無所不在的社會中，以姬姓血親聯盟爲中心，織成一張宗親政治的巨網。所以，在西周中前期，在宗親政治的支持下，周天子以禮樂、征伐兩手治天下，是得心應手的。這段時間大概維持了一百八十多年之久。

但是，隨着時間的推移，周王室與姬姓侯國之間，侯國與侯國之間，彼此的血緣關係日漸疏淡；另一方面，王室力量漸弱，侯國勢力日強，造成"強枝弱幹"的局面。因此，至西周後期，周天子的權威受到極大的削弱。

平王東遷之後，從春秋時期開始，周王室日益衰微，諸侯主導政治，禮崩樂壞。到孔子之時，已到不可收拾的境地。從政時，孔子的政治理念不得推行。於是退仕在家，整理《詩》《書》《禮》《樂》《易》《春秋》六經，以教導弟子，并游學各諸侯國，到處宣講其政治理念和儒家學説。

然而，當時周王室實際上已疲不能興，強侯主導世局之勢已難以逆轉。孔子知不可爲而爲之，力倡"克己復禮，天下歸仁"的政治理念。并於五十六歲後，於十四年間，率領弟子南傳儒學，自衛國一直南下曹、鄭、宋、陳、蔡，乃全渡江傳儒學於楚國。且身體力行，即使身處逆境，仍然不忘習禮歌詩，到處宣講儒學。

孔子卒後，其學生子夏則西傳儒學於三晉之地，魏文侯及魏國將相多師事之。子夏講學西河，影響及於河西陝地。

就這樣，春秋戰國之際，孔子及其門人將儒學傳遍大江南北，其中當然包括儒家禮學。

及至暴秦統一六國，懼孔門儒學影響遍天下，恐威脅其政權，乃至做出"焚書坑儒"的暴行。其毀滅文化之舉，顯然大失人心，這應該是秦二世而亡的主要原因之一。

其後劉氏得天下，西漢初年沿襲秦制。及至漢武帝"罷黜百家，獨尊儒術"，以其在位五六十年的時間，在衆多儒臣的輔助下，尊周尊孔，大力推行儒家禮治，從中央到地方進行大規模政制改革，使儒家《詩》《書》《禮》《易》《春秋》五經成爲國學，"以儒治國"成爲基本國策，禮學至漢武帝而得以中興。武帝之後，昭、宣、元、成諸帝承其遺志，推動儒學不遺餘力。

王莽篡政失敗之後，光武中興，東漢更加重儒尊孔。毫無疑問，自漢武帝之後，兩漢四百年間大力推行儒家禮治，奠定了"漢人"和"漢學"的概念和根基。儒家經學和禮樂文化大行其道，影響了其後二千多年的中國社會，乃至於今日成爲中國傳統學術文化的主體。

實事求是而言，由周公創始和孔子繼承的儒家禮學，無疑是中國經學最主要的核心部分。因此，儒家禮學是構建中國古代數千年的社會典章制度和禮治精神的主體，從而爲中國古代文明和傳統文化奠定了重要的基石。

尤須指出者，以孔子爲代表的曲阜禮樂文明，實際上是對以周公爲代表的宗周禮樂文明的賡續，并在其後二千多年的中國歷史上，發揮了極其重要的作用和深遠的影響，從而使數千年的中國文明歷史和傳統文化沒有斷流，這在世界各國的歷史中可謂絶無僅有，其意義之重大，不言而喻。

2020 年 8 月 3 日定稿
於香港

（此文乃作者據 2018 年 4 月 19 日應邀於北京師範大學古籍與傳統文化研究院作《禮學：中國古代文明的基石》專題演講整理而成）

[注]

（1）李伯謙《感悟考古》，上海古籍出版社，2014年。

（2）郭偉川《論選堂先生學術》，載郭偉川《饒宗頤的學術文化》，廣州花城出版社，2017年。

（3）饒宗頤《符號·初文與字母——漢字樹》，商務印書館（香港），1998年。

（4）[法]汪德邁《中國特有的互關性思想之起源：龜卜技術》，載《饒學研究》（第二卷），暨南大學出版社，2015年。

（5）（6）饒宗頤《歷史家對薩滿主義應重新作反思檢討——"巫"的新認識》，載《宗教與文化》，台灣學生書局，1990年。

（7）郭偉川《"禮"與禮治思想及其歷史演進》，載清華大學中國禮學研究中心集刊：彭林、單周堯、張頌仁主編《禮樂中國——首屆禮學國際學術研討會論文集》，上海書店出版社，2013年。

（8）《逸周書·常訓解》，載黃懷信等撰、李學勤審定《逸周書彙校集注》，上海古籍出版社，1995年。

中國"古典禮學"研究初論

一、中國"古典禮學"概念的提出

首先，什麼是中國"古典禮學"呢？

我認爲，中國"古典禮學"是歷史的客觀存在。

就中國"古典禮學"而言，概括來説，它源於上古時期"禮"的萌芽、發展，至西周初期周公在夏、商二代禮制的基礎上，創造了輝煌燦爛的宗周禮樂文明，奠定了中國"古典禮學"的根基。平王東遷之後，中經春秋戰國數百年的禮崩樂壞和暴秦焚書坑儒的折騰，再到漢武帝中興儒學和兩漢社會對"漢承周制"的賡續，使"以儒治國"成爲其後中國歷代封建皇朝的基本國策，直至清皇朝垮台爲止。使儒家禮治幾乎貫穿了中國兩千多年的歷史。清代封建君主政體及其典章制度的終結，成爲中國"古典禮學"在時間上的下限。

所以，我認爲中國"古典禮學"的概念，在時間上與中國"古典文學"大體相同，都與清封建皇朝的終結有關。但中國"古典文學"是在其後的"新文化運動"開始之後，作爲與"現代文學"的分野而提出的。大體而言，文學以文字爲載體，白話文取代文言文，成爲中國現代文學與古典文學交替的象徵。而禮學則以制度爲載體，清代封建君主政體的終結，便成爲中國"古典禮學"的休止符。所以，我認爲中國"古典禮學"在時間的劃分上比"古典文學"更加明確，以清君主政體於1911年的終結爲下限，可謂與中國封建專制皇朝的典章制度相始終。

就我個人所知，過去似乎還沒有人提出中國"古典禮學"的相關問題并作出系統的研究。現在，我之所以在吴飛教授主持的燕園禮學講座上提出來，這是我對北大優良學術傳統的尊重和致敬，也是我對吴教授主持下的北大禮學研究中心開展一系列專業講座的支持和響應。我提出這些粗淺的看法，作爲抛磚引玉，衷心希望得到在座各位專家學者、老師、同學們的指教,也期盼年青一代的學術精英,能夠在這一領域作更深入的研究,相信大家一定會創獲更加豐碩的學術成果。

下面,我將從中國禮學史的角度,對以上相關的問題,作簡略的回顧與闡述。

二、先秦兩漢時期禮學的歷史演變

1. 略談西周禮學的創盛與春秋戰國的禮崩樂壞

衆所周知,中國的"禮"源於上古,起於人類社會生存、發展的需要,建基於家庭倫理乃至社會倫理的逐步形成,最後發展成國家的典章制度。

經過極爲漫長的歷史過程,夏、殷兩個王朝各有其"禮"。至西周立國,周公鑒於夏、殷二代禮制的得失,制禮作樂,創造了劃時代的周禮。中國歷史的演變到了這一階段,封建君主政體及其相應的各種典章制度和家族倫理的宗法制度至此已大體完備,所以西周其後出現了中國歷史上第一個盛世——"成康之治"。因此,孔子才會對周公制作禮樂後西周出現欣欣向榮的盛世充滿憧憬,才會説"周鑒於二代,郁郁乎文哉!吾從周"。[1] 還説:"吾學周禮,今用之。吾從周。"[2]

但是,自平王東遷之後,從春秋時期開始,周王室日益衰微,諸侯主導政治,强枝弱幹,禮崩樂壞,到孔子之時,已到完全不可收拾的地步。

但是,孔子知不可爲而爲之。他潛心研究禮學,教導弟子,并游説於諸侯國之間,力圖實現其"克己復禮,天下歸仁"[3] 的目標。其"復禮"的基本宗旨,就是他對齊景公所獻的治國方略"君君、臣臣、父父、子子"[4] 八個字。

大家別看這八個字簡簡單單。其實,"君君、臣臣"四字,意在彰明君臣大義,顯示封建君主國家上下尊卑的典章制度,是"尊尊"觀念的最高體現。而"父父、子子"四字,則代表家族血緣親疏、長幼有序的宗法制度。春秋戰國時期諸侯國之所以不尊重周王室,甚至屢有犯上作亂之舉,就是因爲王室弱而侯國强,加上彼此的血緣關係又日漸疏淡,因此造成"君君、臣臣"的大義喪失殆盡。這説明在中國漫長的封建社會,國家若不統一,是没有什麽"君臣大義"可言的。

所以,戰國初年,《春秋公羊傳》開宗明義就講述"大一統",是并非無因的。至於"父父、子子"的家族宗法制度,因爲有緊密血緣關係和"親親"觀念的維繫,則長期植根於中國封建社會之中,成爲家庭倫理的主要支柱之一。

及後秦始皇統一六國,但他以暴力得天下,又以暴力坐天下,因之迷信暴力,不信孔子儒家禮治那一套。然而,春秋晚期孔子傳儒學於東南,他有弟子三千,著名者有七十二子傳其學說。至戰國初,孔子的學生子夏講學西河,從魏文侯至該國將相及士大夫,不少都是其弟子。

尤其魏文侯尊儒好古,大力支持子夏爲首的"西河學派"弘揚儒學的文化事業。

因此，後來於西晉太康年間於汲郡發掘的魏王墓之所以出土大量的戰國竹書，其內容多爲儒家文獻典籍，我認爲與子夏爲首的"西河學派"當年的修纂整理有不可分割的密切關係。

就這樣，在春秋戰國數百年間，孔門儒學代代相傳，以全傳遍大江南北，影響遍及天下。正因如此，始令秦始皇忌憚萬分，乃有焚書坑儒之舉。而這一千古暴行，無異於與文化爲敵，我認爲這也是秦二世而亡的根本原因之一。

2. 漢初對秦制的繼承與批判

西漢立國，劉邦既繼承了秦的"皇帝"稱號和地方行政區劃方面的郡縣體制，以及大部分的職官制度。誠如司馬遷在《史記·禮書第一》中所言：

> "至於高祖，光有四海。叔孫通頗有所增益減損，大抵皆襲秦故。自天子稱號，下至佐僚及宮室、官名，少所變改。"

實事求是而言，西漢初立，因爲叔孫通爲漢高祖制朝儀的關係，儒家禮學曾經有過短暫的輝煌。

但是，其時劉邦新得政權，在施政上主要廣用像蕭何這種熟悉秦法的舊官吏，又繼承秦的郡縣制和職官制度。其後數十年，由於漢朝內憂外患的關係，沒能確立自具特色的治國理念和制度，儒家禮治思想又被晾在一邊。

另一方面，漢初又效法西周的分封制度，裂土分封功臣子弟，所以漢初有不少同姓王和异姓王侯。正如《漢書·諸侯王表》所說，漢高祖"懲戒亡秦孤立之敗，於是剖裂疆土，立二等之爵，功臣侯者百有餘邑，尊王子弟大啓九國"。

因此，實事求是而言，漢初實行的是郡縣制與分封制并行的政治雙軌制。同時在刑律上，則實行漢承秦制，即以秦的嚴刑峻法治天下。因而在二十餘年之後，秦制的弊害逐漸浮現。於是至漢文帝時，朝野出現了關於治國理念方面的大辯論。其中如賈誼的《過秦論》，就激烈批判漢承秦制的弊害所在，尤其指出以暴秦的苛法失盡人心，導致二世而亡，這是一個歷史的大教訓。《疏》中指出：

> "秦王懷貪鄙之心，行自奮之智，不信功臣，不親士民，廢王道，立私權，禁文書而酷刑法，先詐力而後仁義，以暴虐爲天下始。……二世受之，因而不改，暴虐以重禍。子嬰孤立無親，危弱無輔。三主惑而終身不悟，亡不亦宜乎！"[5]

賈誼又在《陳政事疏》中，指出暴秦之所以滅亡，是因爲廢弃禮、義、廉、耻"四維"的觀念，導致國家和社會出現重大的信心危機，因此必須采用儒家的禮治仁義作爲治國理念，加以及時的匡救。內中說：

>"秦滅四維而不張，故君臣乖亂，六親殃戮，奸人并起，萬民離叛，凡十三歲而社稷爲虛。今（按：指漢文帝朝）四維猶未備也，故奸人幾幸，而衆心疑惑。豈如今定經制，令君君臣臣，上下有差；父子六親，各得其宜。……以禮義治之者積禮義，以刑罰治之者積刑罰。刑罰積而民怨背，禮義積而民和親。"(6)

客觀地説，賈誼向漢文帝積極鼓吹的，就是周公於西周初年所制作、繼之由孔子於春秋時期希望加以恢復而莫能恢復的儒家禮治觀念和制度。顯然，賈誼是希望漢文帝中止"漢承秦制"的嚴刑苛法，而實行"漢承周制"的儒家禮治。應該説，這本來應該是中國禮學史的一個重要節點。

那麽，漢文帝究竟有没有采用賈誼的獻策呢？

對此，年代稍後的司馬遷在《史記・屈原賈生列傳》中有相關的記載，説：

>"賈生以爲漢興至孝文二十餘年，天下和洽，而固當改正朔，易服色，法制度，定官名，興禮樂，乃悉草具其事儀法。色尚黄，數用五，爲官名，悉更秦之法。孝文帝初即位，謙讓未遑也。諸律令所更定，及列侯悉就國，其説皆自賈生發之。於是天子議以爲賈生任公卿之位。絳、灌、東陽侯、馮敬之屬盡害之，乃短賈生曰：'雒陽之人，年少初學，專欲擅權，紛亂諸事。'於是天子後亦疏之，不用其議，乃以賈生爲長沙王太傅。"(7)

司馬遷的這一記載十分重要。在賈誼的上述獻議中，他主張"易服色，法制度，定官名，興禮樂"，——這些都是儒家禮治制度的核心内容，賈誼"乃悉草具其事儀法"，其目的顯然就是"悉更秦之法"，也就是把漢初一直還在實行的秦制嚴刑苛法全部予以廢除。雖然由於歷史的原因，他的主張其時未能得到實施。但司馬遷認爲，及後漢武帝一朝所制定的新律令，以及列侯不能再居留京師而應回到自己封國的決策，大都出自賈誼當初的獻議。

本來，漢文帝對賈誼上述關於儒家禮治的建議非常重視，準備讓其出任公卿之職。但是，文帝擬重用賈誼，却遭到絳侯周勃、潁陰侯灌嬰、東陽侯張相如以及御史大夫馮敬等人的强烈反對，説他年少擅權，必定壞事。

大家知道，周勃、灌嬰都是漢初名將。尤其在吕后死後，他們起兵誅殺諸吕，是匡扶漢文帝上台的大功臣，兩人都先後擔任過文帝朝的太尉和宰相，是掌朝政的實權人物。這些人之所以强烈抵制賈誼提出的治國理念和政制上的變革，顯然是因爲害怕那些變革損害自己的既得利益。

其時漢文帝上台不久，當然不能不聽從周勃等人的意見，實際上就是繼續沿用秦法,一切維持現狀,在政制上少所變更。司馬遷在《史記·儒林列傳》中説"孝文帝本好刑名之言"[8]。我倒認爲漢文帝是被逼的。因爲當時他剛登基不久,面對扶植自己上台的周勃等元老派強烈反對賈誼推行政制改革的立場,他不能不在政治上作出必要的妥協。所以,漢文帝的"本好刑名之言",我認爲并非出自其真心。否則便不能解釋他何以打算委賈誼以"公卿"的重任,來推行儒家禮治。

至於賈誼,由於其時掌大權的元老派周勃等大臣的強烈抵制并對其進行人身攻擊,漢文帝不僅不敢采用他的獻議,而且被逼疏遠他,把他外放到湖南去當長沙王的太傅。就這樣,漢朝本來有可能在漢武帝之前數十年便實行儒家禮治的政制改革,便不幸夭折了。

至漢景帝一朝,則主要忙於敉平七國之亂,及對付匈奴等內外大患。至於內政方面,景帝本身對儒家禮治那一套沒有興趣,所以不任用儒者。景帝的治國理念,顯然受其母竇太后的影響。因爲竇太后好黃老之術,所以景帝也信奉"無爲而治"那一套,也即維持現狀,延續以秦律令治國的局面。所以,漢朝開國六十多年,儒家經學尤其是禮學,仍然處於被壓抑的狀態。有關秦漢之際儒士及儒家經學的遭遇,司馬遷曾經有過歷史性的總結。説:

"及至秦之季世,焚詩書,坑術士,六藝從此缺焉。陳涉之王也,而魯諸儒持孔氏之禮器往歸陳王。於是孔甲爲陳涉博士,卒與涉俱死。……漢興,然後諸儒始得修其經藝,講習大射鄉飲之禮。叔孫通作漢禮儀,因爲太常,諸生弟子共定者,咸爲選首,於是喟然歎興於學。然尚有干戈,平定四海,亦未暇遑庠序之事也。孝惠、呂后時,公卿皆武力有功之臣。孝文時頗徵用,然孝文帝本好刑名之言。及至孝景,不任儒者,而竇太后又好黃老之術,故諸博士具官待問,未有進者。"[9]

所以,在漢景帝一朝,儒士最沒有地位。在治國理念上,實際上由竇太后專政。在這數十年間,儒家禮學實際處於被冷落的地位。

3. 漢武帝尊儒興禮是漢代禮治建立的關鍵

直至漢武帝,其少年登基,鋭意進取,聽從謀臣之言,首先在思想教育制度方面進行改革。《漢書·武帝紀》記載:

"建元元年(前140)冬十月,詔丞相、御史、列侯、中二千石、二千石、諸侯相舉賢良方正直言極諫之士。丞相綰奏:'所舉賢良,或治申、商、韓非、蘇秦、張儀之言,亂國政,請罷。'奏可。"

此外，漢武帝重用文學儒士趙綰、王臧爲公卿，擬以西周禮制立明堂、朝諸侯，改曆法、服色，還準備進行巡狩、封禪等。漢武帝所推行的這些舉措，實際上就是漢文帝時期賈誼所提出，但由於時機未成熟而莫能實行的獻議。而溯其源頭，實際上都是來自周公於西周初年所創制的禮治思想和制度。所以，在政制上，其本質實際上就是主張"漢承周制"。

據《漢書·武帝紀》記載，武帝於建元五年（前136）又作出重大舉措，下詔"置五經博士"，將孔子整理的《詩》《書》《禮》《易》及《春秋》等儒家著作列爲官學。

但是，漢武帝上述的這些努力，本來就令喜黃老而惡儒術的竇太后心裏很不痛快，早就持反對的態度。再加上協助武帝改革的大臣趙綰、王臧提出今後凡事不必奏知竇太后的建議，遂遭到竇太后無比的痛恨和無情的報復，她竟封殺漢武帝一切的改革措施，并將趙綰、王臧下獄，兩人被逼自殺。就這樣，漢武初期以儒治國的政制改革，在竇太后的整肅和壓迫下，再次遭受失敗。有關這些事，司馬遷在《史記》中有相關記載。他說：

"（建元）元年，漢興已六十餘歲矣，天下乂安，薦紳之屬皆望天子封禪改正度也。而上鄉儒術，招賢良，趙綰、王臧等以文學公卿，欲議古立明堂城南，以朝諸侯；草巡狩封禪改曆服色事，未就。會竇太后治黃老言，不好儒術，使人微伺得趙綰等奸利事，召案綰、臧。綰、臧自殺，諸所興爲者皆廢。"[10]

竇太后崇尚黃老之術，表面看似乎主張"無爲而治"，實際上却是維持自漢初以來繼承秦制苛法治天下的現狀，其所產生的嚴重社會危機，賈誼早在《過秦論》和上漢文帝的《陳政事疏》中有過淋漓盡致的揭露。但其時受到周勃等元老重臣的反對，因爲凡是改革，勢必觸及既得利益集團的權益，這是造成許多權貴竭力抵制的主要原因。而漢文帝是個老實人，所以以維持現狀了事。文帝崩後，他的皇后——也即後來的竇太后作爲權貴集團的主要代表，便拿維持現狀這一套，來反對以儒家禮治所進行的社會變革，從而嚴重影響了漢景帝一朝和武帝前期的施政。

只有等到建元六年（前135），竇太后崩，改革的主要障礙隨之消除，漢武帝顯然感到"天亮了"！於是改明年爲元光元年（前134）。就在這一年，董仲舒在漢武帝舉賢良對策的時候，適時地上了一策，大力揭露秦法對漢代社會六七十年來所造成的重大危害，認爲再也不能這樣繼續下去了。其中說：

"自古以來，未嘗有以亂濟亂，大敗天下之民如秦者也。其遺毒餘烈，至今未滅，使習俗薄惡，人民囂頑，抵冒殊扞，孰爛如此之甚者。孔子曰：'朽朽之木，不可雕也；糞土之墻，不可圬也。'今漢繼秦之後，如朽木糞墻矣。雖欲善治之，亡可奈何。法出而奸生，令下而詐起，如以湯止沸，抱薪求火，愈甚亡益也。……故漢得天下以來，常欲善治而至今不可善治者，失之於當更化而不更化也。"⁽¹¹⁾

董仲舒還直言不諱地指出：

"漢承暴秦之後，宜變其迹，乃可善治。"⁽¹²⁾

董仲舒之所言，真正擊中漢初社會弊病的要害所在，也說到漢武帝的心坎裏，所以一再詔令其上對策。董氏在第三次對策中，向漢武帝進言，說：

"《春秋》大一統者，天地之常經，古今之通誼也。今師异道，人异論，百家殊方，指意不同，是以上亡以持一統；法制數變，下不知所守。臣愚以爲諸不在六藝之科孔子之術者，皆絕其道，勿使并進。邪闢之説滅息，然後統紀可一而法度可明，民知所從矣。"⁽¹³⁾

漢武帝聽從董仲舒的建議，下詔實行"罷黜百家，獨尊儒術"⁽¹⁴⁾之策，大規模重用儒士，鼓勵讀經。在漢武帝和衆多儒臣的推動下，儒家經學至此乃得以立爲官學。公孫弘就因爲熟悉《春秋》而被封爲文學博士，及後并被漢武帝委爲宰相，封爲平津侯，位列三公。有關這些史事，司馬遷在《史記·儒林列傳》中作了相關記載，内中説：

"及竇太后崩，武安侯田蚡爲丞相，絀黄老、刑名百家之言，延文學儒者數百人，而公孫弘以《春秋》白衣爲天子三公，封以平津侯，天下之學士靡然鄉風矣。"⁽¹⁵⁾

於是，在中國歷史上，首次在一個統一的帝國中，在皇帝的推動和衆多儒臣的共同努力下，一場以儒家禮治爲主體的大規模政制改革，終於開始了。而中國禮學在繼西周初年之後，至此終於又開始被重視起來。

首先，公孫弘引述漢武帝頒布的詔書。其《制》曰：

"蓋聞導民以禮，風之以樂。婚姻者，居室之大倫也。今禮廢樂崩，朕甚愍焉。故詳延天下方正博聞之士，咸登諸朝。其令禮官勸學，講議洽聞，興禮以爲天下先。太常議，與博士弟子，崇鄉里之化，以廣賢材焉。"⁽¹⁶⁾

從上述詔書中，顯示在漢武帝的大規模政制改革中，他最重視的就是振興禮學，甚至將"興禮"提高至"以爲天下先"的程度,并表明要大量培養包括禮學在内的儒家經學方面的人才。比如其時的董仲善治《春秋》,而且"進退容止,非禮不行,學士皆師尊之"[17]。他所上的《舉賢良三策》不僅大受漢武帝贊賞,而且大部分予以采用。漢武帝還封他爲江都相,就是一個例子。

根據漢武帝在上述詔書中的指示,其時的宰相公孫弘和太常孔臧等人,制訂出一整套具體而微、從地方到中央大量培養儒士的計劃,希望達到以儒治國的目的。公孫弘在給漢武帝的奏書中説:

"聞三代之道,鄉里有教,夏曰校,殷曰序,周曰庠。其勸善也,顯之朝廷;其懲惡也,加之刑罰。故教化之行也,建首善自京師始,由内及外。今陛下昭至德,開大明,配天地,本人倫,勸學修禮,崇化厲賢,以風四方,太平之原也。古者政教未洽,不備其禮,請因舊官而興焉。爲博士官置弟子五十人,復其身。太常擇民年十八已上,儀狀端正者,補博士弟子(按:以上是建議在中央一級置五經博士)。郡國、縣、道、邑有好文學,敬上者,肅政教,順鄉里,出入不悖所聞者,令相長丞上屬二千石;二千石謹察可者,當與計偕詣太常,得受業如弟子。一歲皆輒試,能通一藝(即一經)以上者,補文學掌故缺;其高弟可以爲郎中者,太常籍奏。即有秀才异等,輒以名聞。其不事學若下材及不能通一藝,輒罷之,而請諸不稱者罰。臣謹案詔書律令下者,明天人分際,通古今之義,文章爾雅,訓辭深厚,恩施甚美。小吏淺聞,不能究宣,無以明布諭下。治禮次治掌故,以文學禮義爲官,遷留滯。請選擇其秩比二百石以上,及吏百石而通一藝以上,補左右内史、大行卒史;比百石以下,補郡太守卒史:皆各二人,邊郡一人。先用誦多者,若不足,乃擇掌故補中二千石屬,文學掌故補郡屬,備員。請著功令,佗(他)如律令。"[18]

對於公孫弘的上述奏議,漢武帝很快予以批准。而這一大規模將儒學教育與職官制度緊密結合的改革制度一旦實施之後,修習儒學成爲青年尋求前途的唯一希望,包括《禮經》在内的儒家"五經"既立爲官學,當然便成爲讀書人晋身之階。"自此以來,則公卿大夫士吏斌斌多文學之士矣。"[19]至此,"漢承周制"的局面已經形成,以儒家禮治觀念作爲漢朝基本國策已成歷史的大趨勢,儒家禮學的春天也終於到來了!

回顧歷史,從上古時期"禮"的萌芽,發展至三代,夏、殷二朝各有禮制,西周立國,在前代的基礎上,周公制禮作樂,鑄成了燦爛輝煌的西周禮樂文明。及至平王東遷之後,王室日弱,諸侯日强,造成禮崩樂壞,雖然孔子竭力鼓吹"克己復禮",但形勢比人强,無濟於大局。及後秦統一六國,竟做出"焚書坑儒"的暴行;繼之西漢前期又實行"漢承秦制"。如此數百年之間，儒家學說不彰，中國禮學當然也處於消沉的狀態。直至漢武帝於元光之後，大刀闊斧進行政制改革，目的是要實行"漢承周制"。因此"罷黜百家，獨尊儒術"，使"以儒治國"成爲基本國策，包括五經在内的儒家學說立爲學官，中國禮學的研究至此也成爲顯學。

那麼，爲什麼到了漢武帝一朝推行"以儒治國"的改制革命會取得成功，并影響了其後兩千多年的中國封建社會呢？

我認爲，總結歷史，主要有如下幾個原因：

其一，漢初劉氏得天下，高祖爲了便於治理，故沿用秦法；而朝儀方面，叔孫通則結合古禮及秦之儀軌。但朝野士大夫乃至民間文士喜好儒家學說者甚衆。漢初通過遺老口傳心授、壁中藏書，以及發動民間捐獻上繳儒家簡籍等方式，使官民得以大規模整理儒經。其時專治《詩》《書》《禮》《易》《春秋》的名家學者人數衆多，代有傳人。因此，儒學在漢代得到讀書人的普遍支持，有廣泛的社會基礎。而且文帝朝時，賈誼曾建議以儒家禮治取代秦法，雖然没有成功，但可視爲及後漢武帝政制改革的先聲。

其二，漢代禮治的建立，只有像漢武帝這種雄才大略的君主進行雷厲風行的推動，再加上董仲舒、公孫弘等儒臣的協助，實行"罷黜百家，獨尊儒術"，將儒學列爲官學，從中央到地方進行徹底的政制改革，讓青年人的前途命運與儒家學說緊密結合在一起，才能使儒家禮治成爲基本國策。尤其漢武帝在位（前141—前87）五十餘年，尊儒興禮不遺餘力，在他長期的強勢推動下，"以儒治國"的大勢已經形成。所以，漢代禮治之得以建立，禮學之中興，漢武帝一朝是關鍵。

其三，由於儒家禮治基本適合封建大一統皇朝和社會的需要，從皇朝的典章制度到家族宗法，儒家禮學中有關人與人之間關係的社會倫理，對國家、社會乃至家庭秩序的穩定，發揮了無可代替的作用。所以，漢武帝之後的昭、宣、元、成諸帝，除繼承武帝"以儒治國"的國策外，還進一步加以推動，尊儒不遺餘力。如漢昭帝始元六年（前81），納賢良、文學之議，罷榷酷官。宣帝於甘露三年（前51）詔諸儒講《五經》异同於石渠閣（在未央宫北），立梁丘《易》，大、小夏侯《尚書》，穀梁《春秋》博士。元帝初元五年（前44）下詔，博士弟子不限員，以廣學者，令民有能通一經者，免本身徭賦，大力鼓勵民間學習儒經。三年之後（永光三年，前41），乃置博士弟子員千人。成帝綏和元年（前8）更將太學弟子員增至三千人，可見其時儒學之盛。所以，整個西漢社會，儒家禮治的大勢已不可逆轉。

其後王莽專朝政，他看到從朝廷到民間儒學研究成風，儒生和儒臣是朝野一股極其龐大的力量，所以刻意投他們所好，落力推動儒學以籠絡人心。他向成帝推薦名儒劉歆典領《五經》。又因周公、孔子是儒士心目中的元聖和先師，所以要求平帝封周公的後裔公孫相如爲褒魯侯、孔子的後人孔均爲褒成侯，并追謚孔子曰褒成宣尼公。同時奏立明堂、闢雍、靈臺，爲儒家學者築舍萬區，徵天下通曉《五經》《論語》《孝經》《爾雅》及逸經、古記、小學、史篇者，遣詣京師，至者數千人。

王莽更援引周公輔成王故事，并依周制置公、侯、伯、子、男五等爵封功臣。而《周官》之改名爲《周禮》，就是王莽叫劉歆搞的。總之，王莽知道"漢承周制"其時爲人心所向，爲了收買朝野儒家學者之心，所以在這方面推行不遺餘力，可謂無所不用其極。他這樣做當然完全是政治手段，其最終目的顯然就是篡政。不過，在客觀上，也造成在這一特定的歷史階段，包括禮學在内的儒家經學，不僅沒有衰落，而且還得到很大的發展。

4. 東漢進一步尊儒尊孔并加强對儒家禮學的整理和研究

及後王莽篡政徹底失敗，光武中興。劉氏政權之所以能夠失而復得，端賴西漢近兩百年儒家禮治制度和忠君思想的深入人心，儒臣儒將拼死效力，匡扶漢室，最終擊敗王莽篡奪的不義政權,有以致之。而其思想根源,顯然來自於孔子"君君、臣臣、父父、子子"的禮治思想，使他們能深明君臣大義。所以，東漢皇朝光復，光武帝除繼承并大力推行儒家禮治外，乃大爲尊孔，於建武十四年（38）封孔子後人孔志爲褒成侯。

至光武帝後期，儒家學者班彪及其子固、女昭，以儒家禮治思想爲主導，在司馬遷《史記》的基礎上，前後續成《漢書》。其時朝廷又起明堂、靈臺、闢雍，進一步推行儒家禮治。

光武帝崩後，他的兒子漢明帝上台之後，更加尊儒好禮，永平二年（59），他親臨闢雍，初行養老禮。漢明帝還立學南宫，置《詩》《書》《禮》《易》《春秋》五經經師，頒令皇太子、皇親國戚子弟及公侯寵子接受教育，還通令他的近衛羽林軍將士學習《孝經》章句。連匈奴聞知，都遣子入學。[20]

漢明帝又最尊孔，歷史上第一所孔廟，就是他於永平十五年（72）親至山東曲阜，訪孔子舊宅時詔建的，以祀孔子及七十二弟子。漢明帝還親登講堂，命皇太子、諸王説經。

明帝崩後，經他多年精心培養的皇太子繼位爲漢章帝，由於他的儒學修養非常好，乃於建初四年（79）舉行白虎觀會議，召集太常、大夫、博士、郎官及諸儒會議《五經》同異。章帝親臨主持，并命班固將討論成果編成《白虎奏議》（即《白虎通》），作爲官方典籍公布。他又於建初八年（83）詔令群儒選高才生受學《左氏》《穀梁春秋》《古文尚書》《毛詩》。

安帝更於元和二年（85）親臨曲阜，祭孔子及七十二弟子。他們祖孫父子數代皇帝相繼尊孔尊儒達到這樣的程度，東漢時期包括禮學在内的儒家經學得到空前的發展，也就可想而知了。所以，漢章帝元和四年（87），博士曹褒上《漢禮》一百五十篇，足見其時儒家禮學之盛。

其後的漢和帝也遵循舊規,"以儒治國"。他任命著名的經學家賈逵爲郎中將,晋升侍中,領騎兵尉,期間賈逵撰有《古文尚書訓》《毛詩傳》《周禮解詁》《春秋左氏傳解詁》及《國語注》等書,可見其時儒家經學著作之盛。

及至安帝,賡續了漢代尊儒尊孔的傳統,乃於永初四年(110),詔五經博士校定藏於東觀的五經、諸子學、傳記、百家藝術,整理脱誤,勘正文字。安帝還於延光三年(124)親臨山東曲阜,并祭孔子及七十二弟子於其講學處闕里。東漢皇帝尊孔,可説代代相傳,成爲後世歷朝皇帝尊孔的典範。安帝崩後,他的兒子漢順帝對儒學的教育和整理研究不遺餘力,永建六年(131)順帝修繕太學,共一千八百五十室,可見其時太學學生人數之多。他又於陽嘉二年(133)詔舉敦樸之士,著名經學家馬融即爲其一。馬融於漢安帝時,曾任校書郎、議郎等職,他才高博洽,遍注《詩》《書》《易》《三禮》《論語》《孝經》,門徒常千餘人,著名經學家鄭玄即出其門下。至漢質帝元年(146),令郡國舉明經儒士詣太學,自大將軍以下皆遣子受業,歲滿課試,拜官有差。自是游學增盛,太學生增至三萬餘人。[21]

其後,至於桓、靈季世,宦官專權,治政日益衰敗。但皇帝仍對儒經十分重視。如漢靈帝熹平四年(175),詔諸儒校正《五經》文字,命議郎蔡邕以古文、篆、隸三體書之,刻石,立於太學門外,是爲《熹平石經》。

即使至東漢末年,漢獻帝雖爲曹操的權勢所脅迫,但仍然堅持"以儒治國"(按:至曹操下"唯才是舉令"之後才改變)。期間著名經學家鄭玄博通群經,著述宏富,達百餘萬字。其中以《三禮注》貢獻最大,影響了及後近二千年的儒家禮學,可説是中國"古典禮學"的一個高峰。

三、漢代的禮學研究爲中國"古典禮學"奠定基礎

如前所述,周公創造了西周燦爛的禮樂文明,是中國禮學的本源。孔子於春秋末期諸侯混戰的情況下,賡續了包括禮學在内的六經學説,并廣授門徒,形成了以其爲首的儒家禮治學派。及後歷經春秋戰國之際的"禮崩樂壞"和暴秦的"焚書坑儒",以及漢初的因循秦制,前後竟達數百年之久。

直至漢武帝尊儒興禮,實行"以儒治國"之後,漢代禮治得以建立,儒家禮學於是中興,并影響了其後二千多年的中國封建君主政體及其基本的國家典章制度,直至清室垮臺爲止。所以,我認爲中國"古典禮學"發源於西周,奠基於兩漢,與此一歷史過程相始終。

漢代禮學的建立,影響了其後二千多年的歷代皇朝和中國社會,我認爲主要體現在兩方面:一是官修的禮書、樂書、禮志、樂志或禮樂志;二是半官方或民間的儒家學者整理、研究及注疏的禮學著作。

首先，在官修的二十五史中，首史即爲漢武帝一朝的史官司馬遷所修的《史記》。內修諸書中，《禮書》列爲第一，《樂書》列爲第二，可見其受重視的程度。因爲其時武帝實行"以儒治國"的政策不久，儒家禮制尚未形成完整的系統，客觀上也未接受較長時間的歷史檢驗。所以，司馬遷修《禮書》，便着重在於闡述儒家的禮治思想。比如內中指出"禮之三本"，説：

"天地者，生之本也；先祖者，類之本也；君師者，治之本也。無天地惡生？無先祖惡出？無君師惡治？三者偏亡，則無安人。故禮，上事天，下事地，尊先祖而隆君師，是禮之三本也。"[22]

司馬遷因此又引出王、侯、大夫之間君臣尊卑貴賤的禮治關係，指出：

"故王者天太祖，諸侯不敢懷，大夫士有常宗，所以辨貴賤。貴賤治，得之本也。郊疇乎天子，社至乎諸侯，函及士大夫，所以辨尊者事尊，卑者事卑，宜鉅者鉅，宜小者小。"[23]

因此，實事求是而言，司馬遷所修《史記》的《禮書第一》，只闡述"禮"在歷史上的演變和"禮崩樂壞"對社會的危害，以及儒家禮治的主旨和意義，未遑在漢代儒家禮治建立後對禮制作系統的記錄。

延及東漢，在經歷西漢近兩百年推行"以儒治國"的基本國策之後，本來儒家禮治至此已趨成熟，有關"禮"的一切典章制度已大體完備。但因其時經歷西漢末年王莽篡政所引起的戰亂，光武中興，大難初平，一切典章制度有待恢復。因此，班氏父子、女兩代三人，借鑒司馬遷《史記》中撰有《禮書》《樂書》的經驗，於《漢書》中將二者合修爲《禮樂志》。其內容與《史記》中的《禮書第一》和《樂書第二》大同小異，都是縷述禮樂自古代至西漢歷朝的歷史以及肯定儒家禮治的意義，對皇朝的各種禮制未遑著錄。篇中開宗明義指出：

"《六經》之道同歸，而禮樂之用爲急。治身者斯須忘禮，則暴嫚入之矣；爲國者一朝失禮，則荒亂及之矣。人函天地陰陽之氣，有喜怒哀樂之情。天稟其性而不能節也，聖人能爲之節而不能絕也，故象天地而制禮樂，所以通神明，立人倫，正情性，節萬事者也。"[24]

《漢書·禮樂志》的篇末，對當時的歷史現實和禮樂制度未臻完善，有過剴切的叙述和感慨。內中説：

> "今海内更始，民人歸本，户口歲息，平其刑闢，牧以賢良，至於家給，既庶且富，則須庠序、禮樂之教化矣。今幸有前聖遺制之威儀，誠可法象而補備之，經紀可因緣而存著也。孔子曰：'殷因於夏禮，所損益，可知也；周因於殷禮，所損益，可知也；其或繼周者，百世可知也。今大漢繼周，久曠大儀，未有立禮成樂，此賈（誼）、仲舒、王吉、劉向之徒所爲發憤而增嘆也。"(25)

我認爲上述這段話非常重要。一方面證實經過西漢末年王莽篡政引起的大亂被平息之後，東漢初社會秩序剛恢復，學校要進行禮樂教育，"幸有前聖遺制之威儀"。説明西漢的禮制禮儀及禮治思想，至東漢是有所傳承的。另一方面，顯示自漢武帝之後，兩漢的既定政策確實是實行"漢承周制"的。一句"今大漢繼周"，足以證明。班氏在篇末感到遺憾的是，在禮樂制度及其儀軌上，尚未恢復完善。

但是，及後東漢自光武帝以下，歷朝皇帝確實做到尊周尊孔尊儒，禮樂制度逐漸完善。據《後漢書·禮儀上》開篇所言，云：

> "夫威儀，所以與君臣，序六親也。若君亡君之威，臣亡臣之儀，上替下陵，此謂大亂。大亂作，則群生受其殃，可不慎哉！故記施行威儀，以爲《禮儀志》。"(26)

從上述記載中，説明光武中興之後，汲取王莽以下凌上、實行篡政的經驗教訓，所以東漢復國，即强調推行儒家禮治以彰明君臣大義，重點在於突出皇帝的威儀，這正是《後漢書》所以要修《禮儀志》的主要原因。因此，自漢明帝開始，各種儒家禮樂制度漸趨完備。内中云：

> "明帝永平二年三月，上始帥群臣躬養三老、五更於辟雍；行大射之禮；郡、縣、道行鄉飲酒禮於學校，皆祀聖師周公、孔子，牲以犬。於是七郊禮樂、三雍之義備矣。"(27)

由於漢代實行"漢承周制"，所以明帝尊祀周公、孔子，施行儒家禮治，上述的記載就是證明。至於東漢的一些禮制、禮儀，《後漢書·禮儀志》也有相關的記載。

客觀而言，無論西漢或東漢，許多禮制、禮儀實際上已經大備，只是限於歷史的原因和條件，以致《史記·禮書》《漢書·禮樂志》和《後漢書·禮儀志》没能作完備、系統的著録。

其實，有關漢代禮樂方面的許多典章制度，都大量存在於上述漢代三史書的各個部分之中。這項工作，直至南宋徐天麟仿《唐會要》之體，取《漢書》《後漢書》所載制度典章見於紀、志、表、傳者，以類相從，分門編裁，撰成《西漢會要》和《東漢會要》兩巨冊。兩漢禮制、禮儀、樂章等也包括其中，可謂巨細無遺，成爲兩漢儒家禮制、禮儀和禮學的重要歷史文獻。內中相關的典章制度和宗法制度，爲其後歷朝所取資，從而使"漢承周制"成爲封建皇朝推行儒家禮治的典範。

由於漢代官修的《史記》中有《禮書》《樂書》，繼而《漢書》也修纂《禮樂志》；其後《後漢書》也承襲此一傳統，有《禮儀志》之修纂。從而使"漢承周制"的禮樂制度得以确立，并影響了其後歷代封建皇朝的禮治思想和禮治制度。因此，兩漢之後，歷朝修正史，只要是統一的皇朝，或南北分治時期國祚較長者，并處於和平的治世，便大都會仿效漢代的禮樂制度，在其國史中修纂《禮志》《樂志》。

遍觀《二十五史》中，自《晉書》迄至《清史稿》，幾乎大部分正史都是如此。不僅大部分華夏皇朝這樣做，就連邊疆游牧民族入主中原或分據北方成立的政權，像南北朝時期的北魏，以及其後的遼、金、元諸朝，乃至爲中國封建君主制度畫上句號的清皇朝，後世在編纂他們的朝代史中，無不根據歷史事實，修輯有《禮志》《樂志》，證明這些國家也在實行儒家禮樂制度，從而令這些游牧民族在儒家禮治文化長期的熏陶中，與漢族文化互相融合，共同締造中華民族的傳統文化。

而在中國《二十五史》中，溯本追源，《史記》中修撰的《禮書第一》和《樂書第二》無疑開其先河；《漢書·禮樂志》繼其統緒，成爲其後大部分國史纂修的仿效對象。兩書在歷史上的影響，确實重大而深遠。

其次，在暴秦焚書之後，自漢初起，無論官方或民間，都竭力對西周和春秋戰國以來的《六經》典籍文獻進行搶救、整理。其中包括對禮經的研究，除官方或半官方之外，民間儒家學者對禮學著作的搜集、整理、解詁、注疏和研究的貢獻也特別巨大。

司馬遷在《史記·儒林列傳》中說：

"諸學者多言《禮》，而魯高堂生最爲本。《禮》固自孔子時而其經不具，及至秦焚書，書散亡益多，於今獨有《士禮》，高堂生能言之。

"而魯徐生善爲容。孝文帝時，徐生以容（按：即禮儀）爲禮官大夫。傳子至孫徐延、徐襄。……襄以容爲漢禮官大夫，至廣陵內史。延及徐氏弟子公戶滿意、桓生、單次，皆曾爲漢禮官大夫。而瑕丘蕭奮以《禮》爲淮陽太守。是後能言《禮》爲容者，由徐氏焉。"[28]

從上文中，可知漢初熟悉儒家禮學的主要學者，是山東的高堂生。而同樣來自山東的徐生，則善於演示儒家禮儀。他們都代有傳人。而以禮容爲官者，徐氏子孫及其門弟子，大有人在。

另《漢書·藝文志》說：

"漢興,魯高堂生傳《士禮》十七篇。訖孝宣世,后倉最明。戴德、戴聖、慶普皆其弟子,三家立於學官。《禮古經》者,出於魯淹中及孔氏(學七十),與(十七)篇文相似,多三十九篇。及《明堂陰陽》《王史氏記》所見,多天子、諸侯、卿、大夫之制,雖不能備,猶瘉倉等推《士禮》而致於天子之説。"(29)

從上述可知,《士禮》十七篇,其實就是《禮古經》也即《儀禮》的一部分。其時《儀禮》一書,全部應該共有五十六篇。

又據《漢書·藝文志》記載,西漢學者整理的儒家禮學著作如下:

《禮古經》五十六卷,《經》十七篇。(后氏、戴氏。)
《記》百三十一篇。(七十子後學者所記也。)
《明堂陰陽》三十三篇。(古明堂之遺事。)
《王史氏》二十一篇。(七十子後學者。)
《曲臺后倉》九篇。
《中庸説》二篇。
《明堂陰陽説》五篇。
《周官經》六篇。(王莽時劉歆置博士。)
《周官傳》四篇。
《軍禮司馬法》百五十五篇。
《古封禪群祀》二十二篇。
《封禪議對》十九篇。(武帝時也。)
《漢封禪群祀》三十六篇。
《議奏》三十八篇。(石渠。)
凡《禮》十三家,五百五十五篇。(入《司馬法》一家,百五十五篇。)

從《漢書·藝文志》的上述相關記載,我認爲後世的《儀禮》《周禮》《禮記》也即"三禮書",西漢時在文獻資料上已大體具備,在内容上已成規模。比如包括《士禮》十七篇的《禮古經》五十六卷,實際上就是流傳至今的《儀禮》一書。這是許多前代學者早已論及的。

而王莽時劉歆置爲博士的《周官經》一書,及後就改名爲《周禮》。這也是許多人都知道的。

至於七十子後學者所記的《記》百三十一篇,我認爲子夏的《禮志》應該包括在其中。因爲《禮志》其實就是《禮記》。而子夏正是孔子七十弟子之一。《史記索隱》説:

> "子夏文學著於四科，序《詩》，傳《易》。又孔子以《春秋》屬商（按：即子夏）。又傳《禮》，著在《禮志》。"⁽³⁰⁾

我之所以認爲子夏所著的《禮志》，就是《禮記》，是因爲古代"志""記"二字相通。如《史記·屈原賈誼列傳》中的"博聞強志"；又如劉禹錫《再游玄都觀絶句·引》"遂有前篇，以志一時之事"；再如蘇軾《喜雨亭記》"亭以雨名，志喜也"；最後如柳宗元《永州鐵爐步志》"嘉其言可采，因以爲志"。

上引四例中之"志"，皆與"記"通。所以我認爲《史記索隱》中記載子夏"著在《禮志》"，應即《禮記》無疑。而子夏本人正是孔子七十二弟子之一。這方面，有《漢書·景十三王傳》中之《河間獻王傳》的相關記載爲證。内中説：

> "河間獻王德，以孝景前二年立，修學好古，實事求是。從民得善書，……所得書皆古文先秦舊書：《周官》《尚書》《禮》《禮記》《孟子》《老子》，皆經、傳、説、記，七十子之徒所論。"⁽³¹⁾

所以，我認爲武帝末年河間獻王劉德從民間收集到的、由孔子弟子"七十子之徒所論"的先秦舊書之一的《禮記》，應該就是子夏所著的《禮志》。

另一方面，就上述的記載而論，其時已有《禮記》之名，而尚無《儀禮》之説，只言《禮》而已。

另據《漢書·藝文志》所言，也證明《禮記》一名在西漢早已存在，内中説：

> "武帝末，魯共王壞孔子宅，欲以廣其宫，而得《古文尚書》及《禮記》《論語》《孝經》凡數十篇，皆古字也。"⁽³²⁾

至於《漢書·藝文志》中所説的《禮古經》，我認爲即爲《漢書·河間獻王傳》中所説的《禮》，也即後來的《儀禮》。而《漢書·藝文志》中所載的"《記》百三十一篇"中，我認爲子夏的《禮記》應包括在其中。而戴德、戴聖既研究《士禮》，也研究與此相關的《記》等禮學文獻。及後，在這百三十一篇的《記》中，戴德傳其八十五篇，是爲《大戴禮記》。而其從侄戴聖顯然則傳《記》中剩下的四十餘篇，再加上前述《漢書·藝文志》中所著録的《中庸》《明堂》等諸篇，綜合整理成四十九篇，成爲流傳至今的《禮記》一書。有關這方面，鄭玄在《六藝論》中有確切論述，説：

> "戴德傳《記》八十五篇，則《大戴禮》是也；戴聖傳《禮》四十九篇，則此《禮

記》是也。"⁽³³⁾

鄭玄的上述看法，顯然有所根據，與我的考證也頗相合，故此處從其說。

至於鄭玄所說的"此《禮記》"之名，我認爲在戴聖所傳的《記》中，應以子夏所著的《禮記》(按：也即《禮志》)的内容爲主，於是仍采用其名。此名早在《漢書·河間獻王傳》和《漢書·藝文志》中有記載，已如前述。

毫無疑問，西漢武帝時期，《詩》《書》《禮》《易》《春秋》五經已立爲學官。其中禮學的内容，隨着《周官經》《記》等相關禮學文獻的日漸豐富，於是分門別類，又分爲《儀禮》、《周禮》(原名《周官經》)、《禮記》，以及戴德所傳的《大戴禮記》。我認爲這些主要的儒家禮學經典，在西漢時期業已成書，成爲後世研究中國"古典禮學"的主要文獻和重要基礎。

於是，至東漢時期，經學名家在禮學的研究方面，大都着重對《儀禮》《周禮》《禮記》即所謂"三禮書"，進行研究、解詁、注釋。如漢和帝時賈逵著有《周禮解詁》，漢安帝時馬融注過《三禮》，及後他的學生鄭玄以其博大精深的學識遍注《三禮》，精微允當處，逾於乃師，這是學術史上所公認的。段玉裁認爲：鄭玄"當中年注《禮》最美，而傳之最久。以後所注《書》《論語》《周易》不傳，蓋與《毛詩》俱遜《三禮》也"。⁽³⁴⁾可謂對鄭玄的《三禮注》推崇備至。

客觀而言，兩漢推行儒家禮治，對先秦的儒家經學進行系統的搶救、整理、解詁、注疏，在文化傳統上實現了"漢承周制"。兩漢經學的繁盛，使禮學研究成爲顯學，從而爲中國"古典禮學"奠定了根基。而在學術上，鄭玄可謂漢代經學研究之功績顯著，尤其他的《三禮注》，更是儒家禮學研究的里程碑式著作，成爲後世研究"古典禮學"必備的參考經典。

因此，吳飛教授在北大燕園設置"康成學術講座"，以紀念鄭玄這位中國歷史上偉大的經學家，并促進北大禮學研究的發展，可謂眼光獨具，真正抓到禮學研究的關鍵之處。因爲無論古今，大凡研究禮學者，溯本追源，大都離不開兩漢三代之學。而在許多學者的心目中，鄭玄的《三禮注》，可說是人們探索禮學過程中的一座燈塔。所以，我認爲"康成學術講座"設立於燕園之中，顯示北大的禮學研究，走的是一條學術的正道，具有十分重要的意義。

毫無疑問，兩漢四百餘年間(前206—220)，奠定了"漢人"和"漢學"的概念和根基。而所謂"漢學"，實際上即"繼周繼孔"之學，其中包括王朝的禮治思想、典章制度和《五經》之學，影響所及，成爲漢後歷代皇朝的基本國策和法定國學。《五經》至唐代擴爲《九經》；直至南宋，再擴至《十三經》。同時，宋代官學的重點爲《四書》《五經》，并作爲科舉的考試内容。

必須指出，無論是《四書》《五經》，還是《十三經》，它們都萬變不離其宗，實際上都根源於周、漢之學；而孔子的儒學，在這中間起了承先啓後的重要作用，使兩千多年來中國的文化歷史能夠賡續不斷，從而成爲中華民族傳統文化的主體。而儒家禮學，正是中華傳統文化的一部分。

毫無疑問，儒家禮學對皇朝的典章制度和家族宗法制度，以及對社會結構和社會秩序的穩定，發揮了不可或缺的歷史作用，直至清皇朝終結爲止。

客觀而言，中國有五千多年的文明史。從先周早期"禮"的萌芽，到西周禮樂的鼎盛和兩漢禮學的中興，加上漢後歷代封建皇朝對禮治制度文化的因襲賡續，像中國幅員如此大、歷史如此長、文化傳統如此深厚的國度，因而，數千年來積纍的禮學著作，浩如煙海。所謂"禮經三百，威儀三千"，古代儒士皓首窮經，一生尚不能窮其禮，足見中國"古典禮學"，確實博大精深，可謂取之不竭。時至今日，海內外學術界在這方面的研究，包括在座的各位專家學者，以及我個人的一些相關著作，實際上都屬於中國"古典禮學"的研究範疇，這是毋庸諱言的。

當然，相對來說，有"古典禮學"便有"現代禮學"。但"現代禮學"不屬於本篇的研究範圍。此次我專講"古典禮學"的相關內容，只是我個人的一點粗淺看法，尚祈在座各位和大雅方家，不吝指正。

2022 年 12 月 9 日改定

（本文爲應邀於 2018 年 4 月 20 日北京大學禮學研究中心舉行的第十八次禮學專題講座而作，出版時作了修改和刪節。）

[注]

（1）《論語・八佾》。

（2）《禮記・中庸》。

（3）（4）《論語・顔淵》。

（5）賈誼《過秦論》。

（6）賈誼《陳政事疏》。

（7）司馬遷《史記・屈原賈生列傳》。

（8）（9）（15）（16）（17）（18）（19）（28）司馬遷《史記・儒林列傳》。

（10）司馬遷《史記・孝武本紀》。

（11）（13）引自《漢書・董仲舒傳》。

（12）（14）引自荀悦《漢紀》。

（20）（21）引自張習孔、田珏主編《中國歷史大事編年》。

（22）（23）司馬遷《史記·禮書第一》。

（24）（25）《漢書·禮樂志》。

（26）（27）《後漢書·禮儀上》。

（29）《漢書·藝文志》之《禮家·後序》。

（30）《史記索隱》。

（31）《漢書·景十三王傳》之《河間獻王傳》。

（32）《漢書·藝文志》之《書家·後序》。

（33）見孔穎達《禮記正義·序》引。

（34）段玉裁《經韻樓文集補編》卷下《與劉端臨第四書》，天津古籍書店，1982年。

疑古思潮與古史重建之我見

一、疑古思潮與顧頡剛的《古史辨》

衆所周知，自上世紀初，辛亥革命爆發，清皇朝的垮臺標志着中國封建皇權制度的解體。其時國家新舊體制與新舊思想交相更替，新文化運動形成的思想潮流，衝决舊體制、舊思想的網羅。尤其陳獨秀、胡適之諸人倡行"白話文運動"，首先以此刷新中國文化的面貌。

史學界方面，顧頡剛高擎"古史辨派"大纛，以"疑古"爲武器，矛頭針對中國固有的以"三皇五帝"爲象徵的古史系統，斥其爲"僞古史"，毫無疑問，其中顯然就包括司馬遷的《史記·五帝紀》。顧氏也斷然否認孔子與六經有任何關係，并斥六經爲"僞經"。

毋庸諱言，顧頡剛當年的疑古觀念最初并非發端於自己的讀書生疑，而是受到清末民初之際疑古思潮的影響，其中對他影響最大的是康有爲的《孔子改制考》和胡適"疑古"的歷史觀念。顧氏坦言：

> "我的推翻古史的動機固是受了《孔子改制考》的明白指出上古茫昧無稽的啓發，到這時而更傾心於長素先生的卓識。"[1]

至於胡適，則是以大膽懷疑一切出了名的。其古史觀，簡言之，就是：東周以上無古史。并認爲《詩經》《書經》《周易》《周禮》等都不可靠，《左傳》中所講的東西多是假的。李學勤先生對此提出批評，指出"這樣一來，東周以上就没有什麽可信的古史了"。[2]

客觀而言，在清封建帝制瓦解，民初新制尚未確立，思想十分混亂之際，胡適鼓吹的疑古思想對中國社會的影響確實十分巨大。其"東周以上無古史"的歷史觀念，把西周及其上溯的夏、商二朝以及五帝、三皇時代的歷史，統統一筆抹殺。他又説《詩》《書》《易》《周禮》等都不可靠，同時還説《春秋左傳》所講的東西多是假的。如此一説，便在根本上否定了作爲中國傳統文化本源的"六經"文化。在胡氏的眼裏，東周以上没有古史，也没有經學，如此不僅摧折了中國古代文明二千五百年的歷史，而且自戕中國的傳統學術文化。這種由疑古思想主導下衍生的歷史虚無主義的古史觀和文化觀，其對中國社會的影響是不言而喻的。

在胡適的直接影響下，其時顧頡剛可謂全盤承襲其"疑古"的古史觀和文化觀，并竭盡全力加以發揮。有關這方面，他曾直言不諱地説：

"那幾年中，適之先生發表的論文很多，在這些論文中他時常給我以研究歷史的方法，我都能深摯地瞭解而承受，并使我發生一種自覺心，知道最合我的性情的學問乃是史學。"[3]

顧頡剛還學習胡適疑古思想主導下的歷史研究方法，説：

"適之先生帶了西洋的史學方法回來，把傳説中的古代制度和小説中的故事舉了幾個演變的例，使人讀了不但要去辨僞，要去研究僞史的背景，而且要去尋出它的漸漸演變的綫索。……我生當其頃，歷歷受到這三層教訓，加上無意中得到的故事的暗示，再來看古史時便觸處見出它的經歷的痕迹。……因爲有了這幾項基本的性質，所以我敢於懷疑古書古史而把它作深入的研究，敢於推倒數千年的偶像而不稍吝惜。"[4]

於是，顧頡剛决心革"僞古史"的命，遂以破壞中國固有的古史系統爲己任，從而達到其摧毁"聖道王功"，并進而打倒"三皇五帝"——這個數千年來在國人心目中作爲國史上先聖先哲和傳統文化象徵的目的。顧氏毫不掩飾地表示：

"我的現在的研究僅僅在破壞僞古史的系統上面致力罷了。"[5]

從那時起，到二十世紀三十年代中，顧頡剛帶領"古史辨派"一直都這麽做。因此，"疑古"思潮對那一時期的史學界確實造成極大的衝擊，對知識青年的史學觀念影響尤其重大，其結果在一定程度上動摇了我國固有的古史系統，在文化上一度造成我國歷史虚無主義的消極影響。

必須指出，二十世紀初至二三十年代，泛濫於中國的疑古思潮實際上有其國内和國際方面的歷史背景。國内方面，清季崔述、康有爲相繼有"疑古"之論。國際方面，日本史學界則有意識地加以利用并進一步擴大了"疑古"的影響。

日本自明治維新之後，以"脱亞入歐"爲基本國策。"脱亞"者，實際上是要盡量擺脱一衣帶水的傳統文明古國——中國文化過去對日本的巨大影響。因爲在過去一千多年的時間裏，漢學、漢字、漢醫乃至漢佛的宗教信仰等漢文化，在日本幾乎無處不在，深入到方方面面。但明治維新之後數十年，日本已逐漸成爲政治、經濟、軍事上的强國，而且"甲午"一戰而大敗清帝國，繼之再戰而敗俄羅斯，於是侵略野心瘋狂膨脹，大有睥睨天下之勢。其時日本不僅看不起中國，而且將其視爲征服的對象。

其實，日本的野心家，自明代的豐田秀吉起，對侵略中國是蓄謀已久，而且是公然昭告天下的。其策略是先取朝鮮半島及中國的東北地區，進而占領全中國以雄霸天下。數百年後，日本的軍國主義者正是循此策而行的，"甲午"戰爭之後，他們認爲征服中國的機會終於到來了。唯其時中國文化在日本社會的影響依然存在，所以，他們首先要大力貶損中國的歷史文化，以消除其在日本人心目中根深蒂固的印象。而滅人之國，必先滅其史，這是日本野心家要幹的事。當然，這一方面的工作，自有那些鼓吹并支持"脱亞入歐"的東洋學者們去做。

首先，時任日本千葉縣中學校長的歷史學家那珂通世寫了《支那通史》一書，内中對中國的歷史文化極盡敵視和貶低之能事，竭力鼓吹"中國停滯論"，把中國二千年來的制度文化説得一無是處。此書在日本流行甚廣，他們的圖謀果然得逞，自此之後，中國人及其文化在日本人的心目中一落千丈。

繼之，那珂通世的學生白鳥庫吉承襲其師敵視中國的思想觀念，且在日本學術界的影響更大。1908年，白鳥庫吉親至我國東北，幫助"滿鐵"設立"滿洲地理歷史調查室"，重點研究朝鮮半島和我國東北地區的歷史地理。衆所周知，軍事地理（包括地圖）乃建基於自然地理和歷史地理之上的。毫無疑問，白鳥庫吉此舉在客觀上，便爲其後日本關東軍占領我國東北地區提供了幫助。

1909年，白鳥庫吉在東洋協會評議委員會上演講，公開提出《尚書》中的《堯典》《舜典》《大禹謨》諸篇都值得懷疑，鼓吹"堯、舜、禹抹殺論"，實際上極大地貶損了中國的古文明。他著有《中國古傳説之研究》《〈尚書〉的高級批評》等著作，將經典的中國古史貶爲"傳説"，從而在日本掀起了對中國古史的"疑古"思潮，影響及於中國。

1921年，白鳥庫吉的學生内藤湖南承其師懷疑中國古文明之餘緒，支持白鳥"疑古"觀念主導下的"堯、舜、禹抹殺論"，其《尚書質疑》一文，將白鳥之説進一步理論化和系統化。就這樣，那珂通世、白鳥庫吉、内藤湖南三代學者一脉相承，極力貶損中國傳統文化，鼓吹對中國古史的"懷疑"和"抹殺"，目的既在於消除中國文化對日本的廣泛影響，也企圖進一步打擊中國人對自己五千年文明古國的文化自信。

毋庸諱言，日本這股對我國古史和古文明持懷疑和否定態度的"疑古"思潮，對其時徬徨而"東張西望"的中國文化學術界，無疑產生了一定的影響。

不久，"疑古"思想果然在中國國內逐漸泛濫起來。尤其胡適"疑古"唯恐落後於人，大力鼓吹"懷疑一切"，目標所指，主要是針對中國的古史和經學文化。他認爲"東周以上無古史"，而概以"傳說"視之；又認爲經學文化多"不可靠"，而加以一概抹殺。

顧頡剛親承胡適"疑古"之衣鉢，而且走得更遠。他在1926年出版的《古史辨第一册自序》中直言不諱地說：

"三皇、五帝的系統，當然是推翻的了。……堯舜禹的地位的問題，《堯典》和《皋陶謨》我是向來不信的。"[6]

實事求是而言，胡適和顧頡剛都是純粹的中國讀書人，其時他們都急於以學術救國爲己任。但客觀上，他們上述所鼓吹的種種"疑古"的觀點，不僅沿襲了清季崔述以來的"疑古"思想，而且無形中也呼應了日本方面別有用心的人的種種言論。毋庸諱言，白鳥庫吉的"堯、舜、禹抹殺論"固然已貶損了中國的古史和古文明，但胡、顧的思想學說，可謂"後來居上"，實際上比白鳥之流"疑"得更加徹底，貶損得更加厲害。而胡、顧兩人其時高舉"新文化"和"新史學"的旗幟，在文化學術界領袖群倫，他們的"疑古"思想在青年中無疑造成很大的影響。

尤其顧頡剛後來系統化其"疑古"理論，并發展成爲"古史是層累地造成"的學說，認爲中國古史多由傳說轉化而成。顧氏以《古史辨》爲理論陣地，推行其"疑古"理論。在他的主持下，《古史辨》前後出版了七册。而第八册是《古地辨》，顧氏擬由我師饒宗頤先生主編。

其時饒師十分年輕，但在古代歷史地理學上已多有撰作，發表在《禹貢》半月刊上，遂引起顧頡剛的注意。於是彼此書信往來，雖未蒙面，但學術神交有數年之久。那時顧氏在年輕學者的心目中，無疑是"新史學"的領袖人物，饒師對他很敬重，當然也受其"疑古"思想的影響。而顧對饒在學術上也青眼有加，十分看重，所以將編纂《古史辨》第八册《古地辨》的重任交付給他。

饒師對此事十分認真，并全力以赴，及後編成《古地辨目錄》，於1940年登在成都齊魯大學《責善半月刊》第一卷第三期上。

經過一段時間的深入研究，在進行反覆比勘之後，饒師發覺在顧頡剛"疑古"思想主導下的那些有關中國古代歷史地理方面的論文，內中所論的古史地域、地名、地望，與客觀的歷史事實存在很大的出入，使他對顧頡剛那套"地名層累"的學說產生了懷疑，而且研究越深入，發現矛盾的問題越多，其與歷史事實相去甚遠。於是饒師對顧氏的"疑古"思想和研究方法越來越動搖，越來越懷疑其正確性和可靠性，以至後來在學術思想和古史觀念上，"疑古"變成"疑顧"。在經過激烈的"腦交戰"之後，饒師最終放棄對《古史辨》第八册《古地辨》的出版。其所以這樣做，用他自己的話來説，就是：

"其實，主要是我的古史觀有重大改變了。"(7)

有關饒師在青年時期深受顧頡剛的影響，以及其後古史觀發生重大改變的過程，他曾有一段剴切的剖白，説：

"記得我在弱冠前後，尤其在中山大學廣東通志館工作的時候，館藏方志千餘種，佔全國的第二位。那時候，我深受顧先生的影響，發奮潛心，研究古史上的地理問題。曾經把古書所有與地名有關的記載鈔錄若干册，《楚辭地理考》即其時得以刊布的一種。當日古代地理研究的討論文字集中在《禹貢》這一刊物，該刊亦曾印行過一期《古代地理專號》，我和錢（穆）先生討論的文章亦發表在該期，我對顧老的"古史中地域擴張"的論點，已有不同的看法。那些依據地名遷徙，作出推論，濫用同音假借來比附音義相近的地名，建立自己一套想像所考慮到的"地名層累"（"層累"二字可能取自顧先生的層累造成的古史觀），許多古史地名都給重新搬家。……我認爲關於古史地域的盡量縮小，同名的古史地名可作任意易位，這是不牢固的推理方法，這樣連篇累牘的討論是沒有意思的。在我屢次比勘之後，覺得無法接受，只有失望。所以我決定放棄第八册的重編工作，原因即在此。……我的思想改變，我不敢説是'入室操戈'，但真理在前面，我是不敢迴避的。……把古代文明過於低估（如説湘水流域漢初文化尚低之類），把古代空間縮得太小，反而離開史實。近期各地古物的出土，本身已做充分證明，應當重新論證。……"(8)

毫無疑問，饒師年輕時曾經信從顧頡剛的"疑古"思想，同時也是顧頡剛所信賴的"古史辨派"的得力干將，否則便不會將《古史辨》第八册《古地辨》交給他編。但正因爲在編《古地辨》的過程中，在經過深入研究和反覆比勘之後，饒師才深刻體認到顧氏"疑古"思想主導下，"層累造成的古史觀"的研究方法存在不可靠和錯誤之處。他是"古史辨派"中人，冷暖自知，別人對"疑古"思想和"層累造成的古史觀"的那一套認識未必有他那樣深刻。

毋庸諱言，饒師上述的内心直白，實際上是他在"疑古"實踐中應用顧氏的"層累"學說碰壁之後的幡然醒悟,他認爲這條脱離史實的研究之路是有問題的,而且也是行不通的。從此他斷然與"疑古"思想和"古史辨派"分道揚鑣。

在多年的學術實踐中,饒師深刻地體認到實證的考古學與傳統的文獻學相結合以考證古史,這種研究古史的方法比較切實可靠,故在《饒宗頤二十世紀學術文集》第一卷《史溯》中,開章明義的第一篇,就是《論古史的重建》,其主旨就是提倡以考古學與傳統文獻相結合以重建古史。可見他念兹在兹,對這件事是何等重視,其意乃在於向學術界提出呼籲,以冀共同重建被"疑古"思想和"古史辨派"一度破壞的中國古史系統。

二、關於古史重建問題之我見

當然,歷史要求真,學術要求是,一切都必須以客觀事實爲依歸。經過半個多世紀的歷史沉澱和無數地下出土文物的問世,時間可謂是判別學術是非的最好證人,歷史事實自會作出確切的結論。

毋庸諱言,近數十年來,在不斷問世的大量出土文物有力地證明我國固有的古史系統基本信而有徵的證據面前,無論是二十世紀初日人白鳥庫吉鼓吹的"堯、舜、禹抹殺論",還是以顧頡剛爲首的古史辨派以"疑古"來否定我國古史系統的那一套理論,業已逐漸瓦解,這是學術界有目共睹的鐵一般的事實。

自二十世紀與二十一世紀之交以來,我師饒宗頤先生和内地不少專家學者,都先後撰文批判了"疑古"觀念,提倡"重建古史",其《論古史的重建》一文即爲顯例。我因受饒師的影響,深感這一學術問題的重要,在二十世紀九十年代中,即撰文參與對史學界"疑古"思潮的批判,同時對饒先生關於古史重建的提倡加以肯定并爲之宣揚。

最近十餘年來,清華大學的李學勤教授涉及這方面的著作甚衆,他先後撰有《走出疑古時代》一書[9]及《疑古思潮與重構古史》[10]《出土文獻與古史重建》[11]諸作,在這方面着力甚多,建樹卓著。

北京大學李伯謙教授在所著《文明探源與三代考古論集》一書中,有一篇《考古學視野的三皇五帝時代》的論作。文中有一章節《疑古思潮對傳統古史體系的破壞與走考古學之路重建中國上古史體系任務的提出》,講的也是消除"疑古"思想的影響和以考古學重建中國上古史的問題,非常中肯。内中說:

"由於疑古學派對傳統古史體系的破壞和以田野調查、發掘爲特徵的現代考古學的傳入,走考古學之路遂成爲當時學術界的共同認識,成爲史學研究的必由之路。"[12]

緊接着，李伯謙教授在該文中，又撰寫了《考古學重建中國上古史體系的歷程和取得的成果》《考古學重建的古史體系與傳統史學的中國古史體系的對應》以及《文獻與考古所見的"三皇五帝"社會》諸章[13]，其極具針對性的目標，顯然在於廓清并消除海内外自二十世紀初以來"疑古"思潮的消極影響，同時强調以現代考古學重建中國古史的必要性和可行性。該文甚具真知灼見，非常重要。

應該說，經過學界同人長期的反復討論辨析，目前"疑古"思潮已被逐漸消除。但是，關於"古史重建"的問題，究竟要如何理解呢？

實事求是而言，我認爲中國的上古史研究，雖然曾經在二十世紀初受到"疑古"思潮的干擾和破壞，但大量的文獻典籍尚存，古史系統仍在。因爲數千年的中國歷史傳統文化所確立并爲歷代學人所遵奉的古史系統，也不是什麽人想要破壞就能破壞得了的。所以，中國古史最需要的是地下出土文獻實證的證明，用王静安先生的"二重證據法"，使紙上文獻記載的固有的古史系統得到更科學、更客觀的證實從而獲得進一步的確認。我認爲如此意義上的"古史重建"，不僅符合中國歷史的實際情況，而且也是很有必要的。

半個多世紀以來，在考古工作者長期不畏辛勞的工作之下，大量出土文獻的研究成果，不僅廓清了"古史辨派"自二十世紀初以"疑古"思潮籠罩在中國古史上的迷霧，有力地證明了我國古籍文獻上記載的古史系統是正確的，而且以實證補充了中國古史的許多内容。比如：1984—1987年考古學家在河南舞陽賈湖地區發掘了十幾座墓葬，出土了有刻符的龜甲和有律制的骨笛，據考古鑒定距今七千年以上，應該早於我國古史傳說中的"三皇"時代，可說是我國原始文字的發端和古樂律、古樂器早期創制的萌發階段。

在中國考古學文化中，紅山文化、良渚文化和仰韶文化距今約5500—4500年。紅山文化和良渚文化的共同特徵是，在這些地跨南北的文化遺存中，都出土了大量的玉器。而仰韶文化則以彩陶爲主要的文化特徵。因此，可以說，在距今約五千年前的中國古文明，是以"玉文化"和"彩陶文化"爲基本特徵的。而這兩種文化盛行的年代，與司馬遷在《史記·五帝紀》中記載的黄帝時代主要具備的物質文化的基本特徵是相吻合的。内中說：

"（黄帝之時）播百穀草木，淳化鳥獸蟲蛾，旁羅日月星辰水波、土石金玉。"[14]

這裏重點提到的"土、石、金、玉"，它們是黄帝時代廣爲蒐羅的四種物料。必須指出，司馬遷這裏所說的"土"，不是一般的泥土，而是製造彩陶的陶土原料，是一種生產資源；至於"石"，應指可磨製打造石器的原料；"金"，其時實際上就是製造銅器的"銅";而"玉"石當然可製成玉器。毫無疑問,黄帝時代顯然已經爲"玉文化"和"彩陶文化"具備了物質基礎和製造技術。以"玉文化"爲例,據《越絶書·寶劍》記載:"黄帝之時,以玉爲兵。"凡此説明在黄帝時代,玉已普遍得到使用。因此,在距今五千年前後的黄帝時代,不僅是以"彩陶文化"爲特徵,同時也是以"玉文化"爲特徵的。

至於黄帝時的勢力範圍,《史記·五帝紀》記載:

> "東至於海,登丸山,及岱宗。西至於空桐,登雞頭。南至於江,登熊、湘。北逐葷粥,合符釜山,而邑於涿鹿之阿。"[15]

即是説,黄帝時幅員的範圍:東至山東;西至甘肅;南至長江以南地區而及於湖湘;北至内蒙、河北和東北;而置城邑於涿鹿,也即今江蘇徐州一帶。至於中部的河南地區,當然也在轄境之内。

所以,黄帝時的幅員廣闊,紅山文化、良渚文化和仰韶文化分布的地區,幾乎都包括在其領土之内。如紅山文化因1935年發掘於内蒙赤峰地區的紅山而得名,主要分布於内蒙古東南部、河北北部和東北的遼寧西部,這正是《史記·五帝紀》記載的黄帝時的北境;良渚文化則因1936—1937年於浙江杭州的良渚遺址首次發掘而得名,主要分布於長江下游太湖地區的浙江、江蘇一帶,而這正好在黄帝時代的南境之内;至於仰韶文化則因1921年在河南澠池地區仰韶村遺址的發掘而得名,主要分布於黄河流域的陝西、河南、河北、山西、甘肅一帶,這正與黄帝時的西境和中部地區相契合。

尤其值得注意的是,近期有關黄帝文化的研究,有極爲重要的考古發現。據《人民日報》報道:2020年5月7日,鄭州市文物考古研究院公布河南鞏義雙槐樹古國時代都邑遺址階段性重大考古成果,確認其是距今5300年前後的仰韶文化中晚期巨型聚落遺址,專家建議命名"河洛古國"。我國著名考古學家、北京大學李伯謙教授認爲,不排除雙槐樹遺址是黄帝時代的都邑所在。報道引述專家的意見,指出:

> "河洛古國宏大的建築規模,嚴謹有序的布局,所表現的社會發展模式和承載的思想觀念,呈現出古國時代的王都氣象,北斗九星與'天下第一'的關聯以及其他凸顯禮制和文明的現象,被後世夏商周王朝文明所承襲傳承,中華文明的主根脉愈加清晰。"

該報道還指出:

> "遺址內發現3處墓葬區，共有1700多座仰韶文化時期的墓葬，均呈排狀分布。……其中一個墓葬區早期主體被遺址外壕和中壕及一條圍溝圍成一個獨立的區域，應是中國早期帝王陵寢兆域制度的雛形。"[16]

雙槐樹遺址位於黃河南岸高臺地上、伊洛匯流入黃河處的河南鞏義河洛鎮。鞏義地區正好處於洛陽和鄭州之間，南鄰發現夏代都城遺址的偃師；其東部不遠之處，就是澠池縣仰韶村遺址。可見河洛古國是5000多年前仰韶文化的中心區域。李伯謙教授指出"不排除雙槐樹遺址是黃帝時代都邑所在"的看法，我認爲有充分的考古依據，極具見地。

在考古年代上，紅山文化、良渚文化和包括河洛古國在內的仰韶文化大體都距今五千年上下（按：前5500—前4500年）。而黃帝歷來被公認是中國五千年歷史的"文明始祖"。另一方面，這三個文化的主要分布地區，與《史記・五帝紀》中記載的黃帝時代的領土幅員所及是基本一致的，兩者在時間、空間和物質文化上幾乎完全契合。所以，在客觀上，紅山文化、良渚文化和包括河洛古國在內的仰韶文化顯然可作爲司馬遷在《史記・五帝紀》中記載的黃帝時代的考古依據，它們在文化上彼此之間顯然存在着十分密切的内在聯繫。所以，我認爲以"玉文化"爲象徵的紅山文化、良渚文化和以"陶文化"爲象徵的仰韶文化，與黃帝時代的關係極爲密切，從年代學的角度，似可統稱爲"黃帝文化"。

由於時代的局限性，當年顧頡剛沒有想到後來有碳-14測年等科學的考古測定方法，因此對以黃帝爲象徵的中華五千年文化曾發出疑問，說：

> "上古史既茫昧無徵，這些相傳的四千或五千的年數是從什麽地方出來的呢？"[17]

顯然，過去這些四五千年的年數是根據代代相傳的古史資料推算出來的，而現代的考古學用碳-14測年的科學方法加以測算，證明紅山文化、良渚文化和以包括雙槐樹遺址爲主體的河洛古國在內的仰韶文化與古史中所説黃帝時代的年數，基本相對應，是可信的。因此，科學的考古方法的可靠性，當然可解顧頡剛當年"疑古"之惑。

至於《史記・五帝紀》中的帝顓頊和帝嚳及其相關史事，我認爲可涵蓋於黃帝的衍伸時代之中。

而帝堯、帝舜乃至帝禹的歷史記載，歷來是中國古史系統中的研究重點。

有關帝堯的史事，近年也得到相關的出土文物的證明。自1978年以來，考古學家在文獻記載上稱爲"堯都平陽"的山西臨汾近畿的襄汾陶寺考古遺址，發掘出面積達280萬平方米的陶寺龍山文化中期的大城，城中有觀象台遺址，其功用顯然與《尚書·堯典》中帝堯時代觀日月星象以創制中國曆法的記載，可謂完全符合。城中同期的貴族大墓中，出土了隨葬的銅器、玉器、彩繪陶禮器，還出現了文字。這一陶寺龍山文化中期的考古遺存，經碳-14測年的科學測定，其年代約爲公元前2300—前2100年，這正與文獻上記載的帝堯年代基本契合。凡此種種，證明《尚書·堯典》《竹書紀年》和《史記·五帝紀》等文獻典籍所記載的中國固有古史系統中的帝堯時代，是有出土文物作爲考古依據的。

與帝舜相關的考古證據，是1973年末湖南長沙馬王堆3號漢墓出土的《地形圖》帛書中，在"九嶷山"之旁，標注有"帝舜"二字，其南側畫有一建築，譚其驤先生認爲此建築應爲舜廟。

《史記·五帝紀》記載：

"（舜）踐帝位三十九年，南巡狩，崩於蒼梧之野，葬於江南九疑，是爲零陵。"[18]

古零陵即今湖南永州市，考古學家已確認，舜廟遺址的位置在永州市內之寧遠縣東南九嶷山脉玉琯岩一帶。近年在該遺址的考古發掘中，發現了漢代祭祀坑和不晚於東漢早期的大型建築遺迹，應爲當年帝舜葬地及漢代建廟祭祀之處，與湖南馬王堆出土《地形圖》中的舜廟完全吻合，足證《尚書·舜典》和《史記·五帝紀》中關於帝舜史事的記載符合歷史事實，是正確的。

必須指出，發端於黃帝時代、以彩陶爲象徵的仰韶文化，影響所及，至堯舜時代仍得到很大的發展，舜本人於年青時就曾經從事陶器的生產和販賣活動。對此，《史記·五帝紀》曾有述及，云：

"舜，冀州之人也。舜耕歷山，漁雷澤，陶河邊，作什器於壽丘，就時於負夏。"[19]

舜原籍山西蒲州人氏，年輕時在中條山（歷山）務過農，出土的戰國楚簡——清華簡《保訓》中就述及舜未發迹之前親耕於歷山的事，我曾撰寫《〈保訓〉主旨與"中"字釋讀》一文，發表於2010年《光明日報·國學》上，內中考及舜於青年時期的這一段史事。

司馬遷說舜在歷山務農之後，又在黃河邊打過漁，及後從事陶器的生產。

考舜的家鄉山西蒲州，其實就在黃河流域的三門峽附近，渡過黃河對岸，就是黃帝時期仰韶文化的發祥地——古代陶器之鄉河南的澠池縣。舜在那裏挖掘可製作器物的陶土，此即"陶河邊"；然後以陶土製作并生產陶器運至壽丘販賣，此即"作什器於壽丘"。"陶"之爲"器",在司馬遷的這段記載中,其實說得非常清楚。而"陶""器"二字,在這段記載中,可以得到完美的組合。可見古史中的相關記載,其實蘊藏着非常豐富的歷史內涵,與出土文物互證,從而反映了當年的歷史事實。可見黃帝時期以彩陶爲象徵的"仰韶文化",至舜時是一脉相承的。

《尚書》《逸周書》《竹書紀年》的相關篇什及《史記·五帝紀》中記載的帝禹,近年在河南登封王城崗龍山文化晚期城址的發掘中,發現了"陽城倉器"的陶文,顯然與文獻記載的"禹都陽城"有密切的關係。據《登封王城崗考古發現與研究(2002～2005)》一書的考古發掘報告指出,從2001至2005年的發掘中,發現了王城崗龍山文化晚期大城城墻和城壕,復原面積達34.8萬平方米,是已知河南境內發現的龍山文化城址中最大的一座,經碳-14測年的科學測定,其中值約爲公元前2055年,與文獻中記載的夏禹年代相合。毫無疑問,這是一個重要的考古證據。

另一重要的證據,是2002年北京保利藝術博物館出示其所藏西周中期青銅器遂(幽)公盨,其銘文開首三句,我參諸家之説,并結合己見,訓爲:"天命禹敷土,隨山濬川,廼黎方克征。"[20]此與文獻上記載大禹治水和克征三苗史事,可謂完全吻合。蓋"黎方"者,原爲古九黎之地,後爲三苗所居,三苗則爲九黎之後。

至於文獻記述的古史系統中的夏、商、周三代,更有充足的考古證據。如河南二里頭文化就是夏文化,已是學術界的共識。今年(即2019年)適逢二里頭遺址發現六十周年,在遺址上建造的二里頭夏都遺址博物館,不久前已正式開館,展出青銅器、陶器、玉器等二千餘件文物,這無疑爲大禹創建的夏文化作出有力的佐證。

而安陽的殷墟甲骨文化就是商文化,尤其王靜安先生從甲骨文中整理出殷商先公先王之世系,與《史記·殷本紀》所載相證,可謂若合符節。而出土的極其豐富的西周青銅器及銘文構成了西周文化,僅《史墻盤》和《㡛盤》兩件銅器的銘文,就記錄了文王、武王、成王、康王、昭王、穆王、恭王、懿王、孝王、夷王、厲王、宣王的謚號,除末王、幽王外,所記西周王室世系,與《史記·周本紀》等典籍所載完全相同。

所以,根據紙上文獻與大量的出土文獻互證,證明了《尚書》《竹書紀年》及《史記》中記載的我國固有的古史系統,基本上確有事實根據,是可信的。當年日本白鳥庫吉的"堯、舜、禹抹殺論"和胡適所説的"東周以上無古史"的疑古之論,可謂完全破產。

實事求是而言,如果没有現代實證的考古學和出土文獻作爲依據,中國過去一度被扭曲的上古史研究便無從糾正,紙上文獻的可靠性和正確性便無從證明。所以,我認爲考古學在爲中國固有的古史系統作實證方面,無疑發揮了無可替代的作用,作出了巨大的貢獻。唯其如此,傳統文獻因爲有考古學作實證,有科學的考古年代測定方法作"靠山",在這個意義上,我對中國古史的重建是充滿信心的。這也正是我一直在内心上對考古學充滿敬意的主要原因。

2019 年 11 月 1 日初稿

[注]

(1)(3)(4)(5)(6)(17)顧頡剛《古史辨第一册自序》,載《顧頡剛古史論文集》第一册,中華書局,1988年。

(2)引自李學勤《中國古代文明十講》,復旦大學出版社,2005年。

(7)(8)饒宗頤《論古史的重建》,載《饒宗頤二十世紀學術文集》,卷一《史溯》,臺灣新文豐出版有限公司,2003年。

(9)李學勤《走出疑古時代》,遼寧大學出版社,1997年。

(10)李學勤《疑古思潮與重構古史》,載《中國文化研究》1999年第一期。

(11)李學勤《出土文獻與古史重建》,載2013年9月11日《光明日報》。

(12)(13)李伯謙《考古學視野的三皇五帝時代》,載李伯謙著《文明探源與三代考古論集》,文物出版社,2011年。

(14)(15)(18)(19)司馬遷《史記·五帝紀》。

(16)《河南鞏義發現5000多年前"河洛古國",不排除是黄帝時期都邑所在》,見人民日報2020年5月8日報道。

(20)見郭偉川《論夏商周時期南北基本格局的改變——兼論〈燅公盨銘〉"廼黎方克征"解讀》,載郭偉川著《中國歷史若干重要學術問題考論》,國家圖書館出版社,2009年。

上古之"禮"與早期禮器述略

在古代,"禮"并非僅指"禮貌""禮賓"之類,因"禮貌""禮賓"只是關乎儀表、言談舉止和待人接物等是否合乎禮節的問題,僅屬於古代"儀禮"中的部分內容。其實,"禮"所涵蓋的範疇比現代所說的"禮貌""禮賓"等,在內容上要豐富得多。有關這方面,《儀禮》《周禮》《禮記》"三禮書"及《論語》《荀子》乃至《史記·禮書第一》等諸書中有各種詳盡的解釋和演繹。

如果用現代的語言加以概括的話,我認爲從大方面而言,"禮"是關乎人類社會從個人、家庭倫理、家族宗法乃至國家典章制度的問題,所以,"禮"的歷史就是人類制度的歷史;從小方面來說,"禮"是個人自處和人與人之間相處之道,因此,"禮"的主要作用在於以等級秩序和尊卑長幼的觀念和制度來處理人際關係。大至國家制度,小至家庭倫理和個人行爲,皆莫能外於"禮"。

另一方面,"禮"涉及人類與自然包括天地鬼神以及死去的祖先之間的關係問題,主要是出於對天地鬼神的敬畏和祖先的紀念而產生的喪禮、葬禮和祭禮,以及由此而制定的相應的禮節、儀軌和禮器。此中也有等級制度的問題,而最高的等級莫過於天子祭天的儀禮和制度。據現代考古發現,許多出土的由石頭、陶、玉石和青銅等材料製成的禮器,不少都涉及這方面的內容。在上古至遠古時代,即距今4000—8000年以上的年代,由玉石製成的禮器是中國古代文明的一大重要象徵。

到了夏、商、周三代,"禮"都是由國家統治集團及其領袖制定的,而且一國有一國之"禮"。"禮"是與時俱進的,所以三代不同"禮"。

至於個人自處之道,就是通過修身與自省,使個人在家庭和社會中處於合乎自己身分的恰當位置,做合乎社會道德和社會規範的事。至於人與人之間相處之道,就非常複雜,其中涉及的領域,包括人類學、家庭倫理學、社會倫理學和制度史的問題。比如家庭倫理的問題,有父母與子女的關係,有兄弟姐妹相互間的關係,有夫婦之間的關係，以及整個家族甚至宗族中各種複雜的關係，等等。

至於人與社會的關係，就更加複雜，其中有各種人在社會中扮演的各種不同的社會角色，進而產生有同事之關係，有上下級之關係，有個人與社會各階層之關係，還有個人與國家的關係。在封建社會，還有君臣之間的關係，有等級秩序的制度，有尊卑長幼的區別，等等。

一、"禮"與禮治思想

人類開始有"禮"的意識，是因爲人類在上古漫長的歲月中，逐漸產生家庭倫理和社會倫理的觀念，在解決人類社會相互之間的生存競爭時，能夠制"禮"以息爭。到文王、周公之時，更以禮樂治天下，就是建立大家認可的制度秩序，同時尊重制度并遵行之，也即以禮治之，我認爲這就是"禮治思想"的來源。

人類之所以與其他動物不同，因爲人類有智慧和理性，懂得定出家庭的規矩并且遵守這些規矩，那就是：長幼有序、男女有別，而且有合理的婚姻關係。同時很重要的一點，是人類有羞恥之心，知道不可以亂倫，以避免近親繁殖而導致整個家族的解體。

所以，有沒有羞恥心，我認爲這是人類與野獸之間的一大區別，這一點極爲重要。孔子在教導學生時，一再強調"知恥"的重要性。《管子》強調"禮、義、廉、恥"的重要性，認爲這是"國之四維"，并將"恥"列爲人類立國的四大根本之一，說明制度重要，有羞恥之心同樣重要。而有否知恥之心，正是人類與野獸之間最重要的區別之一。

顯然，古人也將人類與禽獸作比較，如戰國的荀子就指出：

"人之所以爲人者，非特以其二足而無毛也，以其有辨也。夫禽獸有父子而無父子之親，有牝牡而無男女之别。故人莫不有辨。"[1]

荀子說人之有"辨"，就是人與禽獸的根本區別。這個"辨"字，我認爲是指倫理意識。有的學者認爲"辨即'別'，'別'是禮的核心"[2]。

我認爲這一說法不完全準確。因爲禮學中的所謂"別"，是指別等級、別男女、別長幼等。其實，我認爲野獸也有這種"別"的本能。它們知道在群體中誰是老大，這就是等級；它們也知道雄雌之分，就是別男女；它們更知道甚麼是老弱病殘、弱肉強食。因此，這種"別"基本是動物本能，并不是人與禽獸的根本區別。所以，連孟子都說：

"人之所以异於禽獸者幾稀。"(3)

說明在上述幾方面,人與禽獸并没有多大的分別。可見"别"絶不是"禮"的核心。而且"别"不可能等於"辨"。我認爲荀子所指人之有"辨",更多的是强調人具有主觀的思辨意識,尤其指具有家庭和社會的倫理意識。這才是人與禽獸之間的根本區别。說明"倫理意識"才是"禮"的核心,才是"禮"的根源所在。

荀子的另一段話,更可證明上述分析的正確。内中説:

"水火有氣而無生,草木有生而無知,禽獸有知而無義;人有氣、有生、有知,亦且有義,故最爲天下貴也。"(4)

荀子説人與草木及禽獸最大的區別,且最可貴之處是"有義"。這個"義",我認爲就是"仁義"。《禮記·中庸》謂"仁者人也"。所以"仁義"即包含人之所以爲人的"意義",就是指人有家庭和社會倫理的意識。

正因爲人能辨清這些義理,而禽獸不能,這就是兩者之間最大的區別。同時因人類有羞恥之心,因而能夠將行爲納入合乎倫理的道德規範,其本質就是"禮義"。所以,我們的祖先"禮"的觀念的産生應該很早,比其他任何文化都早,甚至比文字的出現更早。因爲倫理觀念的產生和行爲的規範是人類從家族制度走向氏族社會的必然結果。

隨着氏族社會結構規模日大,人口日多,氏族群體在對内對外方面,都存在着生存競争的問題。

所以,人類的生存競争,對於食物的擁有和物産的歸屬等,是否要像野獸一樣,只是一味互相争奪,互相殘殺,甚至發動氏族之間大規模的戰争,而導致互相毁滅呢?是否有更好的辦法來盡量確保雙方既能分享食物,又可避免戰争呢?這時,"禮"就發揮了作用。

爲甚麽這樣説呢?因爲,"禮"的本意就是"讓"。周文王在《逸周書》中解釋人類早期用"禮"解決争端的問題,有一段話非常重要,説:

"天生民而制其度。度小大以整,權輕重以極,明本末以立中。……力争則力政,力政則無讓,無讓則無禮。……凡民不忍好惡,不能分次。不次則奪,奪則戰。……明王是以極等以斷好惡,教民次分。……夫力競非衆不剋,衆非和不衆,和非中不立,中非禮不慎,禮非樂不履。"(5)

上述這段話非常重要。其中特别指出"無讓則無禮",說明"禮"的本質之一就

是"讓"。《左傳·襄公十三年》中也記載:

"君子,讓;禮之主也。"

說明"讓"確是"禮"的主旨,其本意就是制禮樂以息争。因此,孔門所謂"禮之用,和爲貴"就是這個意思。

所以,人們通常說"周禮",以爲周代才有禮,其實是很大的誤會。因爲殷有殷禮,夏有夏禮,而禮更是起源於遠古社會,我在前面已經有詳細的叙述。

我在這裏特别要强調一點,就是一切禮制的產生和完善,必定起源於家庭倫理的確立。因爲只有家庭倫理的確立,才促成家族的繁衍賡續,氏族社會才能不斷擴大,從而令人類社會得以不斷向前發展。所以,我認爲家庭倫理的確立,是體現遠古社會人類文明的一個最重要的象徵,也是人類社會"禮"的起源最重要的内容之一。正是由於家庭倫理的確立,我相信"子孝父母"的觀念應該是很早就有的基本原則。根據《尚書》的記載,帝堯崩之後:

"百姓如喪考妣,三年,四海遏密八音。"(6)

其意說,帝堯死的時候,百姓如死了父母一樣,爲他守"三年之喪",爲了對他的死表示哀悼,舉國罷樂。——可見爲父母守"三年之喪",帝堯之前早就有了。這說明在中國的禮樂文明中,由於"孝"的觀念所衍生的"喪禮"和對先人的"祭禮",在遠古社會確實已經存在。到了夏、商、周三代,中國的禮樂制度逐漸發展,日趨完善。所以,戰國中期的孟子說:

"三年之喪,……自天子達於庶人,三代共之。"(7)

可見二千三百多年前的孟子對我國上古時期的禮樂文明,是十分肯定的。說明夏、商、周三代禮制的傳承和演進,其中的一項,是通過沿襲"三年之喪"的喪禮來體現的。而堯之時,甚至在其之前已有此禮,顯示我國禮制文明發凡之久遠,確實有充分的歷史依據。

二、夏、商、周及三代之前的早期禮器例舉

夏、商、周三代之禮,顯然對遠古時代有所繼承,并逐漸演進而趨於成熟。在《尚書》中,大家所熟知的歷史典故,就是遠在夏代之前,堯將帝位禪讓於舜,舜又

將帝位禪讓於禹。"禪讓"就是選賢讓能,這也是"禮"。

在古代社會,堯、舜、禹的時代,歷來被儒家宣揚為完美的大同社會,是所謂"聖王之道",是"禮"的理想境界。

及後,禹將帝位傳給兒子啓,禪讓之禮不再,家族世襲制度自此肇始,社會上等級名位的差別和尊卑貴賤的現象更加明顯,在中國上古社會初期,這可以說是劃時代的新"禮"。

但是,夏、商、周三個朝代,顯然各有所重:夏重天命,商重鬼神,周重禮制。在中國歷史中,傳統的說法是,得天命者得天下。故能通天地、知幽明以治百姓者,因得天命而稱為"天子"。這一影響極為深遠。

自夏、商、周三代開始,歷經四千多年而至於清代,幾乎所有的皇帝都自稱"天子"。所以,在古代,禮制中最重要的部分是祭禮;祭禮中最重要的是祭天,而且這是帝王的專利,其他人是不能染指的。因此,天子祭天地,諸侯祭山河,這是禮制中規定的,絕對不能僭越。衆所周知,北京有個天壇,這就是明、清兩朝歷代皇帝祭天之處。可見"天命"觀念在中國歷史上的影響是何等的深遠!

那麼,為甚麼自上古以來,歷代帝王對天既心存敬畏,另一方面又借助天以治人的呢?

我認為"天命"觀念應該來自遠古人類對自然和宇宙的看法。那時的人類社會尚處於蒙昧時代。在遠古的人類心目中,天上的日月星辰之象,包括晝夜的更替、四季的轉換,以及天上出現的電閃雷鳴、暴風驟雨、大雪紛飛,和地上的江河澇旱、洪水暴發、山崩地裂等現象,無一不與天意有關。

在原始社會至上古時代,在大自然和宇宙的變幻莫測和各種災害面前,人類是如此的一籌莫展,顯得何等渺小!所以,對於天意莫測的上蒼,遠古的人類只有用敬畏和虔誠之心,去祈求和祭拜。

而天的威力既然如此巨大,人人畏懼,人人敬服,那麼,那些氏族社會的首領,包括後來的歷代帝王,就無不借助天意、天命乃至以天的一切名義,去實行他們的統治。這就是自夏、商、周上古三代以來,甚至在三代之前的堯、舜時代,一切帝王都要祭天的根本原因。而祭天就涉及祭禮,這是禮制中最重要的部分。如《禮記》說:

"凡治人之道,莫急於禮。禮有五經,莫重於祭。"[8]

由此可知祭禮的重要性,它是與"治人"有關的。因為在古代,所謂"君權神授",帝王統治百姓一切的權力來源於天。因此,我認為在遠古時代,"禮"最初產生的儀式,是人類向天地鬼神包括向自己死去的祖先祈求祭拜的儀式。故一切之儀禮,我認為應以祭禮為最早。而祭禮的集中體現,就表現在古代天子的祭天之禮上。那麼,祭禮就要有禮器。在上古時代，早期的禮器當然是用石頭，而最好、最精美的石頭就是玉。所以，以玉製成禮器以敬天事神祭鬼，正是"禮"字的來源。王靜安先生解釋"禮"字之本義，說：

> "《說文》示部云：'禮，履也。所以事神致福也。從示從豊。……'豊'又其繁文。此諸字皆象二玉在器之形，古者行禮以玉。……推之而奉神人之事通謂之'禮'。"⁽⁹⁾

所以，考古學上發現的上古時期的玉器，確實大部分都與"禮"有關。而在古代的歷史文獻中，提到玉時，也往往與禮有關。如《舜典》說舜受禪繼位後，至泰山舉行祭天地山川之禮，其中就提到用"五禮""五玉"的事。內中說：

> "歲二月，東巡守，至於岱宗，柴。望秩於山川，肆覲東后。……修五禮、五玉……，如五器。"⁽¹⁰⁾

我認為《尚書·舜典》的上述記載十分真實可靠。裏面說到"五禮""五玉"和"五器"，為甚麼都是"五"呢？——這顯然與上古之人當時對"五"這一數字的認識和早期樸素的"五行"觀念有關，就是五色、五方、五土以及由此衍生的五方神、五色帝等。

五色即：青、赤、黃、白、黑，五方就是東、南、中、西、北，配為五色帝而成五方神，即：東方青帝、南方赤帝、中土黃帝、西方白帝、北方黑帝。所以就必定要配以"五玉"作為"五器"分別祭拜，如此始成"五禮"。

可見堯、舜的時代玉器作為禮器使用的禮制觀念和制度已經非常成熟。東北地區興隆窪墓葬出土大量精美玉器，可以看出墓制與玉相應的等級制度，還有玉器擺置所蘊含的儀軌等，都直接與禮有關。八千年前的興隆窪玉文化已經如此豐富多彩，而黃帝的時代距今五千多年，當然玉文化更加發達，應用更加廣泛。《越絕書》記載：楚人風胡子說"黃帝之時以玉為兵"。

所謂"以玉為兵"，我認為是以玉器作為調兵之信物，即早期的兵符。說明黃帝時期已能善用玉器的多種作用。除作為禮器外，黃帝善用兵，大戰炎帝、蚩尤時，又因認為玉能通神的作用而將其用作調兵的兵符，我認為是完全可能的。

那麼，比黃帝時代更後，距今僅四千多年前的堯、舜時代，其時有"五禮""五玉"，又何足為奇呢？所以，玉文化與禮文化關係之密切和久遠，以及因玉的通靈作用而用途廣泛，是令人難以想象的。

因此，我認為能夠重視并利用禮學作為玉文化與古史方面重要的考證作用，重視玉文化必須與禮學密切結合，使上古人類歷史因玉文化與禮學的結合而擁有更豐富的内涵，是非常重要的。

衆所周知，在舊石器晚期至新石器早期，禮器是用石頭和陶做的。越到後來，使用的石材越來越貴重，而最精致珍貴的石頭就是玉石。比如牙璋，就是用玉石做成的上古禮器。《周禮·冬官考工》就記載了大璋、中璋、邊璋、圭璋和牙璋等禮器。饒宗頤先生對牙璋有專門的研究，曾有專文論述，如《由牙璋分布論古史地域擴張問題》一文中，對牙璋在國內外的分布及其大致年代，有十分精闢的論述。內中説：

"牙璋的分布，目前所知，以山東龍山文化臨沂大范莊的發現及海陽司馬臺為最早，……次為陝西二里頭文化的神木石峁，上有齒，面有刻紋。及偃師二里頭的長達48.1公分的大牙璋出土，帶有成排的鉏牙，成為典型的牙璋，證知夏代已有此類禮器。……自香港大灣出土牙璋以後，引起大家的注目。其他廣東揭陽、福建漳浦、湖北黃陂、湖南石門各處零星發現的牙璋逐漸有人重新報導。而越南出土牙璋四件過去尚少報導，其最完整有鉏牙成列，與二里頭、鄭州（楊石村）、許昌（陳村）及三星堆之典型牙璋完全一致。由牙璋發現地點觀察，東瀕黃海，南至交州及閩、粵海隅，都有牙璋傳播的足迹。"[11]

饒先生論證了夏代已有牙璋這種禮器。因為出土特大牙璋的河南偃師二里頭，已被確證為夏代都城。從而令我們更加相信，牙璋的產生年代應該更加久遠。因為在上古時代，一種禮器的成形及其功能的被承認和應用，必定經過數以千年的演進，尤其是牙璋這種高級別和重要的禮器。饒先生還有多篇關於玉文化的論文，如：《古玉證史》《風胡子論玉器時代》《由牙璋略論漢土傳入越南的遺物》等，已收進《饒宗頤二十世紀學術論文集》，大家可找來閱讀參考。而上古時期牙璋之作為禮器，天子在祭天時雙手執於胸前，向天祈求禱告，其意在於借牙璋這一神物以達天聽。古人早就認為玉是通靈的神物，説：

"夫玉亦神物也。又遇聖主使然，死而龍藏。"[12]

這應該是上古時代人們對玉具有通靈作用的最好印證。所以，牙璋是作為上古時代天子與天通話的神物。那麼，既然要溝通，就要有象徵通話的功能。我認為牙璋的形狀正是為此而作的：牙璋必有圓孔，恰好象徵通話的孔道，為天子向天祈求禱告而設，希望借此而上達天聽。我認為在上古時代，一切禮器的造型都是有其深意與作用的，而且一切是以祭天和祭拜祖宗神鬼為先的。

由此我想到同樣有圓孔的玉玦，它最初的作用應該是通靈通聽的神物，而不是單純作為耳環一類的飾物。我國東北地區興隆窪近期有重大考古發現，香港中文大學考古系鄧聰教授參與主編的《玉器起源探索》一書，規模宏大，內容豐富，圖文并茂，正是興隆窪玉器文化巨大研究成果的實錄。在他送我的這部大書中，我驚嘆興隆窪的考古研究成果確實巨大，主要有兩方面：第一是出土的玉器年代最早，有八千年；第二是出土的玉都是真玉，數量大，而且以玉玦爲多。

我認爲玉玦有兩個特點值得注意：一是玉玦圓形而開出一個缺口；二是這些玉玦多出土於墓主耳部。這兩點顯然都有極爲重要的文化特徵，有古人的深意在焉。其中最重要的還包括有首領式的墓葬，墓主也沒有例外地在耳側放置一對玉玦。對於玉玦的作用，包括興隆窪的發現者、主要挖掘者和研究者楊虎先生在內的幾乎所有的人，都認爲八千年前的玉玦的主要作用是作爲耳環飾物。

但實事求是地說，從上古特定的時代環境，從禮制的角度，我認爲將玉玦的最初作用單純斷定爲耳環飾物的看法值得商榷，因爲不會這麼簡單。我認爲在八千年前的上古時期，是一個一切以敬畏天地鬼神和祭拜天地鬼神爲先的時代；而真玉玉器的作用，首先應該會作爲通靈通天地鬼神的神物，而絕不會單純作爲裝飾的飾物。興隆窪出土的玉玦都是在墓葬中發現的，從首領式的墓葬以至一般墓葬，情形大致相同。

然而，大家必須知道，在篤信天地鬼神的上古時代，人們相信人死後必定有三條路：地位高、德行好的人死後會升天做神，而一般的人死後會做鬼，至於作惡的壞人死後會下地獄。對於他們的後代子孫來說，無論自己的祖先做神或做鬼，他們都會祈求自己的祖先在天之靈庇佑在世的子孫後代平安幸福。

那麼，要如何令墓中死去的祖先靈魂聽到後代子孫的祈求禱告呢？這時，在生的人就必定會想到能與天地鬼神通靈的神物——玉。古人真有智慧，他們用通靈的玉爲自己的祖先做"助聽器"。我認爲這就是玉玦的由來。大家知道玉玦有兩大特徵：第一，圓形有孔并且有一個缺口。大家可以摸摸自己的耳孔前端，不就是圓形連孔還有一個缺口嗎？我認爲古人正是依照這一形狀製成玉玦，來作爲通聽通靈之神物，讓墓主的靈魂能聽到子孫後代所有的祈求和禱告，以保佑在生的人能夠吉祥平安。第二，玉玦作爲通靈通話的神物，就像"助聽器"一樣，當然要放在墓中死人的耳朵旁邊。這正是興隆窪的考古發現中，爲甚麼所有的玉玦會放置在墓主耳旁的根本原因。我相信這才是上古時期玉玦的主要功用所在。

因爲在那個時代，一切以天地鬼神和自己的祖先神的祭拜爲先，以祈求在世的人能夠平安。所以，我認爲玉玦最初絕對是在生的人希望與祖先神鬼溝通的神物。至於現在尚有一些少數民族同胞在耳垂上穿大孔以佩戴玉耳環，這種文化遺存說明甚麼問題呢？

我認爲在上古年代，在世的人佩戴玉耳環，其作用正與墓中死人的玉玦一樣，借助玉的通靈作用，便於生人與死人的靈魂溝通。正如《越絕書》所言："夫玉亦神物也。"我認爲這應該是古人的共識。

因此，在上古時代，凡是玉都會被視爲神物。但玉玦是玉玦，玉耳環是玉耳環，兩者的作用不能相提并論。因爲玉玦是作爲墓中死人靈魂的"助聽器"，大都作爲墓主的陪葬物；而玉耳環却是由活着的人佩戴，希望能感應死去的祖先和神靈的啓示，來達到趨吉避凶的目的。

所以，儘管玉玦和玉耳環，在上古的時候，古人都視爲神物，具有通靈和通天地鬼神的作用。但在實際應用方面却完全不同，玉玦是作爲上古喪禮和葬禮中死人的陪葬物，而玉耳環則是在生的人戴在耳朵作爲通靈的神物并衍化爲吉祥物，這是二者最大的不同之處。

不過，它們在上古最初的作用，都絕不是單純的裝飾物，這是可以斷言的。後世一般的所謂耳環，人們在耳垂穿小孔，帶非玉的環狀物，比如由金屬類的金、銀、銅或其他物質所做成，或在金屬上鑲玉，已經完全沒有古代那種意在通靈或通神的作用了，這是後世對原本玉耳環的作用的轉換與美化。此時耳環已純粹作爲裝飾物，與上古時代的本意已相距甚遠。

所以，論上古時期玉玦和玉耳環的作用和相互之間的關係，已不是單純的考古學上的問題，一定要結合人類學、宗教學尤其是儒家禮學，加以相參互證，不能簡單地下結論。

現在再回過頭來，談一談牙璋與朝笏的關係，我認爲二者之間確有淵源。牙璋作爲上古時期典型的禮器，是天子或部族首領祭天時與天溝通的神物。後世君權神授，得天命者得天下，所以天子是天帝的代理人。在西周時期，天子率諸侯及群臣祭天地或入太廟祭先公先王，天子本身已經改執牙璋爲執笏，但一定是玉製的。諸侯、大夫、士執朝笏以晋見天子，但笏的質地因等級而不同。如《禮記》對此就有清楚的記載：

"笏：天子以球玉，諸侯以象（牙），大夫以魚鬚文竹，士竹本象可也。見於天子，與射，無說笏。入大廟脫笏，非古也。……凡有指畫於君前，用笏造，受命於君前，則書於笏。"[13]

所以，上古天子執牙璋以祭天，與西周時期天子執玉笏以祭天祭太廟，以及諸侯大臣執笏以朝見天子，其意義是一樣的。這符合古代禮器和"禮"的觀念與時俱進的演變過程。

由此可知，在上古時代，牙璋和玉玦可說是人類早期重要的禮器。玉玦已被東北興隆窪的考古證明有八千年的歷史，論年代應以玉玦爲早；但若論這兩種禮器的作用和級別，我認爲則以牙璋的層次更高、意義更大。尤其以偃師二里頭作爲夏都遺址出土的大玉璋，其顯然爲夏王祭天的禮器，是夏禮最典型和最具代表性的象徵，意義最爲重大。《論語·八佾》記述當年孔子曾不無遺憾地説：

"夏禮，吾能言之，杞不足徵也。……文獻不足故也。足，則吾能徵之矣。"[14]

在孔子所處的春秋時代，如果欲言夏禮，孔子只能言其大概，這是因爲作爲夏朝子孫之國的杞國文獻不足徵引的緣故。實事求是地説，孔子如果有足夠的證據，他便能加以徵引而更加透徹地論説夏禮。

孔子也許没有料到二千五百年後之今日，我們借考古學家的貢獻，有幸比孔子之時更加確切地知道偃師二里頭乃夏之都城，在此出土的大牙璋就是夏禮足可徵信的實物和證據。故可補當年孔子論説之不足。因此，二里頭出土的大牙璋作爲夏禮的典型器物，其意義不可謂不重大，這是中國古代禮樂文明的一個重要的里程碑。

總之，從我國學術史的角度，我認爲從興隆窪文化、趙寶溝文化、紅山文化到偃師二里頭大牙璋禮器的重大考古發現，"玉文化"的研究將伴隨其所具有的古代禮學的意藴，進一步豐富中國古代文明的内涵。可以相信，玉文化與儒家禮學相結合，將會成爲繼青銅、甲骨之後，我國學術研究新的"顯學"。

中國古代的禮制文明，歷經上古夏、商、周三代前期漫長歲月之醖釀與演進，在夏已粗具規模，河南偃師二里頭夏朝都城遺址的建築規制和其他考古成果可以證明。至於商代的青銅文明和甲骨文明，反映殷代禮制已漸趨成熟，饒宗頤先生曾根據甲骨資料寫成《殷禮提綱》一文，可爲佐證。

至周革殷命，建立西周王朝，在大局底定之後，周公制禮作樂，除承襲夏、商二代之制外，復建立了人類社會具有完整制度的西周禮樂文明，不僅奠定了中國傳統文化的基石，而且在世界文明史上，寫下了光輝燦爛的一頁。對於西周王朝的建立，有人以爲武王伐紂，牧野一戰，紂兵倒戈，於是取商朝而代之，建立西周，奄有天下，從而奠定兩周王朝八百年的基業。其實，没有那麽簡單。因爲從當時的形勢看，殷周兩大陣營的力量對比，武王一方的軍事力量顯然并不占有優勢，他的優勢是來自其父文王在世時所建立的道德優勢，是他的對手紂王由於荒淫無道的殘酷統治，失人心而失天下的結果。

而在研究殷周之際的歷史中，我發現除紂王的暴政失人心之外，商朝没有建立完善的禮樂制度，也是其失敗的原因之一。故西周立國之後，能建立完善的高度禮樂文明，從而出現長治久安的局面，我認爲這是殷周兩朝最根本的區别所在。王静安先生指出：

"殷、周間之大變革，自其表言之，不過一姓一家之興亡與都邑之轉移；自其裏言之,則舊制度廢而新制度興,舊文化廢而新文化興。……而自其表裏言之,則其制度文物與其立制之本意,乃出於萬世治安之大計。……欲觀周之所以定天下,必自其制度始矣。周人制度之大异於商者,一曰"立子立嫡"之制,由是而生宗法及喪服之制,并由是而有封建子弟之制,君天子、臣諸侯之制;二曰廟數之制;三曰同姓不婚之制。此數者,皆周之所以綱紀天下。其旨則在納上下於道德,而合天子、諸侯、卿、大夫、士、庶民以成一道德之團體。周公制作之本意實在於此。"(15)

王静安先生這段話極爲重要。説明西周初年的制禮作樂,確實是天大的事。静安先生論述"周公制(禮)作(樂)之本意",最爲精闢。徵之於兩周社會歷史,足證西周初期周公制禮作樂的記載確有歷史根據,《春秋左傳》《尚書大傳》和《禮記·明堂位》等文獻典籍都可以證明。

因此,就總體的禮治精神來説,周公可謂爲西周制度的總設計師。因此,現存的"三禮"書(即《儀禮》《禮記》和《周禮》)即使非周公時之書,但其宗旨却藴含着周公的禮治精神。《左傳·文公十八年》記魯國季文子説:

"先君周公制周禮。"(16)

應當指出,此"周禮"顯然與作爲典籍的《周禮》(即《周官》)涵義有所不同。我認爲周公所制之"周禮",首先包含了禮治精神,以及確立了最重要的王位繼承法——宗子制度,同時還制定分封制度、職貢制度、職官制度及相應的禮儀制度等。後來傳世的《周官》(即《周禮》)就與西周的職官制度有關,至於《禮古經》(即《儀禮》)則與西周的禮儀制度有關。

因此,至西周初年,周公爲禮樂文化的發展發揮了巨大的歷史作用。他繼承其父文王的遺教,創造了中國歷史上燦爛輝煌的宗周禮樂文化,中國文明因而達到前所未有的高度,從而爲中華傳統文化奠定豐厚的基礎。因此,宗周禮樂無疑對偉大的中華文明作出了重大的貢獻,并對後世發揮了無與倫比的歷史影響。

2017 年 10 月 31 日

[注]

(1)《荀子·非相》。

(2)劉澤華《先秦禮論初探》,載陳其泰、郭偉川、周少川編《二十世紀中國禮學研究論集》,北京學苑出版社,1998年。

(3)《孟子·離婁下》。

(4)《荀子·王制》。

(5)《逸周書·度訓》。

(6)(10)《尚書·舜典》。

(7)《孟子·滕文公上》。

(8)《禮記·祭統》。

(9)王國維《觀堂集林·釋禮》

(11)饒宗頤《由牙璋分布論古史地域擴張問題》,載《饒宗頤二十世紀學術文集》卷一《史溯》,台灣新文豐出版公司,2003年。

(12)《越絕書》。

(13)《禮記·玉藻》。

(14)《論語·八佾》。

(15)王國維《觀堂集林·殷周制度論》。

(16)《左傳·文公十八年》。

先周時期的官制、禮制與古代國家文明

在中國古文明的發展過程中，筆者認爲，職官制度的形成是一大關鍵。因爲職官制度的確立，顯示彼時已脱離混亂無序的原始社會形態，而具備有秩序制度的政府管理，這是奠定古代國家文明的重要基石。而中國禮制文明的形成，正是建立在官制文明的基礎上。中國古代的禮治文化，至西周而達至輝煌燦爛。

衆所周知，作爲姬周一朝之禮的"周禮"，應指姬周王朝立國的禮治思想，以及由此而建立的各種相應的制度，其中包括分封制度、職官制度及各種禮儀制度。凡此種種，實導源於周文王的禮治思想，并直接影響其子周公旦日後的制禮作樂及建立職官制度。據史實而論，西周王朝的禮制和官制顯然受到先周禮制文明的影響，尤其對夏、商二代之禮制及官制有其沿襲的軌跡。而究其淵源，姬周王朝官制與禮制之形成，實際上應追溯到堯舜時代。

本文據先秦及秦漢時期紙上文獻及近人研究的甲骨資料，考述先周時期自堯舜至夏商以來官制及禮制的沿襲、嬗變及發展，以證明我國禮制及官制歷史之久遠。而西周立國，正是在前代豐厚歷史遺産的基礎上，才創造出光輝燦爛的禮樂文明及龐大的職官系統。

一、先周時期官制、禮制的發端及其影響

中國禮制文明源遠流長，從東北地區興隆窪的墓葬規制和出土玉玦所體現的等級差別，顯示我國在 8000 年前已出現了禮制觀念。以現存文獻而論，《汲冢竹書紀年》記載三代之前五帝之傳説及史事。另據《史記·五帝紀》記載，黄帝"以師兵爲營衛，官名皆以雲命，爲雲師。置左右大監，監於萬國。……舉風后、力牧、常先、大鴻以治民"。這些黄帝時代的官名，乃司馬遷據耆老舊聞以記述。官名雖簡略，但畢竟

是五千年前黃帝時代官名之孑遺。

1. 帝堯時代爲官制開端緒

帝堯時代之禮制與官制,據《竹書紀年》所述,已可與《尚書》之《堯典》互證。如:

《竹書紀年》:帝堯陶唐氏元年"命羲和曆象"。

《尚書·堯典》:帝"乃命羲和,欽若昊天,曆象日月星辰,敬授民時"。

頒曆授時乃帝王之制,以冀一統。此舉始於堯。其後甲骨文有"曆"字。

《竹書紀年》:帝堯陶唐氏五年初"巡狩四岳"。

《尚書·堯典》:"帝曰:'咨,四岳,湯湯洪水方割,蕩蕩懷山襄陵,浩浩滔天,下民其咨,有能俾乂。'"

"巡狩"乃帝王之制,堯時已有。其後甲骨文有"巡狩"二字。而《竹書紀年》與《尚書·堯典》皆載帝堯巡視"四岳"之事。甲骨文有"四""岳"二字。

有關"四岳"的問題,從《竹書紀年》的"巡狩四岳"看來,應是指地理上的四方山岳。但據《尚書·堯典》諸篇看來,"四岳"指的顯然又是官名。實事求是而言,《堯典》中首先正式任命的是羲和等總攝天文曆法的主要官員,還有職司四方四時天文曆法方面的官員。内中云:

> "乃命羲和,欽若昊天,曆象日月星辰,敬授民時。分命羲仲,……寅賓出日,平秩東作,日中星鳥,以殷仲春。……申命羲叔,宅南交,曰名都。平秩南訛,敬致日永星火,以正仲夏。……分命和仲,宅西,……平秩西成,宵中星虛,以殷仲秋。……申命和叔,宅朔方,曰幽都,平秩朔易,日短星昴,以正仲冬。……帝曰:'咨!汝羲暨和,期三百有六旬有六日,以閏月定,四時成歲。允厘百工,庶績咸熙。'"[1]

羲氏與和氏,合稱羲和。帝堯任命彼等爲世代掌管天地四時之官。羲和之下,又命羲仲居東爲專司東方天文曆算之官,自每天之日出於東,到晚上見星鳥之出現,而知仲春之至;命羲叔居南爲專司南方天文曆算之官,以計算出每年日照最長,又見大火星出現之時,知爲盛夏的季節;命和仲居西爲專司西方天文曆算之官,從每天的日落於西,到每年月光最亮的季節,中宵月明而見星虛之時,這就是中秋了;命和叔居北爲專司北方天文曆象之官,此時日照變短,黃昏之後,見昴星出現,則爲仲冬的季節。

據上可知帝堯之時,在自然哲學上,已知四方配四時,即:東方配春時,南方配夏時,西方配秋時,北方配冬時。而春、夏、秋、冬四季合共三百六十六日,其中之長短,以閏月而定;而四時合爲一歲。如此精確的天文曆法,產生於距今四千多年前之帝堯時代,其意義十分重大。

筆者認爲,古代人類認識并處理好與自然世界的關係,必須解决好兩方面的問題:一是對時間的認識,一是對空間的認識。

以"時間"而言,由於堯時從天文曆法中推知四季時序,則能知時。於是春種秋收,促進農業經濟,改善人類生活。總之,人類有了時序及時間觀念之後,生産、生活起居乃至祭祀等禮制活動就有所依據。古人由於知道歲序的更替、季節的變换,因而能應對大自然的變化。及後古人且能以十干、十二支的方法,以記年、月、日、時。這是中國人的一大發明。筆者認爲,中國歷史之所以能賡續不斷,除了獨特的方塊字記載之外,亦賴干支紀年、六十甲子迴圈不斷的計時方法,有以致之。歷代文獻的記載,若年號干支不斷,則歷史不斷。而所有的一切,皆肇始於帝堯時代對天文曆法的重視。可見其時任命有關天文曆法方面官員的重要性。

至於對"空間"的認識,就《堯典》《舜典》可知,堯舜時代已能辨明東、南、西、北四至方位;且以四至最高之山爲特徵,稱東岳、南岳、西岳和北岳,合稱"四岳"。這是堯舜時代幅員四至的範圍,亦是古人對"空間"認識的一種體現。

在《堯典》中,帝堯任命天文曆法官員,是以四方配以四時的。如東方配春季,南方配夏季,西方配秋季,北方配冬季。至殷周之際,箕子獻《洪範》於武王,内中有五行"水、火、木、金、土"之説,其後學者配以五土、五方、五色、五聲、五味等,又配以相生相克之論而成五行學説,而四季及四方亦在其中。故可以説,《堯典》中四方配四時的思想形式,實爲後來的五行學説,奠定了一定的理論基礎。因此,對時序、時間和空間的認識,對天文曆法的高度重視和精確計算,且在這些方面任命了一批精通專業的官員,這可説是帝堯時代對人類文明的一大貢獻。誠如司馬遷在《史記·五帝紀》中述及帝堯在天文曆法方面的功業時,説:"……歲三百六十六日,以閏月正四時。信飭百官,衆功皆興。"可見帝堯時天文曆法已經非常成熟:任命這方面的一批官員;同時對主理四方的官員任以"四岳"之職。這説明帝堯時代已爲職官制度開其端緒。

然而,從《尚書·堯典》亦可知,帝堯時代在治政和治水方面都缺乏人才,連他的兒子丹朱都不堪大任。因此四岳推薦虞舜,堯屢加試用,乃有禪位之事。

《竹書紀年》:帝堯使四岳錫虞舜命。命二女嬪於舜。舜受終於文祖。

《尚書·堯典》:

"帝曰:'咨,四岳,朕在位七十載,汝能庸命,巽朕位。'岳曰:'否德,忝帝位。'曰:'明明揚側陋。'師錫帝曰:'有鰥在下,曰虞舜。'帝曰:'俞,予聞,如何?'岳曰:'瞽子,父頑,母嚚,象傲,克諧以孝,烝烝乂,不格姦。'帝曰:'我其試哉!'女於時,觀厥刑二女,釐降二女於嬀汭,嬪於虞。帝曰:'欽哉!'"

帝堯史事，《尚書·堯典》《竹書紀年》皆有述及。至於司馬遷《史記·五帝紀》，大都采用《尚書》史料加以演繹。而出土清華簡《保訓》載周文王遺言，[2]內中涉及堯、舜及商祖上甲微及成湯史事，則與《今本竹書紀年》所記大體相合，從而進一步證明上述文獻的可靠性。今山西襄汾陶寺出土四千多年前大規模城址，該地還出土陶龍盤、玉器及大石磬等禮樂器和大量文物，考古學家根據《竹書紀年》堯居平陽及居陶的記載，認爲陶寺遺址應是四千多年前的堯都，我認爲此說可信。堯授位於舜，《尚書·舜典》及《史記·五帝紀》對舜事述之甚詳。而清華簡《保訓》中述及舜青年時期艱苦奮鬥的經歷，和如何"求中""得中"的過程，以及帝堯對舜如何考驗和歷練，而得出其足堪大任的結論，最後授其厥緒，傳位給他。帝堯對舜的各種歷練，其中就包括對官員的管理。如《史記·五帝紀》云："堯乃試舜五典百官，皆治。"這對舜得天下之後的治政任官，關係極大。至於《保訓》中周文王爲什麼在遺言中以舜青年時期"求中""得中"的奮鬥歷程爲例以示姬發？拙作《〈保訓〉主旨與"中"字釋讀》一文認爲，周文王遺言的主旨是要子發師成湯伐桀取中土之舊事，伐紂取中土，故遺言中所涉及之"中"字，皆指"中土"。至於舜身處歷山的窮鄉僻壤而努力"求中"，最後終於"得中"，亦無非證明"中土"之重要性。拙文載於2010年12月6日光明日報《國學》版上，讀者可參閱之。

2. 帝舜時代是中國職官制度之肇始與"六卿"之先聲

有關舜之史事，司馬遷綜合《尚書》中有關篇什，結合自己掌握的其他史料，於《史記·五帝紀》中述之甚詳，其中引用《舜典》資料獨多，可見其重要性。而《舜典》所言，與其他史書多能相應。

比如《竹書紀年》所言"舜受終於文祖，初巡狩四岳"之事，亦見於《尚書·舜典》，云：

"正月上日，（舜）受終於文祖。在璿璣玉衡，以齊七政。肆類於上帝，禋於六宗，望於山川，遍於群神。……歲二月，東巡狩，至於岱宗，柴。望秩於山川。肆覲東后，協時月，正日，同律度量衡。修五禮、五玉、三帛、二生、一死贄。如五器，卒乃復。五月南巡狩，至於南岳，如岱禮。八月西巡狩，至於西岳，如初。十有一月朔，巡狩，至於北岳，如西禮。"

《尚書·舜典》上述記載極爲重要，顯示舜時有關禮制已逐漸形成。舜受命而有天下，乃東、西、南、北四巡狩而祭四岳。其所以修"五禮、五玉"者，因爲首先必須祭天，"肆類於上帝"。故合四岳并數爲"五"，此"五禮、五玉"之所由來也。從上述可知，天子祭天地山河，此一帝王之制，由帝舜而得到充分之體現。而禮文化之與玉文化相結合，此乃上古之一大顯例。

帝舜既制禮於前，復作樂於後。如：
《竹書紀年》：帝舜有虞氏元年即位居冀，作《大韶》之樂。
《尚書·舜典》：

"帝曰：'夔，命汝典樂，教冑子。直而温，寬而栗，剛而無虐，簡而無傲。詩言志，歌永言。聲依永，律和聲。八音克諧，無相奪倫，神人以和。'"

上述兩書相參，知帝舜命夔作樂，所作乃《大韶》之樂。而《尚書·益稷》還有關於夔作《韶》之記載，内云：

"夔曰：'戛擊鳴球，搏拊琴瑟，以詠，祖考來格。'虞賓在位，群後德讓。下管鼗鼓，合止柷敔。笙鏞以間，鳥獸蹌蹌。簫《韶》九成，鳳皇來儀。夔曰：'於，予擊石拊石，百獸率舞，庶尹允諧。'"

從《尚書》之《舜典》到《益稷》篇，都記載夔作樂之事。其時夔以擊拊石磬作音樂之節奏，鳥獸聞歌而起舞。此符合上古以石器作樂器之歷史事實。
又《尚書·舜典》記載帝堯崩時，舜下令舉國行喪禮。内云：

"帝乃殂落，百姓如喪考妣，三載，四海遏密八音。"

堯崩時，舜爲其舉行國喪，百姓如死了父母一樣。爲了表示悲痛，舉國罷樂三載以示哀悼，此即"三年之喪"。拙作《古"儒"新説——胡適之、傅斯年二先生論説考正》一文對"三年之喪"的問題曾作了較深入的探討。[3]可參閲。
《竹書紀年》與《尚書》還記載堯、舜時期司空禹之史事。如：
《竹書紀年》記載帝堯末年禹之四事：

司空禹治河。
司空禹伐曹魏之戎，克之。
司空入覲，贄，用玄圭。
初建十有二州。司空巡十有二州。

又《竹書紀年》記載帝舜時期禹之史事：

帝舜十四年，卿雲見，命禹代虞事。

帝舜十五年，帝命夏后有事於太室。

　　帝舜三十二年，帝命夏后總師，遂陟方岳。

　　帝舜三十三年春正月，夏后受命於神宗，遂復九州。

　　帝舜三十五年，帝命夏后征有苗。有苗氏來朝。

由上可知，禹任司空，不僅治河，還主持軍事上的征伐。禹還涉及兩件有關禮制之事：一是"入覲，贄，用玄圭"。此乃禹初次之入覲禮，故須執玉，禹用的是玄圭。另一件是"帝命夏后有事於太室"。所謂"有事"，往往是征伐之事。禹出征前，至太廟中之主室祭告。此乃祭禮。

尤其重要者，從上述記載中，可知禹所任"司空"之職，確系主理治平水土之事。其時尚有其他職官，如"后稷""司徒""士"及禮官、樂官等職官，可從《尚書·舜典》得到印證。內中云：

　　"舜曰：'咨，四岳，有能奮庸熙帝之載，使宅百揆，亮采惠疇？'僉曰：'伯禹作司空。'帝曰：'俞，咨禹，汝平水土，惟時懋哉。'"

上述所言禹"平水土"之事，與《竹書紀年》中之"司空禹治河"之事相證，可謂若合符節。至於"后稷""司徒""士"等職官，《舜典》續有述及：

　　"帝曰：'棄，黎民阻飢，汝后稷，播時百穀。'"

周祖名棄，舜時任"后稷"之職。"后稷"乃農官，爲棄長期專任，故後世遂以"后稷"以名周祖。在《舜典》中，后稷棄緊隨司空禹之後，而禹之治水，目的亦在於便民之安全及農耕，可見帝舜時已極之重農。

　　"帝曰：'契，百姓不親，五品不遜。汝作司徒，敬敷五教，在寬。'"

商祖契作"司徒"，主教化。說明舜時已甚重視教育。

　　"帝曰：'皋陶，蠻夷猾夏，寇賊奸宄。汝作士，五刑有服，五服三就，五流有宅，五宅三居，惟明克允。'"

皋陶任"士"一職。其時之"士"，相當於後世之司寇，主刑法。

"帝曰：'疇若予工？'僉曰：'垂哉！'帝曰：'俞，咨垂，汝共工。'"

舜時，有名曰"垂"者，任"工"之官，實即爲對營造百工進行管理之職。其時帝舜始問"疇若予工？"證明此官職爲"工"。至於舜任垂膺此職，命其"汝共工"。此"共"字，筆者認爲乃供給、供奉之意，即帝舜命令垂供奉工匠及一切所需物品。甲骨文"共"字之形體，像左右兩隻手捧着一件物品以奉上一樣。故許慎《説文》雖訓"共，同也"。但文字學家左民安先生認爲此説不妥，指出"從'共'字的甲、金文等形體看，是雙手'供奉'一件物品，所以其本義應爲'供'，如《周禮·夏官·羊人》：'共其羊牲。'就是説，供給他羊的祭品"[4]。筆者完全同意左先生的看法。所以，此處"共工"不可視爲職官之名，亦非人名。舜所任命之官職，"工"也。所謂"工"，筆者認爲就是後來《周禮》中作爲六官之一的冬官（《考工記》）之"工"。其管轄的範圍，從舜時之簡單到周世的複雜，應該包括房屋、宮室、祭壇乃至城邑的建築，舟車、禮樂器、衣食器物及武器的製造等，對人類文明和社會的進步影響極大。故"工"之職官作爲"冬官"成爲《周禮》不可分割的一部分，筆者認爲實至名歸，不能視爲權充。至於舜時衣、食、住、行乃至禮樂器及武器雖較簡單，但亦是必需的，任"工"之職官亦很重要。至商時各種建築及工藝製造水準已甚高超，以存世商代之青銅禮器和玉器之精美絕倫看來，其時工匠鏤金雕玉工藝水準之高，已令人歎爲觀止。相信商代"工"之職官地位一定不低。至東周乃成"六官"之一，成爲《周禮》的一部分。南齊時在襄陽出土的《考工記》爲科門書，正是春秋戰國之書體。[5]及至隋代乃直接置立"工部"，掌營造百工之政，成爲六部尚書之一，其後歷朝相沿弗替。而"工"之職官，由於《尚書·舜典》之上述記載，乃知始於帝舜時代。此一職官之任命及作用，是同我國社會文明的發展與時俱進的，可見其在歷史上的影響確實重大而深遠。

《尚書·舜典》又云：

"帝曰：'疇若予上下草木鳥獸？'僉曰：'益哉。'帝曰：'俞，咨益，汝作朕虞。'"

所謂"上下"，上爲山丘，下爲淵澤。伯益之所司，乃爲禹作前導，平山刊木，驅逐野獸，輔助禹治水。而伯益顯然爲帝舜之親信，故舜對益説："汝作朕虞"。衆所周知，帝舜名虞。"作朕虞"者，即命伯益作其代表，實對禹有監軍的作用。禹治水及平三苗，功蓋天地。但伯益對帝舜歌功頌德，同時勸誡禹要勤謹自守，免招疑謗。《尚書·大禹謨》記其事。云：

"益曰：'都，帝德廣運，乃聖乃神，乃武乃文，皇天眷命，奄有四海，爲天下君。'禹曰：'惠迪吉，從逆凶，惟影響。'益曰：'吁，戒哉，儆戒無虞，罔失法度，罔游於逸，罔淫於樂。任賢勿貳，去邪勿疑，疑謀勿成，百志惟熙。罔違道以干百姓之譽，罔咈百姓，以從己之欲。無怠無荒，四夷來王。'"

但是，帝舜却高度肯定禹之功業和品格，而自己在位既久，亦頗有倦勤讓位之意。《尚書·大禹謨》對此有所記述，云：

"帝曰：'格，汝禹，朕宅帝位三十有三載，耄期倦於勤，汝惟不怠。'"
"帝曰：'來禹，洚水儆予，成允成功，惟汝賢。克勤於邦，克儉於家，不自滿假，惟汝賢。汝惟不矜，天下莫與汝爭能。惟汝不伐，天下莫與汝爭功。予懋乃德，嘉乃丕績，天之歷數在汝躬，汝終陟元後。'……禹拜稽首，固辭。帝曰：'毋，惟汝諧。'"

《尚書·大禹謨》所述正是舜禪讓禹之事。但伯益在此中所扮演之角色，却極爲耐人尋味。據今本《竹書紀年》記載：禹立四十五年，禹薦益於天，七年。禹崩三年，喪滿，天下歸啓。帝啓二年，費侯伯益出就國。六年，伯益薨，祠之。

據《晉書·束皙傳》所言："《紀年篇》云：'益干啓位，啓殺之。'"

再據《史通》的作者在《疑古篇》和《雜説篇》中兩引《竹書》云："益爲后啓所誅。"從而還原了歷史真相。筆者認爲，伯益作爲前朝帝舜之親信，在舜禪讓禹位的問題上阻撓於前，又干啓繼帝位於後，故其被啓所殺，合乎歷史事件發展的邏輯性。拙作《〈汲冢竹書紀年〉源流考析》一文對此問題亦有論及，[6] 可參閲。

筆者認爲，帝舜時期最重要者，就是對禮官、樂官之封。這是人類文明發展史上的一件大事。中國有專司禮、樂的職官自此始。《尚書·舜典》：

"帝曰：'咨，四岳，有能典朕三禮？'僉曰：'伯夷。'帝曰：'俞，咨伯，汝作秩宗，夙夜惟寅，直哉，惟清。'"

古之"三禮"，指涉及天、地、人三者之禮。而三禮中，有關天、地者，乃人與天地鬼神的關係，主要涉及祭禮。"人"之禮則最爲繁雜。此中有人與家庭中父母、夫婦、兄弟、姐妹乃至宗族間的關係，有人與社會中朋友、同事、上下級乃至君臣間的關係，主要涉及家庭倫理和社會倫理，以及與此相應的各種儀禮。此外，還有活人與死人的關係，主要涉及喪禮、葬禮等。所以，在各種職官中，禮官是最難當的，因爲要平衡各種關係。故帝舜始鄭重其事地詢問誰能典此三禮，衆人都説伯能"夷"之。即是説，名爲"伯"的人能平衡各種關係，典此三禮。爲什麼説此禮官名爲"伯"

呢？

　　因爲按照《尚書·舜典》的慣例，帝舜在任命官員時皆直呼其名。如任司空的禹，任后稷的弃，任司徒的契，任士的皋陶，任工的垂，任朕虞的益，帝舜無一例外地直呼其名。故帝舜說："俞，咨伯，汝作秩宗。"筆者認爲，帝舜直呼"伯"之名，可見任"秩宗"者，其人名"伯"而非"伯夷"。伯之任秩宗，職典三禮，實爲禮官。故《尚書·周官》與《周禮》俱將禮官稱爲"宗伯"，其源蓋出於此。至於上述《尚書·舜典》中"伯夷"之"夷"字，《說文》謂："夷，平也。"故《舜典》中之"伯夷"，其意乃說"伯"能典平三禮。因此，後世將《尚書·舜典》中之"伯夷"視爲一人名，顯然是錯誤的解讀。然而，自舜歷夏至商末，期間相距千有餘載，據《今本竹書紀年》記載，帝辛（紂王）二十一年"伯夷、叔齊自孤竹歸於周"。則此"伯夷"乃後世之人名，與《尚書·舜典》中"伯夷"之義，可謂風馬牛不相及。

　　在《尚書·舜典》中，帝舜既命伯任秩宗以司禮，又命夔典樂以和合人神，前文已有詳述，於此不贅。此外，帝舜還任命龍做言官兼傳令官，曰："龍，……命汝作納言，夙夜出納朕命。"

　　就《尚書·舜典》所載，帝舜一共任命了二十二名職官，還要對他們的政績進行考核。其言曰："咨汝二十有二人，欽哉。惟時亮功，三載考績，三考，黜陟幽明，庶績咸熙。"可爲之證。

　　筆者認爲，中國之有職官，其源甚古。因爲從社會發展的角度論之，自部落、方國到王國的形成，既有首領及王者之尊，同時亦必須依賴衆多臣工的共同管理。即使在没有文字記載之前，亦必定如此。在堯、舜之前，《竹書紀年》說黃帝見景雲而"以雲紀官"。又說帝顓頊初作曆象，作《承雲》之樂。而《史記·五帝紀》雖記載了黃帝時期的幾個官名，非常簡略，但記述舜任命之主要職官，則有二十二名之衆，且多有名稱事功。內中云：

　　"此二十二人咸成厥功：皋陶爲大理，平，民各伏得其實；伯夷主禮，上下咸讓；垂主工師，百工致功；益主虞，山澤闢；弃主稷，百穀時茂；契主司徒，百姓親和；龍主賓客，遠人至；十二牧行而九州莫敢闢違；唯禹之功爲大，披九山，通九澤，決九河，定九州，各以其職來貢，不失厥宜。方五千里，至於荒服。南撫交阯、北發，西戎、析枝、渠廋、氐、羌，北山戎、發、息慎，東長、鳥夷，四海之内，咸戴帝舜之功。"[7]

　　所以，徵之於現有之文獻記載，從《尚書·舜典》到《史記·五帝紀》，都證明帝舜在中國歷史上所作的重大貢獻；而中國之有正式的職官制度及"六卿"之制，更是從帝舜時期開始。

二、夏朝的官制、禮制與相關史事及其影響

夏之都城遺址已在河南偃師出土,二里頭已發掘出夏王祭天地山河的大牙璋;而殷墟出土大量刻文甲骨和青銅禮器,顯示夏之禮制已經成熟。筆者謹以《竹書紀年》《尚書》《史記·五帝紀》中所載夏朝之有關官制、禮制及相關史事,加以互證。茲縷述如下。

《竹書紀年》云:"帝禹元年即位居冀,頒夏時於邦國。五年巡狩,會諸侯於塗山。""夏時"即夏曆。向邦國頒曆,乃帝王之制,帝顓頊初制,堯時應已成熟。商立國亦頒其曆。甲骨文有"曆"字,可證其源甚古。而巡狩、會盟亦皆王禮,甲骨文有"巡""盟"等字。

1. 夏禹時期的貢獻及其官制與禮制

禹南平三苗,又治水多年,事功既多,又建大越於南土,故其治權達至南北,管轄幅員之大,遠逾於堯、舜時代,因此所需職官,多於前古。據《尚書·皋陶謨》記載,禹與得力輔弼皋陶對話時,就涉及任命官員及百僚治績的問題。內中禹曰:

> "知人則哲,能官人;安民則惠,黎民懷之。"[8]

禹這兩句話非常重要。第一句是說領導者在任命官員時,必須知人善任;第二句是說安民之要,在於予民實惠,人民自然懷德而安之。

皋陶亦贊同德治的重要性,同時指出德治關鍵在於依仗百僚臣工及建立禮制。曰:

> "日宣三德,夙夜浚明有家。日嚴祗敬六德,亮采有邦。翕受敷施,九德咸事,俊乂在官。百僚師師,百工惟時,撫於五辰,庶績其凝。無教逸欲,有邦兢兢業業,一日二日萬幾。無曠庶官,天工人其代之。天叙有典,敕我五典五惇哉!天秩有禮,自我五禮有庸哉!同寅協恭和衷哉!天命有德,五服五章哉!天討有罪,五刑五用哉!政事,懋哉懋哉!天聰明,自我民聰明。天明畏,自我民明畏。達於上下,敬哉有土。"[9]

皋陶這段話強調其治國之理念,必須以德治、禮治為先,然後輔之以刑法和行政手段。後世儒家著作中提倡"禮、樂、刑、政"的治國理念,其思想根源即本於此。尤其重要者,皋陶特別指出政策的推行,關鍵在於吏治。所謂"九德咸事,俊乂在官。百僚師師,百工惟時,撫於五辰,庶績其凝。無教逸欲,有邦兢兢業業,一日二日萬幾,無曠庶官"說的全部是吏治的問題。因為政策再好,如果吏治腐敗,不能貫徹落實,

不能和衷共濟，那麽對國家將會造成極大的危害。皋陶之言，至今仍有現實的教育意義。至於其時之職官制度，顯然比先前有了很大的進步。舜初封官二十二人，至帝舜與禹政權行將交替之際，朝廷的職官已稱"百僚"。至於地方上的封疆、職貢上的制度及相應的服役，《尚書·益稷》亦記載禹在獻言中已涉及這方面的內容，內中云：

"禹曰：'洪水滔天，浩浩懷山襄陵，下民昏墊。予乘四載，隨山刊木，……予決九川距四海，浚畎澮距川。……惟荒度土功，弼成五服，至於五千。州十有二師，外薄四海，咸建五長，各迪有功。苗頑弗即工，帝其念哉！'"(10)

禹隨山刊木，敷土治水，需要各地提供大量人力物力，於是乃有"五服"之制。所謂"五服"，即甸服、侯服、綏服、要服、荒服，以距王畿之遠近而定，遠者至五千里之遙。其中甸服最近，荒服最遠。近者服役較多，遠者服役較少，以此類推。堯、舜時曾將天下劃爲十二州，每州一師。古制每師二千五百人，十二州師共三萬人，此則爲軍隊之編制，受禹直接指揮，爲治水之主力。"五服"之夫役則由各地配合，即治水至何處，則由該"服"提供民夫勞役，人數更衆。然治水之有成，禹之主力部隊起了關鍵的作用。蓋無論古今中外，凡抗洪治水之重大工程要獲得成功，若非軍隊之大規模參與，絕不能達致目標。故禹首先是軍隊的總司令，"州十有二師，外薄四海，咸建五長，各迪有功"。這支雄師對五服四夷發揮了威懾作用。平時爲工兵，戰時爲軍士。而師以下有五級軍隊長官的建制，以領導各級戰爭單位。龐大軍隊進行分級領導，古今中外莫不如此。但中國在四千多年前的舜禹時代就有軍隊建設的記載，而"師"則是最早出現的軍隊編制，這亦是"禮"的一部分。禹之所以能平定三苗，所賴者即此十二州師之猛士也。

至帝禹之時，由於治水和南平三苗的成功，因此在地區建制與五服四夷的職貢上得到進一步的完善。堯舜時天下有十二州，至禹乃分爲九州，分別爲：冀州、兗州、青州、徐州、揚州、荊州、豫州、梁州及雍州。至於九州進貢的土特產，《尚書·禹貢》均有詳細的記載。其中對"五服"的進貢，更有具體的劃分。內中云：

"五百里甸服：百里賦納總，二百里納銍，三百里納秸服，四百里粟，五百里米。五百里侯服：百里采，二百里男邦，三百里諸侯。五百里綏服：三百里揆文教，二百里奮武衛。五百里要服：三百里夷，二百里蔡。五百里荒服：三百里蠻，二百里流。"(11)

從上可知，越接近王畿的地區，納貢越重。如最接近王畿的"甸服"，主要納財賦、衣、食及收割之農具等，是日常生活的必需物品，最爲重要。其次爲"侯服"，主要是提供人力資源，如征夫、勞力等，以供役用。此處出現"侯""男"等字，日後皆成爲五等爵之爵位。就《尚書》記載的上古史而言，則"諸侯"二字乃首見於《禹貢》，原義指"侯服"中三百里地區的各個侯官，後來"諸侯"乃被引申爲各侯國的國君。再其次爲"綏服"，主要涉及文教的傳播，以及作爲天子之武衛以捍衛疆土。至於"要服"及"荒服"，已在蠻夷之區，所貢已渺不可知矣。

禹時之疆域："東漸於海，西被於流沙，朔南暨，聲教訖於四海。"於是"禹錫玄圭，告厥成功"。即賜圭璋以公告天下，禮也。

2、舜禹至夏啓時的"六卿"與兩周時期之"六卿"及"六官"的關係

帝禹之後，其子啓繼有天下。《竹書紀年》云：

"帝啓元年即位於夏邑，大饗諸侯於鈞臺。……十年帝巡狩，舞《九韶》於天穆之野。"

"大饗諸侯"乃王之饗禮。甲骨文有"飧"字。至於帝巡狩而舞《九韶》，禮與樂也。甲骨文有"夏""舞"等字。

另據《尚書·甘誓》記載，啓時已有"六卿"職官之設。內中云：

"大戰於甘，乃召六卿。王曰：'嗟！六事之人，予誓告汝：有扈氏威侮五行，怠棄三正，天用剿絕其命，今予惟恭行天之罰。'"

啓時之"六卿"，許多譯注者都引用鄭玄的說法。鄭注云："六卿者，六軍之將。《周禮》六軍皆命卿。"[12]

但筆者認爲，夏啓去周近千載，其時既未有"六軍"之記載，又怎能以千年後《周禮》中的"六官"原封不動地來解釋夏初的官制呢？且"六卿"即負責"六事之人"，此"六事"并非專指軍事。故鄭玄將"六卿"說成專指軍事上"六軍"的官員，顯然是不妥的。

以筆者之看法，舜既禪位予禹，故禹對舜時之官制必繼續沿用；而啓又繼承自父禹。且自舜至啓時間相距甚近，故啓時之官制大體應爲舜時之官制。根據《尚書·舜典》的記載，其時帝舜任命主要官員及所司六事如下：

司空：主平水土之事（又兼主軍事）。

后稷：主農事。中國以農立國自此始。

司徒：主教化。

士：主刑法。

工：主工匠及各種器物生產之管理。

秩宗：主管天、地、人三者之禮制及宗法制度。中國古代有禮官自此始。

筆者認爲，上述舜禹時六類主要官員，實即夏啓時之"六卿"。彼等管理之"六事"最爲重要，關係國計民生。《尚書·甘誓》記載啓欲征討實力強橫之有扈，必須以舉國之力始克有濟，故須詢之於"六卿"。誠如筆者前文據《尚書·舜典》而斷言，中國有籍可考正式之職官制度應自舜始。參之於《尚書·甘誓》，此正式之職正是主管上述"六事"之人，是爲"六卿"。筆者研究歷代官制，認爲自古至今，幾乎是一脉相承的，其源頭正是舜、禹及啓時之"六卿"，對後世影響極深遠。

以周爲例。武王克商，西周立國，再經周公之東征與召公之討定南北，至周公致政成王時，西周王朝之幅員已遠邁前古，對中央政府及地方諸侯的管理，更需要大批的官員，因此其官制必更龐大和複雜。顯然，西周官制對前代夏、商的官制，亦必是有所繼承和發展的。除立太師、太傅、太保三公及少師、少傅、少保三孤外，亦采用舜至啓時的"六卿"官制。《尚書·周書·周官》言周成王時之官制如下：

"王曰：'若昔大猷，制治於未亂，保邦於未危。'曰：'唐虞稽古，建官惟百，內有百揆四岳，外有州、牧、侯伯，庶政惟和，萬國咸寧。夏、商官倍，亦克用乂。明王立政，不惟其官，惟其人。今予小子祗勤於德，夙夜不逮，仰惟前代時若，訓迪厥官。立太師、太傅、太保，茲惟三公，論道經邦，燮理陰陽，官不必備，惟其人。少師、少傅、少保，曰三孤。貳公弘化，寅亮天地，弼予一人。冢宰掌邦治，統百官，均四海。司徒掌邦教，敷五典，擾兆民。宗伯掌邦禮，治神人，和上下。司馬掌邦政，統六師，平邦國。司寇掌邦禁，詰奸慝，刑暴亂。司空掌邦土，居四民，時地利。六卿分職，各率其屬，以倡九牧，阜成兆民。'"[13]

《尚書·周官》中論及自堯舜以來的官制沿革，所謂"唐虞稽古，建官惟百"，説的就是堯舜時代建立職官的事，筆者前文論《尚書·舜典》時已有述及。但是《舜典》只説舜封二十二官，而《尚書·周官》則説周成王時官至百數，并説"夏、商官倍，亦克用乂"。即是夏、商兩朝的職官數目，倍於堯舜時代。當然，時代在不斷演進，國家規模越大，需要職官越多，符合歷史邏輯。至周成王時，除三公、三孤輔助天子作大政決策外，國家軍、政、經濟、文化、刑法及禮制等具體領域之職司則由六卿分掌。西周的"六卿"顯然自舜至啓時的"六卿"演化而來。至於成書於東周時期的《周官》即《周禮》一書，內中的"六官"正是從周成王時之"六卿"沿襲而來的。筆者特造表如下，俾作比較，以見其沿襲及演化之軌迹。

（表）

舜禹至夏啓時 六卿	周成王時 六卿	東周時期 六官
司空：主平水土及軍事	冢宰：掌邦治，統百官，平四海	天官冢宰：掌邦治，統百官，均邦國
后稷：主農事	司徒：掌邦教，敷五典，擾兆民	地官司徒：掌邦教，安邦國，擾兆民
司徒：敷五教	宗伯：掌邦禮，治神人，和上下	春官宗伯：掌邦禮，和邦國，統禮官
士：主刑法	司馬：掌邦政，統六師，平邦國	夏官司馬：掌邦政，統六軍，平邦國
工：供百工與器物	司寇：掌邦禁，詰奸慝，刑暴亂	秋官司寇：掌邦禁，立刑法，刑邦國
秩宗：典三禮	司空：掌邦土，居四民，時地利	冬官考工記：掌百工與器物
（上據《舜典》《甘誓》）	（上據《尚書·周官》）	（上據《周禮》）

從上表可知，帝舜時由禹所任的"司空"一職，乃因人任事，既平水土又統軍南平三苗。至周成王時，"司空"只管邦土，至於其軍事之職能，已改由司馬擔任。而舜時主農事之職官"后稷"，因周祖棄曾任此職，故其後世姬周子孫特別重農。西周以農立國，從天子到地方官員都關心并負責主管農業事務。《詩·周頌·載芟序》中述及天子所耕之籍田，即"王載耒耜所耕之田"。及後帝王每年春日行"籍田禮"，歷代相沿弗替。而地官司徒轄下之各級官員，如《周禮》所載之"遂人""遂師""縣正""鄙師""鄉長"乃至"里宰"，相當於現在的省、市、縣、鄉、村長，都必須親抓農業。故周朝不必專設農官，且"后稷"已成爲周祖棄之代稱，因此《尚書·周官》及後世《周禮》一書皆無"后稷"一官之設。至於舜時司徒掌教化事務，大體與西周同。而舜時"士"之主刑法，若兩周之"司寇"；"工"主百工技藝之管理及器物之供奉於王，正與《周禮·冬官考工記》所述相同。至於舜時主典三禮（按：指涉天、地、人之禮）之"秩宗"，其所司則同於兩周之"宗伯"。

從上表可知，《尚書·周書·周官》中的"六卿"并非是憑空而來的。就各個職官所司的内容而言，顯然大部分承襲自《舜典》中六個重要職官的主要職能，亦即《甘誓》中帝啓時代主管"六事之人"的"六卿"。只是西周"六卿"的職官内涵并非全盤照搬舜禹時代的"六卿"，而是與時俱進地改變部分職官的名稱，但所司却大致相同。如"士"之改"司寇"，續主刑法；"秩宗"之改"宗伯"，續掌禮。而司徒掌教化，《舜典》與《尚書·周官》無异。稍有不同者，就是西周時省去舜禹時主管農、工的專職官員，而是將二者之職能，由天子親自過問，同時由其他主官和各級地方官員分掌。有關西周時期所以取消"后稷"之官，已見前説。至於帝舜時禹任司空，由於治水及平三苗等極爲嚴峻局勢的需要，因此司空統領一切軍政大權。西周成王時，則分散司空的權力。首先另立冢宰以統百官，主朝政；另立司馬掌六師，主軍事。司空既失軍政大權，徒存其名，只掌邦土、時地利而已，且排於"六卿"之最末。這一部分，可說是周成王時對職官制度最大的改革。

另據上表，知《尚書·周官》中，周成王時期王師編制爲"六師"。事實上整個西周時期天子軍隊皆爲"六師"。至於周穆王平南蠻東夷時，"大起九師"（按：參看《竹書紀年》），則是王之"六師"加上諸侯之"三師"。此皆有定制。考諸歷史事實，西周之前，從夏王朝起，部隊皆稱"師"而不稱"軍"。據《尚書·益稷》記載，堯舜時天下分十二州，禹治水及平三苗，每州派一師，故說"州十有二師"。所以，"師"之編制及名稱自此始。另據《尚書·夏書·胤征》所言，至夏仲康之世，命胤掌"六師"以征失職的羲和，則天子有"六師"自仲康始。延及西周，周成王命司馬統"六師"，說明自夏至西周，"六師"之制未變，同時亦顯示以"師"作爲部隊的編制一直相沿弗替，直至春秋時晉文公作"三軍"止。

就歷史文獻的記載而言，自古至今，中國的職官制度自堯舜以來，有其歷代相沿的軌跡，可以說是一脉相承的。正是因爲中國有四千多年職官制度的歷史，足以說明中國古代禮制文明之久遠。從《尚書·舜典》可知，其時已有十分明顯的社會分工和職官制度的任命，顯示其時的社會政治、農業、教育、軍事、建築及手工業和宗法制度都有專任職官進行管理。而上述這些領域正是構成一個國家的基本要素。因此，職官制度所體現的禮制文明，在一定程度上說明了其時的社會文明和國家文明，因而在總體上反映了中華民族的古代文明。因爲若沒有職官制度及實施有效的管理，便成爲無政府狀態。一個沒有組織管理的混亂社會，便很難有國家文明可言。所以，一部中國職官制度史，實際上亦是中國文明史的一部分。其重要性於此可見。

3. 夏朝的官制、禮制及其對後世的影響

《今本竹書紀年》記載：帝仲康六年，錫昆吾，命作伯。七年陟。世子相出居商丘，依邳侯。可知夏朝已有伯、侯等爵位，商、周二朝皆沿用。

又《尚書·夏書·胤征》云：

"惟仲康肇位四海。胤侯命掌六師。羲和廢厥職，酒荒於厥邑。胤侯承王命徂征。告於衆曰：'嗟予有衆，聖有謨訓，明征定保。先王克謹天戒，臣人克有常憲。百官修輔，厥后惟明明。……官師相規，工執藝事以諫，其或不恭，邦有常刑。惟時羲和，顛覆厥德，……乃季秋月朔，辰弗集於房。瞽奏鼓，嗇夫馳，庶人走。……'"

筆者錄上述一段，是因爲涉及夏仲康時之官制及名稱。後來周公在《尚書·立政》中說到的"藝人、表臣百司"，就是由"工"的職官所管理的，因爲《尚書·胤征》中明言"工執藝事"。另外，筆者在前文論證《尚書·舜典》中帝舜任命職官時，曾詢衆人：

"疇若予工？"僉曰："垂哉！"帝曰："俞，咨垂，汝共工。"——筆者曾指出，"共工"非人名，亦非官名，而是指由"工"的職官管理百工藝事，將他們的產品以供用度。故"共"者，"供"也，其音義衍申爲"恭"。因此，就《尚書·胤征》述及"工執藝事以諫，其或不恭，邦有常刑"之義——筆者認爲，此"恭"字原文應爲"共"，原義爲"供"。全句意爲："工"的職官管理百工藝事以事天子，倘若不能按時供奉，則會按刑法處置。

尤爲重要者，由上文可知，三代時天子有"六師"之制，自仲康始。《尚書·甘誓》說"六卿"是主管"六事之人"，但未言及用於征伐的軍隊"六師"。筆者在前文已經論及鄭玄注釋的錯誤，指出他爲《甘誓》作注，說："六卿者，六軍之將。《周禮》六軍皆命卿。"極爲不妥。然其影響所及，後人崔述乃據之說"六卿分掌六師，《甘誓》所記甚明。自周官始言司馬掌六師，而僞書《周官》篇因之，夏時必無是語也"。因而斷定《尚書·夏書·胤征》乃僞書。鄭說之謬，筆者前文已予駁正。崔述顯然沿襲其錯誤。

至於"羲和"乃分掌天文地理、日月星辰曆象之職官，堯時已有任命，事見《尚書·堯典》。而"工執藝事"，說明夏仲康時仍沿用舜時之職官"工"。就《尚書·胤征》所見，仲康時"瞽"乃奏鼓之樂官，"嗇夫"則爲主幣之官。文中尚有"百官"及"官師"等字眼，可見仲康時職官制度之內容更加繁多。

《竹書紀年》記載：帝相七年於夷來賓。"來賓"，即行臣禮也。此制商承之，甲骨文有"賓"字。

又：帝少康元年即位，諸侯來朝。此乃朝覲禮。

又：帝芬三年，九夷來御。"御"者，進獻禮也。甲骨文有"御"字。

又：帝芒元年即位，以元圭賓於河。圭璋，玉器之貴者；"元"，亦可釋爲"大"。《漢書·董仲舒傳》云："元者，辭之所謂大也。"故"元圭"實即大圭。圭之最大者，名爲"鎮圭"，天子守之，《周禮·考工記·玉人》有著錄。夏帝芒即位，奉大圭賓於黃河，乃爲祭禮。

又：帝泄十二年，殷侯子亥賓於有易，有易殺而放之。十六年殷侯微以河伯之師伐有易，殺其君綿臣。《竹書紀年》所載商祖王亥被有易所殺，其子微以河伯之師伐有易史事，在清華簡《保訓》周文王之遺言中，得到若合符節之印證。這進一步證明了傳世的今本《竹書紀年》一書所載史料的可靠性。甲骨文有"王亥"等字，王静安先生借之以證殷商王室世系。[14]

又：帝胤甲元年即位居西河，四年作西音。夏帝胤甲居西河而作西音，筆者認爲此乃頒令將河西一帶之方言，定爲官方語言。頒令統一使用語言、文字，王制也。

又：帝桀二十八年，太史令終古出奔商。[15] 以此知"太史"官名出自夏朝。甲骨文有"太史"二字。

三、商朝的官制、禮制對夏、周二朝的承傳

商湯革夏桀之命成功，開創了有商一代之基業，其事《尚書·商書》《竹書紀年》《史記·殷本紀》皆有記載；清華簡《保訓》即周文王的遺言中，亦有述及成湯"祗備不懈，用受大命"之事。兹仍以《竹書紀年》爲主，參以他書，論證殷商一代之官制、禮制及其對夏、周二朝的承傳關係。

《竹書紀年》記載：成湯（名履）十八年即位居亳，始屋夏社。二十五年作《大濩樂》，初巡狩，定獻令。二十七年遷九鼎於商邑。

夏、商、周皆有"社"，禮也。甲骨文有"社"字。巡狩、定獻令及遷九鼎，皆爲王制，禮也。夏帝禹作九鼎，商王湯遷九鼎，表示政權之交替，成爲後世之取則。而成湯既定禮制於前，又作《大濩樂》於後，故制禮作樂之事，商朝開國時早已有之。因此西周開國之初，周公制禮作樂已有前例。甲骨文"禮""樂""鼎"皆有其字。王靜安先生引殷虛卜辭之"豐"字以釋"禮"，其說甚是。[16]

1. 商之"卿士"制度與武丁史事

《今本竹書紀年》記載："外丙（名勝）元年即位居亳，命卿士伊尹。"可知"卿士"一官始自商初。甲骨文有"卿士"二字。

"仲壬（名庸）即位居亳，命卿士伊尹。""太甲（名至）即位居亳，命卿士伊尹。"由此知伊尹爲三朝執政卿士，權力極大，《尚書·商書》有《伊訓》之篇，述伊尹於商王之太廟訓誡太甲之事。内中云：

"……伊尹祠於先王，奉嗣王，祗見厥祖，侯甸群后咸在，百官總己以聽冢宰，伊尹乃明言烈祖之功德，以訓於王。"[17]

由此知"卿士"即王朝之"冢宰"，以總百官，此制自商初之伊尹始。夏有"六卿"之制，商增命"冢宰"之官，即後世的宰相，爲百官之首。筆者認爲，西周之後的職官制度，實際上就是在夏、商官制的基礎上發展起來的。

《竹書紀年》記載："太戊（名密）十一年命巫咸禱於山川。三十一年命費侯中衍爲車正。"巫官而名咸者，此爲《竹書紀年》首見。甲骨文有"巫"之官名。至"車正"之官名，夏已有之。《左傳·定公元年》："薛之皇祖奚仲居薛，以爲夏車正。"可爲之證。甲骨文有"車"等字。

"祖乙（名滕）元年即位，自相遷於耿，命彭伯、韋伯。二年，圮於耿，遷於庇。三年，命卿士巫賢。"商王祖乙自相遷耿，翌歲耿城坍塌。商王朝歷來迷信鬼神，乃改命巫師賢爲執政卿士，以求神問卜代替行政。可見巫官於商代地位重要。

"盤庚（名旬）元年即位居奄。七年應侯來朝。十四年自奄遷於北蒙曰'殷'。十五年營殷邑。"盤庚爲商之開國王成湯之十世孫，亦是商代的第二十位君主。在此之前，由於自然災害及其他原因，商代社會歷經動蕩不安和被逼遷都的情況，史有"九世之亂，五次遷都"之說，這都符合實際情況。至盤庚，爲避水患，乃決定自山東曲阜遷徙至河南安陽，此即所謂"盤庚遷殷"，乃歷史之大事。此舉爲商朝日後之中興奠定重要之基礎。《尚書·商書》有《盤庚》一文，是盤庚於遷都前後對百官和民衆之訓言，爲現存商代極重要之歷史文獻。內中述及"邦伯、師長、百執事之人"，應爲商朝上層高級官員及地方長官的統稱。

"武丁（名昭）元年即位居殷，命卿士甘盤。六年命卿士傅説視學養老。十二年報祀上甲微。二十九年肜祭太廟。"武丁乃殷商史之明君，甘盤、傅説俱爲其執政卿士，實即爲後世之賢相。武丁不以巫治國，其命卿士傅説"視學""養老"，皆爲重教育及敬老之禮制，爲後世帝王所效法，而成爲儒家禮學之一部分。武丁祀上甲微，肜祭太廟，可見其祭祀先祖之誠。所謂"肜祭"，乃祭之明日又祭，是祭禮中之最隆重者。有關商祖上甲微史事，《今本竹書紀年》夏帝泄條下有記載，而清華簡《保訓》所載周文王遺言中，亦述及上甲微史事[18]，取之與《今本竹書紀年》相證，完全相合。可見上甲微的確是商之先公先王中一位杰出的人物。武丁不忘祖德，予以隆祀。另一方面，亦可證明《今本竹書紀年》確非僞書，足堪引用。至甲骨文"視學""養老""報祀""肜祭"皆有其字。

武丁文治武功皆足稱道，以至宋代《竹書紀年》之整理者[19]爲其寫下如此之贊辭：

"王，殷之大仁也。力行王道，不敢荒宵，嘉靖殷邦，至於小大，無時或怨。是時輿地東不過江黄，西不過氐羌，南不過荆蠻，北不過朔方。而頌聲作，禮廢而復起。廟號高宗。"[20]

可見殷禮至武丁，是有所發展的。司馬遷在《史記·殷本紀》中，對武丁的求賢若渴和篤行德政有很高的評價，內中云：

"帝武丁即位，思復興殷，而未得其佐。三年不言，政事決定於冢宰，以觀國風。武丁夜夢得聖人，名曰説。以夢所見視群臣百吏，皆非也。於是乃使百工營求之野，得説於傅險中。是時説爲胥靡，築於傅險。見於武丁，武丁曰是也。得而與之語，果聖人，舉以爲相，殷國大治。故遂以傅險姓之，號曰傅説。……武丁修政行德，天下咸歡，殷道復興。"[21]

從上述記載中，亦可知殷商之職官政治的實際情況，使我們知道其時確實由"冢宰"領百官以執政。此一官職夏朝所無，爲殷商所創。

1976年於河南殷墟出土的武丁夫人婦好墓，是迄今爲止唯一能與甲骨文相證，從而能將墓主的確切身分和所處年代加以斷定的殷代重要墓葬。墓中共出土青銅器460餘件、玉器755件、骨器和牙器560餘件，以及陶器、蚌器等，其計1928件。婦好墓出土禮器之豐，各項器物種類和數量之多，證明殷商至武丁之世，禮樂文明的輝煌和物質財富的繁盛。

另一方面，武丁先後命甘盤、傅説爲卿士，説明自商初伊尹任卿士以來，歷數百年而卿士制度不衰，下迄西周及春秋，對此卿士制度竟予全盤繼承，相沿弗替。誠如《詩·商頌·長發》所云：

"昔在中葉，有震且業。允也天子，降予卿士。實維阿衡，實左右商王。"

由此可知，卿士制度在商代歷史上的重要性。卿士者，冢宰也，統百官以行政，直接向商王負責。而卿士制度對後世職官制度產生了極大的影響。秦漢之後的宰相制度及內閣首輔的制度，乃至近現代由國務總理統領各部的制度，其職責的範圍及所司之事權，實質上都脱胎自商之卿士制度。可見我國的職官制度在國家管理和社會管理上的合理性和實用性，足證中華國家文明發凡之早。

"祖庚（名曜）元年即位居殷，作《高宗之訓》。"武丁（即殷高宗）後代能承其遺訓。至於殷高宗史事，可參《尚書·商書》。

"祖甲（名載）二十四年重作《湯刑》。"所謂《湯刑》，應是成湯立國時所作的一部刑法法典。其時湯既制禮，又作《大濩樂》及《湯刑》，以行其政。因此，商之禮、樂、刑、政已完全具備，充分顯示其立國者將其建成一個文明國家的決心。這一禮治思想，及後周文王、武王及周公是有所繼承和發展的。甲骨文有"禮、樂、刑"諸字。

2. 晚商時期姬周家族與商王朝的關係

《竹書紀年》記載：武乙（名瞿）元年即位居殷。邠遷於岐周。三年命周公亶父，賜以岐邑。三十四年周公季歷來朝，王賜地三十里，玉十穀，馬十匹。

商王武乙之世，周祖古公亶父開岐，武乙命其爲"周公"，故稱"周公亶父"。"周公"乃封爵位號，亶父薨，其子季歷繼其爵號，故稱"周公季歷"。可見在姬周家族中，"周公"的爵號既特別尊貴，又極爲重要，有此爵號即意味着繼統的可能性。季歷爲商王文丁所害後，其子姬昌照禮制應繼有"周公"爵位。而越帝乙而至帝辛（即紂王），乃先後命姬昌爲周侯、西伯。筆者認爲，其後西伯伐密伐崇，取耆及邘，作邑於酆，稱王而與商紂分庭抗禮。

《今本竹書紀年》云：

"帝辛名受，即紂也，曰受辛。元年己亥，王即位居殷，命九侯、周侯、邢侯。……四年大蒐於黎。作炮烙之刑。五年築南單之臺。雨，土於亳。六年西伯初禴於畢。九年王師伐有蘇，獲妲己以歸。作瓊室，立玉門。十年夏六月王畋於西郊。十七年西伯伐翟。冬，王游於淇。二十一年春正月諸侯朝周，伯夷、叔齊自孤竹歸於周。二十二年冬大蒐於渭。二十三年囚西伯於羑里。二十九年釋西伯，諸侯逆西伯歸於程。三十年春三月西伯率諸侯入貢。三十一年西伯治兵於畢，得呂尚爲師。三十二年五星聚於房。有赤鳥集於周社。密人侵阮，西伯帥師伐密。三十三年密人降於周師，遂遷於程。王錫命西伯得專征伐。三十四年周師取耆及邘；遂伐崇，崇人降。冬十二月昆夷侵周。三十五年周大饑，西伯自程遷於豐。三十六年春正月諸侯朝於周，遂伐昆夷。西伯使世子發營鎬。三十七年周作辟雍。三十九年大夫辛甲出奔周。四十年周作靈臺。王使膠鬲求玉於周。四十一年春三月西伯昌薨。"

西伯昌在位五十年，其中後四十年適爲紂王在位期間。此乃殷周之際最爲重要之四十年，期間一亡一興，關鍵咸在此四十年中。因此，筆者述《今本竹書紀年》有關紂王、西伯重要之禮制與史事，以見其興衰之所由來。如：

帝辛四年，紂王"大蒐於黎。作炮烙之刑"。所謂"大蒐"者，王者對軍隊之大檢閱也，屬軍禮。是年紂王不以祖宗之《湯刑》刑法爲準則，而自製炮烙之刑，以加諸敢於諍諫之忠臣義士，可見其暴戾無道，失盡人心。

帝辛五年，"雨，土於亳"。此乃社祭之禮。拙作《古"儒"新說——胡適之、傅斯年二先生論說考正》一文中，對此句解釋如下：

"帝辛五年，旱，求雨如願，故祭於亳社。此句《今本竹書紀年》作'雨土於亳'是錯誤的，應予改正。將'土於亳'釋爲祭於亳社，是因爲'土'即'社'，乃地祇也。《春秋公羊傳·僖三十一年》云：'諸侯祭土。'注：'土，謂社也。'故'土於亳'即社祭於亳，此乃'亳社'之所由來；而'亳社'由殷王親祭，因此亦稱爲'殷社'。"[22]

帝辛六年西伯初禴於畢。所謂"禴"，祭禮也。夏、殷春祭曰"禴"，周改夏祭爲"禴"。《詩·小雅·天保》："禴祠烝嘗。"所言正是祭祀之事。由此可見夏、殷、周某些禮制，是有所承襲的。

帝辛九年，紂王獲妲己之後，驕奢淫逸，連年作瓊室，立玉門，於西郊畋獵，游樂於淇水之間。直至二十二年冬始"大蒐於渭"。翌歲紂王囚西伯於羑里。其所以如此做的原因,是其驕奢暴戾,已大失天下人心,故帝辛二十一年春正月諸侯朝周。此點極之重要。按禮制,凡於"春正月"諸侯行朝見禮者,王制也。此舉顯示諸侯有弃紂王而尊西伯之意。因此引起紂王之警覺與忌恨,乃拘而囚之。但西伯已在位數十年,其仁義禮治之隆望已贏得天下之心,故紂王亦不敢殺他。帝辛"二十九年釋西伯,諸侯逆西伯歸於程。二十年春二月西伯率諸侯入貢"。——此事與《逸周書·程典》所載頗爲契合。其文云:

"維三月既生魄,文王合六州之侯,奉勤於商。商王用宗讒,震怒無疆。諸侯不娛,逆諸文王。文王弗忍,乃作《程典》,以命三忠。"(23)

文王既作《程典》,證明諸侯已迎文王歸於程。而文王於"三月"率諸侯入貢"奉勤於商"之事,人物、時間、地點完全相同。兩書互證,皆爲信史。

在紂王荒淫殘暴、天下離心離德的情況下,西伯乃積極治兵,準備伐紂。其時"有赤烏集於周社"説明文王在西岐已建有"周社"。夏有"夏社",殷有"殷社(亦稱亳社)",此時西岐之姬周政權已有"周社",此乃王制。而"社祭"之禮,顯示夏、商、周三代是一脉相承的。及後文王又作"闢雍""靈臺",亦爲王制。鄭玄箋《詩·大雅·靈臺》云:"天子有靈臺者,所以觀祲象察氣之妖祥也。"凡此種種,皆證明文王早已稱王的事實及其與商紂分庭抗禮的決心。

至於帝辛"三十九年大夫辛甲出奔周""四十七年内史向摯出奔周"(24),證明商時已有"大夫""内史"之官名。甲骨文有"大、夫、内、史"等字。

3. 甲骨文中商之官制與夏、周二代官制的關係

以甲骨文研究殷商官制,先有陳夢家《殷墟卜辭綜述·百官》頗有羅列,於甲骨文中獲商代官稱二十有四;(25)繼之日人島邦男《殷墟卜辭研究》對商代官制亦有述及;(26)至張亞初《商代職官研究》一文,則可謂爲以甲骨文研究殷商官制之集大成者,所得官稱達六十五個之多。(27)兹據張文擇要縷列如下:

傅(木甫)、師、保。
卿事(卿事寮):小衆人臣、農、牧、小丘臣、犬、貯、系尹、工、馬、馬小臣、走馬、族馬、亞、大亞、馬亞、旅、射、菔、戍、小多馬羌臣、丁師、剌尹、臣、小臣、元臣、宰、監、正、僚、友、尹、君。
太史寮:大史、小史、史、御史、作册、作册有史、三史。
宗:考、眉、族尹、丐、大丐。
祝:卜、巫、奠。
闈臣:爿付、小子、寢。

首先要説明的是，筆者只録58個甲骨文官名，并根據拙見編排其組合。

筆者據上述甲骨文的職官名稱，共分五大部分，從中已大體反映出商代職官制度的基本系統。

首先是太傅、太師、太保，乃爲三公。三公輔助王議事和決策，王可視需要命其中任何一公擔任冢宰，統領卿事寮諸臣執行軍政及經濟事務。

卿事寮是龐大的辦事機構和執行單位，負責各領域行政，其中臣、小臣、小衆人臣、元臣、宰、監、正、僚、尹等，負責政治、民生和教育等各種行政事務。

農、小丘臣及貯等則負責農業生産和糧食存倉等事務。

牧、犬則負責畜牧業。

工、系尹、蔽等則負責百工技藝和麻絲織造等事務。

馬亞、馬小臣、走馬、族馬、馬、小多馬羌臣等則負責馬政。

旅、射、戍、丁師、刺尹等則爲軍事方面的官員。

太史寮諸臣如"史"等，除爲王記事及作册，實際上還代王傳達命令和執行命令。

"宗"即宗伯，爲禮官，其職能與舜時典三禮的"秩宗"同。而考、眉、族尹等皆爲宗族方面的官員。

至於卜與巫是商王賴之與天帝鬼神溝通的靈媒，祝與奠則是負責有關祭祀禮儀方面的官員，都在爲商王趨吉避凶，在殷商時期有特殊的地位。

至於闢臣、爿付、小子及寑，則爲王内廷之侍臣，即後世之宦官。

根據上述甲骨文材料的分析，筆者認爲商代的職官系統的内容已非常豐富而完善，再結合文獻如《尚書·商書·伊訓》中"百官總己以聽冢宰"，説明其時伊尹已爲百官之首的冢宰；而《竹書紀年》紀載商代外丙、仲壬及太甲三王先後都任命伊尹爲卿士。故筆者認爲，就作爲百官之首的性質而言，"冢宰"即爲"卿士"。再加上《尚書·周書·酒誥》中述及的官名，那就更加全面。《酒誥》中周公追述殷代政治的利弊得失，内中涉及商代的若干官稱。兹録如下：

"王曰：'自成湯咸至帝乙，……越在外服，侯、甸、男、衛、邦伯，越在内服，百僚庶尹、惟亞、惟服、宗、工，越百姓里居，罔敢湎於酒。……予惟曰：汝劼毖殷獻臣，侯、甸、男、衛，矧太史友、内史友、越獻臣、百宗工，矧惟爾事、服休、服采，矧惟若疇，圻父薄違，農父若保，宏父定闢，矧汝剛制於酒。'"

就《酒誥》所述商代官稱，除重點提到外服的侯、甸、男、衛和邦伯外，内服的百僚臣工許多與張亞初先生研究的甲骨文官稱相類同。如太史友、内史友之屬於甲骨文的"太史寮"；越獻臣之類於甲骨文之"臣、小臣、小衆人臣、元臣"；《酒誥》

中的宗、工則與甲骨文的官稱"宗、工"完全相同，皆指禮官宗伯及管理百工藝人的官員。至於《酒誥》述及之圻父、農父、宏父，實指司馬、司徒、司空三卿，應屬於甲骨文中"卿事寮"的範圍。筆者特將二者加以綜合，并與夏朝及堯舜時代的官制作一比較，可見商代的職官制度更加複雜，內容更加豐富而完善。而商代的官制顯然上承夏官，下啓周官，有其歷史軌迹可循。筆者特製表如下：

（表）

舜禹至夏啓時	殷商時代	周成王時
六卿（六事之人）	三公：太傅、太師、太保	三公：太師、太傅、太保
司空：主平水土及軍事	冢宰：掌卿事寮及百官	冢宰：統六卿及百官
后稷：主農業	司馬：掌軍事	司徒：掌邦教
司徒：主敷五教	司徒：掌農業	宗伯：掌邦禮
士：主刑法	司空：掌司法	司馬：統六師
工：供百工及器物	宗：主典三典及祝、卜等	司寇：掌刑法
秩宗：主典三禮	工：主百工及器物	司空：掌邦土
（上據《舜典》及《甘誓》）	（上據甲骨文資料及《酒誥》）	（上據《尚書·周官篇》）

筆者所制夏、商、周職官對比表，只舉其具代表性之職官名稱，主要在於顯示三公（按：夏無三公）、六卿職官系統在三代之沿襲，有其歷史根據。當然，隨着歷史之演進，愈後的王朝，則職官系統愈複雜，官稱亦越來越多。但筆者在研究過程中發現，自堯舜至夏、商、周，各個時代都有其側重點，這亦反映到職官的任命上。比如帝堯時代重點在解決年、月、日及春、夏、秋、冬四季等時間的問題，同時還解決東、南、西、北四方的空間問題，因此始有對羲和等天文曆法系統以及"四岳"官員的任命。[28]但帝堯時期還要面對兩大歷史難題：一是洪水，二是三苗之亂。堯解決不了上述問題，禪位而由舜繼任。

帝舜最大的貢獻，在於知人善任，創設中國最早的職官系統。其中命禹任"司空"，負責治水及平三苗，可謂集軍、政、經濟大權於一身，非如此則治水及平三苗難有成，故其時"司空"一職權力極大。舜還任命周祖弃爲"后稷"，負責農業；任命商祖契爲"司徒"，以敷五教；任命皋陶爲"士"，主刑法；任命垂爲"工"，以供百工技藝及產品；任命伯爲"秩宗"，主典三禮。帝舜對此六項職官之任命，包括了兵、農、教（學）、刑、工、禮的範疇，[29]其影響所及，不但於數十年後成爲禹子夏啓一朝之"六卿"（即"六事之人"），而且殷商之"卿事寮"諸官、西周之"六卿"、春秋時期晉之"六官"、隋唐之後的"六部"尚書，都受到帝舜時期任命的六項職官的直接影響。因此，筆者認爲，中國的職官制度乃肇始於帝舜。世之欲論周官周禮者，當溯其源而論及於此。

至於殷商的職官制度，筆者認爲隨着青銅文明的高度發達，社會經濟明顯取得長足進步，而甲骨文字的創造、應用和演進，使中華文化出現空前的發展，因此政治文化包括職官制度亦相應得到大規模地擴充。如太傅、太師、太保三公的設置，以卿事寮統轄兵、農、牧、工各部門及行政諸官，以太史寮管理記事作冊的秘書班子，同時沿用"宗"以典三禮，并開始設立内廷侍臣的官制。尤其值得注意的是，殷商王朝特别重視馬政，從上述引用甲骨文所見職官中，涉及馬匹的來源及管理方面官員之多，可見一斑。因爲殷商王都大多置於河南、山東及山西等中原地區，極之仰賴西北及北部地方馬匹的供應，所以需要大量的官員從事這一方面的工作。因爲在古代時期，在軍事上，馬的速度和機動性往往是戰争致勝的主要原因之一，又是農業生產和後勤運輸上必不可少的重要條件。筆者認爲，殷商晚期處理與西岐姬周政權的關係，其中利害之所在，就是馬資源的問題。及後姬周政權之所以能取殷商而代之，就是因爲姬周在文王時期已經擬定綏靖西北、南下伐紂的計劃，并經略山西、河北，此舉實際上切斷了殷商北方馬資源的供應，因此在戰略上殷商處於極爲被動的地位。且紂王荒淫暴政令臣民離心離德。而姬周既有北方大量的馬資源，又有關中平原的大糧倉，且文王主政五十年，以仁義禮治大得人心；及後武王繼起承志，舉兵伐紂，牧野一戰，武王驅兵車衝垮紂王的步兵，於是紂兵倒戈，導致殷商王朝的最後垮臺。[30] 故從戰争的角度而言，馬確實發揮了極大的作用。拙作《略論馬在中國歷史上的作用》對這些問題有所論述，[31] 讀者可參閱之。筆者之所以論及於此，意在説明殷商王朝對馬政的重視以及對相關官員任命之多，是有其歷史原因和根據的。

殷商王朝亦特别重視對祝、卜、巫等官員的任命，因爲迷信鬼神是殷商王朝的傳統。從安陽殷墟出土的大量刻字甲骨之内容大都爲卜辭以觀之，亦可知商王凡事必求神問卜的事實。舉凡祭祀、政治、軍事、農事、生活起居、婚喪、疾病、天氣乃至畋獵等，都成爲卜問的内容。而卜問在於決疑，以達到趨吉避凶的目的。卜與巫上古已有，都是被視爲能與天帝神明溝通的靈媒，有特殊的地位，尤其在殷商時期受到特别的重視。我師饒宗頤先生著有《殷代貞卜人物通考》一書，[32] 對殷代占卜所涉人物及事類，所述甚詳。其中人物方面，包括王及王族、公卿侯伯，以及諸子諸婦等；而所卜事類包羅之廣，其内容實際上已從側面反映出殷代社會的組織及其形態，爲研究殷代歷史提供了許多重要的實證。

至於祝、奠等則是祭祀方面的禮官，族尹則是負責處理宗族事務如宗法、宗禮方面的官員，顯見商代在禮制宗法上有所發展。但殷代過於側重占卜、巫筮等活動，助長從商王至臣民過度迷信天意鬼神的風氣。直至西周時期，姬周王朝在職官制度及名稱上固然不少沿襲自殷代，但因姬周王朝重視禮制，故祝、卜、巫等與天意神明溝通的靈媒，以及《連山》《歸藏》《周易》有關夏、商、周三代之卜易，皆歸禮官宗伯所管轄，[33] 從而遏制了殷商時期過度迷信天意鬼神之風。這可説是殷周兩朝官制及社會風氣上最大的不同之處。

殷代對嬖（闢）臣、冂𠂤、小子、寢、舌等内廷侍臣的大量任命，助長了殷王室奢汰荒淫之風。殷之末王帝辛（即紂王受）就是因爲既沉湎酒色，又暴虐無道而喪家亡國的。司馬遷在《史記·殷本紀》中對紂王的失德敗行有詳細的記述，曰：

> "（帝紂）好酒淫樂，嬖於婦人。愛妲己，妲己之言是從。於是使師涓作新淫聲，北里之舞，靡靡之樂。厚賦稅以實鹿臺之錢，而盈鉅橋之粟。益收狗馬奇物，充牣宫室。益廣沙丘苑臺，多取野獸蜚鳥置其中。慢於鬼神。大聚樂戲於沙丘，以酒爲池，縣肉爲林，使男女裸，相逐其間，爲長夜之飲。百姓怨望而諸侯有畔者，於是紂乃重刑辟，有炮格之法。以西伯昌、九侯、鄂侯爲三公。九侯有好女，入之紂。九侯女不熹淫，紂怒，殺之，而醢九侯。鄂侯争之强，辨之疾，并脯鄂侯。西伯昌聞之，竊歎。崇侯虎知之，以告紂，紂囚西伯羑里。西伯之臣閎夭之徒，求美女、奇物、善馬以獻紂，紂乃赦西伯。西伯出而獻洛西之地，以請除炮格之刑。紂乃許之，賜弓矢斧鉞，使得征伐，爲西伯。……西伯歸，乃陰修德行善，諸侯多叛紂而歸西伯。"(34)

有關殷商在職官制度上有太傅、太師、太保"三公"之設置，在上述記載中得到了證實。而殷末之三公，紂王竟殺其二，囚其一，可見其嗜殺之殘暴。而商紂爲什麽先則籠絡西伯昌，命其爲三公之一，繼之又囚之於羑里，最後又釋其囚呢？筆者認爲，這與姬周政權在西北地方控制了中原地區殷商王朝馬資源的供應有極大的關係。紂王之所以封姬昌爲三公之一，是希望姬周政權多貢好馬。其釋西伯之囚，正是因爲西伯之臣閎夭以美女、奇物、善馬以獻之。在這些進獻中，筆者認爲重點在於"善馬"。因爲美女奇物之類，紂王多的是。姬周控制西北馬資源是紂王的一塊心病，因此西伯之臣獻馬正是投其所好。尤其西伯被釋放後，又向紂王"獻洛西之地"。筆者認爲此一地區正是殷商王朝與西北部販馬的通道，因此令紂王大悦，從而解除對西伯的戒心，并"賜弓矢斧鉞，使得征伐，爲西伯"。可見馬資源在殷商王朝整個戰略規劃中的重要地位，否則管理馬政的官員就不會那麽多。

四、小結

本文從歷史文獻和既有的甲骨研究成果着手，論述先周時期禮制和職官制度的發凡及發展。有關黄帝時期只有少數而簡略的職官名稱，筆者認爲，司馬遷在《史記·五帝本紀》中的相關記載是十分慎重的。他從大量的口頭傳説和耆老舊聞及前代零星記載中，以史學家嚴謹的尺度加以取捨，所以述及黄帝時期的職官，只説到

"以師兵爲營衛，官名皆以雲名，爲雲師。置左右大監，監於萬國。……舉風后、力牧、常先、大鴻以治民"。(35)據鄭玄説："風后，黃帝三公也。"(36)又引班固説："力牧，黃帝相也。"(37)苟毋論鄭、班之説是事實還是附會，但黃帝時期有首領及其衆多的追隨者，有君臣尊卑的關係，是毋庸置疑的。因此，那些簡約而必須的職官名稱，與黃帝時期文明初開的情況是相適應的。故筆者認爲，司馬遷在《史記·五帝本紀》中的相關記載是慎重的，而且是必有根據的。這正如他在論述帝堯之後的人物史事大量地引用《尚書》的史料作爲根據一樣，是十分嚴謹的。

同樣，本文在論述堯舜至夏商二朝禮制及職官制度的演進時，亦是以《尚書》的記載爲主，再結合《竹書紀年》和其他史料，尤其是利用近人研究甲骨文中商代職官制度的成果，進行多方面的綜合研究。

筆者認爲，以我國可考之歷史文獻所涉及的職官制度內容而論，《尚書·舜典》在涉及中國職官制度的內容上，可説最早亦最關鍵，夏、商、周之後的六卿、卿事寮乃至六官制度，實皆導源於此。至西周立國，正是在先周時期尤其在夏、商二代業經成熟的禮制、官制的基礎上，才創造出輝煌的禮樂文明與龐大的職官系統。

2012 年 8 月 17 日

[注]

（1）（28）見《尚書·堯典》。

（2）（18）李學勤《周文王遺言》，光明日報 2009 年 4 月 13 日。又見李學勤《清華簡〈保訓〉釋讀補正》，載《中國史研究》2009 年第 3 期。

（3）（22）郭偉川《古"儒"新説——胡適之、傅斯年二先生論説考正》，載郭偉川著《中國歷史若干重要學術問題考論》，國家圖書館出版社，2009 年。

（4）左民安《細説漢字》，九州出版社，2005 年。

（5）李學勤《東周與秦代文明》，文物出版社，1984 年。

（6）（19）郭偉川《〈汲冢竹書紀年〉源流考析——王國維先生論説考正》，載中國歷史文獻研究會編《歷史文獻研究》總第 27 輯，2008 年版。又載郭偉川著《中國歷史若干重要學術問題考論》，國家圖書館出版社，2009 年。

（7）《史記·五帝紀》。

（8）（9）《尚書·皋陶謨》。

（10）《尚書·益稷》。

（11）《尚書·禹貢》。

（12）見《尚書・甘誓》鄭玄注。
（13）《尚書・周官》。
（14）（16）王國維《觀堂集林》。
（15）以上見《竹書紀年》。
（17）《尚書・商書・伊訓》。
（20）見《今本竹書紀年》武丁條下。
（21）見《史記・殷本紀》太史公曰。
（23）《逸周書・程典》。
（24）見《今本竹書紀年》。
（25）陳夢家《殷墟卜辭綜述》，科學出版社，1956年。
（26）[日]島邦男《殷代卜辭研究》，日本弘前大學文理學部中國學研究會1958年印行，臺灣鼎文書局1975年中譯本。
（27）張亞初《商代職官研究》，載《古文字研究》第十三輯，1986年6月。
（29）見《尚書・舜典》。
（30）《史記・周本紀》。
（31）郭偉川《略論馬在中國歷史上的作用——兼評姜戎〈狼圖騰〉》，載郭偉川《中國歷史若干重要學術問題考論》一書，國家圖書館出版社，2009年。
（32）饒宗頤《殷代貞卜人物通考》，香港大學出版社1959年。
（33）見《周禮・春官大宗伯》。
（34）《史記・殷本紀》。
（35）《史記・五帝本紀》。
（36）《史記集解》引鄭玄說。
（37）《史記集解》引班固說。

禮治使中國歷代王朝避免出現"政教合一"

——兼論先秦經史中王權與神權的關係

筆者長期從文獻典籍和出土文獻中研究上古時期歷史，以探索中國古代文明。在研究過程中，筆者深感中國古代的政治歷史文化，確具自己的傳統特色。因爲歷數華夏文明的政治文化，從上古開始，從來就沒有一個王朝采用"政教合一"的政體。這究竟是什麽原因造成的？而中國自古以來，王權與神權之間的歷史關係，究竟又處於何種狀態？——有關這些問題，筆者根據研究所得，分章縷述如下：

一、中國上古帝王很早就懂得利用神權治天下

自上古以來，傳統的説法，是得天命者得天下。故能通天地而知幽明以治百姓者，是古聖先王之專利，其他人是絕不能染指的。如《易·繫辭》云：

> "古者庖犧氏之王天下也，仰則觀象於天，俯則觀法於地，……以通神明之德，以類萬物之情。……庖犧氏没，神農氏作；……神農氏没，黄帝、堯、舜氏作，通其變，使民不倦。神而化之，使民宜之。……是以自天佑之，吉無不利。黄帝、堯、舜，垂衣裳而天下治，蓋取諸乾、坤。"

乾爲天，坤爲地。黄帝、堯、舜之所以能"垂衣裳而天下治"者，就是因爲能取諸乾、坤——獲得通天地從而能通神明之德的要旨，才能夠達到天下大治的結果。司馬遷在《史記·五帝紀》中亦説：

> "黄帝'順天地之紀，幽明之占，死生之説，存亡之難'。"

可見自上古以來，通天地，占幽明，確實是古帝王的特權。一部中國占卜學史，實際上即是上古歷代帝王"通天地、占幽明"的歷史，這是很能説明問題的。越是上古，帝王對"通天地、占幽明"之權利就越重視、越專制。黄帝在與炎帝戰於涿鹿之前，就通過龜筮問天以定吉凶。《太平御覽》七十九引《歸藏》云：

"黄帝與炎神争鬥涿鹿之野。將戰，筮於巫咸曰：'果哉！而有咎。'"

可見黄帝時遇大事占筮問天以定吉凶，確有其事。故司馬遷説黄帝"順天地之紀，幽明之占"，是顯有根據的。我師饒宗頤教授在其甲骨巨著《殷代貞卜人物通考·前論》中，就開宗明義地指出："卜事之興，遠在殷前。"并引《墨子·耕柱篇》云：

"昔者夏后開，使蜚廉采金於山川，而陶鑄之於昆吾。是使翁難乙卜於白若曰：'鼎之太祖史疇，爲禹占得皋陶。'"

饒師并指出：

"至地下發掘之遺物，其早於殷商文化者，若山東歷城之城子崖、旅順之羊頭窪諸黑陶遺址，均有卜骨出土。滕縣安上村、永城黑孤堆等拍紋陶遺址，則有少數卜龜殘片出土。"[1]

因此，從紙上文獻參稽出土文物，可見占卜問天以定吉凶，其所發端，極爲久遠，極爲神聖。而主其事者，十之八九是上古帝王之所爲，説明上古帝王很早就懂得以占卜的手段，利用神權在人們心目中的權威，去達到鞏固自己政權的目的。

至司馬遷在《史記·太史公自序》中指出："三王不同龜，四夷各異卜。"説明夏、商、周三代占卜時雖然用不同之龜甲，但擁有此特權者仍然是"王"。顯示這一傳統在歷代華夏帝王的心目中，是持續不變的。因爲所謂"天子"，乃獲天命之眷顧者，"余一人"而已。故"天無二日、土無二王"的觀念，正是由此而來的。"大一統"觀亦是由此而來的。在北方黄帝系統承傳的華夏政權内部，歷代對此一觀念是有所傳承的。而上古歷代帝王通過卜筮以問天意而定吉凶的傳統，同樣是代有承傳的。故司馬遷云：

"自古聖王將建國受命，興動事業，何嘗不寶卜筮以助善！唐虞以上，不可記已。自三代之興，各據禎祥。塗山之兆從而夏啓世，飛燕之卜順故殷興，百穀之筮吉故周王。王者決定諸疑，參以卜筮，斷以蓍龜，不易之道也。"[2]

司馬遷并指出卜筮之道，古聖先王皆隆重其事，同時引歷史事實以證其說，云：

"夫搑策定數，灼龜觀兆，變化無窮，是以擇賢而用占焉，可謂聖人重事者乎！周公卜三龜，而武王有瘳。紂爲暴虐，而元龜不占。晉文將定襄王之位，卜得黃帝之兆，卒受彤弓之命。獻公貪驪姬之色，卜而兆有口象，其禍竟流五世。楚靈將背周室，卜而龜逆，終被乾谿之敗。兆應信誠於內，而時人明察見之於外，可不謂兩合者哉！"(3)

而褚先生在補《史記‧龜策列傳》時亦說：

"聞古五帝、三王發動舉事，必先決蓍龜。"

而黃帝爲五帝之首，黃帝時有龜占，是司馬遷所一再證明的。

如《五帝紀》說黃帝"順天地之紀，幽明之占"；而前文《龜策列傳》說"晉文將定襄王之位，卜得黃帝之兆"，說明黃帝時占卜之例，至春秋時期仍然成爲君王占大事之吉例。

至於《太平御覽》七十九引《歸藏》說黃帝將與炎帝戰於涿鹿之前，曾命巫咸占筮以定吉凶，就是具體的例證。

可見自黃帝時代起，北方華夏族之歷代帝王皆極端重視占筮，并將其作爲通天地、占幽明、承天命的不可侵犯的特權，從而將"通天地"作爲天子之事而絕不容許他人染指。

凡此種種，說明在華夏民族的政治哲學觀念中，自上古時期起，就出現王權利用神權的歷史事實。

二、北方華夏政權主導南方神權以謀求南北統一

我認爲在黃、炎時代以降，在南北統一後，王權欲統一，必先統一神權——那就是解決通天地、占幽明以承天命之權，也即天子主導神權的問題。所以，黃帝經三戰而勝炎帝，及後又誅蚩尤，在炎帝爲首的南北諸侯委命勸進下，"即帝位，都彭城"(4)(即涿鹿，據《世本》)。

那麼，黃帝是如何解決形式上南北統一後南方的神權問題呢？

我認爲黃帝其時采取"南人治南"之策略，但又采取"人神異業"之措施，所以在南方實行"帝炎帝，神祝融"的措施。《尚書大傳》云：

"南方之極自北户,南至炎風之野,帝炎帝,神祝融。"⁽⁵⁾

《禮記·月令》也說:

"孟夏之月,其帝炎帝,其神祝融。"

孟夏之月,南方火旺,説明南方"帝炎帝,神祝融",自上古黄帝時代以來就是如此。其時統一南方之際,能有權"帝炎帝,神祝融"者,唯軒轅黄帝一人而已,而且此事必在黄帝誅蚩尤之後。因爲《逸周書·嘗麥解》曾言"蚩尤乃逐(赤)帝,爭於涿鹿之河,九隅無遺。赤帝大懾,乃説於黄帝,執蚩尤,殺之於中冀"。另《路史·後紀五》云:

"(黄帝)戮尤於中冀。於是炎帝、諸侯咸進委命,乃即帝位,都彭城。"

所以,我認爲黄帝讓炎帝仍然作爲南方之首領(即"帝炎帝")以治南人,必須在擒殺蚩尤并一統南北之後。否則有蚩尤在,炎帝是做不成南方首領的,因爲他曾有被蚩尤驅逐之記録。而黄帝"帝炎帝"以治南人,"神祝融"以通天地神明,使王權與神權分離,此即所謂"民神异業"。⁽⁶⁾

顯然,在文獻典籍的記載中,"祝融"其人其職,自黄帝開始,就是指定由北方華夏族而且是黄帝系統的人所擔任的,以此杜絶被征服的南人借占卜以通天地、占幽明以受天命之企圖,避免彼等假天意天命發動叛亂,與北方華夏政權分庭抗禮。此即所以在南方實施"絶地天通"之本意所在,而此一舉措在黄帝統一南方後"帝炎帝、神祝融"時就已經開始。

有關"祝融"的問題,自古至今,衆説紛紜,極爲複雜。

按照我的理解,自上古以來,"祝"與"巫"都是人、神溝通的中介,是通天地、占幽明的靈媒,彼等通過祭天、占卜等活動,而天意天命則借彼等宣之於口,所以彼等亦即天地神明之代言人。《説文》云:

"祝,祭主贊辭者,從示從人口。一曰從兑,省易曰兑,爲口爲巫。"

而《姓纂》曰:

"古有巫、史、祝之官,其子孫因以爲氏。"

可見"巫"與"祝"皆爲專司通天地鬼神、占幽明之職官。如《太平御覽》七十九引《歸藏》曾言黃帝將與炎帝戰於涿鹿，曾命巫咸占筮吉凶。故黃帝時即有任巫職之官員名"咸"者，官與名合稱"巫咸"，爲黃帝時北方司神職以通天之最高官員，如《路史・後紀三》謂"巫咸、巫陽主筮，於是通其變以成天地之文"。

另據《山海經・大荒西經》所言，任巫職者有巫咸、巫即、巫盼、巫彭、巫姑、巫真、巫禮、巫抵、巫謝、巫羅稱"十巫"。而巫之著者，則自黃帝時代的巫咸始。另外，黃帝又任命名"融"者，爲南方司"祝"職以通天地神明之最高官員，官與名合稱"祝融"。巫咸與祝融，一北一南，俱爲黃帝時司神職之首任官員，并成爲後代南北借卜筮以通天地官員之代稱。如前述黃帝時有巫咸，至西周初周公示召公奭時亦有述及，《尚書・周書・君奭》就說：

"公曰：'君奭，我聞在昔，成湯既受命，時則有若伊尹格於皇天。在太甲，時則有若保衡在太戊，時則有若伊陟、臣扈，格於上帝，巫咸乂王家。'"(7)

說明在商代中前期之太戊朝，有名臣伊陟、臣扈者，"格於上帝，巫咸乂王家"。顯示在黃帝時，巫咸是司神職借卜筮以通天者。至商朝中前期，巫咸之職仍然"格於上帝"以通天，其間相距二千年，所司完全一樣。至於"巫咸乂王家"，說明代表神權的靈媒巫咸，歸根到底是爲王家服務的，凡此皆顯示自中國的上古時代開始，王權一直是統馭神權，并利用其爲自己服務的。不僅北方的巫咸如此，神權在南方的代表祝融也無不如此。

比如黃帝時"神祝融"於南方，任命本來是北人的祝融擔任南方通天地、占幽明之神職最高官員，及後"祝融"便成了這一南方神職之代稱。因南方屬火，後人便將"祝融"附會爲"火神"，甚至連發生火灾都說成"爲祝融所害"，實在不瞭解"祝融"之來龍去脉。

祝融源出於北方黃帝系統，是肯定無疑的。楚國之先祖就任過"祝融"之職。司馬遷《史記・楚世家》云：

"楚之先祖出自帝顓頊高陽。高陽者，黃帝之孫，昌意之子也。高陽生稱，稱生卷章，卷章生重黎。重黎爲帝嚳高辛居火正，甚有功，能光融天下，帝嚳命曰祝融。共工氏作亂，帝嚳使重黎誅之而不盡。帝乃以庚寅日誅重黎，而以其弟吳回爲重黎後，復居火正，爲祝融。"

對於"重黎"爲一人或重、黎分爲二人，《楚世家》與他書所述略有不同。但據上可知，在黃帝之後的若干年代，在帝顓頊至帝嚳之際，重黎及吳回都先後居火正，爲祝融。說明"祝融"主司南方通天地之神職，此一北方政權派至南方司神權之職務，顯然在黃帝、炎帝以及第一任的祝融先後去世後，由於南方發生叛亂而與北方華夏政權對抗，北方華夏族曾經失去對南方之控制，而中斷對南方行政和神權（即祝融所司）之任命。

據《史記・楚世家》所說，其時乃"共工氏作亂"。但據《國語・楚語下》，則謂其時"及少昊之衰也，九黎亂德"。——說明在黃帝、炎帝之後，南北統一戰爭仍然在繼續，直到顓頊高陽氏及高辛氏時始再次敉平南方叛亂，重新控制了局面。

因爲在黃、炎時期，由於黃帝在炎帝的協助下，最終實現了南北的和平統一，而且炎帝與諸侯"咸進委命"[8]，擁護黃帝即位成爲天下共主。而黃帝亦出於對炎帝之尊重，封其爲南方首領，所以才有"帝炎帝、神祝融"之事。

至顓頊（《楚世家》謂爲帝嚳）平共工、九黎之亂，則封重、黎分司南方之神權與民政。《國語・楚語下》云：

"顓頊受之，乃命南正重司天以屬神，命火正黎司地以屬民，使復舊常，無相侵瀆，是謂絕地天通。"

黃帝時"帝炎帝、神祝融"使"民神異業"，目的亦在於令南方"絕地天通"。至顓頊的時代，南方的最高行政長官已沒有炎帝時之稱"帝"號，而改名爲"火正"。因南方主"火"，"火"即指南方；"正"者政也，指主理民政之謂。故我認爲"火正"實指南方主理民政之行政長官，代替黃帝時炎帝之職。而"南正"重之"司天以屬神"（按《國語・鄭語》又說黎"敦大天明地德"，似司神權），恰好就是黃帝時祝融所司之職，所以"南正"實即"祝融"。故重司神權，黎主民政，如此又恢復黃帝時"民神異業"之"舊常"，無相侵瀆，是謂"絕地天通"。

祝融一職，顓頊、高辛時雖一度改稱"南正"，及後又恢復舊稱，歷史上有"祝融八姓"之記載。《國語・鄭語》述鄭桓公在咨詢周史伯南方之勢力範圍是否有可擴張生存之道時，周史伯認爲南方荊楚根基深厚，不可逼也。指出：

"（楚）重、黎之後也。夫黎爲高辛氏火正，以淳耀敦大，天明地德，光照四海，故命之曰'祝融'，其功大矣。…祝融亦能昭顯天地之光明，以生柔嘉材者也，其後八姓於周未有侯伯。佐制物於前代者，昆吾爲夏伯矣；大彭、豕韋爲商伯矣。當周未有。己姓昆吾、蘇、顧、溫、董，董姓鬷夷、豢龍，則夏滅之矣。彭姓彭祖、豕韋、諸稽，則商滅之矣。禿姓舟人，則周滅之矣。妘姓鄔、鄶、路、偪陽，曹姓鄒、莒，皆爲采、衛，或在王室，或在夷、狄，莫之數也。

而又無令聞，必不興矣。斟姓無後。融之興者，其在羋姓乎？羋姓，夔、越不足命也，蠻羋蠻矣，唯荆實有昭德，若周衰，其必興矣。"

據上可知，"火正"之職在於通天地，使"天明地德"，所以才命名爲"祝融"的。"祝融八姓"爲：己、董、彭、禿、妘、曹、斟、羋。上述八姓又派生出若干姓氏。另《史記·楚世家》云：

"吴回生陸終，陸終生六子，坼剖而産焉。其長，一曰昆吾；二曰參；三曰彭祖；四曰會人；五曰曹姓；六曰季連，羋姓，楚其後也。"

另據《大戴禮·帝繫》與《世本·帝繫》所言，與前述亦大同小异。可見此一氏族有其歷史淵源的連續性。而這些記載的重點，在於説明楚之先黎在高辛氏時曾任火正，主南方通天地之神職，在於淳耀"天明地德"，故又稱"祝融"。而此一職務顯然是北方華夏政權爲控制南方的神權而設置的，意在使南方"民神異業"，使南人失去"通天"的權利從而失去獲得"天意""天命"的權利，以潜消南人反叛之心。我認爲，這顯然是北方的王權系統通過統一南方的神權，以達到南北統一的目的。

三、"絶地天通"是上古北方政權統一南方的必然措施

在北方，自黃帝開始，神權是附屬於王權的。因爲據《太平御覽》七十九引《歸藏》所言，黃帝將與炎帝戰於涿鹿之前，"命"巫咸筮知天意。可見在傳統的中國社會，王權之所以一向高於神權，有其悠久的歷史原因。司神權的巫咸要聽命於黃帝，這正是我所以斷言中國之神權附屬於王權自黃帝始，是有其歷史根據的。

所以，黃帝在先後戰勝炎帝、誅殺蚩尤，并在炎帝的協助下統一南方之後，顯然深知若不能統一南方之神權，便不能達到真正的南北統一，故採取"帝炎帝、神祝融"[9]的策略，將南方的政權和神權分離。而司南方神權之祝融，是由黃帝從北方派至南方的，目的就在於北方華夏族要主導統一後的南方神權，歸根到底，就在於要主導天意，影響民心，使南人不生叛亂而歸順北方政權。這就是上古北方政權統一南方後，其所以要逼使南方"民神異業""絶地天通"的根本所在。

但是，要在南方實施"民神異業""絶地天通"，談何容易！

"絶地天通"一語最早見諸於《尚書·周書·吕刑》。篇中周穆王所述者，正是黃帝誅蚩尤，在南方平苗民之亂，并實行"絶地天通"之事。内中云：

王曰："若古有訓，蚩尤惟始作亂，延及於平民，罔不寇賊，鴟義奸宄，奪

攘矯虔。苗民弗用靈，……殺戮無辜。……皇帝哀矜庶戮之不辜，報虐以威，遏絕苗民，無世在下，乃命重、黎絕地天通。"

穆王所述者，實際上即爲自黃帝誅蚩尤以來，上古南北統一戰爭的歷史問題。其述古事實際上即在於喻現實。在西周昭、穆之世，南、北問題仍然是現實政治和軍事衝突的主要因素之一。南方荆楚不司職貢，對抗周王室。昭王首次南征而不果，二次南征而不復，身死師喪。所以在其子穆王的心目中，南、北問題當然成爲其心頭之大患。但是，西周王畿豐、鎬之地，處西北戎狄環伺威脅之中，故穆王欲平東南，必先安定西北。他用數十年時間苦心經營，西出玉門，直至天山，與西王母會於天池，種種史事，汲冢所出竹書《穆天子傳》述之甚詳。

不過，南方的荆楚趁穆王長期實施西進策略，花費數十年的時間和人力、財力、物力用於拓展西北。乃於穆王三十五年（前942）北犯。《紀年》云：

"荆人入徐，毛伯遷帥師敗荆人於泲。"(10)

荆楚以爲穆王過去數十年用兵西北，師老兵疲，無力東顧，竟北侵周之徐地。這種舊仇新恨，足令穆王決心伐楚。在精心備戰二年後，即穆王三十七年（前940）乃"大起九師，東至於九江，叱黿鼉以爲梁，遂伐越至於紆。荆人來貢"。(11)

又二年，即穆王三十九年（前938），"王會諸侯於塗山"（按：塗山在今安徽省蚌埠市）。此次盟會，顯示穆王平定南方，諸侯來朝。

拙文《宗周鐘（周王㝬鐘）新考》曾論述該鐘銘文的內容與穆王三十五至三十九年的史事相合。塗山之會，諸侯來朝；而銘文謂"南尸（夷）東尸（夷）具見，廿又六邦"。確與穆王此役平楚、越之事相符，這是其他西周諸王所無之事。故我將宗周鐘定爲穆王時器。(12)

穆王如此北討南征，長年用兵，導致國庫空虛，財用不敷，故於穆王五十一年（前926）"作《呂刑》，命甫侯於豐"。(13)

所以，穆王在《呂刑》前部分述古帝平三苗叛亂，并實行"絕地天通"之事，是爲他三十五至三十九年大舉九師南征之舉辯護。

由此亦可以看到，自黃帝至西周時期，南、北之間的抗爭和統一問題，分分合合，未曾停止過。而西周時期，真正征服過南方者，只有穆王一人。但經過此役，大起九師，勞民傷財，西周之財賦已近枯竭，故穆王在《呂刑》中才不得不采取以錢贖罪之刑法政策，以籌集政費，充實國庫。所以，我曾著文論述穆王以數十年的時間耗費大量人力、物力和財力，長期用於西北戰略，是西周由盛入衰的重要轉折點。(14)

不過，穆王南征荆楚是十分必要的，因爲是反擊侵略。他在《呂刑》中援引古史以證南征的必要性，同時也證明在南方實行"絕地天通"是正確的。

顯然，穆王此次南平楚、越，與大小二十六邦共盟於塗山，向天盟誓，南方諸侯臣服於周王室。——此一向天盟誓之儀式是上古以來歷代帝王、諸侯將相所共同信仰和認可的，發了誓就等於在天帝那裏"備了案"。因天命不可違，天意不可欺，否則將受天譴。如此南北便共尊周王室，南方諸侯便不可能得到皇天的眷顧而潛消窺伺之心。這亦是在南方被征服後另一形式的"絕地天通"。穆王於南征勝利後在安徽塗山主持向天誓盟的儀式，歸根到底亦在於展示王權與神權的統一。

過了四百餘年，至春秋晚期楚昭王（約前515至前489年在位）之世，他顯然看過《尚書·周書·呂刑》，而對內中所提古代在南方實施"絕地天通"的問題感到大惑不解，乃問之於楚大夫觀射父，曰：

"'《周書》所謂重、黎實使天地不通者，何也？若無然，民將能登天乎？'對曰：'非此之謂也。古者民、神不雜。……於是乎有天地神民類物之官，是謂五官，各司其序，不相亂也。民是以能有忠信，神是以能有明德，民神异業，敬而不瀆。故神降之嘉生，民以物享，禍灾不至，求用不匱。及少昊之衰也，九黎亂德，民神雜糅，不可方物。夫人作享，家爲巫、史，無有要質。民匱於祀，而不知其福。烝享無度，民神同位。民瀆齊盟，無有嚴威。神狎民則，不蠲其爲。……顓頊受之，乃命南正重司天以屬神，命火正黎司地以屬民，使復舊常，無相侵瀆，是謂絕地天通。其後，三苗復九黎之德，堯復育重、黎之後，不忘舊者，使復典之，以至於夏、商。故重、黎氏世叙天、地而別其分主者也。其在周，程伯休父其後也。'"(15)

根據楚大夫觀射父所述古史資料，其中爲他書所無者，指"及少昊之衰也，九黎亂德，民神雜糅，不可方物。夫人作享，家爲巫、史，……民神同位"。——這裏透露了南方最大的問題是："家爲巫、史。"——這是一個極爲嚴重的問題。

因爲自上古以來，從黃帝開始，北方華夏政權是以王權爲中心，神權是直接附屬於王權的。有關這一點，前文已有述及。比如《太平御覽》七十九引《歸藏》言黃帝將與炎帝戰於涿鹿之前，曾命巫咸卜筮以問天意。所以，神職官員是直接受命帝王的。即是説，在北方，卜筮以通天的特權歷來爲王權所壟斷。這一傳統自黃帝以來迄於西周，皆爲如此。

但南方就不同，雖然黃帝統一南北後，"帝炎帝，神祝融"，使南方民政與神權分離。但黃帝、炎帝及祝融歿世之後，至少昊之衰，南方又生九黎之亂，北方對南方政權及神權遂失去控制。

南方之所以旋服旋叛，我認爲顯然有其地理上的因素：一有長江天險可恃。二是南方多丘陵，而氣候溫潤，上古時山高林密，强悍者每占山爲王，故"黎"之有"九"，"苗"之有"三"，説明南方之多民族及多"王"的現實。所以，南北問題始終是上古中國歷史的主要矛盾所在，其原因蓋在於此。三是南方江水多龜，人民易於捕龜取甲以卜筮，所以造成南方"家爲巫、史"，神權在民，從而使"民神雜糅""民神同位"，"天意""天命"落在民間，不能控制在統治者于上。故在北方統治者看來，這亦是南方民性易反的主要原因之一。有關南方江水多龜的問題，《史記·龜策列傳》云：

"太史公曰：'自古聖王將建國受命，興動事業，何嘗不寶卜筮以助善！唐虞以上，不可記已。自三代之興，各據禎祥。塗山之兆從而夏啓世，飛燕之卜順故殷興，百穀之筮吉故周王。王者決定諸疑，參以卜筮，斷以蓍龜，不易之道也。……夫揲策定數，灼龜觀兆，變化無窮，是以擇賢而用占焉，可謂聖人重事者乎！'"

司馬遷説自古龜占爲"聖人重事"，那麽所需大量之龜究竟從哪里來的呢？司馬遷爲窮其究竟，曾親勘産龜之地，云：

"余至江南，觀其行事，問其長老，云龜千歲乃游蓮葉之上，蓍百莖共一根。又其所生，獸無虎狼，草無毒螫。江傍家人常畜龜飲食之。"[16]

而褚先生補《史記·龜策列傳》，亦證明龜産於長江流域，云：

"神龜出於江水中，廬江郡常歲時生龜長尺二寸者二十枚輸太卜官，太卜官因以吉日剔取其腹下甲。龜千歲乃滿尺二寸。王者發軍行將，必鑽龜廟堂之上，以決吉凶。"[17]

自上古至今，北方氣候寒冷，産龜不多，即使有，也只在河南洛水一帶。如《宋書·符瑞志》云：

"黄帝游洛水之上，見大魚，魚流於海，得圖書焉。龍圖出河，龜書出洛，赤文篆字。"

但長江及江南大量産龜，這是西漢司馬遷及褚先生所證實，也符合科學的自然地理的實際情况。

所以，龜甲可占筮天地神明之意，自上古以來，人人皆知。而南方既然産龜，南人畜而食之，而以龜甲占筮，乃十分平常之事。故南人"家爲巫、史""民神同位"，可以説，南方人通過這種神權在我而主宰自己的命運。故"天命"之事，北方統治者極爲看重，認爲得天命者得天下。

南方得龜容易，人人可通過龜占而自獲"天命"，所以南方之"九黎""三苗"之所以頻繁叛亂，令北方統治者十分頭痛，所以決心在南方實行"絶地天通"，其中重要之一環，相信就是在南方實行對龜及龜甲的管理與搜集。《周禮・春官宗伯》有"龜人"職官之設，掌六龜之屬，辨其體色，以供卜事。此職之設，其源甚古，可追溯於堯、舜之前。

至於河南殷墟出土大量卜筮刻文之甲骨。從我國甲骨出土地點看來，大部分分布於河南、陝西、河北諸省，可説北方多而南方少。爲什麽產龜的南方反而少有大量刻字甲骨出土呢？

我認爲乃北方統治者刻意對南方龜甲的搜集與管理，或規定南方必須做大量的職貢，目的就是在於儘量壟斷南方出產之龜及龜甲，使南人失去卜筮問天的機會，剥奪彼等獲得"天命"的權利，從而儘量減少南人造反的可能。可見殷、周二朝王室對大量龜甲的徵用和管理，是對上古北方華夏族在南方實行"絶地天通"策略的繼承。

有關南人貢龜的問題，我師饒宗頤先生曾經撰述：

"古代大龜是南方的貢品。《尚書・禹貢》説：'九江入錫大龜。'殷代貢龜最多的數目可至五百（《乙編》四五一九：'雀入五百。'）。"[18]

饒師上述的考述，可爲佐證。

四、夏、商、周三代實行禮治制度杜絶了"政教合一"政體的出現

如前所述，"絶地天通"觀念是上古北方統治者在征服南方後，以王權統馭神權而禁止南人卜筮問天的產物。在數千年崇拜天道神權的上古時代，只要南北統一戰爭的問題存在，"絶地天通"的觀念就仍然大行其道，如黄帝之後的顓頊、高辛時如此；堯、舜、禹之對九黎與三苗，又何曾不是如此！

即使延及西周之世，穆王晚年南征楚、越，及後在《吕刑》中，就特別提起上古以來"絶地天通"的觀念，這是頗能説明問題的。

所以，我認爲南北問題可謂爲中國古史的根本問題。即使至孔子所處的春秋之際，北方大國有晋、齊、秦，南方大國有楚、吴、越。《禮記・中庸》載子路問孔子，南方與北方孰强？孔子曰：

> "南方之强與？北方之强與？抑而强與？寬柔以教，不報無道，南方之强也，君子居之。衽金革，死而不厭，北方之强也，而强者居之。故君子和而不流，强哉矯！中立而不倚，强哉矯！國有道，不變塞焉，强哉矯！國無道，至死不變，强哉矯！"[19]

據上而論，孔子在當時的南北問題上，顯然頗襃南而貶北，這與上古以來崇北而鄙南以及在南方實行"絕地天通"的觀念，可說大异其趣。爲什麼會如此呢？——我認爲南方楚、越、吴諸國的族源及其歷史，與上古南方土著九黎、三苗已完全不同，與此有極大的關係。因楚爲黄帝裔孫帝顓頊高陽氏之後，而越爲夏禹之後，吴爲姬周先祖太王之子太伯之後。所以，自夏、商、周三代之後，南方的大部分土地，實際上已被北方華夏族之後裔所據，并且都實行王權制度。

衆所周知，夏稱"夏王"，商稱"商王"，周稱"周王"，三代皆實行王制，這是歷史的確切事實。而夏有"夏禮"，殷有"殷禮"，周有"周禮"，說明三代已實行禮治。在《論語·爲政》中，孔子說"殷因於夏禮，所損益，可知也；周因於殷禮，所損益，可知也"。說明禮制在前後朝之間，彼此有繼承和因襲的關係；但後朝在禮制上往往又有所發展、有所增減而自具特色。所以，在《商君書》中，商鞅才說"三代不同禮而王"。這說明禮制是與時俱進的，一國有一國之禮，一時代有一時代之禮，因此，"禮"具有強大的生命力。

當然，到了周初之際，周公制禮，禮樂制度得到空前的發展而趨於完善。但溯其根源，其父文王於殷商後期，在西岐大力提倡禮樂制度，《逸周書》中文王的"三訓"有大量的記載。所以，周代的禮樂制度，始於文王，成於周公，創造了中國歷史上偉大的宗周禮樂文明。

毫無疑問，西周之際，其時王權至高無上，"親親""尊尊"的禮治精神對中國歷史發揮了無與倫比的影響，加上周禮龐大的職官制度對王朝的治理，從而有力地壓制了神權的影響，使巫、祝等神職人員只能依附在王權之下，隸於禮官大宗伯屬下的職官之中。筆者認爲，這就是中國古代歷代王朝之所以没有出現"政教合一"政體的根本原因。

揆之歷史事實，夏禹之後，"王權"已駕馭一切，而且領土幅員已擴及南方。因此，其時的南北問題與五帝時代的南北問題，在族源及國屬的組成上，顯然已發生根本的變化。

所以，自大禹之後，夏、商、周三代以降，已没有過分強調在南方實施"絕地天通"的問題，而是更加正面宣揚神權附屬於王權，更加宣揚"通天地、占幽明"乃王者之特權。《周禮·春官宗伯下》言三《易》："一曰《連山》，二曰《歸藏》，三曰《周易》。"而鄭注說《連山》屬夏，《歸藏》屬殷，顯然三代各有其《易》。

《尚書·大禹謨》就曾述及舜、禹占卜之事，内中云：

"禹曰：'枚卜功臣，惟吉之從。'帝曰：'禹！官占，惟先蔽志，昆命於元龜。朕志先定，詢謀僉同，鬼神其依，龜筮協從，卜不習吉。'"

舜、禹卜筮所依據者，相信應是歷史上所言之夏易《連山》了。舜禪於禹，是王權的傳承；而卜占之沿襲，則是神權之傳遞。如前所述，上古北方華夏族歷來是神權附屬於王權的。舜之禪禹，同樣是二權并傳的。

夏既如此，商又如何呢？

饒師宗頤教授在其名著《殷墟貞卜人物通考》中，《論卜辭中貞卜及占之分別》一章，論述貞與占之分別，而貞、占的主要人物，就是王及代表王的臣工。説明商代占卜仍然是王之特權，神權附屬於王權這一上古以來的傳統，在商代仍然得到完全的繼承。饒師於殷墟出土甲骨卜辭中，舉出"王親貞"者五例，"王親占"者十餘例，"臣工代（王）占"者二十餘例[20]，可作爲我上述論斷的有力證據。

另一尤爲重要的證據，是殷、周易代之際，商之遺老、紂王之叔父箕子向新得政權的周武王獻《洪範》九疇，其實就是傳授過去商湯成功治天下之經驗。其中最重要的一點，就是希望武王緊緊掌握王權與神權。

《洪範》九疇，其中第五部分述建立皇極，實際上就是講王權的問題。其云：

"五、皇極：皇建其有極。斂時五福，用敷錫厥庶民。惟時厥庶民於汝極，錫汝保極。凡厥庶民無有淫朋，人無有比德，惟皇作極。……無偏無陂，遵王之義；無有作好，遵王之道；無有作惡，遵王之路。無偏無黨，王道蕩蕩；無黨無偏，王道平平；無反無側，王道正直。會其有極，歸其有極。曰：皇極之敷言，是彝是訓，於帝其訓。凡厥庶民極之敷言，是訓其行，以近天子之光。曰：天子作民父母，以爲天下王。"

其實，箕子千言萬語，最重要就是最末兩句："天子作民父母，以爲天下王。"那就是建皇極、專王權。

箕子在《洪範》九疇中，第七部分論卜筮以決疑，其實，這也涉及神權的問題。其云：

"七、稽疑：擇建立卜筮人，乃命卜筮。……立時人作卜筮，三人占則從二人之言。汝則有大疑，謀及乃心，謀及卿士，謀及庶民，謀及卜筮。汝則從，龜從，筮從、卿士從，庶民從，是之謂大同。……"[21]

箕子是殷商遺臣，說明在殷商時代，統治者仍然利用占卜以鞏固政權。他上述之獻議，是希望武王掌握卜筮以通天的神權，以控制臣民，使"卿士從、庶民從"，而達到天下大同之目的。

所以，根據古史的記載，顯示在上古時期，自黄帝至於殷代，帝王一直都有意識地通過占卜，利用神權來達到加强王權的目的。因此，在上古時期的中國，神權一直是附屬於王權的。可見占卜及巫覡只是帝王的統治工具，并没有主導中國的政治和文化。因此，西方某些學者認爲"中國方面，文化基礎於占卜學"[22]的説法，顯然是錯誤的。

揆之歷史事實，中國自黄帝開始，古帝王本身及其政權，從來没有受到神權的操控。歷數自上古至夏、商、周乃至秦漢之後的中國歷代皇朝，從來就没有出現一個"政教合一"的政體，這是很能説明問題的。

對於箕子加强王權、神權控制之獻議，武王、周公當然瞭然於心。所以後來周公制禮時，在卜筮職官的建制上，便建立龐大的專職機構，目的在於通過其通天的靈媒作用，以達到控制神權的目的。如《周禮·春官宗伯下》便有大卜、卜師、龜人、華氏、占人、筮人、占夢、視祲、大祝、小祝、喪祝、甸祝、詛祝、司巫、男巫、女巫等各種神職官員之設置。試以此一機構最高的神職官員"大卜"爲例：

"大卜：掌三兆之法：一曰玉兆，二曰瓦兆，三曰原兆。其經兆之體，……掌三《易》之法：一曰《連山》，二曰《歸藏》，三曰《周易》。其經卦皆八，其别皆六十有四。……以邦事作龜之八命，……以八命者贊三兆、三《易》、三夢之占，以觀國家之吉凶，以詔救政。凡國大貞，卜立君，卜大封，則視高作龜。大祭祀，則視高命龜。凡小事，涖卜。國大遷，大師則貞龜。凡旅，陳龜。凡喪事，命龜。"[23]

從上引可以看出，以占卜"觀國家之吉凶，以詔救政""卜立君"等，都關係國家之命運。

其他如"卜師"之掌開龜之四兆以辨其上下左右之陰陽；"龜人"之掌六龜之屬；"華氏"之掌共燋契以待卜事；"占人"之掌占龜以吉凶；"筮人"之掌三《易》（即《連山》《歸藏》《周易》）以辨吉凶；"占夢"之掌其歲時以觀天地之會，辨陰陽之氣，以占六夢之吉凶；"視祲"之掌十輝之法以觀妖祥、辨吉凶；"大祝"之掌六祝之辭以事鬼神示、祈福祥、求永貞；等等。

而這一以太卜爲首的神職機構隸屬於禮官宗伯管轄之下。説明至西周時，神權只是附屬王權之下服務於王權的一個普通的辦事機構，其與五帝及夏、商時代重視靈媒以通天而獲天命的觀念不同，在《周禮》中，自"大卜"以下的神職官員，并不涉及"天命"之事。

值得注意的是，西周自立國伊始，就對"天命"問題有極爲清醒的認識，周公就曾對召公指出，一個國家之能否獲得政權，幷保有政權，關鍵"惟人，在我後嗣子孫。……天命不易，天難諶"⁽²⁴⁾。

所以，不迷信天命而重視人的作用，我認爲這是西周政治哲學的一大進步，而這正是周公締造西周禮樂文明而告別上古蒙昧時代的一個重要標志。所以西周禮治中很少談及"天命"，而重視以制度加强對人的約束。如《儀禮》中，無論帝王將相、公卿諸侯，無不接受禮儀之規範。

而周公重人而遠天的思想，至春秋時期，孔子是有所繼承的，他的"敬鬼神而遠之"的觀念，與周公的思想是一脉相承的。因此，這一觀念對我中華傳統文明及其思想文化的影響是極其深遠的。自西周之後，古之士大夫、今之知識分子幷不十分迷信天命而提倡"事在人爲"，對迷信鬼神之事及偶像崇拜幷不熱衷，我認爲這與周公、孔子的思想影響有極大的關係。

孔子曾總結夏、商、周三代以來"天命觀"的差异以及對待人、神之間關係的不同看法。孔子云：

"夏道尊命，事鬼敬神而遠之，近人而忠焉。……殷人尊神，率民以事神，先鬼而後禮，先罰而後賞，尊而不親；其民之敝，蕩而不靜，勝而無耻。周人尊禮尚施，事鬼敬神而遠之，近人而忠焉。"⁽²⁵⁾

根據孔子的說法，夏道尊天命，殷道尊鬼神，周人尊禮尚施，也就是尊禮治而重人，這是三代所尊的最大區別。而在五帝及夏、商時代，"天命"可謂至高無上，所謂得天命者得天下，成爲彼時社會之共識。到了西周時代，由於周人重禮而輕天命、輕鬼神，已與五帝及夏、商時代迷信天命、鬼神有所不同。故"天命"至春秋中後期孔子之時，在詮釋及闡述上已有了根本之差別。孔子曰：

"天命之謂性，率性之謂道，修道之謂教。道也者，不可須臾離也，可離非道也。是故君子戒慎乎其所不睹，恐懼乎其所不聞。莫見乎隱，莫顯乎微，故君子慎其獨也。喜怒哀樂之未發，謂之中；發而皆中節，謂之和。中也者，天下之大本也；和也者，天下之達道也。致中和，天地位焉，萬物育焉。"⁽²⁶⁾

所以，上古之"天命"觀，是王權通過神權以通天而獲"天命"，以取得擁有政權的合法性，"天命"是與王位有關係的。

但如前所述，周公對"天命"的認識已完全不同，他重人而輕"天命"，所以他制禮以適人。孔子所謂"周人尊禮"者以此。

而"天命"至孔子，已經變成"性""道""教"，變成人們修身慎獨的觀念，變成凡事皆取"中道"的宗旨。

在上古五帝時代，曾經出現爲了防止南人因占卜獲取"天命"而在南方實行"絶地天通"的措施，到了孔子，他認爲天、地、人之間，必須"致中和"，在此三者之間取其中而得平衡，從而獲得人與自然之間的和諧以及人與人之間的和諧，所謂"致中和，天地位焉，萬物育焉"。所以，孔子的天命觀是承襲自周公的，是以人爲本的。

因此，正因爲周人尊禮，而《周禮》"尊尊""親親"之義，其最終目的在於"尊王"，以保周王室於不墮。所以，至西周之世，重王權的觀念高於一切，神權不僅隸屬於王權，而且已不能與王權相提并論。

如果説，殷商尊鬼神而重占卜，但入西周却出現重大逆轉。因爲周公締造的西周禮樂文化，使中國的古文明至此發生了重大的歷史轉折，并對中國的傳統文化的形成發揮了決定性的作用。

爲什麽這樣説呢？因爲至春秋戰國時代，周公的禮治思想和政治哲學爲孔子、孟子爲首的儒家學派所繼承，因此對漫長的中國封建社會發揮了無與倫比的影響。如漢武帝獨尊儒術，推行儒家禮治，并影響了二千多年來的歷朝統治者，使他們與以儒家爲主體的封建士大夫共治天下。加上中國自上古開始，早已是王權統馭神權。所以，儘管後世不少帝皇十分迷信道、釋二教，但在這種情況下，中國歷代王朝自始至終没有出現"政教合一"的政體。所以，主導中國的古代歷史和政治哲學的是"禮治文化"而并非"占卜文化"。不明乎此，無以瞭解中國的古文明及其傳統文化。

2017年8月13日

[注]

（1）饒宗頤《殷代貞卜人物通考》，載《饒宗頤二十世紀學術文集》卷二《甲骨》，臺灣新文豐出版有限公司，2003年。
（2）（3）（16）（17）《史記·龜策列傳》。
（4）（8）羅泌《路史·後紀五》。
（5）《尚書大傳》。
（6）（15）《國語·楚語下》。
（7）（24）《尚書·周書·君奭》。
（9）《尚書大傳》。

(10)(11)(13)《今本竹書紀年·穆王》。

(12)郭偉川《宗周鐘(周王猷鐘)新考》,載饒宗頤主編《華學》第八輯,紫禁城出版社,2006年。

(14)郭偉川《論西周由興盛至衰亡的歷史原因》,載郭偉川著《兩周史論》,北京圖書館出版社,2006年。

(18)饒宗頤《略談甲骨文與龜卜》,載《饒宗頤二十世紀學術文集》卷二《甲骨》,臺灣新文豐出版公司,2003年。

(19)《禮記·中庸》。

(20)饒宗頤《殷代貞卜人物通考》,載《饒宗頤二十世紀學術文集》卷二《甲骨》,臺灣新文豐出版有限公司,2003年。

(21)《尚書·周書·洪範》。

(22)[法]汪德邁《中國特有的互關性思想之起源:龜卜技術》,載《饒學研究》(第二卷),暨南大學出版社,2015年。

(23)《周禮·春官宗伯下·大卜》。

(25)《禮記·表記》。

(26)《禮記·中庸》。

從清華簡《楚居》論荊楚之立國

——兼論春秋時期楚國的禮治文化

　　本文從清華簡《楚居》篇所述自季連至楚悼王共二十三位楚之先公先王的世系、所居和遷徙，及鬻熊之際"氏今曰楚人"的記載，以紙上文獻及地下出土文物二重證據，論述夏禹時季連立"荊國"於南方，至殷周之際鬻熊始以"楚"爲國名，及後於兩周時期發展壯大的歷史過程。而有商一代沿襲自古以來南北對抗的歷史軌跡，其對南方之經略，就包括多次對荊國之征伐。因此，筆者認爲，商代在夏朝營建湖北盤龍城舊址的基礎上，擴建此一江北重鎮，意在扼南方通往中原門户，以阻遏南方勢力之北進，故盤龍城商城有其戰略上的重要作用，但它不是商之都城或行都。至殷商亡後，荊楚之勢力始得以東擴；迄西周夷王之世，楚鄂王摯紅乃建都於東鄂州，從此勢力大爲擴張；至春秋初期，熊通自稱楚武王；及楚文王之際，則更建郢都於湖北中部的江陵紀南故城，其地理戰略的作用，恰好類於夏、商二朝當年於湖北設置盤龍城，居中而控四域。至此，楚之强大不僅甲於南方，而屢有北進之舉，大有窺伺中原之勢。至戰國中期，楚滅越而奄有華南地區的廣土衆民。最後，楚雖爲秦所亡，但溯自季連追隨大禹南征、治水，及後創荊國於南方，至其被滅，荊楚前後享國共一千七百餘年，然不失華夏之根本，在政治、經濟及人文上與北地同步前進，從而促成南北文化和民族的融合，爲秦漢時期中國的兩次統一，作出不可磨滅的貢獻。筆者以清華簡《楚居》結合相關古史的文獻資料，縷述如下。

一、季連部族追隨大禹征苗、治水

　　清華簡《楚居》篇簡文中，述及自季連至楚悼王共二十三位楚之先公先王之世系，以及歷代之所居及遷徙和相關之重要史事，其内容與《世本》及《史記·楚世家》所載大體相符。此外，筆者認爲有二事最值得注意：一是《楚居》進一步證明楚之先祖確實是從河南中原之地南遷入湖北，再擴及湖南、江西及安徽等地區的；二是《楚居》述及殷周之際楚君鬻熊之妻生子熊麗時難產之事，及後熊麗得以生存，其母則"賓於天"即死亡，巫醫乃用藥用植物荆條爲其縫合創口，并以楚木爲其善後，鬻熊爲示紀念，乃以"楚"爲國名，故戰國楚肅王之際史官所作之《楚居》始言"氐今曰楚人"[1]。説明在此之前季連及其族裔在南方立國稱爲"荆"，而清華簡《楚居》篇確切證明至殷周時期鬻熊之世，始正式改國名爲"楚"而得以稱"楚人"的。

楚人之祖源，按照《史記·楚世家》開篇所言，云：

> "楚之先祖出自帝顓頊高陽。高陽者，黄帝之孫，昌意之子也。高陽生稱，稱生卷章，卷章生重黎。重黎爲帝嚳高辛居火正，甚有功，能光融天下，帝嚳命曰祝融。共工氏作亂，帝嚳使重黎誅之而不盡。帝乃以庚寅日誅重黎，而以其弟吴回爲重黎後，復居火正，爲祝融。吴回生陸終。陸終生子六人，坼剖而產焉。其長一曰昆吾，一曰參胡，三曰彭祖，四曰會人，五曰曹姓，六曰季連，芈姓，楚其後也。"

由此可知，楚之先出於黄帝族裔的北方系統；而季連爲楚祖，《史記·楚世家》説得非常清楚。近年越來越多的出土文物及歷史考證證明，至楚祖季連之世，是他帶領其族衆由河南遷入湖北的。

那麽，楚之先祖季連究竟是如何由北方遷至南方發展的呢？須知自古以來，南方氣候温潤，土地肥沃，稻穀植物易於生長，又有漁鹽之利，宜於人類生活和發展。故筆者認爲，在我國古代文明發端之初期，南方的發展及其力量對比上，并不亞於北方，故上古南方土著實力甚强，不僅抵禦北方勢力之南侵，而且在歷史上還屢有北進之舉。故自黄帝以來的上古時代，南北之爭從來就没停止過。如《史記·五帝紀》云：

> "軒轅之時，神農氏世衰，諸侯相侵伐，暴虐百姓，而神農氏弗能征。於是軒轅乃習用干戈，以征不享，諸侯咸來賓從，而蚩尤最爲暴，莫能伐。炎帝欲侵陵諸侯，諸侯咸歸軒轅。軒轅乃修德振兵，……與炎帝戰於阪泉之野，三戰，然後得其志。蚩尤作亂，不用帝命。於是黄帝乃征師諸侯，與蚩尤戰於涿鹿之野，遂擒殺蚩尤。"

筆者曾在拙作《炎黄時期南北强弱之轉化及戰爭的起因、地點考析》一文中指出："自上古以來，南北之間的兼并和統一戰爭，有其歷史淵源。如比《史記》稍早的《淮南子・兵略訓》云：

> "兵之所由來者遠矣。黃帝嘗與炎帝戰矣，顓頊嘗與共工爭矣。故黃帝戰於涿鹿之野，堯戰於丹水之浦；舜伐有苗，啓攻有扈，自五帝而弗能偃也。"

這説明自黃帝以來，南北屢發生兼并統一戰爭的歷史事實。(2)

筆者認爲，上古所謂南北戰爭，實際上即爲以黃帝爲首的黃河流域族群集團與以炎帝、蚩尤爲首的長江流域族群集團之間的鬥爭。越來越多的考古證明，炎帝和蚩尤都是南方人，如近年在湖南澧縣城頭山出土的"屈家嶺文化"被學界論證爲"炎帝文化"。(3) 湖南有炎帝陵，湖北隨州有炎帝的專題研究；而湖南有蚩尤寨，其爲南人已爲學界之共識。至於舜、禹之征三苗，《尚書》之《舜典》《益稷》諸篇皆載其事。而南方之傳統勢力，三苗之前，應爲九黎，皆爲蚩尤之後。《尚書・吕刑》載周穆王云：

> "若古有訓，蚩尤惟始作亂，延及於平民，罔不寇賊，鴟義奸宄，奪攘矯虔。苗民弗用靈，制以刑，惟作五虐之刑，曰法。殺戮無辜。……皇帝哀矜庶戮之不辜，報虐以威，遏絕苗民，無世在下。"

鄭玄在注中，指出蚩尤與九黎、三苗之關係及相關史事，曰：

> "九黎之君，於少昊氏衰而弃善道，上效蚩尤重刑必變；九黎言苗民者，有苗，九黎之後。顓頊代少昊誅九黎，分流其子孫，居於兩裔者，爲三苗。至高辛之衰，又復九黎之惡，堯興又誅之，堯末又在朝；舜臣堯，又竄之。禹攝位，（三苗）又在洞庭逆命，禹又誅之。"

鄭玄的上述注解，顯然據《尚書》《左傳》《國語・楚語》《戰國策》諸書的相關史料綜合而成的。這説明黃帝誅蚩尤之後，自顓頊至堯、舜、禹相繼，北方的黃河流域族群集團與南方長江流域族群集團之間的統一戰爭，從來就没有停止過。有關這一點，出土文獻亦加以證明。如1972年4月，在山東臨沂銀雀山西漢墓出土春秋戰國《孫臏兵法》殘簡，共30篇，1.1萬字。其中《見威王》之篇，述堯史事，大體印證了《尚書・舜典》的説法。其中很重要的一點，是帝堯征伐南方的土著勢力，以保障北方民衆的安寧。内中云：

> "堯有天下之時，訕（黜）王命而弗行者七。夷有二，中國四。故堯伐負海之國，而後北方民得不苛。"(4)

請注意，堯所伐的"負海之國"必在南方，而後"北方民得不苟"，即能過着和平安寧的生活。這種以"南""北"對舉的載筆方法是顯而易見的。因此，說明帝堯時，南北之間的對抗仍然十分激烈。而當時南方的勢力主要是三苗，其濱海的部分方國雖經堯之征伐打擊，且有"竄三苗於三危"[5]之舉，實際上就是將其部分族衆流徙至西北三危之地，即今甘肅敦煌一帶，成爲後來西羌之族源。但是，三苗在南方的勢力仍然十分強大。舜繼堯之後，沿襲其經略南方之策，對三苗之征伐不遺餘力，卒遭三苗之頑強抵抗。《淮南子·修務訓》云："舜南征三苗，道死蒼梧。"至今九嶷之畔尚存舜帝之陵。

大禹在帝舜時，早就承命征苗。至舜崩後，仍然繼其遺策，以南征三苗爲務，以冀完成統一南方之大業。有關史事，《尚書》的《大禹謨》《益稷》等諸篇、《墨子·非攻下》、《竹書紀年》、《戰國策》、《淮南子》等文獻典籍皆有述及。

筆者在研究上述史料時，尤其注意到《竹書紀年》及《墨子·非攻下》所述禹南征三苗的過程中，適逢三苗所居之廣大地區發生异常氣候所導致的連日大雨、山洪暴發及地震等自然灾害。如《竹書紀年》載帝舜"三十五年，命夏后（禹）征有苗"。據《通鑒外紀》引《隨巢子》謂《汲冢紀年》云："三苗將亡，天雨血，夏有冰，地坼及泉，青龍生於廟。日（太陽）夜出，晝（白天）日不出。"

而《墨子·非攻下》亦有類似的記載，云：

"昔者三苗大亂，天命殛之。日妖宵出，雨血三朝，龍生於廟，犬哭乎市，夏冰，地坼及泉。……禹親把天之瑞令，以征有苗，……苗師大亂。……禹既已克有三苗焉，磨爲山川，別物上下……。"

筆者於拙作《古"三苗"考論——兼論"三苗"與南方諸族及楚國之關係》一文中，曾據上述史料指出，云：

"可見禹征三苗時，適逢日蝕、大地震及隨之而來的連日大雨，造成江河特大洪灾。筆者認爲三苗之向西南山區遷徙，一方面是逼於禹南征軍之強大武力，一方面亦出於逃避洪水之禍害。遺留下南北之滔滔洪患，就只有禹領導軍民進行艱苦卓絶的抗洪鬥爭，筆者認爲，這就是'大禹治水'之由來。……禹治水之有成，與其作爲南征軍'總司令'有極大關係，因爲抗洪搶險，以及其後的興修水利，非有強大的組織部署和人力物力的支援，實不能爲功。此一情形古今同然。"[6]

那麼，在禹統一南方此一重大歷史進程中，楚祖季連及其族衆在此歷史大潮中，究竟扮演什麼角色呢？

如前所述，季連及其族衆祖地在河南。故當禹率大軍南征三苗時，季連及其部族應參與其中。禹當年作戰前動員，其誓師大會的地點應該就在今河南中部的禹州市。據《尚書·大禹謨》云：

"禹乃會群後，誓於師曰：'濟濟有衆，咸聽朕命。蠢兹有苗，昏迷不恭。侮慢自賢，反道敗德。君子在野，小人在位，民弃不保，天降之咎，肆予以爾衆士，奉辭罰罪。爾尚一乃心力，其克有勳。'三旬，苗民逆命。……帝乃誕敷文德，舞干羽於兩階。七旬，有苗格。"

由此可知，季連及其部族顯然就在當年追隨禹南征的"濟濟有衆"之中。而在南征過程中發生地震、連日暴雨所引發的特大洪災和江河泛濫，大禹乃由"南征軍總司令"一變而爲"抗洪治水總指揮"。《史記·夏本紀》記大禹治水情形，云：

"命諸侯、百姓興人徒以傅土，行山表木，定高山大川。……乃勞身焦思，居外十三年，過家門不敢入。……卑宮室，致費於溝淢。陸行乘車，水行乘船，泥行乘橇，山行乘檋。左準繩，右規矩，載四時，以開九州，通九道，陂九澤，度九山。"

筆者研究《史記·五帝紀》，發覺司馬遷撰《夏本紀》，在筆述禹功時，只言其治水之勞績而不涉及南征三苗之事。而在歷史上，後人亦多以"大禹治水"爲美談，而少言及其曾率"濟濟有衆"的征苗大軍統一南北之事。這是因爲治水功顯，惠益人民，造福後世，故能流傳萬古。但筆者認爲，其實禹征苗與治水二事是不可分割的。雖然，三苗之被逼大規模由中南地區西徙貴州、雲南等高山地帶，主要還是爲了逃避由於地震、連日暴雨等异常氣候引起江河泛濫、洪水滔天的巨大災害，因此可説是七分天意、三分人力，非全出於禹南征所造成。但實事求是而言，若非大禹總領南征軍事，没有調動和組織千千萬萬年輕壯士改爲治水大軍的權威和能力，那麼其後所進行的長期艱巨而大規模的南北治水工程必難有所成。這一道理是古今同然的。所以，筆者認爲禹征苗與治水二事乃同時進行，有其因果關係。如《墨子·非攻下》就説："禹既已克有三苗焉，磨爲山川，別物上下。"另外，近年北京保利藝術博物館所藏西周青銅器《燹（遂）公盨銘》就專述大禹史事，其開篇即爲"天命禹敷土，隨山浚川"。而下一句銘文，筆者經過考證，訓爲"乃黎方克征"，并指出："這是大禹治水和征服三苗最有力的證據。所謂'黎方'者，即上古九黎傳統居住的南方之地，而三苗乃九黎之後,故征黎方實即征三苗。"[7]這進一步證明大禹"征苗"與"治水"二事同時進行的論述是有根據的。

而季連部族既追隨禹南征三苗,當然亦追隨大禹治水。禹度九山,陂九澤,開九州,季連部族顯然都參與其役。其中如度荆山,陂丹水,開荆州,季連部族必積極參與,且成爲其部族的主要根據地。是以宋代羅泌《路史·後紀》有此記載:"伯禹定荆州,季芈實居其地。"筆者認爲符合史實。

筆者認爲,羅泌之言有其歷史根據,因爲《墨子·兼愛中》早就説:

> "古者禹治天下,……南爲江、漢、淮、汝;東流之注五湖之處,以利荆楚、于越與南夷之民。"

墨子上論,極之重要。我們據之可知,禹治天下之時,季連在湖北所建的荆國,與大禹在浙江所建的于越國,已同時建立於南方。可見在春秋戰國時期諸侯國中,以荆楚、于越兩國立國最早。故筆者認爲羅泌説季連在禹時據有荆地的論述,正是據《墨子·兼愛》而來,完全符合歷史事實。近年的考古發現,亦證明上述看法的正確。筆者曾據之指出:

> "季連部族隨禹南征據有荆州江漢之地,在考古學上亦可得到佐證。(李龍章先生指出)考古發現淅川下王崗遺址晚二期在石家河文化遺存之上出現了二里頭文化。[8]淅川爲河南與湖北接壤之處,因此,這裏是夏文化南漸的一個重要象徵。而湖北黄陂盤龍城的商文化又叠壓在二里頭文化上。[9]俞偉超先生亦認爲:在淅川下王崗和黄陂盤龍城找到的二里頭文化遺物,顯然不是從青龍泉三期或易家山、季家湖下層、桂花樹上層那種文化系統發展來的,説明此時有一支來自黄河中游的力量,通過南陽盆地,沿着隨棗走廊,直抵長江之濱。[10]——這一支來自黄河中游的力量,筆者認爲應該就是祖居河南西南部的季連部族,禹征三苗時,隨禹南下……南下即爲淅川,向南入湖北境之荆山,下荆門,就爲古荆州即今稱爲江陵之地。此處之東南方乃洞庭湖,爲三苗之地。所以,'伯禹定荆州,季芈實居其地'是顯有所據的。趙炳清先生推斷'禹征三苗就是季連一部南遷的時間'[11]與拙見可謂不謀而合。"[12]

二、季連立荆國與夏商時期對南方之經略

如上所述,季連部族是在追隨禹南征三苗、繼之治水并統一南北的歷史大潮中,以河南與湖北交界的淅川爲根據地,并南下荆山及其周圍地區,篳路藍縷,以啓山林,

經過征苗與治水的漫長歲月，得以逐步發展壯大，及後且在此開基立國。因其大部處於荆山及其周圍地區，於是國名稱爲"荆"。但筆者認爲，正是由於"荆"開國之初，除河南西南部的淅川之外，湖北境内只占有西北部的荆山山脉及其周圍地區，後者因開發不久，經濟人文較爲落後，故開國之初季連居於今河南淅川一帶，是合乎邏輯的。而考古資料證明，淅川下王崗遺址發現夏代的二里頭文化，這與季連所居的年代完全吻合。那麽，其時此處是否稱"丹陽"呢？筆者認爲這一可能性是存在的。蓋淅川地處丹水之陽，合乎山川地理與歷史名物的實際情況。至於後來周成王之際，又封季連之裔孫熊繹於楚蠻，居丹陽，究竟又是怎麼回事呢？

原來，據《史記·楚世家》云：

> "周文王之時，季連之苗裔曰鬻熊。鬻熊子事文王，蚤卒。其子曰熊麗。熊麗生熊狂，熊狂生熊繹。熊繹當周成王之時，舉文、武勤勞之後嗣，而封熊繹於楚蠻，封以子男之田，姓芈氏，居丹陽。"

過去，歷代史家多據司馬遷的上述記載，而認爲"楚"之得名、得國及"居丹陽"自熊繹始。但是，自清華簡《楚居》篇之出，證明"楚"之得名非自熊繹始，而是緣於其太祖母妣列生熊麗時，因難產而死去。爲了紀念妻子妣列，因此熊繹的太祖父鬻熊乃易"荆"爲"楚"，自此之後，至楚肅王（按：楚悼王之子）之際，撰《楚居》之史官始言"氐今曰楚人"。

筆者認爲，蓋周文王之時，鬻熊顯然已改"荆國"爲"楚國"，而他又曾"子事文王"。恰好周原出土有甲骨卜辭"楚子來告"作佐證，[13] 其與清華簡《楚居》篇證明鬻熊時已自稱"楚人"的事實，可謂完全相符。至於《史記·楚世家》説鬻熊"子事文王"，筆者認爲，這是説鬻熊以子爵之國的國君，尊服文王。而鬻熊及其先祖早已居丹陽。只是到了周成王的時代，對楚國據有湖北西部即所謂"楚蠻"之地、爲子爵之國及居丹陽的既成事實，予以正式承認而已。蓋新得政權的王朝往往對臣服的方國領土、權力及相應的爵位予以確認，按禮制稱之曰"封"。揆之歷史上王朝更替時，對地方諸侯既威懾又籠絡，歷來如此。只是有一點必須注意，熊繹之前，楚都丹陽在淅川；熊繹之後，楚都"丹陽"之名不改，而地點已遷至秭歸。從荆楚的歷史看來，該國顯然有以同一都名而用於不同地點的傳統，如丹陽、郢都皆有這種情形出現。而清華簡《楚居》篇既證明了季連族裔立國之由"荆"改"楚"，乃在"子事文王"的鬻熊之際，而非《史記·楚世家》所説的周成王封熊繹之時。所以，現在已非常清楚：自季連起，在夏、商二朝的漫長歲月，季連及其族裔立國曰"荆"，直至殷周之際的文王時代，始易名爲"楚"的。

衆所周知，"荆""楚"二字同源，實爲同一植物。據《説文》，"荆"在艸部，而

"楚"則在木部。説明"荆"屬葉或蔓條之類，而"楚"則爲主幹，兩者分屬同一植物的不同部分。

筆者認爲，根據山川地理與名物的關係，應該是先有"荆"此一植物，漫山遍野地生於鄂西北地方的山上，因此，此一山區乃被稱爲"荆山"。而有荆山之後，始有荆州的。禹經征苗及十餘年之艱苦治水，天下大定，乃分爲九州，荆州爲其一。從《尚書·禹貢》對荆州的命名及其區域範圍的叙述，就可看出其與荆山的關係是多麽密切。内云：

"荆及衡陽惟荆州：江漢朝宗於海，九江孔殷，沱潛既道，雲土夢作乂。"

"荆"即指荆山，現稱爲"荆山"者，在今湖北南漳縣南。上古時其範圍應不止於此，"荆山"應指荆山山脉而言。如《山海經·中次八經》云："凡荆山之首，自景山至琴鼓之山，凡二十三山，二千八百九十里。"可見其範圍包括甚廣。而荆山山脉的起首處稱"景山"，即所謂"荆山之首"。至於距景山"東北百里，曰荆山。其陰多鐵，其陽多赤金（按：即銅）。……漳水出焉，而東南流注於睢"。——此山應即爲今日之"荆山"，地處今湖北南漳縣南，完全符合自然地理的實際情況。另一方面，距荆山不遠處，即《山海經·中次七經》中所稱之"敏山，上有木焉，其狀如荆，白華而赤實，名曰薊柏"。筆者認爲，其山有木如"荆"，説明這些地區與上古之荆山山脉，確有密切的關係。

而據《尚書·禹貢》所述荆州的範圍，從湖北之荆山至湖南衡山之南部及九江流域，即包括今鄂、湘兩省及江西西部。而"荆州"之得名，顯然就因爲其幅員起自荆山的緣故。至於隨禹南來的季連部族開始既在鄂西"荆山"一帶發展，及後其族裔的勢力逐漸得到擴張發展，而奄有鄂、湘兩省及贛西北一帶即"荆州"之地，故其國之稱爲"荆"，實源於此。

荆國存在於夏朝的一個重要證據，是《竹書紀年》所載夏桀二十一年，"商師征有洛，克之。遂征荆，荆降"。

筆者認爲，夏朝末年，商湯之國力發展極爲迅猛，公然與夏中央政權分庭抗禮，且有取而代之之勢。因爲季連當年追隨禹的關係，故荆國顯然一向尊服夏王朝，是夏之與國。由於這樣的緣故，遂成爲商之打擊對象。至夏桀無道，商湯乃攻取洛地，并進一步南下征服荆國，此乃夏商之際，成湯經略南方的重要舉措，作爲其未來取夏桀而代之之後，統一南方的一大戰略部署。可以説，有商一代對荆國之防範、壓制和打擊，可謂不遺餘力。至武丁時，繼續有征伐南方之舉，如"三十二年伐鬼方，次於荆"。[14]荆國仍然成爲武丁的征伐打擊對象。有關武丁伐荆史事，《詩·商頌·殷武》可爲佐證：

"撻彼殷武,奮伐荆楚。深入其阻,裒荆之旅。有截其所,湯孫之緒。維女荆楚,居國南鄉。昔有成湯,自彼氐羌,莫敢不來享,莫敢不來王,曰商是常。……陟彼景山,松柏丸丸。是斷是遷,方斲是虔。松桷有梴,旅楹有閑,寢成孔安。"

《殷武》一詩開頭説的雖是殷高宗武丁伐荆之事,但接着説的却是商祖成湯征伐南國荆及氐羌的歷史。其中述及"陟彼景山",此正是上文言及的《山海經·中次八經》中所説的"凡荆山之首,自景山至琴鼓之山"中的"景山",此山實爲上古荆山山脉的一部分,故所謂"陟彼景山",實指征服荆國。是以詩末説采景山之木材,爲商祖造寢廟,顯示殷商對荆國之征服、蔑視和凌辱。

商朝對湖北的經略,絶非僅止於登景山、取木材而已。蓋湖北與河南毗鄰,爲中原門户。而在歷史上,夏、商二朝的都城大多數時間及地點皆置於河南,故確保湖北,以保障河南的安寧,顯然是夏、商二朝綏靖南方戰略的核心部分。所以,夏、商二朝先後均在湖北的江漢流域同一地區盤龍城,設置極具規模的城市作爲戰略中心,一方面在政治和軍事上監控南方各方國勢力,另一方面將其作爲南北經濟交流的樞紐和通道。從湖北盤龍城的考古發現看來,證明此處不僅是殷商時代的商城遺址,而且其早期的考古文化層,更是夏代的夏城遺址。

根據湖北省文物考古研究所《盤龍城——1963—1994年考古發掘報告》最後得出的結論,盤龍城各遺址的文化層叠壓關係共分1期至7期,并"推斷盤龍城1期的時代相當於二里頭文化2期或3期偏早","推斷盤龍城2期的時代相當於二里頭文化3期","推斷盤龍城3期的時代相當於二里頭文化4期偏晚或二里崗下層1期偏早"。[15]這説明盤龍城遺址7個分期的考古文化層中,至少1期、2期和3期的一部分,都屬於二里頭文化亦即夏文化,足證夏王朝在盤龍城地區確實經營了相當長的一段時間,故該遺址早期應爲盤龍城夏城。後來商湯取夏桀而代之,在商朝經略南方時,乃在盤龍城夏城遺址的基礎上,建成盤龍城商城。根據張渭蓮《商文明的形成》一書指出,盤龍城3期的時間,相當於成湯至大庚的時代。[16]而前文所引《詩·商頌·殷武》和《竹書紀年》的相關記載都涉及成湯征伐南方及荆國之事,以地下出土文物和紙上文獻相參,足證在成湯時建成商朝早期的盤龍城商城,這一可能性是完全存在的。

另據程濤平先生的文章指出:

"盤龍城的地理位置爲山川險要之處。位於長江北岸,武漢市郊西部古爲雲夢澤,湖泊沼澤甚多,東南有武湖。……從古代交通條件來看,盤龍城商城也應是長江中游地區的一個重要港口,是中原與江漢南北交通的咽喉。"[17]

盤龍城商城歷時二百餘年，程濤平先生認爲它是商王南土行都。但筆者認爲，行都亦是"都"。以盤龍城所在的武漢地區，交通既四通八達，王朝強盛時，固可控東西而通南北。但利之所至，弊亦隨焉。當王朝衰弱之際，此處則易受四面之敵所攻擊，危害極大，有城破都滅之虞。正因爲自古以來武漢地區乃四戰之地，欠缺戰略安全，將其作都城或行都，智者所不取也。根據歷史文獻所載，北方之西安、洛陽、開封，南方的南京、杭州，皆曾長期作爲帝王之都城。唯武漢地區於古代歷史上，其地理位置雖爲江漢要津、中原門戶，但歷朝之所以從未將其定爲都城或行都者，非不爲也，是不宜也。揆之數千年來的中國歷史，這是無可否認的事實。故筆者認爲，位於江漢門戶的盤龍城商城在有商二百余年間，作爲代表商王在南方的最高軍政機構所在地，有其政治、軍事、經濟等方面的重大戰略作用，但它絕不是商王的南土行都。

　　正是由於夏、商二朝對南方的經略，尤其在湖北的江漢流域建盤龍城以據要津，守衛中原門戶，既防南方勢力之北犯，又抑制在湖北西部地區的荊國和東部諸方國的發展。實事求是而言，在姬周立國之前的夏、商二朝，荊國的勢力被局限於鄂西地區。尤其在商湯得國之後，歷代商王對荊國之打擊和壓制不遺餘力，從《詩・商頌・殷武》和《竹書紀年》所載的史料，可見一斑。

　　正因爲如此，荊楚視殷商爲世仇。至殷周之際，西伯姬昌仁聲滿天下，諸侯歸心，至其晚年稱王，大有與殷紂分庭抗禮之勢。其時楚君鬻熊北上"子事文王"，顯示其公開脫離商紂中央政權，而支持文王與之對抗。至周成王時，鬻熊的重孫熊繹因父、祖支持文王、武王的事業而獲封，實有其前因後果。

　　而楚君熊繹所居之丹陽，在湖北西部秭歸境內，其地南枕大江，據長江中上游要衝，爲川、鄂水上交通樞紐。且其時荊楚與中央政權的姬周王朝關係良好，故未受掣肘，因而擴張極速，實力大增，成爲荊楚立國之後一個重要的轉折點。唐代李泰《括地志》記載：

　　"熊繹墓在歸州秭歸縣。《輿地志》云：'秭歸縣東有丹陽城，周迴八里，熊繹始封也。'歸州秭歸縣丹陽城，熊繹之始國。其後強大，封畛於汝南并吳越地方五千里。"

另清代顧祖禹《讀史方輿紀要》則記載湖北枝江縣亦有一丹陽城，內云：

　　"枝江縣丹陽城，在縣西，亦曰丹陽聚。楚自秭歸之丹陽遷此，仍曰丹陽城是也。"

這説明楚都一名而用於多地的特點,是合乎史實的。

三、荆楚於兩周時期的經營和發展

如前所述,"楚"之得名,白清華簡《楚居》篇出,學術界始得以厘清"荆"之改"楚"肇於鬻熊,而非始於其重孫熊繹獲周成王封於楚蠻之際。

筆者在研究荆楚與姬周王朝歷史關係的過程中,發現如下的事實:鬻熊子事文王,説明其時荆楚與姬周王朝的關係很密切。但是,若按《史記·周本紀》的記載,至武王發動克殷之役時,却只有"庸、蜀、羌、髳、微、纑、彭、濮"西部諸方國追隨武王出兵伐紂,未見荆楚參與其役。參之《竹書紀年》的記載,謂武王"率西夷諸侯伐殷"。亦未見荆楚之名,足見此事不謬。

出現這種情況,筆者認爲顯然出於如下的原因:(一)殷紂留駐湖北以監製南國的兵力仍頗强大,爲了策應武王伐紂之舉,其時荆楚出兵,與紂兵戰於湖北境内,使之不能回援河南解紂王之圍。(二)荆楚爲了保存實力,未與紂兵戰;但雙方對峙,實際亦牽制了紂兵,使其不能回援。

因此,出現上述兩種情況,荆楚之兵均不可能出現於河南,參與牧野之戰。故《史記·周本紀》和《竹書紀年》所載,符合歷史事實。但是,無論發生何種情況,荆楚實際上都牽制了殷紂的南綫兵力,客觀上有助於周武王伐紂的成功。故《史記·楚世家》才説:"熊繹當周成王之時,舉文、武勤勞之後嗣,而封熊繹於楚蠻,封以子男之田,姓芈姓,居丹陽。楚子熊繹與魯公伯禽、衛康叔子牟、晋侯燮、齊太公子吕伋俱事成王。"説明熊繹父、祖確曾"勤勞"姬周王朝,有過貢獻。當然,在爵位上,魯、衛、晋、齊皆爲公、侯之國,而楚僅爲"子男"之國,地位低很多,其國君稱"楚子"。而且無論後來楚之國土如何廣闊、人民如何衆多、經濟文化如何發達、國力如何强大,但姬周王朝及北地主要侯國仍然稱其國君爲"楚子",甚至貶稱爲"荆夷""楚蠻",這顯然使楚人内心極不平衡,從而産生逆反心理,是完全可以理解的。如後來的楚君熊渠,就拒絶再遵從姬周王朝所封"子男"之爵號,而遽封其三子爲王。據《史記·楚世家》云:

"當周夷王之時,王室微,諸侯或不朝,相伐。熊渠甚得江漢間民和,乃興兵伐庸、楊粤,至於鄂。熊渠曰:'我蠻夷也,不與中國之號諡。'乃立其長子康爲句亶王,中子紅爲鄂王,少子執疵爲越章王,皆在江上楚蠻之地。及周厲王之時,暴虐,熊渠畏其伐楚,亦去其王。"

按上述記載,當西周夷王時,楚君熊渠之所以故意自稱爲"蠻夷",筆者認爲,其目的實在於去姬周王朝禮制之束縛，而自搞一套制度，與北地政權對抗，於是遂封其三子爲王。及後至厲王時，雖懼其暴而去王號，但已顯示其時荊楚在南方的勢力已得到極大發展，已經從鄂西的秭歸向東部擴張，甚至將鄂州定爲東都，從而令其勢力發展至湖北全境，而湖南早就爲其所有，成爲荊楚深廣之腹地，造成楚國空前的強大。而荊楚稱王之舉，其禮樂制度都實行王制，顯示其早就存有與姬周王朝分庭抗禮之心。

其實，早在西周昭王時，就與南方的荊楚發生尖銳的矛盾，以至於兵戎相見。昭王兩次舉兵伐楚，首次無功而返，第二次則師喪身亡。姬周王朝對昭王之死諱莫若深。據《史記·周本紀》云："昭王之時，王道微缺。昭王南巡狩不返，卒於江上。其卒不赴告，諱之也。"說的就是這件事。

只有《竹書紀年》明確記載昭王南征荊楚的事，内云：

"（昭王）十六年，伐楚，涉漢遇大兕。十九年春，有星孛於紫微。祭公辛伯從王伐楚，天大曀，雉兔皆震。喪六師於漢，王陟。"

昭王南征荊楚，這是西周立國後，第一次出現大規模的南北對抗。從其首次伐楚"涉漢遇大兕"及末次伐楚"喪六師於漢，王陟"的史料看來，至昭王之時，荊楚的勢力已自鄂西的丹陽（即秭歸）一帶擴展至中部的江漢流域，這就導致了姬周王朝及姬姓侯國與荊楚之間的直接矛盾。從《左傳·僖公二十八年》所言"漢陽諸姬，楚實盡之"及《左傳·定公四年》"周之子孫在漢川者，楚實盡之"的記載看來，這一論斷是合乎歷史事實的。

可見自上古以來一直存在的南北矛盾，在經過鬻熊"子事文王"和成王封熊繹之後，周、楚數十年關係良好的"蜜月期"至此結束，以土地問題的衝突、中央王朝與地方侯國的矛盾爲主體的南北抗爭，又再度重演。結果昭王首次南征而不克，二次南征而不復，兵敗身死，喪六師於江漢之上。周王室之所以隱諱昭王溺斃於江漢之事，顯然認爲堂堂天朝之六師，竟敗於區區楚蠻之手，此乃姬周王室之奇恥大辱。

但實事求是而言，其時楚國的勢力已不容小覷。一方面，此固由於荊楚自祖先季連及其部族追隨禹南征三苗及參與治水，自其時起即扎根荊山地區幷大力開發南方，至昭王時已歷經近千載的發展，在兩湖地區及江西一帶盤根錯節，逐漸擴張，已具有很強的實力；另一方面，又有長江天險可恃，這是自古以來南方勢力憑藉此一南北天塹之阻隔，而敢於長期與北方政權對抗的主要原因。

那麼，姬周王朝作爲中央政權，面對南方勢力的挑戰，而且蒙受王死師喪的奇恥大辱，難道甘於默默忍受、無動於衷嗎？當然不是。經過數十年後，昭王的兒子穆王以很長的時間用戰、撫兼施之策平定、開發大西北，逐步實現其"安定西北，再取東南"的長期戰略。至此,穆王終於可以大幹了,乃於"三十七年伐楚,大起九師,東至於九江,叱黿鼉以爲梁,遂伐越至於紆。荆人來貢。三十九年,王會諸侯於塗山"。[18]穆王經過數十年之奮鬥,不僅征服犬戎,疆域擴拓至天山西北;而此次征服東南之舉,其所以"大起九師"者,顯然鑒於當年昭王征楚時之用"六師"之敗績,因而作了更充分的準備,兵力更加雄厚,所以才能一舉征服楚、越等東南諸方國,不僅爲父親昭王洫雪前耻,而且統一南北。王朝幅員所至,逾於武王、周公及成康之世,固一時之盛也。

　　有關此一史實,西周青銅器《宗周鐘銘》亦記載其事,内中言及:"王囗伐其至,……南夷、東夷俱見,廿又六邦。"所言正與《竹書紀年》記載穆王三十七至三十九年征伐楚、越及後舉行塗山會盟史事完全契合。蓋楚爲"南夷",越爲"東夷",穆王與楚、越等東南二十六個邦國國君"俱見",其實即爲會盟,地點就在塗山。

　　塗山一名當塗山,位於今安徽蚌埠淮河東岸,與荆山夾淮對峙,地處安徽省中部。而安徽西接河南、湖北,東鄰江蘇、浙江,南毗江西,應爲周穆王征楚、越等國之後,與東南二十六邦會盟的理想地點。筆者并據上述考證及其他史實,而力證"宗周鐘"在斷代上,既非郭沫若先生所定之昭王時器,亦非唐蘭先生所訂之厲王時器,筆者將其定爲穆王時器。[19]拙論在學術界造成一定的影響,相信亦能經得起時間的檢驗。

　　但是,在周穆王的功業達到極盛之後,整個局勢逐漸出現變化,姬周王朝開始走下坡路。這是因爲經過昭、穆二王數十年連續不斷地征戰攻伐之後,不僅師老兵疲,國庫虛耗殆盡,以致穆王晚年出現像《尚書·吕刑》所説的,采取在刑法上以錢贖罪之舉,來挽救姬周王朝出現財政危機的被動局面。可見其時姬周之國力淪於盛極而衰的境地,已是不爭的事實。另一方面,姬周王室至穆王之後,與各姬姓侯國的血緣關係已過了五世,"親親"疏淡,"尊尊"漸薄,其結果就是姬姓侯國對王室的支持明顯減弱。而周初的大規模裂土分封,使大量的土地和人民脱離中央王朝的管治,至此,"强枝弱幹"之勢已不可逆轉,周王室日漸衰疲的局面已經形成。而穆王之後的恭、懿、孝三王,治政乏善可陳;至夷、厲之世,更失德無道,王室衰微,造成"禮崩樂壞"的局面。這在客觀上,就給荆楚在南方的發展,提供了難得的機會。

　　誠如前文所述,楚君熊渠當周夷王之時,乃乘王室衰微,趁機"伐庸、揚粤,至於鄂",并封其三子分任句亶王、鄂王和越章王。以熊渠封三子王於上述三地而推斷其時楚之勢力範圍:考"句亶"即今江陵之地,位於湖北中部,至楚文王時,乃於此地建成郢都,世稱之爲紀南舊城;"鄂"則爲武昌至鄂州之地,説明熊渠時勢力已擴展至湖北東部,至此已奄有湖北全境;至于越章王所在的"揚粤",應在今浙江西部地區,這説明荆楚在禮制上很早便采用王制,其勢力極大,及後并通過占有江西而及於浙西,對其時的于越國造成威脅,顯示其在南方發展之迅猛。

　　雖然,至周厲王之世,熊渠懼其暴而去三子之王號,但并不影響荆楚對鄂、湘、贛等廣大地區的實際控制。周宣王雖號稱中興，但王室本身并無足夠的力量，只能靠婚媾關係依賴申侯等异姓侯國，以面對西北犬戎和南部荆楚的强大壓力，而陷於兩面作戰的被動局面。故宣王雖有伐楚之舉，但收效并不大，絲毫不能阻遏荆楚在南方的發展。

平王東遷之後，周王室之衰落更如江河日下。至周桓王時，竟因土地利益問題而與同爲姬姓的前卿士之國鄭國發生極爲激烈的矛盾，以至於兵戎相見，而周桓王被鄭兵所傷。這是東周開局不久王室衰疲的一個典型事例。在這種情况下，楚國不僅鞏固其在南方的强大勢力，而且在吞滅漢陽諸姬姓侯國之後，有北進河南之舉，大有窺伺中原之勢。而楚君熊通早在周平王三十一年（前740）自稱楚武王，這一次在禮制上的正式稱王，更是公開公然地與周王室分庭抗禮。

面對西北犬戎和南邊荆楚的嚴峻挑戰，周王室只有托庇强侯的保護；而對付犬戎和荆楚的威脅，王室當然亦失去天下共主的實際能力和地位，此重任只有指望親戚强侯去擔當了。前者如齊桓公之九連諸侯、一匡天下；後者如晋文公之取威定霸，皆打着"尊王攘夷"的旗號，實際都成爲北方姬姓諸侯聯盟的盟主。而實際上，齊桓公與晋文公都曾先後率領北方聯盟的軍隊，征伐楚國，遏止了楚國北進的氣焰。尤其在晋文公之後春秋時期的一百多年間，晋國作爲以姬姓侯國爲主體的北方聯盟盟主，因其與北面的戎狄關係良好，所以主要對付的目標就是屢有北進之舉的南方强楚。

但是，晋之主力在山西，要與諸姬侯國組織一次聯合軍事行動不易，而楚軍從湖北跨過河南則只有咫尺之遥，所以晋軍顯然遠水不能救近火，故楚之軍事行動每能得手。於是豫南的姬姓侯國蔡國竟成爲楚之附庸。而同爲姬姓的鄭國爲洛邑門户，地當中原要衝，但親楚則被晋打壓，親晋則受楚侵凌，使鄭國處於左右爲難的窘迫境地。但地理上鄭距楚近而晋遠，故歷史上鄭國被逼多次向楚國妥協，鄭君往往蒙羞忍恥。

實事求是而言，歷史上受楚國侮辱最厲害的人是宋襄公，因爲他毫無自知之明，以爲在齊桓公去世後，自己可以取代霸主的地位，并欲召楚成王參加會盟。結果宋襄公爲楚軍所執，後雖獲釋，但已蒙受奇恥大辱。及後宋、楚交兵，史稱"泓水之戰"，宋襄公又瞎指揮而招致大敗，以股傷、師潰而告終。

以當時的客觀形勢而論，宋爲殷後，而竟欲做北方姬姓侯國聯盟的盟主，真是异想天開，毫無自知之明。

再就宋、楚雙方的實力而言，宋以豫東彈丸之地，竟欲與在南方擁有廣土衆民的楚國相抗衡，可謂以卵擊石。而宋襄公以紙上談兵來指揮大戰役，如此不知己、不知彼、不知兵、不自量力又没有頭腦的人，其最終落得慘敗的下場，貽笑於天下，是一點不奇怪的。然而，像宋襄公這種"四不一没有"的人，歷史上居然還有人將其列爲"春秋五霸"之一。[20]這與歷史事實完全不符，甚不宜也。

其實，楚成王并非不講禮，宋襄公完全是自取其辱。

相反，楚成王對落難的晉公子重耳款之以諸侯之禮，以隆重的禮樂和饗宴相待。説明在禮制上，楚與中原諸國并無二致。

實事求是地説，春秋時期，楚不僅是經濟、政治、軍事強國，而且在文化上也是一大強國，楚文化在當時及後世産生重大和深遠的歷史影響，并非偶然。只是因爲自西周中期以來，楚國地處南方，又有長江漢水作爲天然屏障，楚國君不肯臣服於周王室，其後又屢次興兵北上侵擾中原，故周王室和諸姬侯國對其恨之入骨，故將其貶稱爲"荆蠻""荆夷""楚蠻""楚子"等，不一而足。總之，雖然楚在國家典章制度上實施禮治與中原諸侯國無異，但周王室和中原諸侯國在名分上對楚盡量貶低、抑制、打擊，無所不用其極，這是當時的歷史事實。

如前所述，地處中原的宋國君主宋襄公被某些史家稱爲"春秋五霸"之一，名實不符，以致貽笑後世。相反，地處南方的楚國國君楚莊王被列爲"春秋五霸"之一，歷史上却從未有人反對過，蓋其名副其實也。可見楚之國力至楚莊王之際，達至鼎盛時期。但是，楚莊王雖然兵精糧足，却并不窮兵黷武，亦没有以武力威脅周王室。如楚莊王八年（前606）伐河南境内的陸渾之戎，以絶其騷擾。楚軍經洛邑時，陳兵於東周小朝廷的邊界地區。其時剛即位的周定王遂派王孫滿去犒勞楚軍，於是産生了所謂楚子"問鼎中原"的歷史掌故。《左傳·宣公三年》記其事如下：

"楚子伐陸渾之戎，遂至於雒，觀兵於周疆。定王使王孫滿勞楚子。楚子問鼎之大小、輕重焉。對曰：'在德不在鼎。……商紂暴虐，鼎遷於周。……周德雖衰，天命未改。鼎之輕重，未可問也。'"

當然，此事只不過"問一問"而已。但"問鼎"之舉，實際上亦顯示楚國視周王室如無物，暴露其志在逐鹿中原、争霸天下的野心。

及後晉爲三家所分，齊爲田氏所篡，進入戰國之亂局。南方在越滅吴之後，形成兩大地方古國楚、越争雄的局面。

以實力論，越以江、浙之地爲主，瀕臨東海，陸上缺乏縱深，回旋幅度不大；而楚則有兩湖之地及贛、皖之大部，以其廣土衆民及兵精糧足，最後滅越而奄有除嶺南之外的廣大南方之地。司馬遷從地理、物産和風俗上，將此時之楚國劃分爲西楚、東楚及南楚。云：

"夫自淮北、沛、陳、汝南、南郡，此西楚也。其俗剽，輕易發怒，地薄，寡於積聚；江陵故郢都，西通巫巴，東有雲夢之饒；陳在楚夏之交，通魚鹽之貨，其民多賈；徐、僮、取慮，則清刻矜己納。

"彭城以東,東海、吴、廣陵,此東楚也。其俗類徐、僮;朐、繒以北,俗則齊;浙江南則越,夫自吴闔廬、春申、王濞三人,招致天下之喜游子弟,東有海鹽之饒、章山之銅、三江五湖之利,亦江東一都會也。

"衡山、九江、江南、豫章、長沙,是南楚也。其俗大類西楚。郢之後徙壽春,亦一都會也;而合肥受南北潮,皮革、鮑、木輸會也,與閩中、于越雜俗。……"[21]

從上述可知,至戰國中後期,楚統一華南地區,以其廣土衆民及物産豐富,在戰國七雄中,并不亞於任何一國。但最後卒爲秦所滅,筆者認爲原因有二:一是楚缺乏馬資源;二是楚失去長江天險的戰略屏障。

筆者研究楚國北伐中原的戰例,幾乎大部分在豫南至豫中地區的河南境内,并未深入中原腹地。這是因爲楚缺乏馬資源的緣故,所以既没有强大的馬車戰鬥部隊對敵人作快速攻擊,亦無數量衆多的馬車以運輸輜重作糧草後勤供應,所以每次北伐大多在豫南淺嘗輒止,得手後大都訂盟了事,馬上回師作戰略收縮。這一致命傷,遂令楚據長江天險守兩湖則有餘,北取中原以爭天下則不足。這是楚的局限性,亦是其最終敗於多馬之國秦的重要原因。

另一主要原因是,秦在相繼滅韓、魏之後,據有中原,以正統自居,既擁有華北的大糧倉,又有西北源源不絶的良馬供應。尤其采取先取巴蜀的戰略決策,使秦得以在西南出兵,順長江而東下,楚之國土大部分在長江中下游,在秦水陸多路的攻擊下,其所憑借的長江天險遂失去作用。楚以步軍與秦之馬軍戰,當然難逃被滅亡的命運。

然而,荆楚之創始,溯自季連率部族自河南追隨禹統一南方之際,與禹之苗裔于越同時立國。可見荆楚乃華夏族之分支,在南方開拓發展甚早。其後歷經夏亡、商亡及周之亡,楚仍屹立於南方。至公元前223年爲秦所滅止,荆楚享國前後歷時達一千七百年以上。

作爲華夏文化的分支,荆楚作爲一個歷史如此悠久而又從未中斷的南方古國,實行與中原相近的君主及臣僚的禮治制度,其政治、經濟、軍事、文史、工藝技術以及音樂藝術各個方面幾乎都與北方同步發展,既有同一性,又具獨特性,達到很高的水準,其與吴越文化同作爲南方文化的代表,絲毫不遜於北地文化。以文史經典爲例,根據紙上文獻與地下出土文物所載,春秋戰國時期,北方有儒家六經,楚國亦有六經文化,其在國内推行禮治,史有可考,《左傳》和《國語·楚語》中例言證甚多,不勝枚舉。至於近年出土的上博簡和清華簡都證明楚國對儒家經典的研究和推動不遺餘力。

而在文學藝術方面,至戰國中晚期,北方文人處於侯國爭戰兼并的混亂年代,因此多熱衷於以合縱連橫之智術,奔走於各侯國君王之間,故其時北方文人所著政論,頗有可觀,先秦諸子集可爲證。但實事求是而言,其時北方之純文學則乏善可陳。反而,以屈、宋所作楚辭爲代表的南方文學,却達到其時中國文學藝術的頂峰,爲中國文學史作出不可磨滅的貢獻,這是不爭的事實。亦正因爲荆楚在血緣上是華夏族之分支,楚文化是中華文化不可分割的一部分,因此,秦之橫掃六合,其在統一上之所以無礙,就是基於南北文化能夠高度融合的緣故。

另一方面,南方的人才亦將發揮決定性作用。楚才之特出,史有稱羨。故楚雖爲秦所滅,但楚人堅信"楚雖三户,亡秦必楚"。[22]

不久,果然西楚的項羽和劉邦(按:據《史記·貨殖列傳》所載,劉邦籍隸沛縣,屬西楚)先後起事反秦,故秦帝國僅歷時十三載,二世而亡。最後由劉邦統一天下,建立强大的漢皇朝。其時南北之所以不分裂而很快再度統一,就是由於從血緣到文化上,楚與北地舊六國共同的華夏基因,促成了南北文化的高度融合和民族的認同。這亦正是"漢族"之產生及中華文化之由來。

毫無疑問,中華文化固以北地華夏文化爲主體,但荆楚在南方之立國并實施禮治,以及楚文化的蓬勃發展,前後歷時一千七百餘載,既不失華夏之根本,又能與北地文化共同前進,在其後的南北融合中,發揮了極其重要的作用,從而使秦、漢時期的兩次統一,水到渠成。

2013 年 2 月 8 日

[注]

(1)《楚居》釋文見《清華大學藏戰國竹簡(壹)》,下册,第 180 頁,上海中西書局,2010 年。

(2)郭偉川《炎黃時期南北强弱之轉化及戰爭的起因、地點考析》,載郭偉川著《中國歷史若干重要學術問題考論》,第 317 頁,國家圖書館出版社,2009 年。

(3)劉彬徽《炎黃文化的考古學思考》,載劉彬徽著《早期文明與楚文化研究》,第 1—2 頁,岳麓書社,2001 年。

(4)李均明《兵家寶鑒·孫臏兵法譯註》,第 109 頁,河北人民出版社,1991 年。

(5)見《尚書·舜典》。

(6)郭偉川《古"三苗"考論——兼論"三苗"與南方諸族及楚國之關係》,載郭偉川著《中國歷史若干重要學術問題考論》,第 368 頁,國家圖書館出版社,2009 年。

(7)郭偉川《論夏商周時期南北基本格局的改變——兼論〈燹公盨銘〉"廼黎方克征"解讀》,載郭偉川著《中國歷史若干重要學術問題考論》,第 374 頁,國家圖書館出版社,

2009年。

（8）李龍章《下王崗晚二期文化性質及相關問題探討》，載《考古》，1988年第7期。

（9）（11）趙炳清《楚人先民溯源略論》，載《民族研究》2005年第1期。

（10）俞偉超《先楚與三苗文化的考古學推測——爲中國考古學會第二次年會而作》，載《文物》1980年第10期。

（12）郭偉川《古"三苗"考論——兼論"三苗"與南方諸族及楚國之關係》，載郭偉川著《中國歷史若干重要學術問題考論》，第369頁，國家圖書館出版社，2009年。

（13）陝西周原考古隊《陝西岐山鳳雛村周初甲骨文》，載《文物》1979年第10期。

（14）（18）見《竹書紀年》。

（15）湖北省文物考古研究所《盤龍城——1963—1994年考古發掘報告》，文物出版社，2001年。

（16）張渭蓮《商文明的形成》，第241頁，文物出版社，2008年。

（17）程濤平《論盤龍城爲商王南土行都》，載中國歷史文獻研究會編《歷史文獻研究》總第31輯，第52—53頁，華東師範大學出版社，2012年。

（19）郭偉川《宗周鐘（周王龢鐘）新考》，載郭偉川著《兩周史論》，第196—215頁，北京圖書館出版社，2006年。

（20）《孟子·告子》注："趙氏曰：'五霸：齊桓、晉文、秦穆、宋襄、楚莊也。'"

（21）《史記·貨殖列傳》。

（22）《史記·項羽本紀》。

清華簡《楚居》"麗季段"考釋

——兼論"賓於天"是古代君主死亡在禮制上的婉稱

清華簡《楚居》自整理發表後，引起學術界的熱烈討論。其中有共識，有歧見，這是學術研究的正常現象，可以理解。就内地學者對《楚居》簡文的釋讀和主旨的歸納而言，應該說，是共識多而歧見少。如對"麗季段"的釋讀，認爲麗季難產，啓脅而生，其母妣厰"賓於天"即死亡，持異議者就確屬少數。

近讀香港鄭煒明先生、陳玉瑩女士所著《從清華簡〈楚居〉看中國上古外科醫學》一書，作者則另立新說，内中云：

> "自清華簡面世以來，《楚居》篇'麗季段'的研究，已極速地成爲顯學，但多未及對簡文所載的史實作充分的科學考證。許多學者甚至把這段歷史，先入爲主地、有意無意地詮釋爲神話與傳說，并以'麗季脅生'這個帶有神話色彩和傳奇色彩的預設立場，來訓詁簡文，從而進一步坐實'麗季脅生說'，不自覺地陷入了循環論證的迷宫。……但清華簡《楚居》篇'麗季段'其實極有可能并不涉及'脅生'，它只是一段反映中國上古外科醫學真實個案的樸素的歷史記錄。"[1]

這樣，鄭、陳二位就完全否定了内地大部分學者所持的麗季"脅生說"。分歧竟然如此南轅北轍，究竟是什麼原因呢？這就引起我極大的研究興趣。於是閱讀各家相關撰作，希望找出問題的癥結所在。

原來，分歧的焦點在所謂《楚居》"麗季段"上，即在全篇共十六枚竹簡中之第二枚及第三枚簡文的解詁上，出現較大的歧異。其中最大的不同，主要集中在"麗不從行"是否解釋爲"難產"，"渭自脅出"是否解釋爲"脅生"，以及麗季的母親妣厰的"賓於天"究竟是生是死的問題上，鄭、陳二位與內地諸家的釋讀，可謂大异其趣。兹根據上海中西書局2010年12月出版的《清華大學藏戰國竹簡（壹）·楚居》中第二、第三枚竹簡簡文，按照整理者的解讀，移録如下：

"麗不從行，渭自脅出。妣㡱賓於天。巫戕賅亓脅以楚。氐今日楚人。"

李學勤先生對簡文的相關背景的叙述及釋讀如下：

"簡文說鬻熊娶京宗地方女子，稱作妣㡱，其子有侸叔、麗季，然後專門講了麗季即熊麗誕生的故事。熊麗自脅而出，以致妣㡱'賓於天'，即死亡。有巫者把她的遺體裂開的脅部，用楚即荆條纏合起來，成爲'楚人'一詞的始源。按古稱'巫醫'，《吕氏春秋·勿躬》載'巫彭作醫'，《山海經·海内西經》中巫彭、巫抵等據說都是'神醫'。因此，這比女隤啓脅生六子的傳說，神話色彩要淡薄得多了。"[2]

李先生上述有關熊麗"脅生說"的釋讀，得到學術界大部分人的認同。如趙平安先生在《"三楚先"何以不包括季連》一文中也有類似說法，内中云：

"妣㡱生熊麗，'麗不從行'（難産），後來通過手術把熊麗生下來。她犧牲了自己生命，却保全了熊麗的性命。巫醫用'楚'（荆楚條）包裹住她的傷口，爲她舉行了葬禮。因爲爲妣㡱包紮傷口用的是'楚'，爲了紀念妣㡱，楚人便從此稱做'楚人'。"[3]

另李守奎先生則認爲《楚居》的"坼脅生子"乃季連傳說的下移，其文云：

"坼脅生子，在《楚居》中就是一個難産的故事，孩子不能順産，從脅部開了一個産道取出孩子，産婦也就死了，這很像一個真實的故事。《楚居》把季連的傳說時間下移，可能也是爲了使傳說向歷史靠攏所做的努力。"[4]

姑毋論李守奎先生"季連傳說時間下移"的說法如何值得商榷，但文中顯然認同《楚居》叙述妣㡱難産，麗季脅生，其母致死之事，仍屬於"脅生說"的範疇。

應該說，無論古今中外，"脅生說"由來已久，研究者多耳熟能詳。我師饒宗頤先生多年前已撰有《中國古代"脅生"的傳說》一文，[5] 内中旁徵博引，可謂爲"脅生說"有代表性的研究論作之一。

然而，對於《楚居》的麗季"脅生説"，亦有少數持异議者。如劉濤先生就理解爲麗季脅部出現潰爛，并認爲其母妣䥇（列）"賓于天"不是死亡。其文中云：

"由於妣癘生産時，麗季不順産并且脅部出現了潰爛，因此，妣癘組織進行祭天祀地的巫術活動。"[6]

顯然，劉濤先生對《楚居》"麗季段"的理解與上述幾位學者的看法出現較大的差别。他雖然亦將"麗不從行"解釋爲"妣癘生産時，麗季不順産"，即處於難産的狀況之中。但他又不認同麗季"脅生説"，亦没有解釋麗季是如何生出來的。而文中竟認爲"脅部出現潰爛"的，不是難産的母親，反而是嬰兒麗季。而且説"妣癘組織進行祭天祀地的巫術活動"，以祈求麗季能夠平安無事。如此解詁，令我這個曾經習醫的人，實在有點難以理解：當時處於難産中的母親妣䥇，究竟是如何"組織進行"祭天祀地的巫術活動的？真是匪夷所思！

對於《楚居》"麗季段"中至爲關鍵的"麗不從行，渭自䯗出"之句，内地學者多釋爲"不順産"或者"難産"，於是剖脅而生。如：

趙平安："'麗不從行'（難産），後來通過手術把熊麗生下來。"[7]

子居："'從行'即縱行，《楚居》文中指順産。"[8]

王偉："'從'有順從之意，'麗不從行'蓋言麗出生時不順利，才啓其左脅。"[9]

梁濱："麗季不從行（不順産），也就是現在所説的難産，最後只能'渭（潰）自䯗（脅）出'，從妣䥇（列）的䯗（脅）部剖割而出。"[10]

黄靈庚："不從行，謂麗生之時，身横塞於妣䥇母體之内，而潰自脅中出也。"[11]

陳民鎮："'從行'謂生育之暢順，妣䥇生育麗季時'不從行'，乃至'潰自脅出'。"[12]

然而，鄭煒明先生、陳玉瑩女士在書中完全否定上述學者的相關釋讀，他們認爲，《楚居》簡文中的"麗不從行"，非指熊麗出生時難産。文中説：

"我們認爲研究者其實還未能妥釋'從行'一詞。本來'從'釋作'縱''順'，意謂自如、暢順等等，是可從的。但'行'字如何就能代表'産子''出生''生育'或'分娩'了呢？可惜上引的研究論文都未作任何交代。《説文·行部》云：'行，人之步趨也。'戰國竹書之中，此字有作'行走'義。……我們認爲'不從行'除了可參考古籍裏常見的訓義，解釋爲'不能隨行'之外，……或可解釋爲'行動不自如''不良於行'等等意思。全句則可以理解爲'麗季不良於行'。"[13]

鄭、陳二位又認爲簡文"渭自䯗出"的"䯗"字不能釋爲"脅"，而是指骨上生毛之處，"極有可能是下肢的骨骼，例如股骨或脛骨等等"。[14]因此，他們認爲麗季罹患的是外科足疾，才導致"不良於行"。爲此他們特撰《麗季足疾考》一章，參考中西結合現代醫學研究，歸納出"符合上述麗季病情信息的疾病，至少有下肢潰瘍、化膿性關節炎、附骨疽、附骨痰、化膿性骨髓炎（包括急性血源性骨髓炎）等五種"。[15]而且逐一分析，以證麗季罹患的是足疾。

另外，對於《楚居》"麗季段"中另一重要的句子"妣㲷賓於天"的解詁，鄭、陳二位在書中説：

"他（指麗季）的母親妣㲷便向天舉行賓祭。"[16]

鄭、陳二位既持上述看法，當然對内地諸家所持的"麗季脅生説"及其所造成的影響大不以爲然。因此，在最後的結論中有下述一段話：

"最近，羅運環先生更在報刊及新聞網上，發表'楚國之名源於紀念楚族國母妣㲷'的説法，大力地爲《楚居》篇'麗季脅生説'，廣泛宣傳，製造深入民心的影響。至此，一個尚未被確認的'麗季脅生'假説，似乎已過急地被一些學者奉爲歷史常識。這對於國人的上古史觀，其實并無裨益，而其負面影響則不可謂不深遠。大有别於其他學者所傾向的神話性詮釋，我們認爲《楚居》篇'麗季段'只是一段平實的歷史記載，内容大概是：'麗季行動不自如，有膿水自下肢某部位流出，其母妣㲷向天行賓禮祭拜，然後巫荆用楚這種藥物使麗季的患處復原，於是族人便稱爲楚人了。'相信我們的這種理解，較之於'麗季自脅而出'之説，更加合乎情理和文字訓詁法則，因而更加接近歷史事實。"[17]

顯然，鄭煒明先生、陳玉瑩女士完全否定了内地大部分學者對清華簡《楚居》篇"麗季段"的釋讀及麗季"脅生"之説，而對他們自己所創的麗季"足疾説"及其母的"賓於天"乃是"向天行賓禮祭拜"的説法，充滿自信。

由此可知，鄭、陳二位對《楚居》"麗季段"的釋讀，與内地諸家的解詁，確實存在極大的分歧。

那麽，歷史的真相究竟如何？上述諸説到底孰是孰非呢？

經過再三研讀并作了相關考索之後，我認爲問題仍然要回到原點，即在對清華簡《楚居》"麗季段"首句"麗不從行"的釋讀上，首先要確認麗季母親妣㲷在生他時是否發生難産的問題，這是整個"麗季段"内容的關鍵所在。而結果發現，問題就出在鄭君煒明等對"從行"二字的理解和釋讀上。彼等將"從行"二字分而釋之，尤其將"行"字作爲研究的重點，而且旁徵博引，證明"行"字不能代表産子、出生、生育或分娩，從而否定了大部分學者對《楚居》"麗季段"有關妣㲷難産、麗季脅生及其母死亡一系列連帶關係的論證，同時別出心裁，自己另立麗季"足疾説"。所以，"麗不從行"被解釋爲麗季"不良於行"，"妣㛣賓於天"被釋讀爲"妣㛣向天舉行賓祭之禮"。但是，在經過深入的研究之後，實事求是地説，我認爲鄭君煒明等人對清華簡《楚居》"麗季段"的理解和釋讀，尤其在"不從行""賓於天"的解詁上，都出現根本的錯誤。兹以個人的考證，結合清華簡《楚居》的相關内容，論述如下：

一、"麗不從行"應指麗季橫生難産

我基本贊同内地大部分學者的意見，認爲"麗不從行"指麗季出生時難産。唯大部分學者對此未能作清楚準確的叙述，致使一些研究者別生疑竇，另作他解。兹以個人對"從行"二字的理解，結合一些醫學的知識，對清華簡《楚居》"麗季段""麗不從行"之句，考釋如下：

首先，我認爲"從"字應作"縱"解（按：子居先生亦持此説），"從行"即"縱行"，爲古代婦女分娩時所常見。因爲從醫學的角度，産婦分娩時，若嬰兒頭部（或足部）自産道先出，顯示胎位對正産道，嬰兒"打直來"，是謂"從（縱）行"，一般爲順産。至於鄭煒明、陳玉瑩二位質疑爲什麼順産時嬰兒會"行"的問題，我認爲這涉及産婦分娩時的生理現象，蓋因臨盆時子宫收縮蠕動，加上産婦本身用力以及羊水的作用，嬰兒被下推滑"行"。因此，新聞經常有産婦在飛機或車船上突然意外産子的報導，這大都是因爲嬰兒胎位很正，即所謂"從（縱）行"（按："打直來"之謂），具備了順産的先決條件，又因舟車勞頓或飛機顛簸，加上胎兒已基本足月，羊水提前破裂，於是在孕婦本身無法控制的情况下，嬰兒自己便被滑"行"出來。可以説，這種情形，可謂是對産嬰過程中"從（縱）行"二字最好的詮釋。這説明古人用字非常準確，甚至藴含着一定的科學道理。因此，我認爲"從（縱）行"指順産是正確的。而"不從（縱）行"則指胎兒在臨盆時，由於胎位不正而導致頭或足没能對正産道"打直來"，而是由背或腹部現於産道，這種情形，古代穩婆（即助産婆）稱爲"橫生"（按：黄靈庚先生謂爲"身橫塞於妣㛣母體之内"，意同），是爲難産。若不及時作"坼脅"或剖腹産，則母子皆會危及生命。而即使采用"脅生"或剖腹産，産婦亦大多因上古醫療條件所限，往往因失血過多或嚴重感染而殞命。故産婦臨盆時，胎兒"從（縱）行"爲順産，"橫生"則爲難産，這在古代巫醫或穩婆（助産婆）來説，可説是常見現象；即使時至今日，亦仍然是現代婦産科經常碰到的事情。可惜鄭煒明先生、陳玉瑩女士不明於此，誤解"從行"二字在"麗季段"中的本意，以致在這一關鍵問題上作了錯誤的釋讀，導致"一子錯滿盤皆落索"。結果該書在"麗不從行"之後的一系列釋讀，就難免牽强附會，造成不可避免的誤釋及解詁上的"硬傷"。

二、"渭自䯝出"的釋讀與"脅生説"新解

如前所述,由於妣厤生麗季時胎位不正,導致生産時"不從(縱)行"而出現難産,於是巫醫動手術"渭自䯝出"。對此,内地大多數學者乃沿用上古以來傳統的"脅生説",而將"䯝"字釋爲"脅",認爲麗季是啓脅而生的。

在上古時代,有關"脅生"的問題,最先應指通過外科手段剖開脅部從腹取子。由於時代的局限性,當時巫醫面對婦女分娩時難産的問題,必定面對兩難的抉擇。因爲歷史的經驗告訴他們,如果産婦臨盆横生難産,若不及時采取外科手段剖出嬰兒,則必定母子皆亡;如果動手術,則嬰兒不僅大都可保,産婦的生命亦還有一綫希望。只是起初的動手術取子,必定面臨如何下手的問題。開始時,他們面對腹大的産婦,顯然認爲剖腹會傷及嬰兒,故最妥當的辦法,莫如先拆開肋骨,然後從上向下剖開以取出嬰兒,這即所謂"脅生"的最初本源。我認爲這顯然絶不是什麽神話傳説,而是在上古婦産科醫學知識十分蒙昧的時代,在面對婦女難産時,以極端落後的外科手段拆肋取子的殘酷事實。《史記·楚世家》云:

"陸終(妻)生子六人,坼剖而産焉。其長一曰昆吾,二曰參胡,三曰彭祖,四曰會人,五曰曹姓,六曰季連,芈姓,楚其後也。"

司馬遷在述及陸終妻坼剖産六子之事時,顯然并非以神話傳説視之,而是作爲正式人物史事加以叙述而列入楚之先公先王的世系。所以,我認爲楚祖季連之出於"脅生",并非神話傳説。其母一胎六子,與現代社會屢見一胎多子(按:據報導,有一胎多至七八子者)動手術取出一樣,都是有事實作爲根據的。只不過上古蒙昧地"啓脅而生",現代外科手術則采用準確的剖腹産,其實面對的問題都一樣,只是外科手段不同而已。因此,我認爲中國上古的"脅生",是真實地"啓脅而生",其與西方取肋骨以造人的神話傳説,是完全不同的。

然而,隨着歷史的演進,至殷周之際,我國古代醫學包括婦女難産時的外科手段亦有所進步。比如清華簡《楚居》中楚君鬻熊、麗季所處的時代相當於周文王至西周初之際,其妻亦即熊麗的母親妣厤難産時,我認爲在采取外科手術取出麗季時,就并非"啓脅而生"。因爲《楚居》"麗季段"中"渭自䯝出"的"䯝"字,其真義并非指"脅"部,而是指身體下腹部一個更適宜於剖腹産子的部位。

對於這一問題,鄭煒明先生、陳玉瑩女士在書中對《楚居》篇的"麗季段""渭自䯝出"的"䯝"字,亦提出自己的看法,内中云:

"'䯝'字從骨,很可能是指人體某部位的骨骼;右文從𠷎,《説文·卣部》:

'鬣，毛鬣也。象髮在囟上及毛髮鬣鬣之形。'因此'髊'字或可會意爲身體上任何'毛髮鬣鬣'部位的骨。以本句而言，所指的極有可能是下肢的骨骼，例如股骨或脛骨等等。"[18]

必須指出，鄭煒明、陳玉瑩二位不同意"渭自髊出"的"髊"字釋爲"脅"并反對麗季"脅生說"，同時取《說文·囟部》"鬣"之說，認爲"渭自髊出"的"髊"或可"會意爲身體上任何'毛髮鬣鬣'部位的骨"。我認爲這一釋讀不無可取之處，即是說，他們的這一看法，在文字學上并非無據。但令人感到十分可惜的是，由於他們早已將"麗不從行"錯誤地解釋爲麗季因足疾而導致"不良於行"，因此，他們將注意力集中到麗季的下肢上。在麗季"足疾說"的主導下，從而將"髊"字即骨頭上生毛的地方，錯誤地理解爲麗季的股骨或脛骨，以致失之毫厘，差以千里。

如上所述，我認爲麗季出生時，由於胎位不正橫陳於其母妣厲之產道口，不能"從（縱）行"，造成難產，於是由巫醫動手術"渭自髊出"。那麼，"髊"無疑就是巫醫下刀切口取子之處，它究竟指身體哪個部位呢？我認爲至鬻熊、熊麗所處的殷周之際，由於中醫對婦女難產動手術取子已較前古進步，故麗季之生，并非啓脅取出，而是採用切腹取子之術。毋庸諱言，我認爲"髊"字非指"脅"，因爲根據《說文·囟部》對"鬣"的解釋，結合左側之"骨"部，故以字義而言，"髊"確是指骨頭上生毛的地方。而在解剖生理學上，人體下腹部有恥骨、恥毛，對上即爲子宮。因此，我認爲清華簡《楚居》"麗季段"的"渭自髊出"之"髊"字，指的就是恥骨之上的下腹部。所以，麗季是由巫醫經過對其母剖腹產的手術取出，而絕非啓"脅"而生。毫無疑問，當時巫醫的下刀點應該在母體的肚臍之下、恥骨之上的下腹部，蓋婦女之子宮正處於下腹骨盆之中，這與現代剖腹產的位置幾乎相同。故熊麗母親難產時，巫醫在此部位剖腹，顯示西周之際由於對人體生理器官及部位的進一步認識，而令外科手術有所進步。這一點，從成書於戰國時期的《黃帝內經》相關記述就可見一斑。內中云：

"腦、髓、骨、脈、膽、女子胞，……名曰奇恒之府。"[19]

其中之"女子胞"即子宮，說明古人對婦女此一重要的生殖器官早有認識。而《內經》在敘述十二經絡遍布人體部位時，亦可謂巨細無遺。如：

"肝足厥陰之脈，起於大指叢毛之際，……循股陰，入毛中，過陰器，抵小腹，……"[20]

說明戰國時中醫對人體臟器經絡及相關部位已有較爲清楚正確的認識。所以，我認爲《楚居》中熊麗是由其母下腹部剖腹而生,而絕非啓"脅"取出,其與楚祖季連真正地出於"脅生"已完全不同,故不能籠統地襲用前古的"脅生説"。有關這一點,其實晉人干寶在注解季連"脅生"的問題時,就曾證明上古之時與魏晉時代外科取子的方法已完全不同,其注云:

"若夫前志所傳,修已背坼而生禹,簡狄胸剖而生契,歷代久遠,莫足相證。近魏黃初五年,汝南屈雍妻王氏生男兒,從右胳下水腹上出,而平和自若,數月創合,母子無恙,斯蓋近事之信也。"(21)

干寶説上古禹、契之生乃自背、胸出,實即爲"脅生"。而楚祖陸終之妻啓脅生季連六兄弟之事,恰好亦是在舜禹之時。可見在距今四千多年前的上古時代,其時面對婦女分娩時難產,在別無他法的情況下,采用"脅生"是較爲普遍的現象。經過千年之後,至殷周之際,中國古代醫學對婦產科的認識及對難產采用的外科手術,已隨着時代的發展而有所進步。我認爲清華簡《楚居》"麗季段"中"渭自脅出",經過本人的考證,證明其時已采用恥骨上端的剖腹產。延及後世,干寶所述三國魏黃初年間的真人真事:汝南屈雍之妻王氏產子,確爲剖下腹而生,而且母子平安。可見其時對難產婦采用剖腹產的外科手術已非常成熟。這説明古人早就知道"脅生"與"腹生"二者之間確有明顯之分野。因此,嚴格而言,謂麗季爲"脅生"的説法并不十分準確,蓋《楚居》"麗季段"中的"渭自脅出"乃爲剖腹產。所以,我認爲學術界對我國古代的"脅生説",必須作全面重新的認識。

三、"賓於天"或"賓天"是古代君王死亡在禮制上的婉稱

對於《楚居》"麗季段"中"妣㜈賓於天"的釋讀,以李學勤先生爲首的大部分學者認爲"妣㜈賓於天"代表其"死亡"。有少數學者另作他解,如劉濤先生認爲"妣㜈賓于天"之句是説"妣癘組織進行祭天祀地的巫術活動,以祈求麗季能夠平安無事"(22)。另外,陳民鎮先生則認爲:

"妣㜈'賓於天',與夏啓故事相近,指其上達天庭,而非死之婉稱,類似卜辭的'賓於帝'。"(23)

至於鄭君煒明等在書中對"妣㜈賓於天"的釋讀,則謂:

"連同以上兩句'麗不從行,渭自脅出'來看,當時的情況可能是:麗季的

下肢某部分染疾,不良於行,而且有膿液溢出等徵狀,於是他的母親妣戚便向天舉行賓祭。"[24]

甚至認爲以"賓於天"來實行"祝","其實是一種心理治療法"。[25]

如前所述,我認爲"麗不縱行"即指熊麗橫生難產,而其母顯然因"渭自髖出"剖腹產的手術後,由於失血過多或嚴重感染而"賓於天"即死亡。所以,我認爲李學勤先生等說妣戚"賓於天"是死亡之婉稱,是正確的。而劉濤、鄭煒明等先生說"賓於天"是妣戚祭天祈福,陳民鎮先生則謂爲妣戚"上達天庭"之類,則是錯誤的理解和釋讀。

根據我個人的研究,"賓於天"與"賓於帝"或"賓於帝所"等一類用語,有極爲豐富的歷史內涵。以歷史上所見載於紙上文獻最早的朝代,又與"賓於天"一語有關係的歷史人物,是夏啓。據《山海經·大荒西經》云:"開(即啓)上三嬪於天,得《九辯》與《九歌》以下。"

筆者認爲,帝啓爲祈求得到上天賜予天籟之音,乃上獻三妃嬪於天帝,及後上天果然降下《九辯》與《九歌》的樂章;蓋上古帝王皆極迷信,爲了自己生前及死後的享樂,非常殘忍地以妃嬪祭獻天帝或爲自己殉葬;而夏啓以三妃嬪配天帝,遂成爲及後"賓於天"或"賓於帝""賓於帝所"一類用語之始源,且衍生爲此後帝王及王室中人死後歸天的專屬用語。

如胡厚宣先生、胡振宇先生父子在所著《殷商史》中指出:

"由甲骨卜辭看來,首先殷人以爲先王死後,可以升天配帝。如武丁時卜辭說:'貞咸賓於帝。'(乙2293)"[26]

書中例舉甚多,不俱引。
金文亦有例證,如《叔夷鐘》:

"'成唐(湯)又敢(有嚴)在帝所。'實指商祖成湯死後賓於天,居於天帝之所。"[27]

而《逸周書·太子晉》述周靈王之長子太子晉少年聰慧,對古今之事無不通曉,可惜英年早逝,僅十七歲而卒。篇中述及晉國師曠與太子晉生前之晤談,而太子晉竟斷言自己三年後會死亡,要師曠留意他的死訊。篇中云:

"王子曰:'吾後三年將上賓於帝所,汝慎無言,殃將及汝。'師曠歸,未及三年,告死者至。"

兩人會面後不及三年,果然傳來太子晉"賓於帝所"之死訊。由此説明"賓於帝所"與"賓於帝"及"賓於天"一樣,皆指死亡。蓋因他們是君王或王室中人,以爲自己死後會賓于天帝而居於帝所。蓋上帝居於天,天即帝所。因此,我認爲無論"賓於天""賓於帝"或"賓於帝所",説法雖略有不同,其義則一,皆爲君王或王室至親(按:如帝王之后、國君夫人及太子之類)死訊在禮制上的婉稱。

楚祖鬻熊在殷周之際曾追隨并臣服周文王,周原出土甲骨卜辭"楚子來告"可以爲證。文王是西周禮樂文明的先驅,鬻熊在這方面當有效法。所以,楚國實行包括喪禮在内的禮治制度,與中原諸侯國無异,是有其底因的。

至於《禮記·郊特牲》云:"萬物本乎天,人本乎祖,此所以配上帝也。"則從理論上指出古代"賓於天""賓於帝"及"賓於帝所"一類觀念的思想本源。

延及後世,皇帝崩曰"賓天"。如宋元之際,周密的《齊東野語》説"度宗賓天"即是。所以,"賓於天"或"賓天"在古代是宣布君主帝王死訊的禮制語言。

四、"巫䋽賅亓髖以楚。氏今曰楚人"考釋

有關上述簡文的解詁,李學勤先生釋讀爲:"有巫者把她(按:即妣㛣)的遺體裂開的脅部,用楚即荆條纏合起來,成爲'楚人'一詞的始源。"[28] 在這一釋讀中,有其合理及正確之處,因而得到大部分學者的認同。

但鄭煒明、陳玉瑩所著《從清華簡〈楚居〉看中國上古外科醫學》一書中,并不同意李學勤先生的上述考釋。由於他們已將"麗不從行,謂自髖出,妣㛣賓於天"三句釋讀爲:"麗季行動不自如,有膿水自下肢某部位流出,其母妣㛣向天行賓禮祭拜。"所以,對於"巫䋽賅亓髖以楚。氏今曰楚人"二句,便釋讀爲:"然後巫荆用楚這種藥物使麗季的患處復原,於是族人便稱爲楚人了。"——顯然,基於鄭、陳二位對《楚居》"麗季段"前三句的釋讀已出現明顯的錯誤,故他們對後二句的釋讀,就難免一錯再錯。

不過,在"巫䋽賅亓髖以楚。氏今曰楚人"的句讀上,我認爲亦有可商之處,或可讀爲"巫䋽賅亓髖,以楚。氏今曰楚人",似乎更爲合理。因爲"荆"與"楚"無論在名物的分别或用作國名之先後上,都有明顯的差别。

雖然,大家都知道"荆""楚"爲同一植物之名。如《説文·木部》:"楚,叢木。一名荆也。"而《説文·艸部》則謂:"荆,楚木也。"説明二者爲同一植物無疑。但我認爲,細分起來,它們又分屬同一植物中不同的部分。蓋"楚"字從木,爲樹幹;"荆"字從艸,爲枝蔓樹葉。如前所述,妣㛣生麗季時難産,剖腹以生,麗季得以保全,

其母則因手術後失血過多亡故。而妣厥作爲荆國國君夫人，爲生產未來的國君繼承人而身亡，其遺體要如何善後呢？首先，巫醫以荆條爲絲，用骨針縫合妣厥下腹部之創口，使妣厥遺體得以完整，蓋古人重視"全屍"。而遺體之善後，究竟是火葬還是土葬呢？火葬需將遺體置於木堆上火燎，土葬則需用木材做棺槨之類，這都需要大量的木材，故其時乃取荆樹之樹幹即楚木以用，這就是"以楚"。這都是涉及楚國葬禮和祭禮的問題。

就上古的歷史情況而論，荆國地處鄂西的荆山及其周圍地區，漫山遍野都是荆樹，山因以名，國亦以名。拙作《從清華簡〈楚居〉論荆楚之立國——兼論夏商周時期對南方之經略》一文，敘述楚祖季連（按：即季芈）當年率族衆追隨夏禹南征三苗及治水工程，及後其勢力盤踞於今湖北省西北部荆山一帶，并逐漸向周圍地區發展。禹闢九州，荆州爲其一，正是季連部族的勢力範圍。故《路史·後紀》云："伯禹定荆州，季芈實居其地。"此應符合歷史事實。而拙文對"荆"之來歷及"楚"之得名皆有考述。內中云：

> "筆者認爲，根據山川地理與名物的關係，應該是先有'荆'此一植物，漫山遍野地生於鄂西北地區的山上，所以，此一山區乃被稱爲'荆山'。而有荆山之後，始有荆州的。……從《尚書·禹貢》對荆州的命名及其區域範圍的叙述，就可看出其與荆山的關係是多麼密切。內云：'荆及衡陽惟荆州；江漢朝宗於海，九江孔殷，沱潛既道，雲土夢作乂。'按'荆'即指荆山。現稱爲'荆山'者，在今湖北南漳縣南。上古時其範圍應不止於此。……如《山海經·中次八經》云：凡'荆山之首，自景山至琴鼓之山，凡二十三山，二千八百九十里'。可見其範圍包括甚廣。……另一方面，距（南漳縣南）荆山不遠處，即《山海經·中次七經》中所稱之'敏山'，上有木焉，其狀如荆，白華而赤實，名曰'薊柏'。筆者認爲，其山有木如'荆'，説明這些地區與上古之荆山山脈，確有密切的關係。"[28]

《山海經》是戰國時期的作品，距鬻熊、熊麗所處的殷周之際已四五百年，相信麗季出生而其母妣厥死亡"賓於天"時，荆樹是漫山遍野的。其時既取大量荆樹的樹幹即"楚"木爲妣厥舉行喪禮。爲示紀念，乃將荆國命名爲"楚"。我認爲這就是"巫戕賅亓髀，以楚，氐今曰楚人"之句的由來。

對於"楚國"得名之緣由，拙作《從清華簡〈楚居〉論荆楚之立國》一文曾經論及，內云：

> "原來，據《史記·楚世家》云：'……熊繹當周成王之時，舉文、武勤勞之後嗣，而封熊繹於楚蠻，封以子男之田，姓芈氏，居丹陽。'過去，歷代史家多

據司馬遷的上述記載，而認爲'楚'之得名、得國及'居丹陽'自熊繹始。但是，自清華簡《楚居》篇之出，證明'楚'之得名非自熊繹始，而是緣於其太祖母妣㜏生熊麗時，因難產而死去。爲了紀念妻子妣㜏，因此熊繹的太祖父鬻熊乃易'荆'爲'楚'，自此之後，至楚肅王(楚悼王之子)之際，撰《楚居》的史官始言'氐今日楚人'。筆者認爲，蓋周文王之時，鬻熊顯然已改'荆國'爲'楚國'，而他又曾'子事文王'。恰好周原出土有甲骨卜辭'楚子來告'作佐證，(30)其與清華簡《楚居》篇證明鬻熊時已自稱'楚人'的事實，可謂完全相符。"(31)

所以，清華簡《楚居》之出，糾正了《史記·楚世家》關於"楚"得名、得國於周成王之際熊繹之時的説法，故其重要性概可想見。而《楚居》敘述熊楚世系及宗族史事，顯示其依循禮制的精神，説明楚文化之所以燦爛輝煌，是并非偶然的。

以上就是我對《楚居》"麗季段"的考釋，祈請學界同人，共與論正。

2014年2月22日完稿
2017年11月3日改定

[注]

(1)(13)(14)(15)(16)(17)(18)(24)(25)鄭煒明、陳玉瑩著《從清華簡〈楚居〉看中國上古外科醫學》，香港饒宗頤學術館，2012年8月印行。

(2)(28)李學勤《論清華簡〈楚居〉中的古史傳説》，載《中國史研究》，2011年第1期。

(3)(7)趙平安《"三楚先"何以不包括季連》，引自武漢大學中國地域文化研究所網站，2011年8月22日。

(4)李守奎《論〈楚居〉中季連與鬻熊事迹的傳説特徵》，載《清華大學學報》哲學社會科學版，2011年第4期。

(5)饒宗頤《中國古代"脅生"的傳説》，載《燕京學報》新第3期，北京大學出版社，1997年。

(6)(22)劉濤《清華簡〈楚居〉中所見巫風考》，見復旦大學出土文獻與古文字研究中心網站，2011年6月19日。

(8)子居《清華簡〈楚居〉解析》，見山東大學文史哲研究院簡帛研究網站，2011年3月30日。

(9)王偉《清華簡〈楚居〉劄記——楚人女姓祖先和古史傳説》，見復旦大學出土文獻與古文字研究中心網站，2011年6月9日。

（10）梁濱《名楚考》，載《懷化學院學報》，第30卷第7期。

（11）黄靈庚《清華戰國竹簡〈楚居〉箋疏》，載《中華文史論叢》總第105期，2012年1月。

（12）（23）陳民鎮《清華簡〈楚居〉集釋》，見復旦大學出土文獻與古文字研究中心網站，2011年9月23日。

（19）見《黄帝内經·素問·五臟别論》。

（20）見《黄帝内經·靈樞·經脉第十》。

（21）見《史記·楚世家》集解，干寶注。

（26）胡厚宣、胡振宇《殷商史》，上海人民出版社，2003年。

（27）郭沫若《金文叢考》，載郭沫若著《兩周金文辭大系圖録考釋》，科學出版社，1957年。

（29）（31）郭偉川《從清華簡〈楚居〉論荆楚之立國——兼論夏商周時期對南方之經略》，載中國歷史文獻研究會編《歷史文獻研究》總第32輯，華東師範大學出版社，2013年。

（30）陝西省考古隊發掘報告《陝西岐山鳳雛村周初甲骨文》，載《文物》，1979年第10期。

文王、周公的稱王與相關禮制問題

一、文王稱王之年考證

有關周文王稱王以及何時稱王的問題，傳世文獻如《逸周書》《竹書紀年》及《詩經》等典籍的相關篇什已有涉及。如《逸周書·大匡》云：

"維周王宅程三年，遭天之大荒。"[1]

就上述記載可知，周史官自文王宅程之年始，在史書記載上已稱其爲"周王"，說明文王遷程時已然稱王。按《今本竹書紀年》的記載，文王遷程的時間應在帝辛（即紂王受）三十三年，該書云："三十三年，密人降於周師，遂遷於程。"[2]。且《逸周書·大匡解》所言"維周王宅程三年，遭天之大荒"。以此證之《竹書紀年》所云"（帝辛）三十五年，周大饑，西伯自程遷於豐"。其所載人物、時間及史事，亦基本相符。蓋文王自帝辛三十三年開始遷程，至三十五年止，前後宅程共計三年，而此年亦即西岐遭受饑荒之年。據《逸周書集注》盧文弨之引證云："《竹書紀年》文丁五年王季作程邑，帝辛三十三年文王遷於程，三十五年周大饑，正與此合。"[3]這與筆者上述考證的結果，可謂完全一致。同時亦說明《今本竹書紀年》對此事所載人物、年期及相關事件，經過與《逸周書》的互相印證，顯示《竹書紀年》所記之不謬。

據前述《竹書紀年》所言：帝辛三十三年，"密人降於周師，遂遷於程。王錫命西伯，得專征伐"。其中言及"密人降於周師"，說的是文王伐密須之事。關於文王此次伐密之舉，《詩·大雅》適有述及：

"密人不恭，敢距大邦，侵阮徂共。王赫斯怒，爰整其旅，以按徂旅，以篤

於周祜，以對於天下。"⁽⁴⁾

對於文王征伐密須之舉，拙作《論周文王的立國思想與西周禮樂制度——兼論文王與儒家文化的淵源》對此問題，曾有相關之論析。內中云：

"至文王後期，所謂'應天順人'，積極作好伐紂的準備，擬訂并實施了鞏固西北、向東擴展并最後滅商而代之的戰略計劃。周之西爲密須，北爲犬戎，爲周之後方。周欲東擴，須先安定西北，因此文王在軍事上先討伐在今甘肅靈台西南的密須，因爲其時密須在周之西部邊境興風作浪，"侵阮徂共"，即侵略周之友邦阮國之共地（在今陝甘邊界地區），威脅周西部地區的安全，於是文王毅然出兵討伐密須。……伐密確保周西境之安寧，使周無後顧之憂。周原卜辭'今秋王西克往密'⁽⁵⁾正是文王伐密須的明證。"⁽⁶⁾

據上引周原卜辭"今秋王西克往密"，可知文王伐密之年已然稱王。而文王伐密之年，亦是其遷程之年，《竹書紀年》證此事發生在帝辛三十三年（亦即西伯昌在位之四十三年）。所以，此年應爲文王稱王之年，亦即歷史上所稱的"文王受命元年"。這與周人自己的說法，亦相吻合。彼等認爲文王受命之後，翌歲（即帝辛三十四年）乃有起兵滅崇及建都於酆京之舉。《詩·大雅》云：

"文王受命，有此武功。既伐於崇，作邑於酆。"⁽⁷⁾

有關文王伐崇之年，據《竹書紀年》記載，時在帝辛三十四年。該書云："（帝辛）三十四年，周師取耆及邘。遂伐崇，崇人降。"而建都於酆京之事，亦應在是年，因爲翌年（帝辛三十五年）文王始能"自程遷於酆"。⁽⁸⁾故筆者認爲，文王受命及正式稱王之年，應在帝辛三十三年（即文王在位四十三年）。此年在歷史上乃稱爲"文王受命元年"。按照《竹書紀年》所載，帝辛"四十年（即文王在位五十年）春三月西伯薨"。以其於帝辛三十三年受命之年起，至四十年春去世止，前後實算恰好爲七年，此與《尚書大傳》所載"文王受命，七年而崩"，在其受命年數上，可謂完全吻合。

有關文王受命有天下之事，其實在姬周家族的史詩中早有流傳；而且文王的母親太任還因爲生了這個貴有天命的兒子，而在家族的史詩中成爲偉大的母親。此事《詩·大雅·大明》曾經述及，云：

"摯仲氏任，自彼殷商，來嫁於周，曰嬪於京。乃及王季，維德之行。大任有身，生此文王。"

而《詩·大雅·大明》的另一首詩，就直接述及文王自小已有天命集於身之佳兆，且其行爲舉止已大有帝王之風範。詩云：

"天監在下，有命旣集，文王初載。天作之合，在洽之陽，在渭之涘。文王嘉止，大邦有子。"

對於姬周家族的上述史詩中早就流傳天將降大命於文王的問題，筆者曾有相關的論述。内中云：

"文王自小必有王者之儀軌風範，是爲'嘉止'；周室對其充滿希望，此謂'大邦有子'。《史記·周本紀》述季歷'生昌，有聖瑞。古公曰："我世必有興者，其在昌乎！"'可見太王已寄厚望於文王。因此《詩·大雅·大明》繞會歡呼：'有命自天，命此文王！'周文王必能取殷紂而代之，這是周人的共識。"[9]

筆者認爲，歷史上還有兩件大事與文王"有命自天"極有關係：一是由於太王（即古公）認定孫子姬昌必定會成爲姬周家族中龍興之人，此事遂導致長子、次子讓位南奔，使三子季歷能成爲繼承人，以便其子姬昌繼位興起。此事《史記·周本紀》有載，云：

"古公有長子曰太伯，次曰虞仲。太姜生少子季歷，季歷娶太任，皆賢婦人，生昌，有聖瑞。古公曰：'我世當有興者，其在昌乎？'長子太伯、虞仲知古公欲立季歷以傳昌，乃二人亡如荆蠻，文身斷髪，以讓季歷。"

二是因爲文王有承天命坐天下之傳聞，故崇侯虎譖之於紂王，導致文王於帝辛二十三年被囚於羑里。[10] 這説明紂王對文王要與他爭天下之事不僅存有戒心，而且對他實行六年的拘囚，以打擊潛在的"革命者"。

所以，文王之有"天命"，並準備進行"周革殷命"的大業，可説是自太王起整個姬周家族集體的意志和殷切的期望。自帝辛二十九年紂王釋文王之囚，經過多年的積極準備，文王制定了安定西北、東進伐紂的計劃。至帝辛三十三年，文王開始稱王，並起兵討伐密須，以綏靖西境。周原卜辭"今秋王西克往密"既證此次西克密須之擧，而此一甲骨資料"王"字的出現，可謂又是文王於"帝辛三十三年"這一年稱王的鐵證。繼之於帝辛三十四年，文王實施東進策略，"周師取耆及邘。遂伐崇，崇人降"[11]。這些軍事行動顯示文王大力擴張版圖，與商紂王朝進行軍事鬥爭。因爲崇侯虎是紂王的親信，文王滅崇之擧，其鋒鏑所指正是紂王，顯示要以武裝奪取政權的形式革去其"天命"並取而代之，從而實現"周革殷命"的最終目標，這亦是中國歷史上所謂"湯武革命"之本義。另一方面，至帝辛三十六年，諸侯赴酆京朝賀周文王，而文王亦以王禮饗諸侯。此舉使彼時的政治形勢爲之大變。這是文王爲了配合軍事上大規模的東進策略，遂於政治上采取於各國諸侯面前公開正式稱王的重大舉措，從而在制度上達到與紂王分庭抗禮的目的。從此之後，姬周政權與商紂王朝開始進入公開及全面對抗的歷史階段。

二、論文王稱王的相關禮制

文王既稱王，那麼在禮制儀軌上便必須有王制的相應體現。有關這方面的文獻記載，《逸周書·酆保解》適好記述文王稱王之後，諸侯赴酆京朝賀之事，其中便涉及其王制及相關的禮儀制度。內中云：

"維二十三祀庚子朝，九州之侯咸格於周。王在酆，昧爽，立於少庭。王告周公旦曰：'嗚呼！諸侯咸格來慶，辛苦役商。吾何保守？何用行？'"

首先，筆者認爲上述"二十三祀"的紀年是否正確的問題，需要略作考證，因爲顯然與歷史事實略有出入。根據《竹書紀年》的記載，文王自程邑遷酆，時在帝辛三十五年。故《酆保解》所説的"九州之侯咸格於周"，其時"王在酆"。可見諸侯朝周王之事，於時間上應在帝辛三十五年之後。有關諸侯朝周慶賀的時間問題，《竹書紀年》適有相關之記述，云：

"三十六年春正月，諸侯朝於周。"

因此，《逸周書·酆保解》之"二十三祀"在紀年上顯然有可議之處，後世不少注家已注意到這一問題。參照《竹書紀年》的相關記載，筆者認爲，諸侯赴酆京朝賀周文王之事，應在帝辛三十六年（即文王在位四十六祀），始合乎邏輯和史實。至於《逸周書》與《竹書紀年》在此事的紀年上雖略有差異，但所記之事則大同，就是皆言諸侯赴周朝賀的事。尤其在稱謂上，《逸周書·大匡解》先書"周王宅程三年"，而後《酆保解》再書"王在酆""王告周公旦"等，而周公旦亦直稱其父文王爲"王"，顯示文王確在彼時稱王的歷史事實。

那麼，諸侯赴酆京朝賀周王，姬周政權究竟要如何以禮相待呢？——這正是《逸周書·酆保解》中文王咨詢周公旦的問題。即是説，文王既然稱王，那麼在禮制上便是王制，周公究竟要如何建議文王在禮制儀軌上作出相應的應對呢？有關此一重要之問題，拙撰《"禮"與禮治思想及其歷史演進》一文曾有較爲深入之研究，內中云：

"文王在生時，對周公旦也極爲看重和信任。如在《逸周書·酆保解》中，就記載其時文王滅亡商朝之附庸崇國之後，諸侯來酆京慶賀，并與文王共商伐紂之策。而茲事體大，文王急就此事徵詢周公旦的應對策略。內中説：'王告周公旦曰："嗚呼！諸侯咸格來慶，辛苦役商。吾何保守？何用行？"旦拜手稽首曰："商爲無道，弃德刑範，欺侮群臣，辛苦百姓，忍辱諸侯。莫大之，網福其亡，亡人惟庸。王其祀德純禮，明允無二；卑位柔色金聲以令之。"王乃命三公九卿，及百姓之人曰："恭敬齋潔，咸格而祀於上帝。"商饋始於王。因饗諸侯，重禮庶吏。出送於郊，樹昏於崇。'

"上述這一段記載非同小可，涉及文王稱王的問題，可説是殷周史上的一件大事。文王本來爲西伯，與紂王是君臣關係。但紂王荒淫無道，人心喪盡，天下皆曰'可伐'。周公乃勸文王趁諸侯背弃暴紂，咸來酆京慶賀之機，果斷正式公開稱王。他給文王兩項建議：第一，'祀德純禮，明允無二'。甚麽意思呢？就是要文王以天子祭天之禮，來確立稱王的禮制，這就是'祀德純禮'。既然稱王，就是天子，所以就要自稱'予一人'，這就是'明允無二'。第二，接待來酆京慶賀的諸侯，在策略上要'卑位柔色金聲以令之'。那就是要文王對諸侯必須以謙卑的態度加以禮待，即'卑位'；而所謂'柔色'，就是要以和顔悦色的態度加以懷柔；至於'金聲'，就是要以鐘鼓齊鳴的王家禮樂，對諸侯表示隆重的歡迎。後來孔子認爲以'金聲'迎賓，是顯示主人對賓客的隆情厚意，説'入門而金作，示情也'。(12) 所以，周公要文王以這些方法對諸侯懷柔之、號令之，以冀將來時機成熟時，可以團結一切力量，討伐紂王。

"結果，文王聽從周公旦的建議，决心在酆京稱王，同時作出下列舉措：首先，任命'三公九卿'的職官制度，以符合王制；繼而率領百官舉行祭天大典，即'祀於上帝'，此乃天子之禮；接着以饗禮燕諸侯，這亦是王禮；最後出送諸侯於郊，此即'郊禮'，這亦是王制。總之，文王所做的一切，皆如周公旦的獻策'祀德純禮，明允無二；卑位柔色金聲以令之'，使西伯的稱王既完全符合禮制，又能懷柔諸侯以號令天下，爲姬周日後之伐紂并取其政權而代之，做了前期充分的準備工作。尤其在文王稱王時，對西岐的姬周政權相應的制度建設作出了巨大的貢獻。"(13)

以上乃筆者據傳世的文獻典籍結合周原出土的甲骨資料，論證文王於帝辛三十三年（即文王在位四十三年）已經稱王，至三十六年諸侯赴酆京向文王朝賀時，姬周政權在禮制儀軌上亦充分體現了王制的制度，使文王的稱王從尊號到禮制方面都具備了實質的内容，而且在王制上不斷得到充實和完善。有關這些方面的問題，《竹書紀年》有進一步之記載：

"（帝辛）三十七年，周作辟雍。"

文王於是年作辟雍，遂使姬周在教育制度上達到王制的規模，因爲只有天子的太學始可稱爲"辟雍"。《禮記·王制》云：

"天子命之教，然後爲學。小學在公宮南之左，大學在郊。天子曰辟雍，諸侯曰頖宫。"

就這樣，爲了配合文王在政治上稱王，姬周政權在禮治制度上進行全面相應的改革。首先以祭天之禮來肯定文王稱王的合法性，因爲按禮制的規定，唯天子始可以祭天；[14] 在對內方面，以"三公九卿"的職官制度，使整個政府機構符合王制的規模；在對外方面，則以"饗禮"和"郊禮"等天子之禮接待朝周之諸侯，公開宣示文王稱王的事實。在人文方面，蓋華夏族歷來重視教育，殷商時期已設置太學，河南安陽小屯南地出土的甲骨文已有"大學"（太學）一詞。而周人重教育，所以文王稱王之後，很快就建立太學，稱"辟雍"。《三輔黄圖》記載："文王辟雍在長安西北四十里。"可爲佐證。文王之所以"作辟雍"，就是要在教育體制上達到王制的規模，以準備將來取殷紂而代之。

最後，根據《今本竹書紀年》的記載，至帝辛四十年（文王在位五十年）姬周政權在王制上仍然有進一步的舉措。內中云：

"（帝辛）四十年，周作靈臺。"

有關文王作靈臺之事，《詩·大雅·靈臺》亦有記載："經始靈臺，經之營之。"鄭玄箋注云："天子有靈臺者，所以觀祲象察氣之妖祥也。"[15] 説明在天文學的範疇，文王作靈臺亦在於體現王制，這符合文王稱王的禮治制度。

如上所述，文王稱王的問題，既有傳世的紙上文獻如《逸周書》及《今本竹書紀年》等典籍的相關記載，又有周原的甲骨卜辭"今秋王西克往密"的出土文物作爲有力之印證，幾可成爲定論。近年清華簡《保訓》的出現，則更進一步證明有關文王稱王的記載。自2009年4月13日李學勤先生發表《周文王遺言》一文於《光明日報》之後，引起學術界的熱烈討論。及後李先生又發表《清華簡〈保訓〉釋讀補正》於《中國史研究》上，其釋文云：

"惟王五十年,不豫。王念日之多歷,恐墜寶訓。戊子,自濱水,己丑,昧(爽)……(王)若曰:'發,朕疾壹甚,恐不汝及訓。'"[16]

上述《保訓》簡文中,多處稱文王爲"王",進一步證明周文王於晚年確有稱王之舉,這更成爲毋庸置疑的歷史事實。

另外,按照《今本竹書紀年》的記載:"(帝辛)四十年春三月,西伯昌薨。"參之清華簡《保訓》篇中"惟王五十年,不豫",説明在歷史紀年上,"帝辛四十年"即等同於"文王在位之五十年"。此與《尚書·顧命》"文王受命惟中身,厥享國五十年"亦完全相合。

然而,從歷史的既成事實及清華簡《保訓》所載周文王遺言中,可以看出文王對自己不能完成"周革殷命"的大業,顯然深感失望,所以只能期盼兒子姬發繼志伐紂,實現姬周家族"膺受大命"的雄圖。從清華簡《保訓》周文王對太子發的諄諄訓示中,可見其寄望之殷。其中一句"不及爾身受大命",[17]則顯示文王臨終前對自己不能親眼看到"周革殷命"的成功,表示深深的遺憾。

所以,筆者認爲,正因爲文王在生時來不及進行全面伐紂之舉,未能革去殷紂之"天命",故其稱王,只能是西岐地區性的"王"。蓋其時"周革殷命"尚未成功,文王未能取代紂王而成爲天下共主,因此還不是真正"王天下"的天子,故在禮制上,嚴格地説,他還不能自稱"予一人"。[18]

有關此一問題,筆者專門考索了先秦典籍及相關的出土甲骨、金文資料,直至目前爲止,還真的没發現周文王有自稱"予一人"的記載。這説明傳世的先秦文獻典籍和出土的甲金資料二重證據,皆證明周文王未自稱過"予一人",在禮制上仍然謹守分際。

唯一稍有涉及者,則是遲至漢代且爭論甚多的《大戴禮記》,其中有一篇《文王官人》説,文王曾道及"一人"之事,內中云:"王親命七屬之人曰:'於乎!慎維深,內觀民務,本慎在人,女平心去私,慎用六證,論辨九用,以交一人,予亦不私。'"盧注云:"一人,文王自謂也。"[19]

然而,《大戴禮記》一書既爲後出,《文王官人》則屬於漢人筆記,而北周學者盧辯在《注》中説文王曾自稱"一人",亦不準確。且此事傳世的先秦文獻《尚書》《逸周書》皆不録,而甲骨、金文亦未載。根據胡厚宣先生對甲骨資料的考證:"在殷代的甲骨卜辭中,早期稱最高統治者爲'一人'。"[20]由此可知,稱天子爲"一人"者,乃始於殷代之早期;且其時"一人"的稱謂,顯然是"第三人稱"而非"自稱"。所以,《大戴禮記》之《文王官人》中盧辯之注文"一人,文王自謂也"明顯屬於錯誤。筆者認爲,文王在其晚年稱王之後,臣屬或一些諸侯有可能稱其爲"一人",這是他們寄望於文王取紂王而代之,有表示擁戴之意。

但必須指出，其時伐紂之役尚未開始，文王實際上未曾"君天下"。因此，他雖然在西岐稱王，不過只是在西北一隅與在中原坐天下的紂王分廷抗禮而已。文王既有自知之明，又恪守自商代以來行之有年之禮制，因此，徵之文獻典籍和出土甲骨、金文資料，文王在生時確實未自稱過"予一人"。

三、殷周禮制中唯天子始可自稱"予一人"

有關殷周時期天子在禮制上如何自稱的問題，在《禮記・玉藻篇》中，恰好有十分明確的記載。內中云：

"凡自稱，天子曰'予一人'。"

又《禮記・曲禮下》亦涉及類似的制度問題，云：

"君天下，曰'天子'；朝諸侯，分職授政任功，曰'予一人'。"

筆者考索先秦相關文獻典籍關於天子自稱制度的記載，認爲《禮記・玉藻》及《曲禮》所載確有根據。尤其對何謂"天子"的問題，《玉藻》指出只有"君天下"者，才可稱爲"天子"，始可自稱"予一人"。

筆者認爲，"予一人"這一天子自稱之所以重要，因其含有"天無二日，土無二王"的禮制意義，後世的皇帝自稱"寡人"，正是由此而來的。因此，殷周之際，只有天下共主可自稱"予一人"，地區性的王不可以，攝政更不可以。

所以，周文王雖然稱王，但只是爲了與暴虐無道的紂王分庭抗禮，其時"周革殷命"尚未成功，那時在禮制上能自稱"予一人"的，還是紂王一人。文王因爲尚未"君天下"，不是天下共主，只是局限在西部的地區之王，因此就不能自稱"予一人"。有關這一點，筆者在前文已略有述及。

其實，只有天子可以自稱"予一人"或"余一人"乃至"我一人"這一歷史事實，除傳世的文獻典籍記載外，出土的甲骨、金文資料也有許多相關的記載。

著名甲骨學專家胡厚宣先生昔歲在其大作中述及："由甲骨、金文和一些典籍看來，商、周兩代的最高統治者，除了稱王、稱帝、稱天子之外，還有另外一種稱號，叫'一人''予一人'或'余一人'。"[21]

胡先生在所著《殷商史》之《殷王稱號》中，特闢《甲金典籍稱余一人》一節，從甲骨、金文到傳世文獻，網羅甚富，進一步加強這方面的論述。內中列出殷代武丁之前已有甲骨卜辭稱天子爲"一人"的例證。而徵引武丁時期稱天子爲"一人"的甲骨卜辭，竟逾二十例之多。但武丁之後則涉及天子的自稱問題，胡先生指出：

> "到祖庚、祖甲時卜辭，則稱余一人。……甲骨卜辭至武乙、文丁時，字體遒勁筆挺，文字寫法和所卜事類每與武丁時期相同。論者或以爲有復古的情況。所以這時最高統治者同武丁時一樣，仍舊稱一人。……帝乙、帝辛（按：即紂王受）時卜辭，最高統治者依然繼續祖庚、祖甲時的稱號，叫余一人。……在甲骨卜辭之中，最高統治者稱一人或余一人的例子，自早期武丁以前至帝乙、帝辛時，除廩辛、康丁時以外，各期都有，可以說是相當普遍。"(22)

胡厚宣先生的論述和所引相關甲骨卜辭的例證內容都十分豐富。但必須指出，從胡先生所引各個時期的甲骨卜辭看來，似乎有規律可尋。

不過，筆者讀武丁及武乙、文丁各個時期的卜辭，發覺大多非王之親卜，而是由巫或臣工代卜，故稱商王爲"一人"，是第三人稱；但發現祖庚、祖甲及帝乙、帝辛各個時期之卜辭，却幾乎無一例外地出自王之親卜。因在這些相關的卜辭中，常有"王卜"或"王曰"等字樣，故上述諸王於卜辭中皆自稱"余一人"，則是自稱。因此，殷代甲骨卜辭中之"一人"與"余一人"，此中有明顯的分野，是不能等同的。

胡厚宣先生就曾於文中指出："在殷代的甲骨卜辭中，早期稱最高統治者爲'一人'。"在這裏，他顯然認爲對天子稱"一人"是第三人稱。但後來在論述時，胡先生就沒有將"一人"與"余一人"二者作嚴格的區別。如前述所引其大作所言："商、周兩代的最高統治者，除了稱王、稱帝、稱天子之外，還有另外一種稱號，叫'一人''余一人'或'予一人'。"就幾乎將彼等一概而論。

後來胡先生又說："在甲骨卜辭之中，最高統治者稱一人或余一人的例子，……可以說是相當普遍。"(23)

雖然，"一人"與"余一人"都與最高統治者的稱謂有關，但彼此之間却有"第三人稱"與"自稱"之別。而胡厚宣先生竟將二者等同而相提並論，如此便造成混淆，使人誤以"一人"亦是天子之自稱，而這一看法顯然是錯誤的。

例如胡先生在其大作《殷周史》中說："古文《尚書・太甲》說：'一人冗良，萬邦以貞。'孔安國《傳》：'一人，天子。'這是太甲稱一人的例子。"

但問題在於，"一人冗良，萬邦以貞"之句，乃出自伊尹對太甲之誥言，所以是"他稱"而非自稱。故胡先生說"這是太甲稱一人的例子"就不準確。而應說：這是太甲被稱爲"一人"的例子。如此始不舛錯。

筆者之所以考及於此，乃鑒於此一問題牽涉殷周禮制中天子自稱的制度，而《禮記・玉藻》及《曲禮》講殷周以來之禮制，就專門記述天子自稱的問題。而在禮制上，"自稱"與"他稱"顯然有所不同，故有釐清之必要。

至於殷周時期天子自稱的問題，其中第一人稱的寫法有"予""余""我"之別。筆者從出土甲骨、金文和傳世文獻的記載研究所得，認爲頗有規律可尋：大凡甲骨資料天子自稱多寫爲"余一人"；傳世的紙上文獻如《尚書》《逸周書》則大多爲"予一人"，少數爲"我一人"；而西周金文中天子的自稱則"余一人"與"我一人"互見。如所周知，"余""予""我"三字，其義相同。

至於傳世文獻中記載天子自稱"予一人"，直至目前爲止，其年代尚較甲骨爲早。以先秦典籍而言，中國史書上出現"予一人"之記載，乃自《尚書·商書》之《湯誓》始；而歷史上帝王自稱"予一人"者，正是取夏桀而代之的成湯，亦即商朝的開國之王。自此之後，商王乃自稱"予一人"。

而武王繼承文王遺志，舉兵伐紂，"周革殷命"成功，成爲天下之共主。於是實行"周承商制"的王朝制度。而在王制上，自武王克殷後及周公稱王時，兩人皆自稱"予一人"。及後成、康乃至兩周之世，周王亦都自稱"予一人"。

爲澄清事實，筆者特將商周王朝的相關史料，錄之於後：

《尚書·商書·湯誓》云：

> 王曰："格爾衆庶，悉聽朕言。非臺小子，敢行稱亂。有夏多罪，天命殛之。……爾尚輔予一人，致天之罰。"

另《尚書·商書·湯誥》則有數處涉及成湯自稱"予一人"，分別爲：

> （1）"王歸自克夏，至於亳，誕告萬方。王曰：'嗟，爾萬方有衆，明聽予一人誥。惟皇上帝，降衷於下民，若有恒性，克綏厥猷惟後。'"
> （2）"上天孚佑下民，……俾予一人，輯寧爾邦家。"
> （3）"凡我造邦，……以承天休。……其爾萬方有罪，在予一人；予一人有罪，無以爾萬方。"

據上可知，商之開國王成湯自稱"予一人"者，《尚書·商書》有五例。

又據《尚書·商書·盤庚》記載，商朝遷殷之王盤庚有數處自稱"予一人"，茲分別錄如下：

《盤庚上》曰：

> （1）"非予自荒茲德，惟汝含德，不惕予一人，予若觀火。"
> （2）"予告汝於難，若射之有志。汝無侮老成人，無弱孤有幼，各長於厥居，勉出乃力，聽予一人之作猷。"

（3）"無有遠邇，用罪伐厥死，用德彰厥善。邦之臧，惟汝衆；邦之不臧，惟予一人，有佚罰。"

《盤庚中》曰：

（1）"汝不憂朕心之攸困，乃咸大不宣乃心，欽念以忱，動予一人。"
（2）"汝萬民，乃不生生，暨予一人猷同心。"

《盤庚下》曰：

"盤庚既遷，奠厥攸居，乃正厥位，綏爰有衆。曰：'無戲怠，懋建大命。今予其敷心腹腎腸，歷告爾百姓於朕志，罔罪爾衆，爾無共怒，協比讒言予一人。'"

據上可知，盤庚遷殷前後對民衆所言，其中自稱"予一人"者，凡六處。

至商末，紂王受作爲天下共主，所謂"有命在天"，按制當然應該自稱"予一人"。胡厚宣先生所著《殷商史》，就曾引殷代甲骨卜辭的資料，證明帝辛（即紂王受）在卜辭中自稱"余一人"。

只是到了武王伐紂，進行周革殷命的鬥争，所以武王便自稱"予一人"，而不稱紂王爲"一人"。他先稱紂王爲"商王受"，歷數其罪行，謂："今商王受，弗敬上天，降災下民，沈湎冒色，敢行暴虐。"及後更罵其爲"獨夫受"，表示要與他勢不兩立："獨夫受，洪惟作威，乃汝世仇。"[24]在這裏，武王不稱紂王"一人"而罵其"獨夫"。

蓋"一人"者，尊稱也；"獨夫"者，詈詞也。這正如在《逸周書·商誓解》中，武王向商民宣告："胥告商之百姓無罪，其維一夫！"顯然，這裏所言的"一夫"，就是"獨夫"，即指紂王也。由此看來，後世之痛罵無道暴君與獨裁者爲"獨夫民賊"者，其實是從武王開始的。

武王自稱"予一人"，載於《尚書·周書·泰誓》。内中云：

（1）"爾尚弼予一人，永清四海。"
（2）"百姓有過，在予一人。"
（3）"爾其孜孜，奉予一人，恭行天罰。"

可見，武王伐紂，周革殷命成功，改朝換代的結果，武王取紂王而代之，成爲天下的共主。這個時候，作爲新朝的天子，武王自稱"予一人"，就合乎禮制。而文王就不同,雖然稱王,但他在生時周革殷命尚未成功,紂王的政權存在一日,文王實際上就不是天下共主,因此他就不能自稱"予一人"。而稽之文獻典籍和出土甲、金資料,歷史事實證明,文王自始至終未自稱過"予一人"。可見殷周時期禮治制度之嚴,而文王自己就是恪守禮制的典範。

由此可知,殷紂滅亡,西周王朝建立,武王成爲天下共主,其自稱"予一人",說明在禮制上有關天子的自稱,是實行周承殷制的。

四、周公自稱"予一人"證其稱王的歷史事實

武王克殷之後,二年而崩(按:此處從傳世本《尚書·金縢》以實歲計之"二年說"。清華簡本《金縢》則以虛齡計,作"三年而崩"。兩說可以并存)。此時管叔等"三監"勾結紂子武庚陰謀發動武裝叛亂,周公遵循武王"我兄弟相後"之遺囑,爲維護新建立的姬周王朝於不墜,乃毅然即位稱周王。因此,他不是攝政,不做假王,而是真正踐天子之位,以號令天下東征平叛。有關這一點,戰國時的荀子看得最清楚,所論最爲切當。其云:

"武王崩,成王幼,周公屏成王而及武王以屬天下,惡天下之倍周也。履天子之籍,聽天下之斷,偃然如固有之,而天下不稱貪焉;殺管叔,虛殷國,而天下不稱戾焉;兼制天下,立七十一國,姬姓獨居五十三人,而天下不稱偏焉。教誨開導成王,使諭於道,而能掩迹於文、武。……天子也者,不可以少當也,不可以假攝爲也。"[25]

荀子說周公"及武王以屬天下"。筆者認爲,這個"及"字可圈可點,其所含之意義,就是殷周之際傳位法上"兄終弟及"的"及"。

因爲有此一禮制法統上的根據,所以《逸周書·皇門》周公對群臣宣布"朕維其及";同樣,在《尚書·康誥》中,周公對康叔說"我惟有及",都表示他是依據"兄終弟及"的禮制繼位的。

荀子生於戰國,作爲一代大儒,其所親閱之文獻典籍必較漢後之人爲多,故其所論必有根據。

荀子確認周公在武王崩後,乃踐阼稱王,非爲攝政,而是真天子。因爲"天子也者,不可以少當也,不可以假攝爲也"。筆者深以荀子之言爲是。

如果要驗證荀子說周公爲"天子"之言是否屬實,則按照禮制,周公就要像殷周歷代的天子一樣,包括像他的二兄武王一樣,自稱"予一人"。那麼,先秦的文獻典籍及出土資料是否有周公自稱"予一人"的記載呢?答案是:有。

兹將傳世文獻《尚書》《逸周書》及出土戰國楚簡清華簡中有關周公自稱"予一人"的記載羅列如下：

（1）《尚書·金縢》云：

"（周）公曰：'體，王其罔害。予小子新命於三王，惟永終是圖；兹攸俟，能念"予一人"。'"

（2）傳世《逸周書·皇門》云：

"維正月庚午，周公格左閎門會群臣，曰：'……嗚呼，敬哉！監於兹，朕維其及。朕蓋臣，夫明爾德，以助予一人憂。'"

有關周公正月庚午於皇門誥群臣之事，傳世《竹書紀年》適有記載，云："丁酉春正月……庚午，周公誥諸侯於皇門。"可作佐證。

（3）清華簡《皇門》篇云：

周公曰："朕蓋臣，夫明爾德，以助余一人憂。"

從上可知，傳世本《皇門》與清華簡《皇門》互證，俱證明周公於正月庚午於皇門對群臣自稱"予一人"，二者於時間、地點、人物及稱謂上，幾乎完全相同，這是周公稱王踐天子位做真天子的鐵證。

除了上述三項史料明白無誤地載明周公本人自稱"予一人"外，其實，筆者認爲傳世文獻如《尚書》中的許多篇什，裏面許多具體的内容，表明其中所言之"王若曰"或"王曰"及自稱"予一人"者，實際上就是稱王後的周公。即是説，周公既自稱"予一人"，那麼便顯示他已然稱王，是"君天下"之天子。故周公的王者身分及相關史事在《尚書》中亦有所反映，是理所當然的事。拙作《再論周公稱王》曾對此一問題作過相關的論述。[26] 内中引證《尚書》中的許多篇什，認爲有關各篇中自稱"予一人"者，大部分應是周公本人。其中包括：

（1）《尚書·微子之命》云：

"王若曰：'猷，殷王元子，……欽哉，往敷乃訓，慎乃服命，率由典常，以藩王室，……永綏厥位，毗予一人，世世享德，萬邦作式。'"

《尚書·微子之命》一文的主旨，實際上就是周公東征誅殺叛亂的紂子武庚之後，封紂王之庶子微子啓國於宋的册命之書。司馬遷在《史記·周本紀》中對周公所作的誥書、册命和相關篇什有具體的記述，云：

"初，管、蔡畔周，周公討之，三年而畢定。故初作《大誥》，次作《微子之命》，次《歸禾》，次《嘉禾》，次《康誥》《酒誥》《梓材》，其事在周公之篇。"[27]

據此，可知《微子之命》的作者是周公，封微子啓國於宋的册命，當然亦是周公。而册命中周公自稱"予一人"，足以證明他是"君天下"的周天子。所以，册書中的"王若曰"，此"王"實際上就是周公。

（2）《尚書·康誥》云：

"王若曰：'孟侯，朕其弟，小子封。惟乃丕顯考文王，克明德慎罰。……汝亦罔不克敬典，乃由裕民，惟文王之敬忌。乃裕民曰，我惟有及，則予一人以懌。'"

如前所述，司馬遷論證《康誥》乃出自周公親自對康叔的誥命，所謂"其事在周公之篇"即指此而言。

筆者考索上引內容，認爲"王"稱康叔爲"小子封，朕其弟"，而與康叔同稱父親文王爲"顯考"者，此人必爲周公無疑。於此亦證明司馬遷指出《康誥》爲周公所作的論斷，是完全正確的。

而周公於《尚書·康誥》文中自稱"予一人"，若非真天子則不能如此自稱。因此筆者認爲文中"王若曰"之"王"指周公，是毋庸置疑的事實。

而《康誥》周公所言"我惟有及，則予一人以懌"之句，與《逸周書·皇門》中周公誥諸臣說："朕維其及，朕藎臣，夫明爾德以助予一人憂。"——在主旨上是基本一致的。其中尤爲重要者，兩處皆有一"及"字。在殷周之際，"及"字往往代表王位繼承法上的"兄終弟及"。

故周公在《尚書·康誥》和《逸周書·皇門》中分別說"我惟有及"和"朕維其及"，都表明他是根據武王的遺囑以"兄終弟及"之禮制踐阼稱王的。因在《逸周書·度邑》中，武王重病時曾囑咐周公"乃今我兄弟相後"，就表示將傳位於周公。

蓋在禮制上，王崩，史官可言其傳位法爲"兄終弟及"；王若在生，擬傳位於弟，則曰"我兄弟相後"。故周公及武王而繼位爲王，有禮制和法統的根據。

而筆者發現，在上述兩處"及"字之後，周公都同樣自稱"予一人"，説明其時他確爲天下共主，是真正"君天下"的天子。

筆者認爲，倘若當時姬誦已即位爲王，那麼按照禮制，自稱"予一人"者，應該爲成王而非周公。即使周公爲攝政，在禮法上亦不能自稱"予一人"，否則便變成"天有二日、土有二王"，完全與禮法不合。

因此，周公之自稱"予一人"，足以證明姬誦其時尚未即位，當時天下唯有一王，就是周公。

而周公一日未致政，姬誦便一日爲世子。因此，毫無疑問，《康誥》中的"王"是周公而不可能是其他人。

另一方面，在稱謂的問題上，《康誥》中"王"稱康叔姬封爲"朕其弟，小子封"。而文中亦多告誡教訓之辭，顯然爲周公教誨弟封之語。設若有人硬說《康誥》中的"王"爲成王，那麼成王怎能稱其叔父姬封爲"朕其弟，小子封"呢？這既不合邏輯，亦不符史實，是絕不可能的。這進一步證明了《康誥》中之"王"就是周公，是毋庸置疑的歷史事實。

而與《尚書・康誥》中所述東征之後，作爲王的周公封康叔侯於衛的史事相對應的，是出土的西周初年青銅禮器《沬司徒簋》中的銘文，内中云：

"王來伐商邑，誕命康侯啚（鄙）於衛。"

所以，上述傳世文獻與出土文獻互證，可謂若合符節。這是周公稱王"二重證據法"的又一鐵證。

有關封康叔侯於衛國的時間，據《尚書大傳》説，周公"四年建侯衛"。所以，康叔在歷史上，便成了第一任的衛侯。

（3）《尚書・酒誥》云：

"王曰：'封，予不惟若兹多誥。……有斯明享，乃不用我教辭，惟我一人弗恤弗蠲，乃事時同於殺。'"

按：《酒誥》中"王"對康叔姬封之"教辭"，顯然是周公對弟封之訓誨。彼等既爲君臣，亦爲兄弟，其語氣與《康誥》同。故此"王"爲周公，自稱"我一人"者亦同樣爲周公，其理由已見前述。

（4）《尚書・多士》云：

"王曰：'猷，告爾多士，予惟時其遷居西爾，非我一人奉德不康寧，時惟天命。……予一人惟聽用德，肆予敢求爾於天邑商，予惟率肆矜爾。非予罪，時惟天命。'王曰：'多士，昔朕來自奄，予大降爾四國民命，我乃明致天罰。'"

從上述可知,《尚書·多士》中的"王",指的就是周公。筆者之所以敢於如此斷定,是因爲文中"王"述及"昔朕來自奄,予大降爾四國民命,我乃明致天罰"。這與《尚書大傳》所言周公東征"三年踐奄"的史事完全相合。而姬誦其時實爲幼兒,尚爲世子,"踐奄"之事與其完全無涉。故文中自言"昔朕來自奄"的"王"乃周公,毋庸置疑。

其時克殷之後,面對"三監"勾結紂子武庚起兵叛亂,周公乃稱王東征平叛,誅管叔及武庚,踐奄等商附庸之國。至此,周公遂爲真正"君天下"之天子。因此,面對商之多士,周公兩次自稱"予一人",以君臨天下之概,訓誡及警告商之餘孽,其地位無可取代。

(5)《尚書·蔡仲之命》云:

"王若曰:'小子胡,惟爾率德改行,克慎厥猷,肆予命爾侯於東土,往即乃封,敬哉。爾尚蓋前人之愆,惟忠惟孝,爾乃邁迹自身,……無若爾考之違王命。皇天無親,惟德是輔。民心無常,爲惠之懷。……率自中,無作聰明亂舊章。詳乃視聽,罔以側言改厥度,則予一人汝嘉。'"

蔡仲爲蔡叔度之子、周公之侄,名胡。而蔡叔因參與"三監"勾結武庚的武裝叛亂,被流放而死。胡乃改其父行,率從良德,周公乃舉其爲魯卿士。

東征勝利後,周公建東都於洛邑,作爲取代殷紂政權的象徵,同時在中土駐軍,以鎮懾殘存的殷遺餘孽。除册封微子啓國於宋以守湯祀外,又將大部分河南地册封親屬子弟,其中以故殷地封弟康叔,以建侯衛;侄胡則被封於蔡,《蔡仲之命》中稱其爲"小子胡"者,正是周公本人。

而《蔡仲之命》的內容,就是周公對蔡仲本人訓誡之辭。其中警告他不要像其父一樣"違王命",不要自作聰明亂改規章制度。如果能做到這樣,周公表示自己作爲天子,就會予以嘉許。此即"則予一人汝嘉"。所以,這是周公自稱"予一人"的又一例證。而周公在册封微子啓的《微子之命》中,周公亦自稱"予一人",已如前述。

胡厚宣先生在其大作中早就指出周公曾多次自稱"予一人",云:

"古文《尚書·微子之命》說:'毗予一人。'《尚書·酒誥》說:'則予一人以懌。'又《多士》說:'予一人惟聽用德。'《逸周書·皇門》說:'朕蓋臣夫明爾德,以助予一人憂。'這是周公攝政時稱予一人的例子。"[28]

胡先生在同文中又例舉云:

"《尚書·酒誥》說:'惟我一人弗恤。'又《多士》說:'非我一人奉德不康寧。'

這是周公攝政時稱我一人的例子。"

但是，從上文可知，胡厚宣先生引述《尚書》或《逸周書》的例子，無論周公自稱"予一人"或"我一人"，胡先生都認爲皆爲周公"攝政時"的自稱，這是筆者完全不能苟同的。

從本文引證的紙上文獻與地下出土的甲骨、金文資料，説明商、周之世，自商王成湯以降，只有真正"君天下"的天子才能自稱"予一人"。

正如前引《禮記·玉藻》中所言："凡自稱，天子曰'予一人'。"孔穎達《疏》曰："天子與臣下言及遣擯者，接諸侯，皆稱予一人，言我於天下之内但只是一人而已。"

而筆者認爲，天子自稱"予一人"，顯然有睥睨天下、唯我獨尊之概，其含有"天無二日，土無二王"之意，是不言而喻的。後世帝王之自稱"寡人"，其實都是從"予一人"衍生出來的。因此，除其本人外，殷周之王必定不允許有第二人自稱"予一人"，這正如後世帝王不准别人稱"寡人"一樣。

而"攝政"之義，通常指即位之帝王因年幼不能執行政務，則舉其族系最近、聲望最著之人爲攝政。故言某人"攝政"，則必有一真王在。因此，"攝政"非王，在殷周之際，固不能自稱"予一人"，正如在後世不能自稱"寡人"一樣，此乃禮制所規定，是絶對不能僭越的。

周公追隨其父文王多年，及後又協助武王克殷和立國，因此對禮治及禮制觀念深有心得，這可從《逸周書》之《酆保》《大開武》《大聚》諸篇得到證明。他後來之所以制禮作樂并遵循自己所定下來的制度，説明周公歷來就是一位熟悉禮制并尊重禮制的人。他既多次自稱"予一人"，就證明他絶不是"攝政"，而是真天子，是"君天下"之真王。

如前所述，周公之前，商的開國王成湯及遷殷的商王盤庚均自稱"予一人"；而周的開國王姬發也自稱"予一人"，説明在天子的自稱方面，是周承商制的。周公及武王而踐阼稱王，也繼承此一禮制，自稱"予一人"。而在他之後，自成王起，歷代周王亦都自稱"予一人"（或"余一人"及"我一人"）。如：

在《尚書·君陳》中，成王自稱"予一人"。

在《尚書·康王之誥》《尚書·畢命》中，康王先後自稱"予一人"。而康王時器《大盂鼎》，也印證康王自稱"予一人"。

在《尚書·冏命》及《吕刑》中，穆王自稱"予一人"。

而在出土的西周青銅禮《毛公鼎》銘文中，也印證宣王自稱"予一人"。

由紙上文獻結合出土資料二重證據可知，"予一人"是帝王所獨具的自稱，非真王則不能僭稱，此乃商周以來禮制所規定，是無可辯駁的確證，是不能變更的鐵律。

所以，胡厚宣先生説周公自稱"予一人"是在其"攝政時"，顯然於禮不合。蓋攝政者在禮制法統上没有權利自稱"予一人"，正如後世的攝政者不能自稱"寡人"一樣，這是自商、周以來古代禮制的鐵律，是有史可考的。胡先生在甲骨學上貢獻很大，唯未諳於禮學，因此未能從禮治制度上考出西周立國之初周公稱王的歷史事實，這是頗爲可惜的。

而戰國時期的荀子由於是一位儒家禮學大師，其著作中有《禮論》專篇，[29]因此對禮之起源包括三代以來之禮制深有研究。正因爲荀子認爲周公之稱王符合禮制，所以他才確切無誤地斷言周公是真天子，説：

"天子也者，不可以少當也，不可以假攝爲也。能則天下歸之，不能則天下去之。是以周公屏成王而及武王以屬天下，惡天下之離周也。"[30]

所以，荀子斷然否定周公爲"攝政"，而肯定周公是"及武王以屬天下"的真天子。此一論斷確具真知灼見，有其歷史事實及禮制上的理據。

毋庸諱言，歷史上有關周公是否稱王的問題，自古至今，已爭論了不知多少年。之所以如此，這是因爲大部分人已不熟悉殷周禮制，而又受到宋後所謂"君臣大義"觀念的影響，本身對此問題也没有深入的研究，因此往往沿襲舊説，而否認周公稱王的事實，這顯然是因爲不懂禮學的緣故。

筆者認爲，有關周公稱王的問題，歸根到底要從禮制上加以解決，也只有根據禮制才能得到徹底的解決。

根據考證所得，天子自稱"予一人"，乃殷周時代禮制的鐵律。而考諸傳世文獻《尚書·周書》《逸周書》等典籍，乃至近年出土問世的清華簡戰國楚簡《金縢》《皇門》各篇，以紙上文獻與出土文獻二重證據，證明周公確曾多次自稱"予一人"。因此，按照殷周禮制，周公稱王已是不争的歷史事實。

五、周公生前稱王與身後享有"天子禮樂"符合殷周禮制

所以，根據殷周禮制，周公是繼武王之後，西周第二位自稱"予一人"的周王，是真正君天下的天子。他在位七年，其中至少做了兩件只有天子才能做的大事。

其一，是頒布《大誥》，這實際上是周公發布對紂子武庚和三監在中土叛亂的征伐令。

其二，如《禮記·明堂位》所載：

"武王崩，成王幼弱，周公踐天子之位以治天下。六年朝諸侯於明堂，制禮作樂，頒度量，而天下大服。"

在《論語》中，孔子不只一次説他很崇拜周公。作爲史學和禮學大師，他在《論語·季氏》中説：

"天下有道，則禮樂、征伐自天子出。"

而周公頒布征伐令，制禮作樂，正是孔子認爲是天下有道之時，這是很能説明問題的。

毫無疑問，在禮制上，周公自稱"予一人"，又頒布《大誥》征伐令，及後制禮作樂，所以，他確實是繼武王之後西周第二位君天下的天子。

在此，筆者想探討一下周原一號窖藏所出甲骨刻文"詔祭成湯"的相關問題。

過去，有的學者認爲"詔祭成湯"的，可能是周文王。比如常金倉在《從周公攝政的爭論説到歷史考證》一文中，就曾經這樣説過。

但筆者認爲，文王雖曾在西岐稱王，然而只是與當時尚爲天子的紂王分廷抗禮而已，因爲他還不是真正君天下之王。按照禮制，他没有資格追封或祭祀先聖王，而文獻典籍也没有這方面的記載。

至於清華簡《保訓》中，只是述及文王在遺囑中，交代姬發要仿效商祖微至成湯（唐）重視中土而"祗受大命"的先例。簡文中只是説："微志弗忘，傳貽子孫，至於成唐（湯），祗備不懈，用受大命。"内中并没有任何關於文王"詔祭成湯"的史事。

周武王便不同，他在克商滅紂、周革殷命成功之後，便成爲君天下的天子。按照禮制，他有資格封贈先聖王的後人。《史記·周本紀》載：

"武王追思先聖王，乃襃封神農之後於焦，黃帝之後於祝，帝堯之後於薊，帝舜之後於陳，大禹之後於杞。"

另《逸周書·克殷》説：

"立王子武庚，命管叔相。"

但必須指出，歷史上同樣也没有任何關於武王"詔祭成湯"的相關記載。

根據筆者的研究，周原所出的"詔祭成湯"甲骨，與周公的關係最爲密切。

如前所述，周公爲平武庚與管、蔡之亂，乃踐阼稱王，自稱"予一人"，東征平叛，不僅挽救了姬周王朝，而且極大地擴展了王朝的版圖，功同再造。期間周公營洛邑，封康叔於衛。另外，周公"乃命微子開代殷後，奉其先祀，作《微子之命》以申之,國於宋"⁽³¹⁾。

紂王庶兄微子啓國於宋,乃周公所封;而《微子之命》的命書乃周公所作,這是司馬遷在《史記》中一再肯定的。這些事除上述《宋微子世家》述及外,筆者要再次引用《周本紀》的記載。內云:

"初,管、蔡畔周,周公討之,三年而畢定。故初作《大誥》,次作《微子之命》,次《歸禾》,次《嘉禾》,次《康誥》《酒誥》《梓材》,其事在周公之篇。"

而周公在所作《微子之命》中,就大贊商祖成湯,説:

"嗚呼,乃祖成湯,克齊聖廣淵,皇天眷佑,誕受厥命,撫民以寬,除其邪虐,功加於時,德垂後裔。爾惟踐修厥猷,舊有令聞,恪慎克孝,肅恭神人,予嘉乃德。……欽哉,往敷乃訓,慎乃服命,率由典常,以藩王室,弘乃烈祖,律乃有民,永垂厥位,毗予一人。世世享德,萬邦作式,俾我有周無斁。"

在命書中,周公贊揚微子的先祖成湯"功加於時,德垂後裔";要微子就國後,"恪慎克孝,肅恭神人,予嘉乃德"。——他訓示微子必須對先祖成湯像神一樣肅恭敬拜,他本人也會褒揚成湯之德。而在命書中,周公自稱"予一人"。

筆者認爲,作爲天子,周公在頒賜微子啓赴宋就國的命書之後,又"詔祭成湯",如此既合禮制,又合情理。因此,筆者認爲,周原出土的"詔祭成湯"甲骨,乃周公在稱王期間所頒制。

周公七年致政成王,《尚書·立政》講的就是這件事。其時他與成王的關係,是"今王"與"後王"的關係。這一點,《立政》篇可爲證。內云:

"周公若曰:'拜手稽首,告嗣天子王矣。……嗚呼,孺子王矣,繼自今,我其立政、立事、准人、牧夫。……繼自今,後王立政,其惟克用常人。'"

周公這段話説得非常清楚,其中所説的"繼自今",其實就是表示你姬誦是繼自我今王的。所以,我所用的人,你作爲後王上台執政,仍要用這些人。

及後,周公雖然退居臣位,但是,正因爲周公生前曾經稱王的事實,既薨,成王乃"葬周公於畢,從文王,以明予小子不敢臣周公也"⁽³²⁾。

畢原是周之王陵所在地。據《括地志》所載,文王、武王和周公的墓都葬在畢原上,這説明周公的葬禮,在禮制上是王制。

而周公的廟制也是王制。李衡眉先生在其所著《論昭穆制度》中云:

>"周人的廟有多種名稱。可以稱'宗'。《說文》:'宗,尊,祖廟也。'《沈子簋》載:'乍於編周公宗。'周公宗即周公廟。"[33]

雖然其他學者對沈子簋的銘文有多種不同的釋讀,但筆者同意李衡眉先生的上述解詁,因至少有《說文》作依據。

沈子簋是西周初期禮器,據載出土於洛陽。證明周公薨後,洛邑成周建有周公廟,因周公東征之後營建洛邑,與成周關係最爲密切。故西周初年洛邑即建有周公廟,而并非遲至隋唐之際才始建。

李衡眉先生說"周人的廟有多種名稱",是正確的。除"宗"指"廟"之外,"宮"也指"廟"。因此,周初重器令彝銘文中有"周公宮"的記載,指的同樣是周公廟。而令彝銘文中的"周公宮",應在周原的宗周之地。直至西周末年,犬戎陷鎬京,幽王被殺於驪山之下。平王携大批禮器東遷於洛邑王域,令彝一器後世在洛陽一帶出土,正是出於上述的原因。

有關周公稱王的事,大量傳世文獻記載有他在禮制上作爲天子自稱"予一人"的歷史事實,又有近年問世的出土戰國楚簡《皇門》《金縢》諸篇中周公自稱"予一人"印證。另外,《尚書·康誥》中所述東征之後,周公既以天子的身分自稱"予一人",又以天子的身分封康叔侯於衛,此事又有出土西周初年青銅器《沫司徒簋》的銘文爲證,內中云:

>"王來伐商邑,誕令康侯啚(鄙)於衛。"

因此,上述傳世文獻與出土文獻"二重證據法"互證,周公稱王已是不爭的事實。

周公薨後,周原岐山於西周初年建有周公廟。近年對岐山周公廟遺址進行考古發掘,可惜該遺址早被盜掘,文物損失嚴重,雖有幾片有關周公的甲骨,但內容與周公稱王的史事無關。不過,周公稱王的史事,業經上述"二重證據法"互證,已得到充分的證明,其實已無須更多的例證了。

另據《公羊傳》引《春秋經·文公十三年》中之"大室屋壞",而云:"……周公稱太廟。"按禮制,只有天子祖廟始可稱"太廟"。這也證明周公廟的廟制是王制,與其葬禮是王禮相一致。魯的周公廟舊址尚存,在今山東曲阜魯城之中。相關的考古報告指出:

>"在魯城的大城圈的中部略偏東北的周公廟高地,發現了一處建築群址。"[34]

因此，筆者認爲周公薨後，周原宗周、洛邑成周和山東曲阜魯城三處地方，都建有周公廟，皆享有天子禮樂。這在中國歷史上，是絶無僅有的。

《禮記·祭統》云：

"昔者周公旦有勳勞於天下，周公既没，成王、康王追念周公之所以勳勞者，而欲尊魯，故賜之以重祭，外祭則郊、社是也，内祭則大嘗禘是也。夫大嘗禘，升歌《清廟》，下而管《象》，朱干玉戚以舞《大武》，八佾以舞《大夏》，此天子之樂也。"

郊禮、社祭及大嘗禘禮，皆爲天子之禮；而《清廟》乃至《大夏》，則爲天子之樂。因此，筆者認爲，西周成、康兩王之所以尊周公身後享有天子禮樂，就是承認在武王崩後，周公爲平三監勾結武庚叛周，挽救姬周王朝的危亡，乃踐阼稱王，敉定叛亂，再造王朝的歷史事實。周公在位七年，期間多次自稱"予一人"，頒征伐令，制禮作樂，在禮制上完全是真天子，因此身後在葬禮、廟制上才享有天子禮樂。

衆所周知，封建時代禮制森嚴，在過去任何朝代，"天子禮樂"是不會因某人"有勳勞於天下"而隨便給予的。因此，周公身後之所以享有天子禮樂，是因爲在禮制上，他生前確曾踐阼稱王的歷史事實。

2017 年 6 月 27 日定稿

[注]

（1）據《逸周書·大匡》。
（2）（8）（10）（11）《竹書紀年》，台灣中華書局據抱經堂本校刊，1966 年版。
（3）黄懷信等撰、李學勤審定《逸周書彙校集注》，上海古籍出版社，1995 年。
（4）《詩·大雅·皇矣》。
（5）《西周甲骨探論》289 頁 221 片，引自晁福林《夏商西周的社會變遷》，北京師範大學出版社，1996 年。
（6）（9）郭偉川《論周文王的立國思想與西周禮樂制度——兼論文王與儒家文化的淵源》，載郭偉川著《兩周史論》，北京圖書館出版社，2006 年。
（7）《詩·大雅·文王有聲》。
（12）《禮記·仲尼燕居》。
（13）郭偉川《"禮"與禮治思想及其歷史演進》，載《禮樂中國——首屆禮學國際學術研討會論文集》，北京清華大學中國禮學研究中心集刊，上海書店出版社，2013年。

（14）《禮記·王制》。

（15）見《詩·大雅·靈臺》。

（16）（17）李學勤《清華簡〈保訓〉釋讀補正》，載《中國史研究》2009年第3期。

（18）《禮記·玉藻》。

（19）王聘珍撰《大戴禮記解詁》，中華書局，1992年。

（20）（21）（22）（23）（28）胡厚宣、胡振宇《殷商史》，上海人民出版社，2003年。

（24）《尚書·周書·泰誓》。

（25）（30）《荀子·儒效》。

（26）郭偉川《再論周公稱王》，載郭偉川著《兩周史論》，北京圖書館出版社，2006年。

（27）《史記·周本紀》。

（29）《荀子·禮論》。

（31）《史記·宋微子世家》。

（32）《史記·魯周公世家》。

（33）李衡眉《論昭穆制度》，台灣文津出版社，1992年。

（34）引自丘菊賢、楊東晨《中華都城要覽》，河南大學出版社，1989年。

周公從代王到稱王與禮制的關係

——論清華簡《金縢》與《皇門》的主旨

在清華簡中，頗有篇章可與傳世經籍《尚書》及《逸周書》的相關篇什相對讀，其中如《金縢》與《皇門》即是。就文章而言，此兩篇之清華簡本與傳世文本雖在某些字句上稍有差異，但簡本與傳世本在主要內容上所表達的主旨却都基本相同。而此兩篇的主要人物都是周公，所涉及的史事有極爲密切的内在聯繫。

尤其結合《金縢》與《皇門》的相關歷史背景，我認爲從中可以窺見周公在武王病亡前後，面臨"三監"勾結紂子武庚行將於中原發動叛亂，新成立的西周王朝處於危急存亡的情況下，爲了挽狂瀾於既倒，乃策劃在武王神志不清、病情危篤處於彌留之際，設壇墠以祭告先王，祈請以身代武王之事，力求在符合禮制的情況下，取得代王的合法性。我認爲這就是清華簡本《金縢》的主旨所在。故清華大學出土文獻研究與保護中心將其命名爲《武王有疾周公所自以代王之志（金縢）》，顯然在於突出簡本的這一重點，有其道理。

另一方面，揆之傳世本《尚書·金縢》篇中，同樣亦有"啓金縢之書，乃得周公自以爲功，代武王之説"的記載，故其要旨實際上與清華簡《金縢》并無二致。

然而，我認爲《金縢》中"代王"之舉，只是爲周公進一步正式稱王作鋪墊，因爲周公只有稱王，才能號召臣民東征平亂，挽救危局，并繼續大規模拓展版圖，以重建姬周王國。誠如《荀子·儒效》篇所言："天子也者，不可以少當也，不可以假攝爲也。能則天下歸之，不能則天下去之。是以周公屏成王而及武王以屬天下，惡天下之離周也。"説明周公确曾稱王東征的歷史事實。

因此，從清華簡《金縢》中記載周公的"代王"，到《皇門》篇中周公進一步自稱"予一人"，顯示其至此已正式稱王，這是禮制所規定的。説明這兩篇文獻所述，确實反映周初之際十分豐富的歷史内涵。而傳世本《尚書·金縢》與《逸周書·皇門》

在上述主旨方面,大體與清華簡本相同,而且有更明確、更詳細的敘述。有關這些方面,下文將分章論述之。

一、清華簡本與傳世文本《金縢》内容比較及主旨解讀

自古至今,學人對《尚書·金縢》爭論甚多。如徐中舒先生就曾懷疑其可靠性,説:

"有人根據《尚書·金縢》篇,論證《豳風》中《鴟鴞》就是反映周公的事。但《金縢》的内容是神話傳説,這更是不可靠的。"[1]

但我認爲,《尚書·金縢》末段雖有部分神話色彩,但整篇立意所在,却有其歷史依據。尤其清華簡《金縢》篇的出現,其内容大致與傳世本同。這就更不能簡單武斷地以"神話傳説"視之,而對《金縢》的史料價值予以否定。

原來,傳世本及清華簡本《金縢》篇末一段,説成王某年間,眼看豐歲在望,但秋收的時候,却忽然巨風驟起,令禾偃木拔。於是成王君臣大恐,以爲此乃天所警示,遂啓金縢、覽册書而得以明瞭周公當年爲救姬周社稷而代王的一片苦心。成王乃悔悟而自責己之無知,認爲此乃"皇天動威,以彰公德"(按:傳世文本《金縢》則言"天動威以彰周公之德",意同)。於是出郊以天子之禮以迎周公。而天感其有悔悟之心,乃"反風,禾斯起,……歲大有年,秋則大穫"。

所以,我認爲《金縢》這個帶有神話色彩的結尾,其唯一的目的,是批判成王對周公的誤解和輕慢,以肯定該文前部分所述周公在武王病危時,面對内憂外患,乃設壇立册祝禱於先王,決心以身代王挽救姬周王朝危局。

及後的歷史事實是,周公爲敉平三監勾結紂子武庚在中土的叛亂,乃毅然踐阼稱王,以三年的時間,取得東征平叛的勝利,大拓版圖,再造姬周王朝。及後封康叔以侯衛,營洛邑作東都;繼之制禮作樂,天下大定,乃致政成王,退居臣位。顯然,在周公薨後,成王以臣禮待周公,這才引起天怒動威,大風挾以雷電,使禾偃樹拔,成王君臣大恐,於是啓金縢而知周公代王、稱王以拯救并再造王朝之事,於是幡然醒悟,乃以郊禮祭周公。此乃《金縢》的主旨所在。

郊禮者,天子之禮也。我認爲周公之葬於畢原乃王禮,因爲文王、武王皆葬於畢。而魯稱周公廟爲"太廟",也爲王制,因爲唯天子祖廟始可稱"太廟"。所以,我認爲在成王啓金縢之後以郊禮祭周公,魯享有天子禮樂自此始。

那麽,《金縢》篇中有關周公"代王"之事,究竟是如何記述的?該篇的傳世本與清華簡本在主要内容上雖大體相同,但究竟又有哪些重要差異呢?——兹根據個人研究所得,考述如下:

其一，傳世本《尚書·金縢》開首云："既克商二年，王有疾，弗豫。"但清華簡本《金縢》則言武王"弗豫"在"克殷三年"。另傳世本《金縢》說"周公居東二年"，而清華簡本則說"周公宅東三年"。凡此種種，拙作《武王崩年考》已有詳細考析，文載於《光明日報》國學版上，[2]讀者可參閱之。

其二，周公之設壇墠，置璧秉珪，由史官書册，由祝通靈，在周初之際，這應該是一種向姬周先公先王在天之靈禱告的最莊嚴的宗教儀式，而且爲當時之人所共信。設壇者，由於近天而便於先王在天之靈的明鑒。璧與珪則是通靈之寶玉。而"祝"則爲人間通神之靈媒，周公身代武王之事，由祝宣之於口，以直達太王、王季、文王之天聽。而周公其時立下之言，則由史官書册，表示有憑有據，以昭大信；而周公之所以將册書藏於金縢之匱者，意在存後世而明心迹也。

但是，必須指出，有關這一部分的記述，傳世本《金縢》與清華簡本在内容的記述上却出現明顯的不同，尤其在一些重要的問題上，兩者之間，確實存在着較爲明顯的差別。比如傳世本《金縢》云：

"（周）公乃自以爲功，爲三壇，同墠。爲壇於南方北面，周公立焉，植璧秉珪，乃告太王、王季、文王。史乃册祝，曰：'惟爾元孫某，遘厲虐疾。若爾三王，是有丕子之責於天，以旦代某之身。予仁若考能，多才多藝，能事鬼神；乃元孫，不若旦多才多藝，不能事鬼神。乃命於帝庭，敷佑四方。用能定爾子孫於下地，四方之民，罔不祗畏。嗚呼，無墜天之降寶命，我先王亦永有依歸。今我即命於元龜。爾之許我，我其以璧與珪，歸俟爾命；爾不我許，我乃屏璧與珪。'乃卜三龜，一習吉。啓籥見書，乃并是吉。公曰：'體，王其罔害！予小子新命於三王，惟永終是圖，兹攸俟，能念予一人。'公歸，乃納册於金縢之匱中，王翼日乃瘳。"

在上述傳世本《尚書·金縢》篇中，可以看出，周公以身代王之事，是通過設三壇墠、植璧秉珪以告太王、王季、文王"三王"，并卜三龜"乃并是吉"來完成這一程序的。我認爲周公之所以要設"三壇"、卜"三龜"，是與稟告太王、王季、文王"三王"相配置的，這符合殷周之際的傳統禮法制度。蓋太王爲西岐姬周政權的開基祖，王季則繼承并壯大了這一政權，文王則於晚年稱王并準備伐紂，實爲西周王朝的奠基者。

而三王"賓於天"之後，在其子孫後代和周人的眼中，他們都有着等同於"天帝"的權威，後嗣子孫若欲"代王"或者"稱王"，只有得到他們的"批准"，在統緒的繼承上才具有合法性。而"批准"的手續則是通過龜卜，這正是殷周之際的時代特色。按照上述記載，周公代王之事是通過登三壇向三王作"三卜"見吉始獲准的。所以，我認爲傳世本《尚書·金縢》記述周公"代王"之事，符合當時的傳統禮法。

特別要指出的是，在傳世本《金縢》的上述記載中，有一段話非常重要，即："予小子新命於三王，惟永終是圖，兹攸俟，能念予一人。"——我認爲這就非僅爲"代王"那樣簡單，而是顯示周公業已獲得三王的"新命"，正式繼位爲王。蓋所謂"新命"者，新得之天命也。這符合上古"得天命者得天下"的傳統觀念。正因爲周公在傳統禮法上，完成了從"代王"到"稱王"的儀禮程序，所以，最後在禮制上，他才有資格自稱"予一人"。我認爲這是周公稱王最重要的證據。

《禮記·玉藻》云："凡自稱，天子曰'予一人'。"又《禮記·曲禮下》亦説："君天下，曰'天子'；朝諸侯，分職授政任功，曰'予一人'。"

根據殷周禮制，只有君天下的天子，才得以自稱"予一人"。比如商王成湯和周武王克商之後，都是這樣自稱的。有關這一點，《尚書·商書·湯誓》以及《尚書·周書·泰誓》皆有明載，足以爲證。

有關這一問題，胡厚宣先生在所著《殷商史》一書中也有論述[3]，而拙作《再論周公稱王》對此也有詳細的考證[4]，讀者可參閱之。

而清華簡本《金縢》在周公"代王"一事的相關記載則明顯較爲簡略，内云：

"周公乃爲三壇同墠，爲一壇於南方，周公立焉，秉璧植珪。史乃册祝告先王曰：'爾元孫發也，遘害虐疾，爾毋乃有備子之責在上。惟爾元孫發也，不若旦也，是佞若巧能，多才多藝，能事鬼神。命於帝庭，溥有四方，以定爾子孫於下地。爾之許我，我則晉璧與珪。爾不我許，我乃以璧與珪歸。'周公乃納其所爲功，自以代王之説，於金縢之匱，乃命執事人曰：'勿敢言。'"

就上述清華簡本《金縢》中有關周公"代王"的記載，若與傳世本《金縢》的相關記述相比較，事雖大同，但在具體叙述上，則不僅有異，而且大爲簡略。所謂"同"者，是兩者皆記述周公"爲三壇同墠"。但不同之處，在於傳世本叙述周公設三壇同墠，是與祭告太王、王季、文王"三王"相配置的，而簡本則只簡稱爲"先王"，弃太王、王季、文王"三王"而不書。這種書法，顯然不合周初體例。

試看《詩經·周頌》中對"三王"之歌頌不遺餘力，足見傳世本《尚書·金縢》之篇，應與《詩經·周頌》成於同一時代。而簡本經清華大學出土文獻研究及保護中心考定爲戰國中晚期楚簡，我認爲這一點很重要，亦很能説明問題。因爲至戰國中晚期，周王室已名存實亡，楚國對其久已藐視；且楚非姬姓，與太王、王季、文王之作爲姬周先祖毫無關係，故楚國史官在整理謄寫《金縢》時，對"三王"略而不載，只以"先王"表之，可以理解。

另一方面，傳世本《尚書·金縢》中，周公"代王"最重要的程序是"三卜"。因爲在該篇中，三壇、三王及三卜是事件的整體，不可分割；尤其"三卜"更是周公之"代王"能否成立的關鍵所在，這是由殷周之際傳統的禮法制度所決定的。

然而簡本《金縢》竟無一字述及"卜"事，對周公自稱"予一人"之事亦加以省略，這究竟是什麽原因呢？

我認爲這與簡本《金縢》乃戰國中晚期的楚簡有極大的關係。因爲其時弱小國家已次第被滅亡，七國大戰，諸侯迷信戰爭暴力手段，儒家禮義仁德的説教早已被抛諸腦後，人們亦不再相信《易經》之卦卜能決定國家的命運。有關這一問題，拙作《從〈孟子〉〈荀子〉論戰國時期之"六經"》曾經論及，内云：

"筆者於研究《孟子》的過程中，發現孟子以其學説鼓動於侯國國君和士大夫之間，其引用最多者，皆爲'六經'之屬。但遍閱其著作，獨缺《易經》而已。爲何如此呢？春秋時，《左傳》對《詩》《書》《禮》《樂》《易》《春秋》六經皆概引無遺。而"六經"經孔子整理後，已成儒門寶典。應該説，孟子是甚得孔學真傳的人，他基本上亦是一位儒學大師，觀其於《孟子》中，對《詩》《書》《禮》《樂》《春秋》滾瓜爛熟，在君王之間引經據典，出神入化，但爲何獨不言《易經》呢？——筆者認爲，這應該與戰國中後期諸侯互相攻殺兼并的凶險局勢有關。因爲國家的強弱存亡，與該國的政治、經濟、軍事的實力息息相關，許多侯國因弱小而亡國的無情事實，説明求天問卜已不能挽救國家的衰亡；相反，因爲龜卜的某些暗示而令侯國國君安於現狀不強兵秣馬而導致亡國。所以，至孟子所處的戰國中後期，可以説，大部分侯國國君基本上已不相信自己及國家的命運繫於卜辭之中。"[5]

而比孟子稍後的另一儒學大師荀子，亦同樣不言《易》。其於《荀子·儒效》篇中，暢談《詩》《書》《禮》《樂》《春秋》五經，而獨不言《易經》，其原因顯然與《孟子》如出一轍。這説明時至戰國中晚期，不信《易》卜能決定個人或國家的命運，已成爲此一時代之共識。而且無論南北諸侯國，無不受到這一社會思潮的影響。

我認爲戰國時人的這一思想轉變是其來有自的。蓋春秋中後期，孔子已有"敬鬼神而遠之"[6]的説法，顯示其對天意鬼神的態度，在形式上是"敬之"，在本質上却是"遠之"，實際上即不太信其有。反映古人在經過長期的社會實踐之後，從西周到東周社會，人們對天意、鬼神之説，逐漸趨於現實的看法。

所以，我認爲成於戰國中晚期的清華簡本《金縢》，其楚國的整理者正是由於受到戰國中晚期這一時代思潮的影響，已完全不信《易》卜，所以在謄寫時，遂删去傳世本《尚書·金縢》篇中有關周公代王乃通過龜卜之事，以致簡本《金縢》篇中無一言與"卜"字相涉；簡本亦删去周公通過龜卜而獲三王"新命"自稱"予一人"之事，而直書"周公乃納其所爲功，自以代王之説，於金縢之匱"。這樣的删簡，雖然直述事件的本質，體現了戰國中晚期的時代特色，但另一方面，毋庸諱言，這樣做當然就削弱了原著《尚書·金縢》中所體現的姬周家族尊重太王、王季、文王"三王"的傳統，亦抹煞殷周之際重視"天命"和龜卜的社會現實。我認爲這就是簡本《金縢》與傳世本《尚書·金縢》在叙述周公代王一事上的主要差别所在。

至於當年周公之所以要大費周章，設三壇以告三王，以三卜定"代王"之事，我認爲顯然有非常豐富的歷史内涵，有新建立的姬周王朝所面臨的極爲嚴峻的内部和外部的重要原因。

就内部原因而言，其時武王已病入膏肓，藥石無靈，實際上已處於彌留的狀態。設壇祈天之舉，實際上乃盡人事而聽天命。至於設壇之後，傳世本《尚書·金縢》說"王翼日乃瘳"。我認爲在醫學上，這只是一種臨死前回光返照的現象。所以該文緊接着即書"武王既喪"，說明設壇後不久武王即病亡。

而外部的原因，則是由於管叔等"三監"勾結紂子武庚的殷遺勢力，在中土起兵叛亂所造成的極爲危急的政治局勢，乃逼使周公不得不借此設壇之舉，取得代王的合法地位，非如此則不能舉全國之力，迅速起兵東征平叛。爲什麼這樣說呢？

我認爲，這是因爲管叔早就不服武王的管治而"自作殷之監"[7]，在武王崩後又製造流言中傷周公，且在中土聯合蔡叔、霍叔，以"三監"之力量，勾結紂子武庚的殷遺勢力，形成與西土鎬京的姬周中央政權分庭抗禮的局面。證之在《尚書·君奭》中，周公述及往事，指出此乃"殷之監喪大否"，可見"殷之監"實即指管叔，而"喪大否"則指彼等叛周作亂之事。因此，在這種情況下，新建立的姬周王朝馬上有被顛覆的可能。

形勢之發展如此嚴峻，於是周公乃毅然設壇禱告，借助向三王宣誓的儀式以及龜卜的結果，來達到代王并進而正式稱王的目的，以便舉全國之力加以征討，來挽救姬周王朝的危局。而在傳世本《尚書·金縢》中，周公因得三王之"新命"而得以自稱"予一人"。

所以，我認爲周公是正式稱王而非攝政。因爲據《禮記·玉藻》諸篇所述，按照禮制的規定，唯天子（即王）始得自稱爲"予一人"，而攝政是不能自稱"予一人"的。因爲既言"攝政"，必有一真王在。若攝政自稱"予一人"，就成爲"天有二日"，根本不合於禮，是絕不可能的。所以，周公自稱"予一人"，此乃其稱王的鐵證。這亦正是筆者多年來考證周公不是攝政、而是稱王的主要原因。

但是，必須指出，清華簡《金縢》與傳世本《尚書·金縢》中一個最重要的異處，就是簡本恰恰沒有"予小子新命於三王，惟永終是圖，兹攸俟，能念予一人"這幾句，而於該處代之以"周公乃納其所爲功，自以代王之說，於金縢之匱"等字樣，而此幾句同見於簡本《金縢》末段："以啓金縢之匱，王得周公所自以爲功，以代武王之說。"——爲什麼會出現這樣的情形呢？

顯然，這種意思相同的兩句話前後重復的現象，在傳世的《尚書》其他篇什中是極少見的。尤其簡本《金縢》的抄錄者還在第14簡簡背畫龍點睛地寫上"周武王有疾，周公所自以代王之志"的字樣，顯示戰國中晚期楚國史官在整理謄寫《金縢》時，既根據傳世《尚書·金縢》抄本，又參以楚國的觀點和時代的特色，我認爲這就是簡本與傳世本《金縢》出現大同小異的原因所在。

另一方面，周公之所以要通過設壇祈天的隆重儀式，來獲得代王的身分，并進而稱王，我認爲是因爲管叔爲兄，周公乃弟，周公若非居王位，以姬周王朝的名義舉全國之力出兵征伐，那麼與管叔彼此之間，便是兄弟之爭、諸侯之爭，新成立的姬周王朝將陷於內戰而土崩瓦解。所以，周公非稱王則不足以平亂，亦不可能制止分裂而統一全國。

而周公之繼位，一是有武王病篤時"我兄弟相後"的囑咐[8]，這符合殷周之際"兄終弟及"的傳位制度。二是與傳世本《尚書·金縢》記述周公在武王彌留之際設壇祈天，取得代王的地位；再以龜卜求得太王、王季、文王在天之靈的"新命"并自稱"予一人"，從而得以正式稱王的事，是完全一致的。雖然，簡本《金縢》刪掉周公自稱"予一人"，但必須指出，在清華簡《皇門》中，卻記載周公自稱"予一人"，這是很能說明問題的。

二、清華簡《皇門》與傳世本《逸周書·皇門》主旨考析

我認爲《金縢》與《皇門》在敘述周公史事上有緊密相連的內在聯繫，尤其在周公從代王到正式稱王東征平亂一事上。

雖然，按照上文的分析，在傳世本《尚書·金縢》中，周公設三壇祭告三王，再通過三卜，獲得三王"新命"而得以自稱"予一人"，完成了從代王到稱王的宗禮儀軌。但是，這一過程除"納冊於金縢之匱"外，只有周公與"祝"知道。所以，我認爲此時周公稱王之事，尚未公開。

如前所述，周公之所以如此苦心經營，乃爲形勢所逼，因爲管、蔡、霍"三監"勾結紂子武庚在中原發動叛亂，新成立的姬周王朝被顛覆的危險已逼在眉睫。在這種情況下，周公只有正式公開稱王，使新成立的姬周王朝不致群龍無首，才能團結內外，而得以舉全國之力以東征平叛，始能挽狂瀾於既倒。

而無論清華簡本《金縢》或傳世本《逸周書·皇門》之中，都記載周公於正月庚午日，格於閎（庫）門，宣示群臣，公開自稱"予一人"。這正是我認爲《皇門》之篇乃爲周公稱王的政治公告的原因所在。

至於清華簡《皇門》與傳世本《逸周書·皇門》的內容，我認爲在一些文字的演繹上雖略有不同，但在主旨上却是基本一致的——那就是周公正式稱王而自稱"予

一人"。

其中在記述周公發表這一稱王平亂政治公告的時間、地點上,幾乎完全一致。如在時間上,簡本是"惟正(月)庚午",傳世本亦爲"維正月庚午"。在地點上,簡本是"公格在庫門",傳世本則爲"周公格左閎門會群臣"。而無論"庫門"或"閎門",應都同屬於"皇門",這亦正是爲什麽無論簡本或傳世文本之所以將"皇門"作爲篇名的主要原因。

揆之出土於汲冢的戰國魏簡《竹書紀年》中的相關記載,亦證實此一歷史事件發生之時間、地點,可謂絲毫不爽。内中述及元年春正月庚午,"周公誥諸侯於皇門"⁽⁹⁾。

而三者互證,周公如《金縢》《逸周書·皇門》中所述,在取得代王的合法地位之後,緊接着周公格於皇門會見群臣,結合當時的政治形勢,説出一番意味深長的話,并痛斥"是人斯乃讒賊媚嫉,以不利於厥家國。……乃維有奉狂夫,是陽是繩,是以爲上。……媚夫先受殄罰,國亦不寧"。——我認爲"是人"指自作殷監的管叔,至於"狂夫""媚夫"則指紂子武庚。

管叔等"三監"勾結武庚在中原叛周作亂,造成"國亦不寧"的危險局面。在這種情況下,周公乃決然公開宣示:"監於兹,朕維其及。朕藎臣,夫明爾德,以助予一人憂。"

我認爲"朕維其及"的"及"字,應指殷商傳位制度"兄終弟及"的"及",亦即爲《荀子·儒效》篇中"是以周公屏成王而及武王以屬天下"之"及"。所以,我認爲這正是周公正式公開稱王的政治公告。及後其要群臣"以助予一人憂"。周公自稱"予一人",在禮制上,就是正式稱王的鐵證。

但是,必須指出,在武王崩後,周公按照"兄終弟及"的傳位制度繼而爲王,若依禮法而論,其中必然碰到一個重大的不能回避的問題,那就是:他上面還有一個兄長管叔。《史記·管蔡世家》云:

"武王同母兄弟十人。母曰太姒,文王正妃也。其長子曰伯邑考,次曰武王發,次曰管叔鮮,次曰周公旦,次曰蔡叔度,次曰曹叔振鐸,次曰成叔武,次曰霍叔處,次曰康叔封,次曰冉季載。冉季載最少。"

從上可知,十兄弟中,武王排行老二,管叔老三,周公老四。如果要按照禮制上"兄終弟及"的傳位制度,在一般正常的情況下,照理應先"及"老三管叔。但是,由於武王克殷之後,建立西周王朝,大封功臣謀士,其時管叔鮮已不服其管治,"自作殷之監"。⁽¹⁰⁾顯示姬周家族内部早已存在着權力鬥爭。而周公旦在克殷前後,對武王的翊輔扶持最力。《史記·魯周公世家》云:

"自文王在時，旦爲子孝，篤仁，异於群子。及武王即位，旦常輔翼武王，用事居多。"

而克殷後不久，武王病篤，其時新建立的姬周王朝面對內憂外患，且子誦年幼，管叔异心，因此他顯然選擇周公作爲接班人。在《逸周書·度邑》中，他執周公之手囑咐"乃今我兄弟相後"，希望其對姬周王業"敬守勿失"。[11]

所以，我認爲《度邑》是武王對周公的政治遺囑。因爲殷周之際，武王所言之"我兄弟相後"，實際上即爲傳位制度上"兄終弟及"的表達形式。說明在姬周王朝的接班問題上，武王的確選擇了周公。

但問題在於，武王克殷是打着文王的旗號，所用紀年仍然是文王受命之年，顯見其本身權威不足，而且與管叔早有矛盾。故其臨終的安排，管叔未必服從。因此，我認爲《金縢》中周公設三壇墠以祭告太王、王季、文王"三王"，並通過"三卜"取得代王的合法地位，目的正在於告訴管叔鮮，他的繼位接班是經過祖、父、兄"同意"的。因爲卜筮之事，當時是合法及有效的。

然而，作爲周公的兄長——控制中原富庶地區的"殷之監"，管叔鮮當時氣勢方盛，他不會同意亦絕不甘心這樣的安排，於是在蔡叔、霍叔的支持下，勾結紂子武庚的殷遺勢力，與西周中央王朝分庭抗禮，形成武裝奪取政權之勢。矛盾終於公開爆發。

在這種情況下，周公別無選擇，只有公開正式稱王，以冀舉全國之力東征平亂。但是，我認爲仍有一事是周公需要做的，那就是必須向諸侯群臣解釋一個關鍵的問題：武王崩後，既然采用"兄終弟及"的繼位制度，照理管叔大，周公小，但爲什麽繼位的是他周公旦，而不是其三兄管叔鮮呢？因此，他必須對這件事講清楚、說明白，否則難以服眾，且不利於團結諸侯臣民以集中全力東征平叛。

經過深入地反復研究，我認爲清華簡《皇門》的內容恰好涉及這一方面的問題。即是說，當年周公格皇門會群臣，在公開正式稱王的公告中，就從歷史和現實的角度，解釋了在繼位問題上,武王選擇他而不選擇管叔的主要原因。爲便於做進一步之解讀，茲根據清華簡《皇門》整理者釋讀文本，并根據我個人的理解，將全文分爲三段，移錄如下：

"惟正（月）庚午，公格在庫門。公若曰：'嗚呼！朕寡邑小邦，蔑有耆耇慮事屏朕位。肆朕冲人非敢不用明刑，惟莫開余嘉德之說。今我譬小於大。

"我聞昔在二有國之哲王，則不恐於恤，乃惟大門宗子邇臣，懋揚嘉德，迄有孚，以助厥辟，勤恤王邦王家。乃旁求選擇元武聖夫，羞於王所。自厘臣至於有分私子，苟克有諒，罔不懍達，獻言在王所。是人斯助王恭明祀、敷明刑。

王用有監，多憲於政，命用克和有成。王用能承天之魯命，百姓萬民，罔不擾比在王庭。先王用有勸，以賓佑於上。是人斯既助厥闢，勤勞王邦王家。先人神祇復式用休，俾服在厥家。王邦用寧，小民用格，能稼穡，咸祀天神，戎兵以能興，軍用多實。王用能奄有四鄰遠土，丕承子孫用蔑被先王之耿光。

"至於厥後嗣立王，乃弗肯用先王之明刑，乃維汲汲胥驅胥教於非彝。以家相厥室，弗恤王邦王家，維偷德用，以昏求於臣，弗畏不祥，不肯惠聽無罪之辭，乃惟不順是治。我王訪良言於是人，斯乃非休德以應，乃惟詐詬以答，俾王之無依無助。譬如戎夫，驕用從禽，其猶克有獲。是人斯乃讒賊媢嫉，以不利厥闢厥邦。譬如囿夫之有媢妻，曰余獨服在寢，以自露厥家。媢夫有邇無遠，乃弇蓋善夫，善夫莫達在王所。乃惟有奉俟（狂）夫，是陽是繩，是以爲上，是授司事師長。政用迷亂，獄用無成。小民用禱無用祀。天用弗保，媢夫先受殄罰，邦亦不寧。嗚呼！敬哉，監於茲（按：傳世本有'朕維其及'四字）。朕遺父兄衆朕蓋臣，夫明爾德，以助余一人憂。毋惟爾身之懔，皆恤爾邦，假余憲。既告汝元德之行，譬如主舟，輔余於險，懔余於濟。毋作祖考羞哉！"

細考上述清華簡本，除一些字句有出入之外，其主旨應與傳世《逸周書·皇門》文本相同。我認爲全文的主要內容，是記載周公會諸侯群臣於皇門，向他們講述爲什麼繼位的是他，而不是其兄長管叔。因爲在采用"兄終弟及"傳位制度的情況下，他必須解釋這種"以小代大"的理由，因爲這是事關禮制的重要問題，也關係到其繼位的合法性和正當性。

所以，我認爲全文的主旨，無論是講歷史或是現實的，涉及的基本都是王位繼承的問題。爲便於解讀，我分段略述其大意如下：

第一小段，周公說自己是"寡邑小邦"，蓋武王生前封其國於魯（按：周公本人未就封，留佐中央王朝，只派其兒子伯禽前往），是在山東新建之邦國，而他亦沒有老輩的協助（即"蔑有耆耇慮事屏朕位"）。表示他的繼位，并不是靠強大的勢力強搶的。但他願進一步解釋其在"兄終弟及"繼位問題上"譬小於大"的原因。

第二段，是講述姬周"二有國之哲王"選擇繼承人的問題。我認爲其中之所指，一爲文王，一即武王。蓋文王晚年已正式稱王，這是傳世文獻《逸周書》相關篇什及清華簡《保訓》所證實的。而武王繼位爲王，且克殷成功建立西周王朝，當然亦爲"哲王"。而在選擇接班人的原則上，文王是"遷同氏姓，位之宗子"。[12] 即不會像夏代之前禪讓給異姓，而要實行傳位予"宗子"即嫡長子的繼承制度。這正與《皇門》中所載"哲王"所推行的"乃惟大門宗子邇臣，懋揚嘉德"的政治主張基本相同。

所以，我認爲"二有國之哲王"其中之一的文王，是主張姬周王朝要實行"父死子繼"的宗子（按：即嫡長子）傳位制度的。但作爲另一"哲王"的武王，却於克殷二年後而崩。武王病篤時,因子誦年幼在襁褓中,而國家新立,正處於內憂外患的局面,因此他並沒有實行文王定下的傳嫡長子的制度,"乃旁求選擇元武聖夫,羞於王所"。因爲這樣做並不符合文王"傳子"的原則,所以是有愧於文王的,故言"羞於王所"。

至於周公所言武王生前選擇的接班人中,其中"王用有監",我認爲"監"指的正是"自作殷監"的管叔。

同樣的句子"王用能承天之魯命",表示另一人選則是封魯的周公,而且顯示武王最終決定將周公作爲承天命的王位繼承人,是爲"承天之魯命"。因爲武王認爲周公符合王位繼承人的標準,即:"是人斯既助厥闢,勤勞王邦王家。先人神祇復式用休,俾服在厥家。王邦用寧,小民用格,能稼穡,咸祀天神,戎兵以能興,軍用多實。王用能奄有四鄰遠土,丕承子孫用蔑被先王之耿光。"

武王上述對周公的評價非常重要。內中指出周公既爲克殷開國立下不世之功,忠勤於姬周家族,又能尊祖敬祀神祇,保護國泰民安,同時振興農業以富國強兵,不斷開拓版圖,使子孫後代能沾溉先王之耿光。

所以,我認爲第二段的內容大體是講述武王爲什麼選擇周公作爲王位繼承人的主要原因。

而第三段的大部分內容,我認爲主要是周公講述武王爲什麼不選擇管叔作爲接班人的客觀原因。如前所述,"王用有監",顯示武王亦曾考慮過管叔的繼位問題。然而管叔的所作所爲,顯然令武王感到失望,而且武王對他還作了嚴厲的批評。有關此點,《逸周書·大匡》篇有相關的記載。內云:

"惟十有三祀,王在管。管叔自作殷之監。……嗚呼!在昔文考戰戰,惟時祇祇汝其夙夜,濟濟無競,惟人惟允惟讓,不遠群正,不邇讒邪。汝不時行,汝害於士。士惟都人,孝悌子孫。"

陳逢衡《逸周書補注》云:

"十有三祀,武王即天子位之元年。管,管叔封邑,今開封府鄭州東二十里舊管城是也。《竹書紀年》'命監殷遂狩於管',即此時。蓋王方議監殷之命,而管叔恃親而請挾武王以不得不允之勢,故曰'自作'。觀於在文考時,諫密須之伐,武王蓋以微覘其不可托矣。"

我認爲陳逢衡的上述解釋是恰當的。而在《逸周書·大匡》的上述記載中,可見當年文王夙夜言之諄諄,教導管叔要心胸豁達,凡事不要過於競爭,而是要"惟人惟允惟讓",同時必須親賢人、遠小人。但管叔過後忘記文王生前的一再教導,劣性不改，如"自作殷之監"，又虐待士人。對此，武王給予嚴厲批評："汝不時行，汝害於士。"顯見武王不假辭色，對管叔表示失望至極。

另一方面，從管叔"自作殷之監"一事看來，說明他亦不把作爲新朝天子的武王放在眼裏，顯示在新得政權的姬周家族內部，兄弟之間已存在矛盾，潛伏着不可調和的權力鬥爭。這就爲不久武王崩後的動亂政局，埋下了伏筆。

因此，武王病篤時立周公而不立管叔，是自有其道理的。

但管叔顯然不服武王臨終前的這一決定，因此，在武王崩後，他爲了阻止周公據武王"乃今我兄弟相後"的遺囑即位，遂企圖推翻武王生前所定下的"兄終弟及"之制，而重新提出以"父死子繼"的制度以立武王之子姬誦。誠如清華簡《皇門》中周公所指出：

"至於厥後嗣立王，乃弗肯用先王之明刑，……弗恤王邦王家，維偷德用，以昏求於臣，弗畏不祥，不肯惠聽無罪之辭，乃惟不順是治。"

管叔等人這樣做，目的在於製造姬周家族的內部矛盾，尤其中傷周公爲了使自己上位而不惜危害武王的兒子姬誦，以破壞周公的形象及聲譽。有關這一問題，無論傳世本或清華簡本《金縢》，都有如下之記載：

"武王既喪，管叔及其群兄弟，乃流言於國（按：清華簡本作'邦'）曰：'公將不利於孺子。'"[13]

管叔等人這樣做，顯示其用心之險惡。他們這樣做顯然違反了武王的臨終安排，其以流言中傷周公的目的，乃在於使鎬京的姬周王朝人心不穩，以便亂中奪權。其實，武王生前曾就相關問題徵求過管叔的意見，但管叔一意孤行，用"詐詬"之言作答，陽奉陰違，以險惡之心對待同胞骨肉的兄長武王。

另一方面，管叔卻奉承紂子武庚（按：即傳世本及清華簡《皇門》中周公斥之爲媢夫、狂夫者），彼等互相勾結，對抗鎬京的姬周中央政權，導致"政用迷亂""國亦不寧"。

在這種情況下，周公只有公開稱王，以便舉全國之力東征平亂。所以，他向群臣宣布："監於茲，朕維其及。朕遺父兄眾朕藎臣，夫明爾德，以助余一人憂。"我認爲這就是周公稱王的政治公告。有關史事，清華簡《皇門》有詳細的記述：

"我王訪良言於是人，斯乃非休德以應，乃維詐詬以答，俾王之無依無助。……是人斯乃讒賊媢嫉，以不利厥闢厥邦。……乃惟有奉侯（狂）夫，是陽是繩，是以爲上,是授司事師長。政用迷亂,獄用無成。小民用禱無用祀,天用弗保。媚夫先受殄罰,邦亦不寧。嗚呼,敬哉!監於茲,(朕維其及)。朕遺父兄衆朕藎臣,夫明爾德,以助余一人憂。毋惟爾身之懅,皆恤爾邦,假余憲。既告汝元德之行,譬如主舟,輔余於險,懅余於濟。毋作祖考羞哉!"

我認爲周公所說的"我王訪良言於是人"這句話所透露的歷史訊息非常重要。其中之"我王",應指"二有國之哲王"中之武王,而"是人"則指"王用有監"的管叔。

可以說,上述這一段話的主要內容,是周公對管叔背叛武王及姬周家族、勾結紂子武庚亂政的痛斥,比如罵管叔"是人斯乃讒賊媢嫉,以不利厥閭厥邦",說他"乃惟有奉侯(狂)夫,是陽是繩,是以爲上。……媚夫先受殄罰,邦亦不寧"。我認爲"狂夫""媚夫"指的就是被武王封奉湯祀的紂子武庚。

所以,我認爲這一段是周公痛斥管叔雖爲殷之監國,但却尊奉紂子武庚,以其爲上,將殷國"授司事師長"的權力都交給他,導致"政用迷亂,獄用無成"。而我之所以認爲"狂夫""媚夫"就是指紂子武庚的主要原因,乃來自於對"媚夫先受殄罰"這一句話的解讀。

蓋紂王即帝辛,其名"受"(見諸《竹書紀年》),故"媚夫先受"即指武庚的先父帝受,這符合古人所述"某之先某"的語法。

因此,我認爲周公說這句話的意思是,武庚之父紂王雖已被殄滅,但因爲紂子武庚勾結管叔等"三監"在中土殷地擴張勢力,與鎬京的中央王朝分庭抗禮,并有武裝奪取姬周政權之勢,所以"國亦不寧"。

所以,周公對聚集於皇門的諸侯群臣說:在這種情況下,我只有按照武王生前的安排,以"兄終弟及"之制即位。此即傳世《逸周書·皇門》所言之"嗚呼,敬哉!監於茲,朕維其及"。

而清華簡本《皇門》在"監於茲"之後,沒有下文"朕維其及"四字。我認爲這可能是脫簡,或是由於當年楚國抄錄者的漏抄。蓋"監於茲"爲未完成語,其後必有下文,此乃顯而易見的事。而無論是按照禮制或出於情理,周公只有在"朕維其及"即位之後,始能自稱"余一人"。這才有接着下文的一段話:"朕遺父兄衆朕藎臣,夫明爾德,以助余一人憂。毋惟爾身之懅,皆恤爾邦,假余憲。既告汝元德之行,譬如主舟,輔余於險,懅余於濟。毋作祖考羞哉!"

經過反復考證,我認爲無論紙上文獻或出土的甲骨、金文資料,發現自稱"余一人"者,確實只有真的天子,攝政是絕不能自稱"余一人"的,這是禮制所規定的。在這一段話中,周公呼籲諸侯群臣要服從他的憲令(按:即"假余憲"),面對以管叔爲首的"三監"勾結紂子武庚在中土發動陰謀推翻在鎬京姬周中央王朝的危局,在周公稱王之後,號召群臣要和他同舟共濟,輔助他擺脫險境,共同拯救危難中的姬周王朝。所以我認爲《皇門》是周公踐阼稱王的政治宣言。

毫無疑問，在叙述周初史事相關文獻的銜接上，我認爲在《金縢》之後，緊接着便是《皇門》，其後應是《尚書·大誥》，從而完成了周公從代王到正式稱王以便舉全國之力東征平叛的歷史過程。而歷史證明，周公的上述舉措，完全符合殷周之際的禮法制度。他不僅挽救了姬周王朝，而且極大地拓展了王國的版圖，奠定了姬周八百年之基業。這些相關的史事和禮制，都是彰彰可考的。

2017 年 8 月 2 日

[注]

（1）徐中舒《先秦史講義》，天津古籍出版社，2008 年。
（2）郭偉川《武王崩年考》，載《光明日報》國學版，2012 年 9 月 17 日。
（3）胡厚宣、胡振宇《殷商史》，上海人民出版社，2003 年。
（4）郭偉川《再論周公稱王》，載郭偉川著《兩周史論》，北京圖書館出版社，2006 年。
（5）郭偉川《從〈孟子〉〈荀子〉論戰國時期之"六經"》，載郭偉川著《先秦六經與中國主體文化》，北京圖書館出版社，2007 年。
（6）《論語·雍也》。
（7）《逸周書·大匡》。
（8）（11）《逸周書·度邑》
（9）《竹書紀年》，中華書局據抱經堂本校刊，載《史部備要》。
（10）《逸周書·大匡》。
（12）《逸周書·允文》。
（13）《尚書·金縢》。

周公确立"傳子"制度的禮治意義及其影響

——兼論周公與成王、召公的關係及相關史事

按照《逸周書》相關篇什的記載，把姬周王朝建成一個禮治社會，即明制度、守秩序的文明社會，是文王生前的理想，亦是周公繼志承事努力要爭取達到的目標，這也是他日後制周禮的主要原因。

而要做到這一點，周公首先要使自己成爲一個守禮的模範，即是説，他所做的每一件事，包括在姬周王朝面臨危急存亡的情況下，自己毅然稱王平叛，都要合乎當時禮制的規定。及後在確立王位繼承的問題上，周公的所做所爲，更要做到符合禮制的原則。

比如在踐阼稱王的問題上，周公在禮制和宗法上有兩個重要的依據：其一是《逸周書·度邑》中記載武王病篤時對周公的囑托："乃今我兄弟相後。"這就是武王表示要按照殷代的禮制"兄終弟及"的繼承制度傳位給周公。其二是當武王病入膏肓、昏迷不醒時，根據《尚書·金縢》的記載，周公通過設壇以龜卜向太王、王季、文王"三王"問自己身代武王之事，而三卜皆吉，於是周公乃獲"新命於三王"。此命即爲"天命"，這在當時的禮制上符合得天命者得天下的原則。所以，《尚書·金縢》記載周公隨即自稱"予一人"。顯示他的踐阼稱王，完全符合當時制度上所認可的禮法依據。

至於傳世文獻《尚書》及《逸周書》中的相關篇什和一些西周青銅器的內容，涉及周公與子誦和開國元勳召公之間的關係，其中一些相關的歷史文獻，直接牽涉到周公與召公討論西周王位繼承的問題。

根據我多年的研究，周公稱王後期，他擬致政子誦，召公對此是有看法的。簡言之，召公是反對周公致政子誦的。

因爲在《尚書·旅獒》中，召公對成王的父親武王於克殷勝利後，即耽於逸樂的

舉動心爲之危，曾以"玩人喪德，玩物喪志"之良言加以勸誡。而武王顯然聽之逆耳，以本身性格上的弱點，加上生活上未加節制，於克殷後二三年之間，竟罹疾不治。

那麼，子誦是否遺傳其父武王貪圖逸樂之風呢？

從及後周公將致政時，曾以《無逸》之篇告誡子誦，要他必須向祖父文王五十年如一日的勤政愛民之風學習，而無一字語及武王，這顯然極具針對性，目的在於告誡子誦不可學習其父貪圖逸樂的惡習。

至於召公反對周公致政子誦的相關史事，見諸於《尚書·召誥》。而召公其時任太保，爲三公之一，既爲姬姓血親，同時亦是克殷的開國元勳及協助周公東征平叛的大英雄，他的立場觀點當然有足夠的分量。

爲了說服召公同意致政子誦之舉及服從成王的管治，周公本人及其子伯禽先後都作了極大的努力，這就是歷史上所謂"明保"的問題，其最終目的就是要確立"傳子"的王位繼承制度，使姬周王朝在禮治制度之下，獲得長治久安的局面。

爲了澄清上述種種問題，本文將就周公與子誦、召公之間的關係及相關史事，分別縷述如下：

一、周公與幼年子誦的關係

有關周公與幼年子誦的關係問題，筆者認爲，首先必須明瞭周公稱王時，子誦究竟年紀有多大，因爲這是周公其時之所以決定踐阼稱王的主要原因之一。

《竹書紀年》云：

"七年，周公復政於王。春二月，王如豐。三月，召康公如洛度邑。甲子周文公誥多士於成周，遂城東都。王如東都，諸侯來朝。冬，王歸自東都。"

筆者在所撰《周公史事編年》中，對上述記載曾作按語，云：

"七年，周公致政成王，成王至是年春二月始如豐京。在此之前，沒有任何文獻史料記載成王曾在豐京。而豐邑是文王自程遷於此，乃至武王受命克殷，以及周公踐阼稱王，前後27年間（前1065年文王自程遷於豐，至前1038年周公致政成王），豐京都作爲姬周之王畿，是王朝的政治中心，是中樞決策之地。在周公未致政前，誦乃爲世子，不得如豐。至周公致政，成王踐阼，始得如豐。……如果子誦一向皆居豐京，就不必如此載書。……

"是年春正月，王初蒞阼……"[1]

按：是年春正月子誦始"初莅阼"，顯示此前七年，子誦從未踐阼，當然亦從未與聞政事，顯示周公此七年間莅阼稱王的事實。前述周公稱王七年擬致政時，是年春二月子誦始如豐，反映此前七年其作爲世子的身份，從未至豐京這一姬周王朝的政治權力中心。前後所述歷史事實，可謂完全一致。(2) 因此，實事求是而言，周公稱王七年後致政，翌年春正月成王初莅阼，按禮制應改元，不可再接續周公稱王之紀年作"八年"，而應記爲"成王元年"，始合史實。

筆者認爲，宋本的《竹書紀年》(亦即傳世的《竹書紀年》)之所以改是年爲"八年"，是因爲宋人根本否定周公稱王的事實。若因子誦"初莅阼"爲王而定爲"成王元年"，則無形中承認周公稱王的歷史，這是宋代由皇帝所支持的義理派所不允許的。(3) 蓋北宋自真宗崇奉"天書"，釀成轟動中外的社會思潮，達到其潛消契丹窺伺之心的預期效果。(4) 因此，北宋自真宗起，即重視輿論宣傳和文獻典籍的整理，以符合統治者的治國理念和對外策略。如真宗於天禧四年(1020)特建天章閣以紀天書祥符之瑞，內中收藏真宗御書、御制文集。其子仁宗繼位後，先後置天章閣待制、侍講、學士及直學士等官以管理。

及至南宋，天章閣一直都作爲收藏文獻圖籍、符瑞及珍品之處所。而宋代隨着對歷史上"尊王攘夷""君臣大義"及正統觀念大辯論的逐步深入，義理派在皇帝的支持下取得了主導地位，其中包括以上述的義理觀念指導對歷代文獻典籍的修撰和整理，以符合宋代的統治思想及需要。比如蘇軾應皇帝之詔書作《周公論》，內中否定文王、周公稱王的歷史事實，即其顯例。(5)

而適逢宋代重文，雕刻印刷之業又十分蓬勃，公私機構大量整理翻刻古代的文獻典籍，因此皇帝及義理派的主流意見勢必貫徹到古籍的修改整理之中。而宋代有大量的文職官員從事這方面的工作。如宋集賢院與史館、昭文館并稱三館，寓崇文院，內中設大學士、學士、直院、修撰、校理等官，由宰相兼領大學士，可見其級別之高及重視的程度。

宋神宗元豐改制後，上述機構并歸秘書省，更便於皇帝直接控制。而對文獻典籍具體的修撰整理工作，以集賢院學士爲例，其職務即爲該院之文史官，掌搜集圖書，撰寫文章，校理經籍，以及推薦逸才、評價學術著作等工作。(6) 而集賢院校理及集賢殿修撰等史官，都是根據皇帝的意旨，做類似的工作。

總之，只要符合皇帝所首肯的"義理"，那麽文獻典籍要如何修改增删，顯然都是他們必須執行的工作。所以，包括《竹書紀年》及《逸周書》在內的古代文獻典籍，舉凡有涉及周公稱王之事者，顯然都難逃被篡改的命運。

但是，事實終歸是事實，真相畢竟掩蓋不了，我們仍然能夠從禮制的角度和相關的歷史記載，考索出周公稱王的鐵證。而周公與幼年子誦的關係，就是其中重要的一環。

"九年春正月，有事於太廟。初用《勺》。"（見《竹書紀年·成王》）

按：成王於是年"初用《勺》"，知其時年齡應爲十三歲。蓋《禮記·内則》云：男子"十有三年，學《樂》、誦《詩》、舞《勺》"。據此可考知周公稱王元年時，子誦四歲，溯及上一年武王於文王受命十四年十二月崩，則其時子誦只有三歲，與歷史的傳統說法相符。證之於《逸周書·明堂》所言："武王崩，成王嗣，幼弱，未能踐天子之位。周公攝政君天下弭亂（按："君天下"就是天子，"攝政"二字，應爲宋人竄入），六年，而天下大治。"說明武王崩時，子誦"幼弱"，與其三歲之年齡，可謂若合符節。

有關周公稱王後與幼年子誦的關係，《禮記·文王世子》曾有述及，云：

"成王幼，不能莅阼。周公踐阼而治（按：原文"周公"之後有一"相"字，應爲宋人竄入），抗世子法於伯禽，欲令成王之知父子、君臣、長幼之道也。成王有過，則撻伯禽，所以示成王世子之道也。"

筆者認爲，《禮記·文王世子》的這一記載非常重要。從中可知，周公稱王後及未致政前的六七年間，幼年姬誦（子誦）是在周公府中與伯禽一同生活并接受教育，他的身份是世子。周公的目的是要子誦懂得"父子、君臣、長幼之道"，簡言之，就是要教他懂"禮"。子誦做錯事，周公便體罰兒子伯禽，以示警誡子誦，目的在於教導子誦懂得其身爲"世子之道"。後來孔子就曾確認這一事實，說：

"昔者周公攝政，踐阼而治，抗世子法於伯禽，所以善成王也。……是故知爲人子，然後可以爲人父；知爲人臣，然後可以爲人君；知事人，然後能使人。成王幼，不能莅阼，以爲世子，則無爲也。是故抗世子法於伯禽，使之與成王居，欲令成王之知父子、君臣、長幼之義也。"[7]

從孔子的上述論說中，充分證明周公稱王平亂以及封侯衛、營洛邑的六七年間，子誦絕非有"王"的身份，僅爲世子，只是"爲人子""爲人臣"而無任何作爲，實際上，以其幼弱之齡，亦根本無所作爲和貢獻。由此可以印證《尚書·周書》所記述周公未致政前相關史事的許多篇什，如《大誥》《微子之命》《康誥》《酒誥》《梓材》《召誥》《君奭》及《蔡仲之命》等篇中之"王"或"王若"，絕非姬誦，而是周公。這與筆者的相關論證是完全一致的。[8] 只是過去許多注釋者昧於"尊王"的觀念，而硬將上述諸篇之"王"指爲成王，這不符合歷史事實。

二、周公與召公探討王位繼承的相關問題

在現存的先秦文獻典籍中，記述周公與殷周之際的歷史人物關係最爲密切、所涉史事最爲重大，且對周公再造姬周王朝的事業最有助力者，則莫若於召公。

召公出現在歷史文獻中，以《逸周書·和寤》爲最早。内中云：

"王乃出圖商，至於鮮原。召召公奭、畢公高。"

此事之歷史背景，《今本竹書紀年》云："帝辛五十二年庚寅，周始伐殷。秋，周師次於鮮原。"而《新唐書·曆志》記載："《竹書》十一年庚寅，周始伐商。"這與《史記·周本紀》所言："十一年十二月戊午，師畢渡盟津，諸侯咸會。"可謂完全相符。而筆者認爲，《新唐書·曆志》所言的"《竹書》十一年庚寅，周始伐商"，其與宋代以後《竹書紀年》的紀年方法是有所不同的，後者作"帝辛五十二年庚寅"，説明唐代的《竹書紀年》與宋後傳世的《竹書紀年》的版本，在紀年的體例上確實有所改變。爲什麼會這樣呢？

筆者認爲，這是因爲唐代《竹書紀年》版本中所言之"十一年庚寅"，指的是"文王受命十一年"，此點與《史記·周本紀》同，筆者在前文已有論及。

然而，到了宋代，由於澶淵之盟以後，表面上南北處於和平的狀態，而北宋雖自居正統，但每年却仍要輸銀、絹於遼國，因此宋廷朝野甚感屈辱，在内心上極不平衡。因此着重强調"尊王"和"君臣大義"，而正統論的著作在北宋十分流行。如前所述，北宋是以殷紂爲正統，是否定文王受命稱王的。這種極具代表性的觀點見諸於蘇軾所著的《周公論》，蘇氏在該文中大發議論之後，一言以蔽之，曰："故凡以文王、周公爲稱王者，皆過也。"[9]而這種觀點代表了宋代當時的社會思潮。

所以，《新唐書·曆志》引述的《竹書紀年》記載武王伐紂在"（文王受命）十一年庚寅"，到了北宋之後傳世的《竹書紀年》就變成"（帝辛）五十二年庚寅"，其原因蓋在於此。

經過筆者的上述考證之後，可知召公與畢公高追隨武王伐紂至於鮮原，確切地説，在紀年上，應在文王受命之十一年。

至牧野之戰，周師大勝。周公與召公密切配合，夾輔武王進入殷都朝歌。《逸周書·克殷》記載其事，云："周公把大鉞、召公把小鉞以夾王。"這是目前所見文獻中，周公與召公在克殷之役的首次合作。而在武王即位及其後一系列的儀式及各項舉措中，周公與召公都具有極重要之地位。《逸周書·克殷》對這些方面有相關的記述。内中云：

> "王入，即位於社太卒之左，群臣畢從。毛叔鄭奉明水，衛叔傳禮，召公奭贊采，師尚父牽牲。……周公再拜稽首，乃出。立王子武庚，命管叔相。乃命召公，釋箕子之囚；命畢公、衛叔出百姓之囚。"

從上述記載中，可見周公地位超然；而召公所從事者，亦非常重要。

在《逸周書·商誓》中，記述武王在故殷地召集商之遺臣多士，講述殷紂暴虐所以失天下，以及姬周自文王受命以來，以仁義禮治贏得天下歸心，而他繼志伐紂而得天下，此乃天命在周。所以武王要求殷商遺臣及遺民必須自敬安處，支持姬周王朝的管治，而不可興禍作亂，否則太保（按：即召公）奭將會以嚴厲的措施對付他們。《商誓》如是說：

> "爾多子其人自敬，助天永休於我西土。爾百姓其亦有安處在彼，宜在天命。乃反側興亂，予保奭其介有斯。"

從上述記載可知，武王克殷之後，既派召公釋箕子之囚，又以其太保在軍隊和法制方面的權威震懾中土商之遺臣遺民，要他們規規矩矩，不能叛周作亂，否則召公會對付他們。武王說這番話，突出了召公的作用，亦說明他顯然對留在中土以管叔為首的"三監"及紂子武庚的不信任。蓋在《逸周書·作雒》中，武王於克殷後，對管叔、蔡叔、霍叔諸弟的分封，是有所不同的。內中云：

> "武王克殷，乃立王子祿父（按：即武庚），俾守商祀。建管叔於東，建蔡叔、霍叔於殷，俾監殷臣。"

這說明武王開始是封三弟管叔作為東部行政長官的。但管叔不服，亦不就封。《逸周書·大匡》開篇就說："管叔自作殷之監。"顯示克殷剛勝利，武王與管叔就存在裂痕，姬周家族內部顯然已出現權力鬥爭。這正說明《商誓》中武王何以警告中土的殷遺勢力不可"反側興亂"，而抬出召公來加以威懾的主要原因，其中實亦含有對管叔等人的不信任及警示之意。

武王在生時，與管叔等"三監"之矛盾已如此之深；至武王崩後，管叔等勾結武庚起兵叛亂以企奪取政權，實亦為歷史之必然。亦正因為這樣的原因，武王病危時才要求周公繼位，提出"乃今我兄弟相後"，希望周公對姬周政權"敬守勿失"。[10]

及至武王危殆將崩之際，在"三監"廣布流言製造輿論，實行武裝叛亂以企奪取政權的危險關頭，周公為大局著想，乃遵照武王遺囑，踐阼稱王，并迅速起兵東征平亂。其事已如前述。

那麽，召公在這重要的歷史關頭，他的立場和態度究竟如何呢？

歷史事實證明，召公堅決站在周公一邊，大力支持周公稱王東征平叛。兩人同心協力，最終取得完全的勝利。《逸周書·作雒》可證其事，云：

"周公、召公內弭父兄，外撫諸侯。（周公）元年夏六月，葬武王於畢。二年，又作師旅，臨衛攻殷，殷大震潰。降闢三叔，王子祿父北奔，管叔經而卒，乃囚蔡叔於郭凌。凡所徵熊盈族十有七國，俘維九邑。俘殷獻民，遷於九里。"

上述有關周公稱王東征紂子祿父（武庚）及"三監"之亂而得到召公戮力支持的歷史記載，有壽張梁山出土的著名太保七器之一的《太保簋》銘文作證，內中云：

"王伐祿囗囗，囗厥反。王降征令於太保，太保克囗亡囗。王永太保，錫休餘土，用茲彝封令。"

由上可知，《太保簋》中之"王"爲周公，他降征令於太保（即召公奭），命召公征伐北奔的王子祿父，結果召公克而亡之。此役召公因誅殺紂子祿父（武庚）有殊功，故王（即周公）下令嘉獎，并鑄《太保簋》以紀其功。

有關周公、召公二人在西周初年的歷史作用，《禮記·樂記》曾引孔子云：

"夫樂者，象成者也。總幹而山立，武王之事也。發揚蹈厲，太公之志也。《武》亂皆坐，周、召之治也。且夫《武》始而北出；再成而滅商；三成而南；四成而南國是疆；五成而分，周公左，召公右；六成復綴以崇天子。夾振而駟伐，盛威於中國也；分夾而進，事早濟也；久立於綴，以待諸侯之至也。"

對於孔子的上述論說，筆者曾於拙作《周公稱王考——〈尚書·周書〉與〈逸周書〉新探》一文中有相關的論析，云：

"此段表面看是論樂，實際上是述及周初歷史，可以說是史詩式的樂章樂舞。裏面述及武王克商開國，太公呂尚輔助甚力；及後武王崩，周公、召公繼起平亂，天下始治。其中尤言及'五成而分，周公左，召公右'，此與《春秋公羊傳·隱公五年》所述'自陝而東者周公主之，自陝而西者召公主之'的史事是完全相符的。在救平武庚與三監之亂時，周公與召公'夾振而駟伐，盛威於中國也；分夾而進，事早濟也'，說的正是周、召東西夾擊，滅殷餘孽，揚威於中土洛邑之地。周、召在軍事上是'分'，分頭并進也；在政治上則是'合'，所謂'六成復綴以崇天子','綴'者'合'也。戰爭結束後,政治上定於一統,周公擬致政子誦,要求召公'往敬用治'(見《君奭》),目的就是要'復綴以崇天子'(而這正是周公制周禮的基本原則)。"[11]

所以,筆者認爲,武王克殷,只是爲姬周王朝開了個頭,但殷遺勢力仍很强大,而管叔爲首之"三監"早存異志,姬周家族內部已然分裂。至武王崩時,內憂外患一齊爆發。如果不是周公慨然任道,果斷稱王東征平叛,在召公的大力支持及軍事上的緊密配合下,徹底滅殷而據有中土,踐奄而東至於海,南下直抵江漢之濱,那麼,就没有後來廣土衆民的姬周王朝,西周的歷史亦必定改寫。

所以,周、召不僅挽救了岌岌可危的姬周王朝,而且極大地拓展了王國之版圖。故可以說,周公與召公二人對姬周王朝功同再造。實事求是而言,西周的天下是他們打出來的。

所以,筆者認爲,周公致政子誦,實際上無異於將打下的江山送給他,因此說"致"者"送"也,是指此具體史事和實際情況而言,而非從文字學的角度去考究"致""送"兩字之義。

如上所述,既然天下是周、召打下的,那麼,周公擬致政子誦,事關姬周王朝王位繼承的重要問題,就必定要徵求召公的意見,以取得他的同意和支持。所以周公在《君奭》篇中云:

"周公若曰:'君奭,弗弔,天降喪於殷,殷既墜厥命,我有周既受。我不敢知曰,厥基永孚於休,……惟人,在我後嗣子孫。……天命不易,天難諶。乃其墜命,弗克經歷,嗣前人,恭明德。'"[12]

筆者認爲,《尚書·召誥》的主要內容顯然是洛邑既建成,於是周公致政之事亦開始醖釀。召公晋見周公於洛邑,并在得知周公擬致政子誦時,表達自己支持周公繼續坐王位,而反對致政子誦并實行"傳子"制度。

但"位之宗子"[13]乃文王生前所制定,故周公稱王制禮,最重要的是實行傳嫡長子的王位繼承制度。這一問題,王静安先生在《殷周制度論》已有論及。[14]同樣,周公在洛邑,無論用郊禮、社禮,或以書册命庶殷及諸侯,皆爲王禮;而召公晋見周公之禮,亦爲王禮,凡此皆證明周公稱王的事實。《尚書·召誥》內中確切地記載周公在洛各項活動的時間、地點及相關細節,以及召公表達自己意見的具體內容。云:

"乙卯,周公朝至於洛,則達觀於新邑營。越三日丁巳,用牲於郊,牛二。越翼日戊午,乃社於新邑,牛一、羊一、豕一。越七日甲子,周公乃朝用書,命庶殷、侯、甸、男、邦伯。厥既命殷庶，庶殷丕作。太保乃以庶邦冢君出取幣，乃復入錫（獻）周公曰：'拜手稽首，旅王若公，誥告庶殷，越自乃御事。嗚呼！皇天上帝改厥元子，兹大國殷之命。惟王受命無疆惟休，亦無疆惟恤。'"(15)

洛邑既成，周公至洛巡視。首先，是用郊禮祭天神與祖先，其特别標明用"二牛"者，應指"帝牛"與"稷牛"，"所以别事天神與人鬼也"。(16)而用"二牛"顯然是天子之郊禮。"祭之日，王被衮以象天。……郊所以明天道也。"

至於周公將周社立於洛邑之中，蓋"國主社，示本也"。(17)而周公在社祭中用牛一、羊一、豕一，此乃太牢之禮。《禮記·王制》云："天子社稷皆太牢。"這些儀禮制度足以證明周公在洛邑的祭祀活動中，都是以天子的身份進行的。

根據《召誥》的上述記載，周公在洛邑的另一項重要活動，就是以書冊命"庶殷、侯、甸、男、邦伯"。

筆者認爲，此一記載極爲重要。據《史記·周本紀》說，東征勝利後，周公封殷紂庶兄微子啓國於宋，以奉湯祀。而《尚書·微子之命》記載周公册命的主要內容。筆者認爲，微子者，殷庶也。故周公的《微子之命》應作於此時。另一方面，在《微子之命》中，周公自稱"予一人"，這更顯示周公稱王的事實。而《召誥》的主角只有周公與召公二人，其時姬誦爲世子，根本就沒有他的份。但是，鄭玄注《召誥》，竟說：

"史不書王（按：指成王）往者，王於相宅無事也。"

這顯然是錯誤的解讀。

因爲假若子誦其時爲王，難道在洛邑以郊禮祭天、在社祭中用太牢之禮及册命諸侯等天子應做的儀禮，都不關他的事？真是不通之至！

然而，在鄭玄的影響下，後世在注釋《尚書·周書》涉及周公以王者的身份行使職權時，往往解釋爲周公代成王行事。但是，在《尚書》的《康誥》《酒誥》《微子之命》以及《蔡仲之命》中，周公多次自稱"予一人"，難道天子自稱"予一人"亦可以由別人代稱的嗎？——這當然是完全不可能的。筆者認爲，歷史上之否定周公稱王，鄭玄是始作俑者，宋代的義理派受其影響極深，其說至今大行其是。學術界亟應徹底予以廓清！

在《召誥》的記載中，主要還是叙述召公與周公對話的內容。而召公晋見周公時，以"拜手稽首"之王禮尊周公，又稱"旅王若公"，亦爲對王之尊稱。蓋《禮記·曾子問第七》解釋"旅王"之義，謂"諸侯旅見天子"。因其時召公爲燕侯，所以是以"庶邦冢君"的身份晋見周公的。他稱頌周公自受命稱王以來所取得的偉大成就，所以說"惟王受命無疆惟休"，說明他支持周公稱王并繼續居王位。

後來《君奭》記述周公對召公稱頌他"惟王受命無疆惟休"的回應。他對召公説："我受命無疆惟休，亦大惟艱。"從此一對照中，足以説明《尚書・召誥》中召公所稱頌之"王"爲周公無疑。

在《召誥》中，召公一再肯定周公之稱王乃"受命"而來的，有其順天應人及禮制上的合法性，而他稱王後徹底征服殷遺勢力，重建姬周王朝之權威，這些功德與建樹，令百姓受益其德政，這對國家和人民來説，都是至關緊要的。顯然，召公極力勸説周公居王位而繼續其統治。内中云：

"王厥有成命，治民今休。王先服殷御事，比介於我有周御事。……王敬作所，不可不敬德。"

但是，對於繼續稱王的問題，周公顯然有其顧慮，否則他不會在《尚書・君奭》中對召公説："我受命無疆惟休，亦大惟艱。"

那麽，周公對繼續稱王究竟有什麽顧慮呢？

筆者認爲，周公所考慮者，應該是傳位制度亦即王位繼承的問題，這才是今後姬周王朝是否能獲得長治久安的根本大法。而周公的王位是從其兄武王那裏接過來的，亦即殷商行之有年的"兄終弟及"之傳位法。如果按照傳弟之法，那麽周公之後，究竟要傳給誰呢？——這是一個極其重要而不易解決的問題，顯然爲周公所不取。

另一方面，前文筆者已考及《逸周書・允文》中的記載，當年周公旦的父親文王曾經言及"位之宗子"的傳位制度，亦即"父死子繼"并傳於嫡長子的傳位法。而周公最孝順同時最聽文王的話，誠如司馬遷在《史記・魯周公世家》所言："自文王在時，旦爲子孝，篤仁，异於群子。"所以，他顯然決定遵照文王的遺訓，以"父死子繼"同時傳"嫡長子"作爲姬周王朝的繼統大法。

而周公之所以傳位子誦，是因爲當年武王病篤時，曾作出如下之安排：第一，要求弟周公旦繼位爲王，所以説"乃今我兄弟相後"（見《逸周書・度邑》）。第二，"命詔周公旦立後嗣，屬小子誦文及寳典"（見《武儆》）。《説文》："嗣"，嗣國之謂。結合《逸周書・明堂》所言："既克紂六年（按：六年者，應指武王自文王受命八年以來。克紂則爲二年）而武王崩，成王嗣，幼弱，未能踐天子之位。周公攝政君天下，弭亂六年而天下大治。"——内中亦指"成王嗣"，説明武王在生時原來亦是指定子誦嗣位的。但没想到自己克殷後竟如此快地病篤且危，而"三監"及武庚所造成的内憂外患顯然又迫在眉睫，故武王在不得已的情况下，始要求周公"乃今我兄弟相後"，希望周公繼位稱王以平亂救國，若事成，則要求周公傳位於子誦；至武王臨終前，他再次要求周公將來"先後小子"。事見《逸周書・五權》。

筆者認爲，"位之宗子"確爲文王所定的傳位大法，所以長子伯邑考亡，他又指定次子姬發嗣位。因此，周公在內心上必定遵循父親文王的遺訓，而他顯然亦不想違背武王臨終"先後小子"的囑托。

尤其重要者，周公要將此傳嫡長子的繼位制度，作爲今後姬周一朝傳位接班的根本大法，以國家禮制的形式確立下來，筆者認爲，這正是周公制周禮的主要內容。及後二千多年的中國社會的宗法和傳位制度，基本皆行立子立嫡之制，於是衍生各種制度而形成秩序，以冀達到長治久安的目的，此乃周公制禮之一大貢獻。誠如王靜安先生於《殷周制度論》所言：

"殷、周間之大變革，自其表言之，不過一姓一家之興亡與都邑之轉移；自其裏言之，則舊制度廢而新制度興，舊文化廢而新文化興。……而自其表裏言之，則其制度文物與其立制之本意，乃出於萬世治安之大計。……欲觀周之所以定天下，必自其制度始矣。周人制度之大異於商者，一曰'立子立嫡'之制，由是而生宗法及喪服之制，并由是而有封建子弟之制，君天子、臣諸侯之制；二曰廟數之制；三曰同姓不婚之制。此數者，皆周之所以綱紀天下。其旨則在納上下於道德，而合天子、諸侯、卿、大夫、士、庶民以成一道德之團體。周公制作之本意實在於此。"

從上可知，靜安先生亦將"立子立嫡"作爲周公制禮最重要的內容之一。可見當年周公所思所慮者，乃在於以此確立姬周王朝長治久安之根本大法。而他要做到這一點，就必須身爲表率，致政子誦，然後自己退居臣位以身作則，使禮法立而得以大行於天下。筆者認爲，這就是周公當年之所以致政子誦最重要的原因。

但是，召公顯然對周公擬致政子誦很不理解。如上所述，召公對周公東征給予大力的支持，對他稱王後的德政亦十分推崇，而對子誦繼位是否足堪大任，召公是有看法的，因爲他連其父王武王生前的行事作風都看不順眼。《尚書·旅獒》就述及召公對武王生前"玩人喪德，玩物喪志"之行爲給予批評，認爲武王"不矜細行，終累大德"。因此對子誦是否遺傳其父耽於逸樂之風而難以堪承大任，召公在內心上顯然是不無疑問的。

亦正因爲這樣的原因，以致及後周公致政時特以《無逸》之篇警誡子誦，這是有其前因後果的。所以，召公對致政子誦顯然是不贊成的，對實行傳子制亦有異議。因此，他向周公直接表達反對以傳子制致政子誦的意見，《尚書·召誥》記載其事。召公說：

"嗚呼！若生子，罔不在厥初生，自貽哲命？今天其命哲，命吉凶，命歷年，知今我初服，宅新邑，肆惟王其疾敬德。王其德之用，祈天永命。"

首先，我們必須瞭解"若生子，罔不在厥初生"的"生"字的含義。

《春秋公羊傳》莊公三十二年云："魯一生、一及。"東漢何休注："父死子繼曰'生'，兄死弟繼曰'及'。"

因此，在殷周之際，由於在王位繼承制度上，"生"代表"父死子繼"的傳位制度，所以，"生子"就是傳子。故召公質疑"若生子，罔不在厥初生，自貽哲命"？其意即在於質問：如果要實行傳子制度，爲什麼武王不在開國之初就實行，而自喪上天所賦予之大命呢？

筆者認爲，召公的質疑是有道理的。因爲武王乃西周王朝開國之王，而按照歷史慣例，一般有關王位的傳承制度都是由開國君主所確定的。這正是召公質疑"若生子，罔不在厥初生"的主要原因。

但是，武王臨終前，子誦幼弱，其時草創未久的姬周王朝又面臨內憂外患的威脅，所以武王被逼沿用殷商"兄終弟及"的制度傳位於周公，提出"乃今我兄弟相後"（見《度邑》）。按制，王尚在生而擬傳位於弟，則謂"兄弟相後"；王若崩，其弟繼位，則稱"兄終弟及"。

亦正因爲周公受武王傳位之命於前，及後當管叔等"三監"勾結武庚發動叛亂時，周公乃急臨皇門，踐阼稱王，其言"監於茲，朕維其及"者，此"及"正是"兄終弟及"之"及"；而其時周公之自稱"予一人"（見《皇門》），說明他業已完成了踐阼稱王的一切儀禮，已正式爲王了。

所以，在召公看來，周公是正式受命爲天子的，因此才對他說："王厥有成命，治民今休。""王其德之用，祈天永命。"（見《尚書·召誥》）表示他支持周公繼續爲王的態度，而反對致政子誦。

最後，當召公知道周公顯然致政之意已決時，仍然不改變自己的看法，仍然表示對周公繼續爲王的支持。此事見諸於《召誥》最末一段。召公曰：

> "予小臣敢以王之仇民、百君子、越友民，保受王威命明德。王末有成命，王亦顯。我非敢勤，惟恭奉幣，用供王能祈天永命。"

召公奉幣於王，此"王"就是周公。蓋《召誥》篇首言："太保乃以庶邦家君出取幣，乃復入錫（獻）周公曰：'拜手稽首，旅王若公。'"說明其時召公奉幣於王者周公。《召誥》的主角只有周公、召公二人，沒有第三者。

對於召公支持他繼續爲王、反對致政子誦并實行"傳子制"的意見，周公的答復、說服以及勸解等種種推心置腹之辭，則見諸《尚書·君奭》。其中尤其針對《召誥》中召公一再支持他繼續居王位，以保姬周天命於不墮，如說："王厥有成命，治民今休。""王其德之用，祈天永命。""其惟王位在德元，……其曰我（周）受天命，丕若有夏曆年，式勿替有殷曆年。欲王以小民受天永命。"

總之，召公懇請周公爲人民的利益着想，爲姬周王朝的天命得以賡續着想，繼續居王位以治國，他認爲唯周公之德能居之。

但是，周公考慮的不是自己個人的進退問題，亦不是姬周王朝短期的利益問題。因爲即使他繼續居王位而令姬周王朝得到強大，但他身後呢？如果"傳弟"抑或"傳子"的繼位制度不能在自己生前得到徹底解決，那麼姬周王朝的前途是不堪設想的。這才是他最大的顧慮并令其擔憂的最艱巨的問題。所以《召誥》中召公向他祝賀："惟王受命，無疆惟休，亦無疆惟恤。"而周公在《君奭》中則答以："我受命無疆惟休，亦大惟艱。"其原因蓋在於此。

在《君奭》篇首，周公向召公道出其憂慮之所在，以及他所以要實行"傳子制"的主要原因。内中周公語重心長地説：

"君奭，弗吊！天降喪於殷，殷既墜厥命，我有周既受。我不敢知曰，厥基永孚於休，若天棐忱。我亦不敢知曰，其終出於不祥。嗚呼！君已曰：'時我。'我亦不敢寧於上帝命，弗永遠念天威；越我民，罔尤違。"

周公向召公説這番話，其意謂：天既滅殷，有周受命。但是，天命在周，是否就永遠根基穩固？其最終是否會出現不祥的結果，這都是我不敢想象的。你説我已得到老天的眷顧，厥有成命（按：即"時我"）。但我亦不敢安於上帝之命，我們亦不能永遠依靠天威來實行統治；即使人民現在支持我稱王，我亦不能違背自己的原則。

從上述可以看到，周公根據歷史的教訓，已睿智地意識到，單純依靠天命天威來實行統治，以達到姬周政權厥基永固的目的，是不可能的。他認爲要鞏固政權并獲得長治久安，歸根結底必須靠人和制度。所以，周公緊接着説：

"惟人，在我後嗣子孫。大弗克恭上下，遏佚前人光，在家不知。天命不易，天難諶，乃其墜命，弗克經歷。嗣前人，恭明德。在今予小子旦，非克有正，迪惟前人光，施於我冲子。"

在這裏，周公向召公表示，天命無常，任何政權都有墮其天命的一日。姬周政權要穩固，關鍵在人，在於後嗣子孫的傳位制度。筆者認爲，所謂"克恭上下"，就是"父傳子"的制度。因爲在傳位的禮制上，只有父子的關係，才是"上下"的關係；而"兄傳弟"就不是"上下"的關係，因爲兄弟是平行的。所以傳統上兄弟稱"排行"，道理在此。

故周公説：如果我們不實行"克恭上下"的傳子制度，那麼就等於否定文王以"位之宗子"之制傳位於武王的正確性(按:即"遏佚前人光"),這對於姬周家族來説,是極爲不智的(按:即"在家不知")。因此,周公非常明確地表示,必須繼續執行文王所定下的"位之宗子"的制度,此即"嗣前人,恭明德",即以"傳子制"作爲姬周王朝的繼統大法。

筆者之所以如此解詁,是因爲"嗣前人"之"嗣"字,實即指繼統法上的傳子制度。蓋"嗣"字既有"嗣位"之意,又指"嗣子"。後世之稱兒子爲"子嗣",其含義都是十分清楚的。

如上所述,周公既肯定"傳子制"的正確并決定將其作爲姬周王朝的繼位大法,那麼,他究竟要如何評價自己以"兄終弟及"之法繼位稱王的呢?

對於此一問題,周公接着是這樣説的:

"在今予小子旦,非克有正,迪惟前人光,施於我沖子。"

從周公的上述表白中,可見他十分坦誠。周公説:現在我以"兄終弟及"之法繼位稱王,并不符合文王生前所定"位之宗子"的傳位制度,故自謂"非克有正"。他説,在當時特定的情况下,是武王執意要求我繼位的(按:此即"迪惟前人光,施於我沖子")。

揆之周公用"施於"二字,實有强加於其身之謂。至於周公自稱"我沖子",蓋王者對天或先公先王在天之靈皆得自稱"沖子",武王在生時亦曾如此自稱,此可從《尚書》《逸周書》的相關篇什得到印證。

周公不僅自稱"我沖子",《君奭》中還記載他談到文王、武王時亦自稱"予小子旦",道理其實是一樣的。而周公之所以説他的繼位乃身不由己,是要説明他在非常時期以"兄終弟及"之法繼位稱王,乃爲非常之法,因此始自謂"非克有正",這亦正是他之所以改行文王生前所定"位之宗子"繼位大法的主要原因。

周公在《君奭》篇首説了上述原則性的重要問題之後,其他大部分内容都是以道理説服召公。因爲周公即將致政子誦,退居臣位,所以他不僅向召公例舉了殷商歷朝的許多名臣,如伊尹、保衡、伊陟、臣扈、巫咸、巫賢及甘盤等,同時又例舉了輔助文王奠定西岐王業的許多名臣,如虢叔、閎夭、散宜生、泰顛和南宫括等,他們都作出許多貢獻,發揮了重大的歷史作用。周公之所以説這些人物史事,目的在於説明即使不爲君,爲臣亦能作出歷史貢獻,以此與召公共勉。

周公高度肯定了召公的歷史貢獻,在"三監"勾結武庚等殷遺勢力發動大規模叛亂的危急關頭,是召公給予他鼎力的支持,二人同心協力,終於取得東征平叛的勝利,挽救了姬周王朝的命運,又極大地開拓了王國的版圖。所以當時天下之人對周、召二人給予極高的評價。周公在《君奭》中語重心長地對召公説:

"告汝，朕允保奭！其汝克敬以予，監於殷喪大否，肆念我天威。予不允惟若茲誥（按：即《召誥》）。予惟曰：襄我二人，汝有合哉！言曰：在時二人，天休滋至，惟時二人弗戡。其汝克敬德，明我俊民，在讓後人於丕時。"

筆者認爲，在上述這一段中，有一點尤其值得注意，就是周公在使用"允"與"不允"的字眼時，有嚴格區別的態度。

如所周知，"允"是同意、肯定；"不允"則是不同意，持否定的態度。而在上述引文中，周公所以"允保奭"者，在於肯定召公大力支持其東征，在平"三監"勾結武庚之亂中立下殊功，重振姬周王朝之天威。此即"其汝克敬以予，監於殷喪大否，肆念我天威"。

筆者認爲，周公所指"監於殷"而"喪大否"者，顯然是指以"自作殷監"[18]的管叔爲首的"三監"，勾結紂子武庚等殷遺勢力所發動的叛亂。這一點很重要！因爲在《尚書》或《逸周書》等先秦文獻典籍中，由周公親口指出"三監"勾結殷遺造成"大否"之亂者，就是"監於殷喪大否"這句話。

至於周公所"不允"者，乃"惟若茲誥"。筆者認爲，"茲誥"即《召誥》。因爲在《召誥》中，召公説周公"惟王受命，無疆惟休，亦無疆惟恤"。

所以，及後在《君奭》中，周公才予以回應，説："我受命無疆惟休，亦大惟艱。"并指出："惟文王德丕，承無疆之恤。"此乃周公不同意召公説他受命爲王"無疆惟恤"。因爲自己不配，只有文王之大德（按：即"惟文王德丕"。丕者，大也），始能"承無疆之恤"。

周公之所以這樣説，是因爲召公之意是希望他繼續爲王，反對致政子誦并實行"傳子制"，因此周公才明確回答："予不允惟若茲誥。"從而否決了召公在《召誥》中的建議，并決定繼續執行文王"位之宗子"，即傳嫡長子的繼位制度。這正是他強調"惟文王德丕，承無疆之恤"的主要原因。

當然，周公對召公給予他的支持和所作的歷史貢獻是予以高度贊揚的，并充滿感情地憶述他們二人同心協力挽救姬周政權的往事。在《君奭》末段，他談到周、召"二人"之事，竟達四次之多，可見兩人情誼之深。

但是，周公最後仍然明確地表示他不同意《召誥》的上述建議，他強調必須以人民的長遠利益爲重，將致政子誦和傳嫡長子的事貫徹始終。在《君奭》中，周公最後如是説：

"君！予不惠若茲多誥。予惟用閔於天越民。……惟乃知民德，亦罔不能厥初，惟其終。祗若茲，往敬用治。"

筆者認爲，周公説"祇若兹，往敬用治"就是要召公像在這裏尊敬自己一樣，去敬服成王，并協助他管治國家。

以上就是筆者對《召誥》《君奭》主要内容的解讀。竊以爲，此兩篇的内容緊密相聯，在文字上有明顯互相呼應的痕迹，上舉的文字内容即爲顯例，這是不可抹殺的歷史事實。

筆者認爲，研究周初歷史，必須瞭解周公與召公的實質關係，以及兩人在周初王位繼承制度問題上的態度，這是解開周初若干歷史懸疑的一大關鍵。

而要做到這一點，則必須對《召誥》《君奭》諸篇的文字内容及其主旨能夠確切地解讀。唯有如此，人們始能知道周公制周禮的主要貢獻究竟何在，而這是過去大部分人所不知道的。

只有王静安先生眼光如炬，在其《殷周制度論》中指出，在禮治宗法上實行"立子立嫡"的制度，是周公制禮的首要貢獻。其云：

"周人制度之大异於商者，一曰'立子立嫡'之制，由是而生宗法及喪服之制，并由是而有封建子弟之制、君天子、臣諸侯之制；二曰廟數之制；三曰同姓不婚之制。此數者，皆周之所以綱紀天下。其旨則在納上下於道德，而合天子、諸侯、卿、大夫、士、庶民以成一道德之團體。周公制（禮）作（樂）之本意實在於此。"

静安先生之論，指出了"周公制周禮"的要點。而筆者則考出周公"立子立嫡"的禮制，實導源於其父文王"位之宗子"[19]的宗法制度。

同時，筆者還考出《召誥》《君奭》的主要内容，正是周公與召公討論以"傳子制"作爲王位繼承的根本大法。這是《召誥》與《君奭》的主旨所在。

毋庸諱言，過去許多《尚書·周書》的注釋者在涉及周公稱王以及周、召二人的關係問題上，由於受《書序》的誤導以及鄭玄等前代學者的影響，導致對《尚書·周書》相關篇什的譯注出現許多前後矛盾的錯誤，以致不能自圓其説，遂造成許多《周書》的譯注本根本不可解、不通順。

因此，筆者認爲，只要揭開《召誥》《君奭》的歷史真相，其後《尚書·周書》的相關篇什以及某些西周彝器銘文長期存在的歷史懸疑，亦可迎刃而解。這是當今的歷史研究者應當努力做到的。

三、關於《洛誥》及西周銅器《令彝》中"明保"的問題

如上所述，《君奭》末段記載周公對召公説："祇若兹，往敬用治。"即希望召公

像尊敬自己一樣，去敬服成王，并協助他管治國家。那麽，召公的態度究竟如何呢？

對於周公最後決定致政子誦并實行傳嫡長子的王位繼承制度，召公當然不得不執行，并移交已建成的成周王城，以便周公致政後，子誦可以舉行登基典禮。但是，他的内心顯然并不服氣。

在向召公説明自己的最終決定之後，周公始向子誦表達致政之意，時間應在周公稱王七年，地點就在洛邑。而其時姬誦的身份是世子，而不是王。所以，在《洛誥》中，周公對他説的第一句話，就是："朕復子明辟。"説明在此之前，他的身份是世子無疑。

但是，周公説了這句致政的話之後，就意味着他從此便退居臣位，對子誦尊稱爲王。這就是"禮"之所在，而"立子立嫡"的王位繼承制度從成王起便開始實行，這可説是周公制禮最重要的部分。讀者可從《洛誥》的第一段中看到周公對姬誦從稱"子"到稱"王"這種稱呼和身份的改變。

同時，筆者認爲有一件事非常重要，就是在周公致政前後與成王彼此的儀禮上，周公向成王行"拜手稽首"之禮，而成王亦向表示要致政的周公同樣行"拜手稽首"之禮。蓋周公實際上仍爲王，故成王依舊尊以王禮。而在周公與子誦的談話中，還涉及召公，因爲召公正是負責營建洛邑及成周王城的主要人物。其時周公對子誦如是説：

"朕復子明辟。王如弗敢及天基命定命，予乃胤保大相東土，其基作民明辟。"

其大意説：我將致政於你。你若不敢在這裏踐阼登基（按：踐阼登基即定天命），我已請太保召公統攝東土，以便你登基即位。

筆者認爲，中土洛邑之地，因爲居西京酆鎬之東，故周人稱爲"東土"。周公説子誦之所以"弗敢"在東土登基的原因，顯然是因爲此處乃殷人傳統勢力集中之地，亦是今次"三監"勾結紂子武庚等殷遺勢力發動武裝叛亂的亂源所在。而子誦顯然亦得自其父武王的遺傳，氣魄稟賦較弱，有些膽小怕事，所以周公用"王如弗敢"的説法，必有具體的事實根據。故此，周公表示已命保奭召公率軍隊在東土做好登基大典的保衛工作，要子誦不必擔心。

接着，周公教子誦將來舉行登基大典相關的禮儀。《洛誥》對這一過程的叙述十分詳細具體，云：

"周公曰：'王肇稱殷禮，祀於新邑，咸秩無文。予齊百工，伻（使）從王於周。予惟曰："庶有事。"今王即命曰："記宗功，以功作元祀。"惟命曰："汝受命篤弼。"丕視功載，乃汝其悉自教工。……厥若彝，乃撫，事如予，惟以在周工。往新邑，伻向，即有僚，明作有功，惇大成裕，汝永有辭。'"

從上述記載可知，周公教子誦於原殷地之洛邑成周王城舉行祀天典禮時，首先使用殷禮，即所謂"肇稱殷禮"。鄭玄爲此作注疏曰：

"王者未制禮樂，恒用先王之禮樂。伐紂以來，皆用殷之禮樂，非始成王成之也。周公制禮樂既成，不使成王即用周禮，仍命用殷禮者，欲待明年即政，告神受職，然後班行周禮。班訖，始得用周禮，故告神且用殷禮也。"[20]

鄭玄之言固有一定之道理。但筆者認爲，周公建議子誦在殷地首先用殷禮祭天，還有其策略性之考慮，其意乃在血腥的東征戰爭之後，以尊重當地禮俗的習慣，來安撫及攏絡殷人之心。周公之所以在誅殺武庚之後，又封紂王庶子微子啓國於宋以續湯祀者，實亦出於這樣的考慮。

因此，周公教子誦以殷禮祭天，目的正是要爲其登基營造一個較爲和平的環境。即是説，周公一方面既命召公以軍統攝東土，另一方面則以懷柔之策以安殷民，以兩手之策略，來達到穩定姬周政權的目的。這亦是周公鼓勵子誦不用害怕在東土洛邑舉行登基儀式的主要原因。

然而，筆者認爲，周公只是教子誦開頭在殷地以殷禮祭天，其用"肇稱殷禮"之"肇"字，即指開初之謂。但是，及後周公安排子誦在洛邑成周王城的登基儀式，用的却是周禮。因爲在以殷禮祀天之後，周公説："予齊百工，伻（使）從王於周。"其中之"周"字，筆者認爲乃指洛邑成周王城之周社，即是説，他將率臣僚百工擁子誦於成周王城姬周王室的宗廟中，以周禮舉行登基儀式。

因爲在儀式的舉行過程中，周公説：

"今王即命曰：'記宗功，以功作元祀。'惟命曰：'汝受命篤弼。'"

内中所謂"記宗功"者，就是要子誦銘記先公先王之功德，在太廟中祭祀祖宗在天之靈，并"受命"踐阼爲王。同時，周公還交代子誦於儀式中有撫周鼎的動作，以示受先公先王之命定鼎天下。所謂"厥若彝，乃撫，事如予，惟以在周工"，即指此而言。筆者認爲，"彝"即鼎彝，而"惟以在周工"，即此鼎彝爲周之百工所作，是爲周鼎。至於"乃撫，事如予"，説明周公踐阼稱王時，亦有撫周鼎之動作，所以才會説"事如予"。[21]

所以，筆者認爲，周公教子誦祭天以殷禮，但及後在洛邑王城的周社舉行祭祖及登基大典，則用周禮。而非像鄭玄所説，在洛邑的整個過程中概用殷禮。

而從《洛誥》的内容看來，周公已口頭表示要致政子誦，并教他在祭天、祭祖及登基大典中的相關儀禮，這實際上是輔導子誦對上述儀式的一次預演。但子誦彼時實際上未踐阼，尚非真正爲王，故周公仍以居高臨下的態度教導他。如《洛誥》云：

"公曰：'已，汝惟沖子，惟終。汝其敬，……乃惟孺子，頒朕不暇，聽朕教汝！於棐民彝。……汝往敬哉，兹予其明農哉，彼裕我民，無遠用戾。'"

周公在這裏直接對子誦説："聽朕教汝！"——這是很能説明問題的。而周公教子誦要以民爲本，同時還特别叮囑他必須重農，這是周公治國方略中最重要的部分，亦是姬周家族自后稷以來的傳統理念。

而在《洛誥》中，還有一句子誦對周公説的涉及太保召公奭的話，含有極爲豐富的歷史内涵，非常重要。其云：

"王若曰：'公明保予沖子，公稱丕顯德，以予小子揚文、武烈。'"

這裏的"王若"當然指子誦。筆者認爲，因爲他還没有舉行登基儀式，因此尚未正式爲王，只是"準王"，故稱"王若"。

至於子誦所説"公明保予沖子"的問題以及這句話的意思，按照歷來大多數《尚書》譯注者的解釋，他們大都將"保"字解釋爲"保護"或"保佑"之意，而將"明"字解釋爲"勉力"或"彰明"。

於是，"公明保予沖子"之句，便被翻譯成："公啊！你要勉力保護我這年輕人。"[22]或譯爲："周公彰明較著地保佑我童子。"[23]

這些譯注，筆者認爲都是欠妥的。至於郭沫若先生説"'明保'乃魯公伯禽"[24]；而楊向奎先生則認爲"明保"是周公本人，是"周公字"[25]。還有其他許多説法，真是言人人殊，五花八門，但筆者都未敢苟同。

對於筆者而言，《洛誥》中子誦向周公所説的"公明保予沖子"之句，却甚好解釋。因爲筆者在前文中已厘清了周公、武王、召公、子誦諸人彼此之間的關係，以及召公對周公擬致政子誦所持的態度。

如前所述，武王伐紂時，召公奭作爲太保，與周公、太公、畢公一道，在克殷之役及建立西周王朝的過程中，輔翊甚力，軍功卓著，是周初主要開國元勳之一。克殷後，武王貪圖逸樂，召公曾以"玩人喪德，玩物喪志"（見《尚書·旅獒》）之諍言加以勸誡。但武王始終要爲自己放縱的生活付出代價，克殷後二三年之間罹疾身亡。老實説，在召公的心目中，武王的性格及私德是有缺陷的；而且對其子姬誦是否亦遺傳其父貪圖逸樂之風，召公顯然亦心存疑慮。爲什麽要這樣説呢？——筆者從《尚書·無逸》篇中周公對子誦極具針對性的教育，就知道上述之言非虚。其篇首即開章明義云：

"周公曰：'嗚呼！君子所其無逸。先知稼穡之艱難，乃逸，則知小人之依。'"

而在《無逸》中，周公以殷商多位先王爲例，説明凡是以勤謹治國者，則享國長久；若貪於逸樂而不知稼穡之艱難者，則在位短暫而壽亦不永。而周公着重教導子誦要以祖父文王爲榜樣，説：

"文王卑服，即康功田功。徽柔懿恭，懷保小民，惠鮮鰥寡。自朝至於日中昃，不遑暇食，用咸和萬民。文王不敢盤於游畋，以庶邦惟正之供。文王受命惟中身，厥享國五十年。"⁽²⁶⁾

周公説文王衣着樸素，總記掛着農田的收成，因爲他每以窮苦小民及鰥寡孤獨者爲念，所以他每天自早至晚，有時甚至顧不得吃飯，都是爲了民衆的利益。文王從不敢耽於游樂畋獵，其身甚正，恭於政事。所以文王於中歲受命，而在位有五十年之久。

反之，武王却生性耽於逸樂，克殷不久即舉行大規模畋獵，且又玩人玩物，以至喪德傷身，二三年間即罹疾殞命，享國既暫，壽亦不永。故《尚書·無逸》中周公雖無一字語及武王，但他列舉文王的種種德行，實際上在比較中，即是對武王失德的批判。

所以，周公之意在於教育子誦：要以祖父文王爲榜樣，不要學你的父王武王。揆之《逸周書·大開武》中，周公勸誡武王要"明德無逸，逸不可還。維文考恪勤戰戰，何敬何好何惡？時不敬，殆哉"！

所以，周公前要武王明德無逸，學父親文王的勤恪謹慎；後則要求其兒子姬誦必須學習君子無逸，亦要以祖父文王爲榜樣。可見武王及子誦父子兩人的品性，何其相似！

所以，筆者認爲，在《尚書·召誥》中，保奭（召公）反對周公致政於子誦，是并非無因的。但是，因周公致政之意已決，乃説服保奭予以執行。故《尚書·洛誥》始有子誦所説"公明保予沖子。公稱丕顯德，以予小子揚文、武烈"之句，内中對周公説服保奭讓他得以繼承并弘揚文王、武王的功業，充滿了感激之情。因此，所謂"公明保"者，就是在致政的問題上，周公説服保奭，即令保奭明白其事。筆者認爲，這就是"明保"這一連辭的真意所在。

有關這一問題的後續發展，在出土的西周初青銅器《令彝》銘文中，恰好亦出現"明保"這一連辭。而在銘義的内容上，筆者認爲，與《尚書·洛誥》一樣，《令彝》

在相關的人物史事上,實際上仍然與成王、周公、召公有密切的關係。因其內容極其重要,茲錄銘文大要如下:

"惟八月,辰在甲申,王命周公子明保尹三事四方,受卿事寮。丁亥命天告於周公宫,公命出同卿事寮。惟十月,月吉癸未,明公朝至於成周,出令,舍三事令,及卿事寮,及諸尹,及里君,及百工。及諸侯:侯、甸、男,舍四方令。既咸令,甲申,明公用牲於京宫。乙酉,用牲於康宫。咸既,用牲於王,明公歸自王。……"

以《洛誥》中子誦説"公明保予沖子。公稱丕顯德,以予小子揚文、武烈",與《令彝》中"王命周公子明保尹三事四方,受卿事寮"二處之人物史事作比較,筆者認爲,其中相同之處,在於同樣有"明保"字樣,而且其義亦同樣在於"説服保奭",即令保奭明白而去執行其事。但是,"事"之内容則有所不同,相關人物亦略有异。其中《洛誥》的子誦已是《令彝》中之"王"亦即成王,而《洛誥》主角之一的周公則在《令彝》中换成其子伯禽,只有太保(召公)奭的角色依舊不變,但涉及的事則有异。前者乃叙述子誦感謝周公説服保奭讓他得以繼位以弘揚文王、武王之功烈;後者按筆者的理解,則是説成王命周公之子伯禽去説服保奭出任卿事寮的執政卿士,亦即是百官之首的冢宰,去主持"任人、准夫、牧作三事",并領導從中央到地區四方的文武官員,如"虎賁、綴衣、趣馬、小尹、左右攜僕、百司庶府;大都小伯、藝人、表臣百司;太史、尹伯、庶常吉士;司徒、司馬、司空、亞旅;夷、微、盧烝;三亳阪尹"。[27]此即"王命周公子明保尹三事四方,受卿事寮"的具體内容所在。所謂"尹",應作動詞用,有"主持、領導"之意。故筆者對此句的解讀爲:成王命周公之子伯禽去説服保奭來宗周主持三事、領導四方,出任西周王朝中央機構卿事寮的執政卿士,亦即冢宰一職。

那麽,成王爲什麽要伯禽去勸説召公出任西周王朝的冢宰呢?

筆者認爲,這是因爲其時作爲冢宰的周公已經老病,所以薦保奭召公以自代。而所謂"尹三事四方"及領導卿事寮的冢宰職能,都是周公執政時確立的,《尚書·立政》的記載足以證明。至於何以要伯禽前往勸説保奭呢?

由筆者前述論證可知,保奭對周公決定致政子誦,在内心上并不服氣。《尚書·君奭》的末尾,周公要他"祇若兹,往敬用治"。即是説,要保奭像敬重自己一樣,去敬重成王,并協助他管治國家。

對於周公致政的決定,保奭不得不執行,同時肩負起建設洛邑成周的任務;但在内心上,他顯然并不痛快。《竹書紀年》記載:"七年,周公復政於王。……王如東都,諸侯來朝。"這實際是成王的登基典禮,并大會諸侯。但是,筆者在研究中,發現保奭并沒有參加這一次成周之會,無論究竟是什麼原因,總之他沒有出席子誦的登基典禮是事實,這可從《逸周書·王會》中得到證明。該篇叙述成王登基、大會諸侯之盛況:

"成周之會,墠上張赤弈陰羽。天子南面立,……唐叔、荀叔、周公在左,太公望在右,……旁天子而立於堂上。堂下之右,唐公、虞公南面立焉。堂下之左,殷公、夏公立焉,皆南面。……堂下之東面,郭叔掌爲天子菜幣焉,絻有繁露。内臺西面者正北方,應侯、曹叔、伯舅、中舅,比服次之。"[28]

可謂冠蓋滿京華,獨不見功勳卓著的召公保奭。爲什麼會這樣呢?一言以蔽之,就是保奭不高興,所以不參加成王的登基典禮。及後成王返回西京酆鎬之地履行王政,保奭則仍然留在東土繼續主持營建洛邑之事。

有關營建洛邑及成周王城以作東都之事,應是克殷後武王與周公的共同規劃,《逸周書·度邑》可證其事。

但是,其時中土實際上爲三監及武庚等殷遺勢力所控制。武王崩後,"三監"勾結武庚叛周作亂,周公稱王東征平亂,徹底打垮了商奄的殷遺勢力,完全控制了整個中原地區,營建洛邑以作東都之事才成爲可能。

而此重大工程顯然分兩步走:先建成小範圍的成周王城,包括王庭、王宫、太廟、周社等主要建築;後完成整個洛邑大面積的城市建設,因爲需要較長的時間。筆者根據對《竹書紀年》的研究,發現從開始營建成周王城,至整個洛邑建成,經歷了近十年的時間。

兹據《竹書紀年》的有關周公與成王、召公的關係以及彼等與洛邑成周的相關記載,結合筆者的綜合研究,録要如下:

(周公稱王)五年,……遷殷民於洛邑,遂營成周。

七年,周公復(致)政於王。春二月,王如酆。三月,召康公如洛度邑。甲子,周文公誥多士於成周,遂城東都。王如東都,諸侯來朝。冬,王歸自東都。

八年(即成王元年)春正月,王初蒞阼親政。

十年(即成王三年)周文公出居於酆。

十一年(即成王四年)春正月,王如酆。唐叔獻嘉禾,王命唐叔歸禾於周文公。王命周平公治東都。

十三年(即成王六年)夏六月,魯大禘於周公廟。

十四年(即成王七年)冬,洛邑告成。

十八年(即成王十一年)春正月,王如洛邑定鼎。

十九年（即成王十二年）王巡狩侯甸方岳。召康公從歸於宗周，遂正百官。

二十一年（即成王十四年）周文公薨於鄷。

二十二年（即成王十五年）葬周文公於畢。[29]

從上述記載可知，周公稱王五年開始營成周，至七年止，以二年之功，成周王城建成作爲東都。而洛邑之建設，從周公七年召公如洛度邑起，至周成王七年，共用了七八年的時間，始大功告成。

尤其值得注意者，《竹書紀年》的上述史料中，還提供了一條重要的歷史信息，那就是周成王四年曾"命周平公治東都"。這說明洛邑未完成之前，成周王城是代表東都的。同時，更重要的是，原來在東土負責營洛邑并主持大局的人是召公，此時周成王却"命周平公治東都"，究竟發生什麼事呢？

"周平公"者，應是周公之子，鄭玄認爲即《尚書·君陳》之"君陳"。按照筆者對周禮的理解，周公旦這個兒子顯然後來繼任"周公"職銜，薨後諡號爲"平"，故後世史書始稱"周平公"，周禮諡法如此。如周公旦諡"文"，稱"周文公"；召公奭諡"康"，故稱"召康公"。

而周成王四年命周平公治東都，究竟是召公主動辭任東土營洛及主持成周之事，還是周成王怕其坐大，故派周平公至東土分召公保奭之權？總之，此事史書未見備載，不能確考。

但周成王四年之後，主持東都者是周平公而非保奭，却是不能抹殺的歷史事實。對此，保奭是否對成王和周公更心生芥蒂呢？這種可能性顯然不能排除。但從此事可知，自周成王四年之後，保奭應返回封國燕。

直至周成王十二年，周公因老病而薦保奭接任冢宰一職。但是，成王、周公恐保奭的心結沒有完全解開，因此，如果出任冢宰之事由一般使者赴燕宣詔，保奭不一定會赴任。於是始出現《令彝》中成王命周公之子伯禽執行此一使命的記載。而以事實情理而論，筆者認爲，伯禽確實是完成此次使命的不二人選。爲什麼這樣說呢？

其一，武王崩後，子誦在周公的監護下，由伯禽做其同伴，一起生活和讀書。子誦若犯錯，周公則處罰伯禽以示懲戒（事見《禮記·文王世子》）。由此可知，伯禽與成王兩人關係極好、感情至深。而伯禽作爲魯國國君，其時地位崇高，由其作爲特使代表成王親赴燕國敦請保奭出任冢宰，表示成王對保奭的尊重。

其二，伯禽是周公的兒子，亦是保奭召公的子侄輩。而周公與召公自共同協助武王克殷建國起，兩人就合作無間。武王崩後，"三監"勾結紂子武庚叛周作亂，周公踐阼稱王，東征平叛，召公給予鼎力支持。及後克殷踐奄之役取得了徹底的勝利，并極大地拓展王國的版圖，繼而將殷地闢爲東都洛邑，保奭功莫大焉。故周初"太保"彝器獨多，此乃周公爲表彰保奭的豐功偉績而頒令鑄造的。顯見在公在私，彼此之間情誼至深。至周公擬致政子誦，保奭反對無效且無奈服從，但當時內心感到不快可想而知。然而時過十餘年，周公老病擬"退休"，薦保奭繼任冢宰之職，所以派兒子伯禽代表他親向保奭表達推重之意，希望保奭以大局爲重，爲姬周王朝的穩固和發展貢獻自己的力量。

所以，《令彝》中"周公子"伯禽有三重身分：第一是成王的代表，第二是周公的代表，第三則是代表自己。從"公"方面而言，伯禽是魯國國君；以"私"而論，他是成王的堂兄弟、周公的兒子、保奭的侄兒，大家都是一家人。因此伯禽至燕國完成"明保"的使命，即説服保奭至宗周任卿事寮的冢宰一職以統領百官，確實是不二人選。

筆者認爲，這就是《令彝》開篇所言"王命周公子明保尹三事四方，任卿事寮"的由來。而以《令彝》全篇銘文的主旨而論，筆者認爲，主要是講"明公歸自王"，以及叙述"明公"繼周公之後出任冢宰。因爲唯冢宰始能"尹三事四方"及統領卿事寮百官。而按西周史而論，周公之後，確由召公繼任冢宰。所以筆者認爲《令彝》中的"明公"即爲召公。

伯禽受成王之命擬前往"明保"的日子，筆者按照《令彝》銘文之史料，并參考《竹書紀年》的記載進行推算，應在周成王十二年（按：《紀年》作十九年，筆者減去周公稱王七年時間）之八月甲申日。三天後之丁亥日，周公命令周王朝中央管理機構的卿事寮衆官會同伯禽一起出發前往敦請，以示誠意與尊重，此即"公命出同卿事寮"。至於伯禽與卿事寮諸官先從陝西抵河北燕國説服保奭，然後一同到達河南東都的時間，應在是年之十月。因爲《令彝》中説：

"惟十月，月吉癸未，明公朝至於成周，出令舍三事令，及卿事寮，及諸尹，及里君，及百工。及諸侯：侯、甸、男，舍四方令。"

可知伯禽及卿事寮諸官完成此次使命，前後用了近二月的時間。以當年的交通條件而論，這個時間十分合理。而周公子伯禽"明保"之事顯然不辱使命，保奭召公終於深明大義，應允出任冢宰之職，故《令彝》稱其爲"明公"。而其所出的"三事四方令"這一周初冢宰所具有的權責，實爲《尚書·立政》中周公所確立。由此證明召公繼周公之後續任冢宰的歷史事實。

而召公既爲冢宰，就要在洛邑成周王城拜見成王，所以《令彝》最後説"明公歸自王"即指此而言。而周成王其時之所以在洛邑者，按照《竹書紀年》之記載，蓋因成王十一年（按：《紀年》作十八年）"如洛邑定鼎"，故是年周成王本人身在洛邑成周。

而周公既爲冢宰，故留守鄷京宗周，且老病，故未與成王同行。而周公顯然力薦保奭召公繼任冢宰之職，統領百官以輔成王。故筆者認爲，《令彝》中成王命周公

193

子伯禽赴燕"明保"即説服保奭接任冢宰一職，應在周成王十二年八月，至是年十月，保奭即"明公"一行至洛邑成周，行"三事四方令"并拜見成王，此即"明公歸自王"。

根據《竹書紀年》的記載，十二年成王離開洛邑成周，"王巡狩侯甸方岳，召康公從歸於宗周，遂正百官"。[30] 其事恰好與《令彝》所述召公在東都洛邑成周"舍三事四方令"之後，繼之再從成王歸於西京酆邑宗周之地，正式繼周公之後任冢宰，以正百官，完全吻合。

筆者認爲，《尚書·洛誥》中子誦對周公説"公明保予沖子，公稱丕顯德，以予小子揚文、武烈"，言周公説服保奭讓他繼位以弘揚文王、武王的功烈；《令彝》銘文中的"王命周公子明保尹三事四方，受卿事寮"以及同文末尾之"明公歸自王"，説的是成王命周公之子伯禽説服保奭出任冢宰，領導卿事寮及百官。尤其參諸《竹書紀年》所載成王十九年（按：應爲十二年）"王巡狩侯甸方岳，召康公從歸於宗周，遂正百官"的記載，從整個事件的前因後果來看，《尚書·洛誥》及《令彝》中的"明保"之"保"都應指保奭召公。而《令彝》中的"明公歸自王"，以及整體內容主要叙述其領導卿事寮統率百官的事，其實就與《竹書紀年》的"召康公從歸於宗周，遂正百官"的記載完全相同。故筆者認爲，這進一步證明《令彝》中的"明公"即爲召公。

特別值得注意的是，根據《紀年》所載，就在召公從歸於宗周繼任冢宰以正百官之翌年，周公便薨於酆京。可見筆者認爲周公於前年因老病力薦召公繼任冢宰一事，是合乎情理，亦是合乎史實的。而上述諸篇所涉及的人物史事大都與成王、周公及保奭召公有密切的關係，貫串以觀，確實有其歷史的連續性。而《令彝》銘文涉及衆多官名，是研究西周職官制度極爲重要的出土文獻，故筆者取其與傳世紙上文獻互相印證，以論證西周初年的重要史事和相關禮制、官制。

四、周公對子誦的教導并力輔其踐阼親政

如前所述，在《尚書·洛誥》中，子誦感謝周公説服召公同意其繼位（按：即"公明保予沖子，公稱顯丕德，以予小子揚文、武烈"），而周公則教導子誦繼位踐阼的相關儀禮，及以民爲本和重農的治國理念。內中云：

"公曰：'已，汝惟沖子，惟終。汝其敬識百辟享，亦識其有不享；享多儀，儀不及物，惟曰不享；惟不役志於享，凡民，惟曰不享，惟事其爽侮。乃惟孺子，頒朕不暇，聽朕教汝！於棐民彝。……汝往敬哉，茲予其明農哉！彼裕我民，無遠用戾。'"[31]

所謂"享"者，享禮也，諸侯朝見天子之儀禮。

那麽，周公爲什麽要教導子誦"敬識百辟享"，即認識享禮的複雜性呢？

筆者認爲，諸侯朝見天子之享禮，自古已有。至武王克殷，西周立國，裂土分封功臣謀士，其時諸侯國國君亦行朝見之享禮。此可證之於《尚書·梓材》中周公對封衛之康叔（即弟封）云："先王既勤用明德，懷爲夾，庶邦享。"説明武王時已行享禮。

至武王崩後，"三監"勾結紂子武庚叛反，周公毅然踐阼稱王，東征平叛，極大地擴拓王國的版圖，遂大封親屬子弟，以屏藩周室。故周初大小封國七十一個，其中姬姓侯國達五十三個之多。(32) 顯見周之享禮中，"親親"之義不能不識。這亦如《尚書·梓材》中作爲"今王"的周公對弟封所説："作兄弟方來，亦既用明德，後式典集，庶邦丕享。"所以，許多侯國都是兄弟之國。

自文王治岐以來，其禮治思想是家庭倫理重於君臣大義的。而西周立國去文王不遠，周公必定受其父文王的影響。故周公制周禮，"親親"之義是一大特色。但是，其時姬周既一統天下，富有四海，當然要彰顯周天子君臨天下的氣概。所謂"普天之下，莫非王土；率土之濱，莫非王臣"。這是很能説明問題的。

因此，諸侯朝見天子，固然强調周天子是天下共主，有"尊尊"之義。但彼此既爲兄弟，血緣的關係使彼此除了君臣之禮外，當然更多了一層"親親"之義。至周公致政子誦，周王與諸侯的關係，便由"兄弟之國"變爲"叔父之國"，故各種關係在享禮中是有所區別的。

所以，在《尚書·洛誥》中，周公才教導子誦要認識各種享禮的複雜性，在即位之後，接受諸侯的朝見，要懂得有"享"或"不享"的分别。此中有周禮"親親"之義，這是周禮與前代之禮最大的分别所在。

在上引《洛誥》短短的一段中，已三見"民"字，足見周公確實以民爲本，并以民本觀念教導子誦。而姬周家族的祖先后稷爲農官，見諸史籍，從太王到文王乃至周公，無不重農，此乃姬周家族之傳統。故周公告誡子誦："汝往敬哉，兹予其明農哉！"説明周公不僅教導子誦認識禮制及如何應用儀禮，同時還教導他要以民爲本、以農爲本。即是説，周公希望子誦以禮治、德治的觀念管理國家，而且要重視農業生産以保障國家的經濟和人民的生活。

對於周公本人樂意致政子誦并説服召公亦作出同樣的安排，以及周公上述對子誦的種種教導，子誦（即王若，因其尚未即位，乃準王，故《洛誥》稱"王若"）曰：

"公明保予沖子，公稱丕顯德，以予小子揚文、武烈，奉答天命，和恒四方民，居師；惇宗將禮，稱秩元祀，咸秩無文。惟公德明光於上下，勤施於四方；旁作穆穆迓衡，不迷文、武勤教，予沖子夙夜毖祀。"(33)

子誦感謝周公説服保奭同意致政給他，由於周公之大德，使他得以繼位弘揚文王、武王的功烈，并以此來答謝天命，使四方人民繼續在和平安定的環境中生活。以此而言，説明子誦能聽從周公的教誨，重視以民爲本的治國理念。

同樣重要的是，周公還教導子誦要以禮治國。而子誦在這方面亦有所回應，表示他要"惇宗將禮，稱秩元祀，咸秩無文"。即是説，他將篤信并遵照文王以來乃至周公所確立的宗法和禮制來辦事，如其即位稱王時一切的禮制秩序和祭祀大典（即"稱秩元祀"），都將謹守分際，無有越禮，不會出現紊亂，此即所謂"咸秩無文"。

從這一點可以看出，子誦對周公非常尊重，表示要按照周公所制之周禮辦事。所以他一再頌揚周公，説："公稱丕顯德"，"惟公德明光於上下，勤施於四方"。從子誦稱頌周公所制之周禮光照天下，及於四方之民，足證周公稱王在位七年的功勛和德政。

另者，從子誦自言"稱秩元祀"一事看來，筆者認爲，"元祀"可以指大祭，但亦可以代表"元年"，因爲殷周之際，"祀"即爲"年"。故子誦説"稱秩元祀"，亦可解爲"自其即位稱王元年起的一切禮制秩序"，這亦符合子誦即將成爲新王的實際情況。

關於周公致政前後與姬誦的關係，筆者認爲司馬遷在《史記·魯周公世家》中有一段記載顯與史實不符，其事亦不合邏輯。内中云：

"初，成王少時，病，周公乃自揃其蚤沉之河，以祝於神曰：'王少未有識，奸神命者乃旦也。'亦藏其册於府。成王病有瘳。及成王用事，人或譖周公，周公奔楚。成王發府，見周公禱書，乃泣，反周公。周公歸，恐成王壯，治有所淫逸，乃作《多士》，作《無逸》。"

筆者認爲，周公作《無逸》，應在其表示致政，子誦即將嗣位爲王之時。此根據是，《無逸》中周公對子誦説："嗚呼！繼自今，嗣王則其無視於觀、於逸、於游、於畋，以萬民惟正之供。"

所謂"繼自今"，即繼自今王，指周公本人；周公致政，子誦繼位，乃爲"嗣王"，亦即後王。而"繼自今"的句式，亦見諸於《尚書·立政》。如："繼自今，我其立政。""繼自今，文子文孫其勿誤於庶獄庶慎，惟正，是乂之。""繼自今，立政其勿以憸人，其惟吉士，用勱相我國家。""繼自今，後王立政，其惟克用常人。"[34]

從《無逸》有"繼自今"之句，顯示前王與後王即將進行權力交替，可知周公作《無逸》的時間，子誦正處於行將繼位爲王之際，而并非像司馬遷在《史記·魯周公世家》所説，在成王用事之後。且所記之事，先秦經典從未載。

而所言成王誤信奸言，逼使周公奔楚。其後又似《金縢》的舊事一樣，發府而見禱書，始知周公之真心。於是成王泣而愧悔，始迎周公歸，并説《無逸》乃周公自楚歸來後始作。我認爲《史記·魯周公世家》記述此事并無根據，與史實不符。其實，古人對此早有覺察。唐代史學家司馬貞在其《史記索隱》中就直接批評《史記·魯周公世家》的這一段記載缺乏根據，指出"經典無文，其事或別有所出"。同時他還以三國時代蜀漢的儒家大學者譙周對此事的考索作依據，并引其言云：

> "秦既燔書，時人欲言《金縢》之事，失其本末，乃云：'成王少時病，周公禱河欲代王死，藏祝策於府。成王用事，人讒周公，周公奔楚。成王發府見策，乃迎周公。'又與《蒙恬傳》同，事或然也。"(35)

顯然，根據譙周的這一段話，可知有關成王誤信讒言，致使周公被逼奔楚的傳說，應出現在秦始皇統一六國及焚書坑儒之後。當時的讀書人欲言《尚書·金縢》之事而無書可讀，乃編造類似之事以代替之。

另一方面，秦末之際，大將蒙恬助秦始皇統一六國，居功至偉，而竟被二世胡亥夥同趙高合謀逼死，時人乃杜撰周公被逼奔楚之事，以影射當局之逼害功臣，爲其冤之。

筆者認爲，譙周的推斷和司馬貞的考證是正確的，周公爲成王加害被逼奔楚之事，純屬杜撰。而以司馬遷之睿智與通博，豈會不知周公被逼奔楚一事先秦典籍無載，實屬子虛烏有。其所以錄存秦末文人的這一傳說，其意實亦在借此以影射劉漢政權，因爲自漢高祖劉邦始，即大規模誅戮功臣，"兔死狗烹"之舉，歷史能無誡乎！故《史記》針砭劉漢政權弊病之篇什甚多，司馬遷顯然亦以此賈禍。

所以，實事求是而論，周公被成王所逼奔楚之事，實出於秦漢之際時人的杜撰，其與歷史事實完全不符。因爲據《洛誥》等典籍的記載，周公致政後，成王頌揚其功德，稱"公德明光於上下，勤施於四方"。及後唐叔獻嘉禾，成王命唐叔歸禾於周公，(36)表示後王對前王的尊重，顯示叔侄相善的歷史事實，此皆先秦典籍之所明載。

至於《尚書·金縢》末段說成王起初未對周公尊以天子之禮，其實乃爲周公卒後之事，《史記·魯周公世家》曾經述及。(37)

而在周公生前，先秦經籍從未見成王對周公敢有任何不敬的記載。以周初的實際情況而論，周公爲救姬周王朝之危亡，慨然任道，踐阼稱王東征平叛，在位七年，於軍政及禮樂文化諸方面貢獻良多，及後又毅然致政子誦，天下皆頌揚其功德，其權威之重，聲望之隆，影響之巨，又豈是毫無建樹而新得王位的姬誦所可比擬的。故成王即使有孤恩負德之心，又怎有能力做出逼害周公之舉，甚至令其逃亡至楚國，這是完全不可能之事。

故實事求是而論，無論致政前後，周公作爲前王及叔父，其對子誦的教導，是頗以居高臨下的態度嚴肅對待之，不僅在《洛誥》中如此，即使《無逸》所載，亦同樣如此。

如前所述,在《逸周書·大開武》中,周公早就勸誡武王要"明德無逸"。但克殷成功,西周甫立國,軍政事務及國計民生之大事千頭萬緒,武王卻舉行大規模畋獵活動,事見《逸周書·世俘》。可見武王確實有貪圖玩樂的一面。而在《尚書·旅獒》中,召公對武王亦以"玩人喪德,玩物喪志"加以勸誡,幷以"不矜細行,終累大德"之嚴詞,指出武王沉迷女色的不良後果。

子誦顯然亦頗有乃父耽好逸樂之風,故筆者在前文分析《尚書·召誥》時,已指出召公對周公擬致政子誦,是持反對態度的。然而周公致政之意已決,但對於召公的顧慮,周公作了明確的回應,就是像當年告誡武王要"明德無逸"一樣,乃特作《無逸》之篇以訓勉子誦,希望他勤謹爲民,學歷代先聖王尤其要以祖父文王爲榜樣,做一個明君。而筆者認爲,周公作《無逸》的時間,應在子誦行將蒞阼之際,約成於《洛誥》與《立政》之間。

衆所周知,我國自古以農立國,帝王若不知稼穡之艱辛則不知治國之道。所以,在《無逸》中,周公教導子誦的第一句話,就說:

"嗚呼!君子所其無逸,先知稼穡之艱難;乃逸,則知小人之依。"

接着,他又以殷代自中宗以來的幾位商王由於重視農業,因此治國有道享祚亦久;而祖甲之後的幾位商王則"不知稼穡之艱難,不聞小人之勞,惟耽樂之從。自時厥後,或罔或克壽"。周公的目的就是要子誦從他們的成功或失敗中吸取經驗教訓。

在《無逸》中,周公教導子誦要學習自己的先祖,尤其要以文王爲榜樣。說:

"嗚呼!厥亦惟我周太王、王季,克自抑畏。文王卑服,即康功田功,徽柔懿恭,懷保小民,惠鮮鰥寡。自朝至於日中昃,不遑暇食,用咸和萬民。文王不敢盤於游畋,以庶邦惟正之供。文王受命惟中身,厥享國五十年。"

如前所述,周之祖先后稷在堯舜時爲農官,故姬周家族有重農的傳統。禹治水土,亦在於安民利農。大夏王朝建立之後,姬周家族與其關係密切。迄於商朝,凡重農而勤於政事之商王多能成功,反之則多失敗。而周文王不僅勤政愛民,而且最重農業。他艱苦樸素,不好游樂畋獵,唯以"懷保小民"爲念,朝勤夕惕,廢寢忘食。而文王重農的觀念和深仁厚德,令兒子周公旦最敬仰和推崇。

相反,筆者發現,周公教導子誦學習姬周家族先公先王的榜樣人物中,只縷述太王、王季、文王的功德而無一字言及其父武王,說明武王在個人私德方面確有缺失,是不足爲訓的。武王克殷後好游樂畋獵,召公勸誡其勿"玩人喪德,玩物喪志"。[38]

由於上述原因，導致武王於克殷後二三年病篤而崩，享祚之短，令人吃驚。開國之王竟然如此結局，這對姬周家族來說，不能不是一種永恒之痛。正因爲如此，在《無逸》中，周公極具針對性地教導子誦，在坐上王位之後，要以此爲誡。文中說得很具體，云：

"周公曰：'嗚呼！繼自今，嗣王則其無淫於觀、於逸、於游、於畋，以萬民惟正之供。'"

那麼，周公所指的染有"淫於觀、於逸、於游、於畋"惡習的人究竟是誰呢？對照而觀，毫無疑問，就是武王。所以，周公舉這些例子是極具針對性的，實際上是在對武王作不點名的批判。這等於教訓子誦繼位之後，千萬別學他父王那些惡習。

在對子誦進行思想品德教育之後，周公就向他全面地移交政權，亟力輔助其踐阼親政。筆者認爲，這就是《尚書·立政》一文的主要內容。該篇一開始即云：

"周公若曰：'拜手稽首，告嗣天子王矣。'用咸戒於王曰：'王左右常伯、常任、准人、綴衣、虎賁。'"

筆者認爲，自文王治岐并稱王之後，姬周王朝早就有一套職官系統。繼之武王克殷，西周立國，大體尊文王之制；且因二三年後病篤而崩，故武王在典章制度上建樹不多。

直至周公稱王東征，極大地拓展王國的版圖，國家規模遠逾於昔，且制禮作樂，立政任官，因此至其致政之時，包括職官制度在內的各種典章名物和秩序制度的建設已趨於完善。而周公向姬誦移交政權，第一件事當然就是向百官公卿大臣諭知并公告天下："告嗣天子王矣！"

"嗣"，指嗣位，亦即繼位；"王矣"，當然指踐阼爲王。從這一句話亦可考知，姬誦是直至此時始爲王的，故在此之前七年，《尚書》與《逸周書》相關篇什中的"王""王曰"都與他無關。

周公接着便向成王引見相關的主要官員，其中包括常伯、常任等重要的輔政官員。所謂"常伯"，一般指三公。蓋"伯"爲長，地位最尊，非三公莫屬。

而"常任"的地位亦非常重要，應指王朝常設的中央辦事機構的主要官員，其中包括卿事寮衆卿（六卿或九卿），及太史寮等秘書機構諸官。

至於"綴衣"，則屬內廷的主要官員，其職務是帶領宮廷諸內侍負責王的日常起居生活及傳遞訊息等。而"虎賁"則指軍事防衛方面的官員，其職務包括保衛王的安全等相關事務。

所以這四方面的官員與王的關係最密切，周公首先予以引見，是自有其道理的。

然後，周公又引述夏、商以來仁君和暴君在處理與大臣之間的關係以及治政方面成功及失敗的經驗教訓，目的就是要成王信任及聽從賢臣之言，以德治國。他特別稱頌文王慎用刑獄，是以德治國之模範。及至武王，乃遵循文王以德治國之方略，始奠定西周之基業。

筆者認爲，周公致政之後，退居臣位，所以他希望成王接于政權之後，能處理好彼此之間的君臣關係。作爲百官之首的冢宰，周公表示他將立政以輔成王。作爲文王的子孫（按：即"文子文孫"），他們將以文王爲榜樣，同心同德，把國家治好。周公在《立政》中的話非常重要，茲錄如下：

"嗚呼！孺子王矣！繼自今，我其立政：立事、准人、牧夫。我其克灼知，厥若，丕乃俾亂，相我受民，和我庶獄庶慎，時則勿有間之，自一話一言。我則末惟成德之彦，以乂我受民。

"嗚呼！予旦已受人之徽言，咸告孺子王矣！繼自今，文子文孫其勿誤於庶獄庶慎，惟正是乂之。自古商人亦越我周文王立政：立事、牧夫、准人，則克宅之，克由繹之，茲乃俾乂。國則罔有立政用憸人，不訓於德，是罔顯在厥世。繼自今，立政其勿以憸人，其惟吉士，用勱相我國家。

"今文子文孫，孺子王矣！其勿誤於庶獄，惟有司之牧夫。其克詰爾戎兵以陟禹之迹，方行天下，至於海表，罔有不服。以覲文王之耿光，以揚武王之大烈。嗚呼！繼自今，後王立政，其惟克用常人。

"周公若曰：'太史！司寇蘇公式敬爾由獄，以長我王國。茲式有愼，以列用中罰。'"(39)

周公上述之言，筆者認爲有幾個要點值得注意：

第一，周公在朝廷上公告"孺子王矣"，可知子誦其時即將踐阼爲王。

第二，在治國理念上，周公表示自己執政時的主要特點，是"相我受民，和我庶獄庶慎。……我則末惟成德之彦，以乂我受民"。其意在於教導子誦登基爲王之後，必須繼續采用以民爲本、以德治國、慎用刑獄的原則，以達至"民和"的目的。筆者認爲，周初有關"民和"的觀念很重要。因爲武王克殷尤其是周公東征之後，周天子爲天下共主，在這種情况下，西土之民與原殷地之民及其他方國之民，對大一統的姬周王朝而言，皆爲子民。故國家要達到真正的統一，實在於人民之間的和睦團結。這正是周公在東征之後，一再在東土的殷故地上强調"民和"的主要原因。

如《康誥》中云：

"周公初基，作新大邑於東國洛，四方民大和，會侯、甸、男、邦、采、衛、百工；播民和，見士於周。"

這是筆者對《康誥》首段所作新的點校，有別於以前其他的點校者。因爲這樣點校，不僅合乎原文之意，而且突出了周公在殷地撫綏殷民的"民和"觀念。內中述及周公在洛邑會晤以前殷屬的諸侯采衛百工，見士於周（按：士爲秀民；周即成周），目的都是爲了"四方民大和"與"播民和"。另《康誥》中，王（即周公）對康叔說："嗚呼，封，有叙時，乃大明服，惟民其敕懋和。"說的亦是"民和"的重要性。

又如《無逸》中，周公教導子誦要以祖父文王爲榜樣，說："文王卑服，即康功田功，徽柔懿恭，懷保小民，惠鮮鰥寡。自朝至於日中昃，不遑暇食，用咸和萬民。"——周公強調文王所做的一切，都是爲了達到"咸和萬民"亦即"民和"的目的。所以，筆者認爲，周公的"民和"觀念是導源於文王的。

所以，在《康誥》中，周公之所以強調要"播民和"，即向天下萬民百姓尤其是原殷地之民傳播和睦共處及和諧團結的理念，蓋周公領導東征取得徹底的勝利，是因爲他受到民衆普遍的支持，所以深知"民和"的重要性。尤其認識到姬周在得國之後，只有包括殷地之民在內的全體人民和睦團結，國家才能安定統一。

因此，周公特別重視"民和"的觀念。正因爲如此，筆者認爲，其"制禮"之後所以"作樂"者，目的正在於作樂以和民。故"樂"之核心觀念基本在一"和"字，實導源於文王、周公的"民和"思想。這一點過去甚少人言及，筆者在此特爲提出，希望學術界同人加以注意，共同作進一步地深入研究。

第三，致政後，周公退居臣位，任職冢宰，仍然以建立政治制度爲務，即"立政"。其中包括"立事、准人、牧夫"等方面主要官員的任命；而用人的原則，周公認爲必須繼續采用文王以來重用賢人吉士治國，勿用奸險小人干政的用人制度。此即"立政其勿以憸人，其惟吉士，用勱相我國家"。

第四，周公訓誡姬氏子孫（即"文子文孫"）在子誦踐阼稱王之後，必須遵守法紀，切勿觸犯刑律，誰犯罪都必須接受法官的審判入獄。筆者認爲，周公之所以這樣說，是因爲子誦是年輕人，在王室貴族中有許多同年齡的親屬朋友，而其時西周立國未久，禮、樂、刑、政的制度處於草創的階段。

所以，周公警告"文子文孫"在子誦上台之後，切勿干犯刑律，"其勿誤於庶獄，惟有司之牧夫"，從而強調法治的重要性。他甚至延引帝禹當年召集天下諸侯戎兵，而防風氏後至被誅的史事，證明禹由於法紀嚴明，而得以"方行天下，至於海表，罔有不服"。

由此可知，周公不僅重視德治和禮治，同時亦重視法治。周公乃儒家思想元祖，而周禮之中，禮樂、刑政二者未曾偏廢，說明自古以來，儒家的治國理念是禮治與法治兼施，二者并非對立。

第五，周公希望子誦上台親政之後，要使用"常人"。所謂"常"者，綱常、倫常，皆禮之大者；因此，"常人"就是指在禮制綱常上能秉持原則的人；而"常"與"祥"通，兼有善義，故"常人"亦指善人、賢人；[40]另外，"常"亦有持久之義，故"常人"亦指那些久經考驗卓有建樹的舊臣。這等於告誡子誦，在他上台之後，要任用優秀的人才，其中包括繼續使用舊人。

當然，《立政》最重要的主旨還是"立政：立事、准人、牧夫"，亦即"三宅"所指對負責治民、理事、執法三事之官的考察與任命，其中顯然包括卿事寮及諸尹等官，這是冢宰的職責。

從出土周初青銅器《令彝》記述明公（按：即召公）繼周公之後任冢宰，"朝至於成周，出令舍三事令，及卿事寮，及諸尹，及里君，及百工"。證明周初姬周王朝的"立政"是以職官制度的建設爲主體的。而周公除教導子誦以民爲本和以德爲本的禮治觀念外，就是輔助建立從朝廷到地方的一整套職官系統和制度，以便使子誦上台親政之後，有章可循，有法可依。

在《立政》的末尾，周公向子誦示範如何執政命官。其云：

"周公若曰：'太史！司寇蘇公式敬爾由獄，以長我王國。茲式有愼，以列用中罰。'"

那麼，在《立政》中，爲什麼要用"周公若"的説法呢？本來，王就是王，周公就是周公，爲什麼《尚書》的一些篇什會用"王若"或"周公若"的稱謂呢？

筆者認爲，這是周公致政身份行將出現轉變的特殊情況下，按照禮制相應出現的特殊稱謂。

比如，在以周公爲主角的《尚書》一些篇什中，如《多士》之用"王若"，或《立政》之用"周公若"者，顯然都是在周公宣布致政之後，作爲"王"的周公向作爲"臣"的周公過渡期間的稱謂。

在這段期間，他的身份間於"王"與"周公"之間。正是因爲此時周公一身而兼具亦君亦臣的特殊身份，所以在《召誥》的記述中，言及召公在拜見周公時，用了前所未見而且非常特別的稱謂："旅王若公"，反映了周公在制禮之際，本人以身作則，其地位、稱謂都置於禮治制度之下。

凡此種種，説明周公稟承文王的禮治思想，締造了西周的禮樂制度，其稱王與致政，皆以禮制爲依據。

尤其周公摒除干擾，一反殷制"兄終弟及"的傳位制，而決意致政子誦，并以此爲開始，使"傳子"作爲姬周王朝的王位繼承法，從而令兩周王朝得享八百年之基業。其影響所及，日後且成爲漫長的中國古代封建社會歷代皇朝所共同遵行的傳位制度，使皇朝在政權的傳承上得以平穩過渡，從而使長達二千多年的中國封建社會，出現長期相對平穩的局面，這是周公對中國古代文明的一大貢獻。

2017 年 7 月 21 日修訂

[注]

（1）（2）郭偉川《周公史事編年》，載郭偉川著《中國歷史若干重要學術問題考論》，國家圖書館出版社，2009 年。

（3）參閱郭偉川《〈汲冢竹書紀年〉源流考析——王國維先生論說考正》，載郭偉川著《中國歷史若干重要學術問題考論》，國家圖書館出版社，2009 年。

（4）參閱郭偉川《論宋代理學之歷史本源》，載郭偉川著《中國歷史若干重要學術問題考論》，國家圖書館出版社，2009 年。

（5）（9）參閱蘇軾《周公論》，載《蘇東坡全集·應詔集》。

（6）參考徐連達主編《中國歷代官制詞典》，安徽教育出版社，1987 年。

（7）《禮記·文王世子》。

（8）郭偉川《周公稱王與周初禮治——〈尚書·周書〉與〈逸周書〉新探》，載郭偉川著《儒家禮治與中國學術——史學與儒、道、釋三教論集》（修訂本），北京圖書館出版社，2002 年。

（10）《逸周書彙校集注·度邑解》。

（11）郭偉川《周公稱王考——〈尚書·周書〉與〈逸周書〉新探》，載郭偉川著《兩周史論》，北京圖書館出版社，2006 年。

（12）《尚書·君奭》。

（13）（19）《逸周書彙校集注·允文解》。

（14）王國維《殷周制度論》，載《觀堂集林》。

（15）《尚書·召誥》。

（16）（17）以上見《禮記·郊特牲》。

（18）《逸周書彙校集注·大匡解》。

（20）（23）楊任之《尚書今譯今注》，北京廣播學院出版社，1993 年。

（21）（31）（33）《尚書·洛誥》。

（22）見屈萬里《尚書今注今譯》，台灣商務印書館，1993 年。又見顧寶田《尚書譯注》，吉林文史出版社，1995 年。

（24）據郭沫若《兩周金文辭大系考釋》之《釋〈令彝〉》。

（25）楊向奎《宗周社會與禮樂文明》，人民出版社，1992 年。

(26)《尚書·無逸》。

(27)(34)(39)《尚書·立政》。

(28)《逸周書彙校集注·王會解》。

(29)(30)見《竹書紀年》，載《四部備要·史部》，中華書局據抱經堂本校刊。

(32)《荀子·儒效》。

(35)(37)見《史記索隱·魯周公世家》引譙周語。

(36)見《竹書紀年》。又《史記·魯周公世家》。

(38)見《尚書·旅獒》。

(40)見顧寶田《尚書譯注》，吉林文史出版社，1995年。

周公制禮考論

長期以來，大家從先秦文獻典籍相關篇什的記載中，知道周公制禮之事。如《左傳·文公十八年》記載魯公室之言曰："先君周公制周禮。"

又《左傳·哀公十一年》記載孔子在處理涉及禮制的問題時，指出："則周公之典在。"

説明孔子之時，魯國尚存周公所制之禮，并以之判斷是非。《尚書大傳》及《逸周書·明堂》都明確記述周公"制禮作樂"之事。説明周公制周禮，事無可疑，確符史實。

但是，古往今來，對於周公所制周禮的具體内容究竟是什麽？史書大多付之闕如，古代學者缺乏系統而條貫之研究，以致後人莫知其所以然。近世唯王静安先生在《殷周制度論》中對這方面曾有研究，但亦甚爲簡略。内中説：

"周人制度之大异於商者，一曰'立子立嫡'之制，由是而生宗法及喪服之制，并由是而有封建子弟之制、君天子臣諸侯之制；二曰廟數之制；三曰同姓不婚之制。此數者，皆周之所以綱紀天下。其旨則在納上下於道德，而合天子、諸侯、卿、大夫、士、庶民以成一道德之團體。周公制作之本意實在於此。"[1]

静安先生眼光如炬，指出周公制周禮的三項主要内容及相關制度，非常重要。但實事求是而論，王先生説的只是要點，并不具體，亦不全面。且若謂周公制禮的内容僅止於此，則亦不符合歷史事實。因爲從《尚書·周書》及《逸周書》的相關篇什及地下出土文物中，實際上亦可考出周公制禮的某些内容，其中一些方面顯然爲静安先生的研究所未涵蓋，有許多地方則爲前人所未曾言。

筆者不揣淺陋，根據對先秦相關文獻典籍研究所得，結合甲骨、金文資料，乃將周公之所以制禮及相關儀禮制度的具體內容，分四方面縷述如下：

一、周公建立分封和册命制度

有關姬周王朝立國後的分封問題，本來武王於克殷取得勝利之初即有此舉措。筆者曾著文專論及此，指出：

"當年武王伐紂，勝之亦驟，政權來得太容易，因而西周王朝一開始在政治基礎上便顯得十分薄弱。爲了保住勝利果實，力求穩定局面，武王立國伊始，便不得不采取與天下諸侯及殷遺勢力共治的政策，其裂土分封之制，使周王室一開始便成爲一個弱勢的中央政權。據《史記·周本紀》云：'武王追思先聖王，乃襃封：神農之後於焦，黄帝之後於祝，帝堯之後於薊，帝舜之後於陳，大禹之後於杞。於是封功臣謀士，而師尚父首封。封尚父於營丘曰齊，封弟周公旦於曲阜曰魯，封召公奭於燕，封弟叔鮮於管，弟叔度於蔡。餘各以次就封。'……

"武王既封五帝之後，當然亦要對'勝國'殷商王室和遺老遺少采取懷柔政策。而且牧野之戰，紂兵倒戈，實無大戰，中土和東部的殷遺勢力仍很強大，所以武王更有必要對他們進行統戰，故封紂子武庚繼續統治今河南殷商之地和人民，以冀安撫，而達到'以商治商'的目的。"[2]

而《逸周書·作雒》對此亦有所印證，云："武王克殷，乃立王禄父（即武庚），俾守商祀。建管叔於東，建蔡叔、霍叔於殷，俾監殷臣。"說明當時殷遺勢力仍十分強大。

筆者認爲，以上述史實而論，武王其時之分封實出於客觀政治形勢的需要，是一種策略性的舉措；且其時中土與其他廣大地區尚未爲姬周王朝所實際控制，亦沒有太多的地方可供分封。而武王克殷後二年而崩，享祚甚短暫，故在分封和册命上尚未形成制度。據考紙上文獻和出土周初銅器銘文，亦從未發現這方面的記載。故實事求是而言，武王在位二年期間，姬周王朝的制度建設遠未完成。

根據《逸周書·度邑》的記載，武王病篤時，囑周公"乃今我兄弟相後"——這是在王位繼承問題上對周公作"兄終弟及"的政治交代。武王崩後，三監勾結紂子武庚叛反以企奪取政權，周公爲挽狂瀾於既倒，乃遵武王遺囑，慨然任道，踐阼稱王。《尚書·金縢》及《逸周書·皇門》皆載周公自稱"予一人"，這是周公在武王崩後姬周王朝處於政治危機時期稱王的確證。及後周公乃舉全國之力東征平叛，肅清了堅持頑抗的殷遺勢力，徹底征服了中土殷地及其他地區，極大地拓展了姬周王國的版圖，除長江以南的楚國及西北戎狄之外，基本統一了北方的廣土衆民，并置於有效控制

之下。在這種情況下,作爲王者的周公始有條件進行大規模的裂土分封,并確立相應的分封及册命制度。如《逸周書·作雒》云:

> "周公、召公内弭父兄,外撫諸侯。……又作師旅,臨衛政殷,殷大震潰。降辟三叔,王子禄父北奔,管叔經而卒。乃囚蔡叔於郭淩。凡所征熊盈族十有七國,俘維九邑;俘殷獻民,遷於九里。俾康叔宇於殷,俾中旄父宇於東。周公敬念於後曰:予畏周室克追,俾中天下。"(3)

顯然,周公"俾康叔宇於殷,俾中旄父宇於東",其目的是使姬氏兄弟如康叔、毛叔鄭等能"俾中天下",占據原由殷商王朝所盤踞的中原戰略要地,建東都於洛邑,立諸侯國,以作周室屏藩。而"中旄父"者,即毛叔鄭也。

以《尚書》《逸周書》等典籍文獻而言,周公在中土之首封,無疑就是封康叔以侯衛。出土西周青銅器《沫司徒簋》銘文中云:

> "王來伐商邑,誕令康侯鄙(啚)於衛。"(4)

這是周公四年封康叔建侯衛一事在出土西周青銅器上的確切印證。

至於周公對康叔的分封和册命,《尚書·康誥》就涉及這方面的詳細記載。該篇開首即云:

> "惟三月哉生魄,周公初基,作新大邑於東國洛。四方民大和,會侯、甸、男邦、采衛百工;播民和,見士於周。周公咸勤,乃洪大誥治。"

周公封康叔侯衛的時間,據《尚書大傳》所言,謂"四年建侯衛"。具體的時間則在這一年的三月十六日,地點就在洛邑成周。周公會見來參加分封和册命儀式的殷地諸侯、采衛百工及士大夫階層。

或問:周公封康叔,又干殷之遺老遺少底事?

筆者認爲,周公封康叔侯衛之地,處於黄河與淇水之間,適爲以舊殷都爲中心的中原地區,治下多爲殷民,包括來參加册命典禮的舊殷的遺老遺少。周公要他們來參加,實際上是讓他們來聽訓示,警誡他們必須接受康叔的統治。《康誥》中周公對康叔的一段訓辭很能説明問題,云:

> "惟汝小子,乃服惟弘王,應保殷民。亦惟助王宅天命,作新民。"

周公訓令康叔應保護殷民，但其最大的任務是將殷民改造爲周民，即"作新民"。這些話當然亦是説給來參加盛會的殷民聽的，讓他們意識到改朝換代已不可逆轉，叛亂者已被消滅，反抗根本就是絕路。所以《康誥》中周公用了很大的篇幅談刑罰的問題，目的就是警告殷地之民必須老老實實"接受改造"，做好"作新民"的思想準備。他這樣做，當然是希望在殘酷的東征平叛之役結束之後，争取殷地和其他占領區的民心，以冀出現安定和諧的局面，俾有利於姬周王朝的長治久安。所以周公在洛邑成周會見殷地的諸侯和采衛百工，以及殷之多士，是十分必要的。而《尚書·周書》中的《多士》《多方》諸篇，同樣是周公平亂定天下之後，對殷遺勢力及四方諸侯以警誡與安撫一手硬一手軟的策略，目的是要他們服從姬周王朝的管治，其與周公在《康誥》中的用意，是如出一轍的。

至於説"周公咸勤，乃洪大誥治"，按禮制，唯王者始能"洪大誥治"。故《康誥》的這一記載充分表現了周公的王者風範。

有關周公爲王的事實，以及作爲王的權責與象徵，就在建立分封和册命制度，尤其表現在周公册封康叔訓辭語氣的威嚴上。如《康誥》載周公云：

"王若曰：'孟侯，朕其弟，小子封！……惟時叙，乃寡兄勖，肆汝小子封，在兹東土。'"

首先，筆者認爲，從上述的記載中，可以看出直接册封康叔於東土做侯衛的人，顯然就是自稱"寡兄"的周公，亦即文中的"王若"。因此，絕非像古今許多《尚書·康誥》的譯注者所説的，是周公代成王册封并訓誥的。筆者敢於這樣説,是因爲在《康誥》中周公自稱"予一人"，此乃紙上文獻與地下出土文物所證明的自殷周以來禮制上天子之自稱，是判斷殷周之際是否作爲真王的關鍵所在。正因爲周公是自稱"予一人"的真王，而姬封與其既是兄弟的關係，但彼此在禮制上又有君臣、尊卑、上下之分，所以在册封康叔的儀式上，周公之所以自稱"寡兄"，就是因爲"予一人"者，"寡"也，這亦正是後世帝王所以自稱"寡人"以代替"予一人"的由來。因此，筆者認爲，周公之自稱"寡兄"，既在禮制上維護了王者的尊嚴，又在家族上保存了兄弟的情誼，恰好體現了周禮"尊尊"和"親親"的精神。

從筆者上述的分析可知，康叔侯衛是作爲王者的周公直接册封的。在《康誥》末段，周公再三吩咐康叔必須以德治民，不要隨便結怨樹敵，勿爲一些人的陰謀詭計所蒙蔽，總以裕民、安民爲要務。内云：

"王曰：'嗚呼！封，敬哉！無作怨，勿用非謀非彝蔽時忱。丕則敏德，用康乃心，顧乃德，遠乃猷，裕乃以；民寧，不汝瑕殄。'"

這説明周公總以德治民寧爲念。他在授予康叔命書時，還特別説自己就不再以享禮（按：即燕享）相款待了，而叮囑其盡速赴任服命，以安人民。内云：

"王曰：'嗚呼！肆汝小子封，惟命不於常，汝念哉！無我殄享，明乃服命。高乃聽，用康乂民。'"[5]

周公在授予康叔册封的命書時，特別指出"惟命不於常"。即是説，封其侯衛是非同尋常的任命。爲什麼這是非常的任命呢？

筆者認爲，這是因爲周公東征，用三年時間先後敉平武庚與"三監"之亂，及舉行踐奄之役，徹底粉碎了殷遺勢力復闢的企圖，首次全面控制了中土殷商傳統勢力中心和殷人聚居之地。那麼，如此重要的地區，究竟是仍然由殷人自治呢？還是重新建立一個由姬周家族主要成員作爲君主的侯國加以統治？毫無疑問，周公選擇了後者，因爲紂子武庚叛周作亂的教訓殷鑒不遠。而平亂之役剛剛結束，殷民尚惶惑不安，所以，這是非常時期；而在舊殷都及其周圍殷人傳統勢力聚集的地區成立一個姬周王朝新的侯國，這是一項非常之舉。而周公決定新侯國命名爲"衛"，實含有屏藩拱衛周王室之意。同時册封康叔侯於此，從速擔當起統治殷民的重任，以安殷人之心。所以，這無疑是一項非常時期非常之任命，責任重大。故周公在授予册封命書時，始對康叔説："惟命不於常，汝念哉！"其原因蓋在於此。正因爲形勢急逼，使命重大，而且與康叔又是關係親密的同胞兄弟，因此周公省却享禮的繁文縟節，而要康叔儘快於次日起程赴任服命，以安殷民。此即"無我殄享，明乃服命。……用康乂民"。而且最後還一再叮囑："往哉！封，勿替敬典，聽朕告汝，乃以殷民世享。"可見周公其時對於封康叔侯衛以安定殷地民心，是何等重視。在臨行前，周公所以着重交代弟封"勿替敬典"者，就是希望他按命書中對殷民施德治的典則辦事，遵循勿替，使新建立的衛國出現長治久安的局面，如此始能"以殷民世享"。

至於周公對弟毛叔鄭（按：即中㫋父）的册封命書，世上無存。

但《尚書》有《微子之命》的記載，内中述及周公册命殷商王室後人的事。此乃周公在東征取得勝利、大局底定之後，鑒於紂子武庚既誅，乃封紂王庶兄微子啓國於宋，以續湯祀。筆者認爲，周公以命書册封殷庶，應是繼册封康叔於殷地建立侯衛之後，建立分封及册命制度的一部分。至於對殷庶册命的時間，則在周公四年封康叔建侯衛之後，五年初擬營成周之時。其實，在《尚書‧召誥》中，恰好有封殷庶這方面的記載，内中云：

"惟二月既望，……越七日甲子，周公乃朝用書，命庶殷侯、甸、男、邦伯。

厥既命殷庶，庶殷丕作。"

鄭玄亦認爲《召誥》所書史事的年分——"是時周公居攝五年"。(6)

所以，筆者認爲，周公册命殷庶微子啓國於宋的時間，應在周公稱王五年的二月份。在授予微子啓册封命書時，周公希望他學習先祖成湯寬以待民之德，好好治理轄下之民。《尚書·微子之命》的前部分，筆者認爲就是周公授其命書時所說的話。其開篇即云：

"王若曰：'猷！殷王元子，惟稽古崇德象賢。……嗚呼，乃祖成湯，克齊聖廣淵，皇天眷佑，誕受厥命，撫民以寬，除其邪虐，功加於時，德垂後裔。爾惟踐修厥猷，舊有令聞，恪慎克孝，肅恭神人，予嘉乃德，曰篤不忘。'"

周公之所以封微子啓國於宋，如從表面冠冕堂皇地説，就是令其以續湯祀；但實際的目的，乃在於實行統戰，以達到"以商治商"的目的。所以，周公在授予命書時，特別提到"乃祖成湯"，說明此次之册命，乃完全看在殷商這位先聖王的面上，給予出路，希望他好自爲之。

至於《尚書·微子之命》的後部分，筆者認爲，應是周公册封命書的具體内容。其《命書》云：

"上帝時歆，下民祗協。庸建爾於上公，尹兹東夏。欽哉！往敷乃訓，慎乃服命，率由典常，以藩王室。弘乃烈祖，律乃有民，永綏厥位，毗予一人，世世享德，萬邦作式，俾我有周無斁。嗚呼！往哉惟休，無替朕命。"(7)

周公分封册命微子啓國於宋的地點，在今豫東一帶，這正與《命書》中所言"建爾於上公，尹兹東夏"的記載吻合。而《尚書·康誥》中，周公對康叔的册命用了"明乃服命""勿替敬典"的句式；而《微子之命》中，周公對微子的命書亦同樣用了"慎乃服命，率由典常"及"無替朕命"的句式，可見其時周公在建立分封及册命制度及其語言上，已具備了一定的禮制模式。

再從《尚書·蔡仲之命》的内容和句式，亦可見其與《康誥》及《微子之命》有類同之處。

如所周知，蔡仲之父蔡叔度爲"三監"之一，在武王崩後附逆叛亂。周公戡亂後，蔡叔度被流放而死。其子胡（即蔡仲）能改父行，以德爲本。周公乃封其於東土豫南之地，《尚書·蔡仲之命》記其事。云：

"王若曰：'小子胡，惟爾率德改行，克慎厥猷，肆予命爾侯於東土，往即乃封，敬哉！……懋乃攸績，睦乃四鄰，以藩王室，以和兄弟，康濟小民。率自中，無作聰胡亂舊章，詳乃視聽，罔以側言改厥度，則予一人汝嘉。'王曰：'嗚呼！小子胡，汝往哉，無荒棄朕命。'"

另外，筆者在研究《尚書·周書》的相關篇什中，發現周公在稱王期間所分封冊命的命書中，其語言模式、內容及語氣都符合王制，顯示其時確實具有王者的身份。如：

1. 分封及冊命的語言模式

從《蔡仲之命》的內容以觀之，筆者發現周公冊封的《命書》與《康誥》及《微子之命》一樣，都具備幾個要點，形成王制冊封命書的語言模式，如：

《康誥》："乃寡兄勖，肆汝小子封，在茲東土。"

《微子之命》："庸建爾於上公，尹於東夏。"

《蔡仲之命》："肆予命爾侯於東土。"

筆者認爲，因爲康叔、微子、蔡仲三人分封的地方都在河南地，相對於陝西的鄷、鎬而言，周人視之爲東部地區，故稱"東土"或"東夏"。而由於周公與康叔封、微子啓及蔡仲三人親疏厚薄的不同，故《命書》在言辭上亦有所分別。但共同之處，都是出於王者周公的冊命，都是王制的語言模式。

2. 分封冊命的原則和目的是輔助及屏藩周王室

《康誥》："惟汝小子，乃服惟弘王。""亦惟助王宅天命。"

《微子之命》："慎乃服命，率由典常，以藩王室。"

《蔡仲之命》："懋乃攸績，睦乃四鄰，以藩王室。"

3. 受冊命者必須執行周王朝的制度，不可亂改典章

《康誥》："明乃服命""勿替敬典"。

《微子之命》："往敷乃訓，慎乃服命，率由典常，……無替朕命。"

《蔡仲之命》："率自中，無作聰明改舊章。……無荒棄朕命。"

4. 在下述誥命之書中，周公都自稱"予一人"

《康誥》："則予一人以懌。"

《微子之命》："律乃有民，永綏厥位，毗予一人。"

《蔡仲之命》："罔以側言改厥度，則予一人汝嘉。"

毫無疑問，《康誥》《微子之命》及《蔡仲之命》乃周公所作，司馬遷在《史記·周本紀》中亦將《微子之命》及《康誥》諸作列入"周公之篇"。而周公於上述篇什中都自稱"予一人"，反映其時周公在禮制上確爲王者的歷史事實。爲什麼筆者這樣說呢？

筆者認爲，西周是個禮制社會，周公稱王一事，只有從禮制方面加以考證，才

能徹底解決問題。而稱呼上是否屬於王制，是判斷此一問題的重要標準。有關這一方面，《禮記·玉藻》云："凡自稱，天子曰予一人。"

又《禮記·曲禮下》云："君天下，曰天子；朝諸侯，分職授政任功，曰予一人。"

可見古代禮制規定，只有"王"即天子，才能自稱"予一人"，這是王制。因此，從禮制上來說，周公多次自稱"予一人"，證明他確實稱王而居天子之位。

著名甲骨學家胡厚宣先生是近世最早撰文提出周公多次自稱"予一人"的學者。其大作《釋餘一人》，載於《歷史研究》1957年第1期上；近年又系統地載述於所著《殷商史》上。唯胡先生顯然不承認周公稱王的事實，說周公多次稱"予一人"，只是其"攝政時"的自稱而已。其文云：

"古文《尚書·微子之命》說：'毗予一人。'《尚書·酒誥》說：'則予一人以懌。'又《多士》說：'予一人惟聽用德。'《逸周書·皇門》說：'朕盡臣夫明爾德，以助予一人憂。'這是周公攝政時稱予一人的例子。

"《尚書·酒誥》說：'惟我一人弗恤。'又《多士》說：'非我一人奉德不康寧。'這是周公攝政時稱我一人的例子。

"《尚書·君奭》說：'故一人有事於四方。'孔安國《傳》：'一人，天子也。'這是周公攝政時稱一人的例子。"[8]

從上述引文可知，無論周公多少次稱"予一人""我一人"或"一人"，胡厚宣先生一概以周公"攝政時"的自稱論之。

但筆者認爲，古代禮制的客觀事實必須尊重。既然《禮記》之《玉藻》及《曲禮下》諸篇皆記載凡稱"予一人"者，必爲天子。筆者乃遍考傳世的紙上文獻及甲骨、金文資料，結果二重證據證明，無論殷、周二朝，凡自稱"予一人"者，個個都是王，無一例外。而事實亦證明，歷史上從未有位居攝政而自稱"予一人"者。周公之前，既無先例可援；周公之後，亦無後例可證。此中之緣由，蓋因攝政稱"予一人"不合於禮，故史所未有。

所以，說周公攝政時稱"予一人"，顯然缺乏歷史根據。筆者認爲，既稱"攝政"，便有一真王在，古今中外，歷來如此。若居攝政而自稱"予一人"，則將置王於何地？這明顯不合禮制，是絕無可能的。故周公稱"予一人"之日，天下唯有一王，便是周公；姬誦其時乃爲世子，《禮記·文王世子》可以爲證。說明周公其時爲王而非攝政，是毋庸置疑的歷史事實。這亦正是筆者對胡厚宣先生有關周公"攝政時"自稱"予一人"之論不敢苟同的主要原因。

胡厚宣先生對甲骨學研究有很大的貢獻，令人敬佩。可惜他未諳於禮學，才導致在周公自稱"予一人"的問題上考證失誤。

由此可知，有關周公稱王的問題，只有從禮制的角度加以探討，才能得到徹底的解決。換言之，不知禮，則無以證周公之稱王。同樣，不知禮，西周及春秋時期許多人物史事的研究，便失去重要的依據。

衆所周知，孔子最推崇周公。他顯然認爲周公主政期間，便是天下有道之時，故云：

"天下有道，則禮樂、征伐自天子出。"[9]

以此觀之，當年周公舉全國之力東征平叛，筆者認爲，《尚書·大誥》就是周公的征伐令。

而《左傳》《尚書大傳》及《逸周書·明堂》皆言之鑿鑿，説周公在位確曾制禮的事。因此，歷史事實證明，西周初年，禮樂、征伐自周公出，那麼，他不是"天子"，又是什麼呢？

筆者認爲，正是由於周公稱王，因此才有制禮的權力依據，在其居王位期間，才能正式建立了分封和冊命制度，并在相關《命書》的内容及語言形式上，形成了王制的模式。

周公在位期間，所封侯國甚多，僅姬姓侯國就有二十餘個之衆。如《左傳·僖公二十四年》云：

"昔周公吊二叔之不咸，故封建親戚以蕃屏周。管、蔡、郕、霍、魯、衛、毛、聃、郜、雍、曹、滕、畢、原、酆、郇，文之昭也。邘、晋、應、韓，武之穆也。凡、蔣、邢、茅、胙、祭，周公之胤也。"

因此，周公稱王期間，其建立的分封冊命制度是西周王朝立國之本，亦是周禮重要的組成部分之一。

二、周公建立朝覲、職貢制度及相關儀禮

周公東征的勝利，鞏固了姬周政權，極大地拓展了王國的版圖。在周公建立了正式的分封和冊命制度之後，周天子作爲天下共主，與侯國國君彼此之間，便成爲君臣的關係。

而分封冊命的諸侯之中，既有武王克殷後冊封的五帝後人，更多的侯國則來自於周公東征勝利後的大規模分封，其中當然大部分是姬姓血親侯國，亦有像封宋的微子啓這樣的殷遺侯國。於是，制定侯國國君覲見周天子時相應的禮制和儀式，以顯示周天子君臨天下之權威，從而體現周禮"尊尊"和"親親"的宗旨，顯然便成爲

刻不容緩的事。

如前所述，筆者認爲，《尚書·康誥》所載周公封康叔建侯衛的時間，應在周公稱王四年。其事發生在東征三年戡定叛亂之後，於次年之春三月，周公初基於洛邑，大會諸侯。實際上，這亦是周公爲姬周王朝建立朝會覲見制度之始。內中云：

"惟三月哉生魄，周公初基。作新大邑於東國洛，四方民大和，會侯、甸、男、邦，采衛百工；播民和，見士於周。周公咸勤，乃洪大誥治。"[10]

筆者認爲，其時在作爲王者周公的初基大典上，周公"會侯、甸、男、邦，采衛百工"。這個"會"，就是朝會。而"見士於周"之"見"字，其實即爲"覲見"。因此，這可說是周公以自己在禮制上的實踐，爲周禮的朝會、覲見制度奠定基礎。筆者認爲，正因爲周公早有致政子誦之心，而子誦年幼，若不及早爲姬周王朝建立各種制度，日後必釀亂局。故在建立分封及冊命制度之後，用什麼制度來確立周天子作爲天下共主的權威，顯然便成爲周公心頭的大事。

因此，二年之後，即周公稱王六年，乃大會方國諸侯於宗周。此次的朝會顯然是周公爲日後致政早爲之謀，以冀及早爲姬周王朝建立朝會及覲見的禮治制度，俾明確周天子與方國諸侯之間的君臣關係，及諸侯之間的尊卑關係，使彼等屏藩周室，以達到姬周王朝長治久安的目的。有關此次朝會的儀軌禮制，《逸周書·明堂》有確切的記載。內云：

"周公攝政君天下，弭亂六年而天下大治。乃會方國諸侯於宗周，大朝諸侯明堂之位。天子之位，負斧扆南面立，率公卿士侍於左右。三公之位，中階之前，北面東上。諸侯之位，阼階之東，西面北上。諸伯之位，西階之西，東面北上。諸子之位，門內之東，北面東上。諸男之位，門內之西，北面東上。九夷之國，東門之外，西面北上。八蠻之國，南門之外，北面東上。……宗周明堂之位也。明堂，明諸侯之尊卑也，故周公建焉，而明諸侯於明堂之位。制禮作樂，頒度、量，而天下大服，萬國各致其方賄。"[11]

從上可知，周公稱王期間，建明堂以制定朝會諸侯的制度，其中唯天子南面立，其他諸侯各就其爵位之尊卑及內外服上的親疏，分列東、西、北等方位，其意在於建立以周天子爲中心，以諸侯國爲屏藩，以"親親"及"尊尊"兩大支柱爲主體，確立尊卑、上下的等級秩序，從而建立西周王朝的禮治制度。

因此，筆者認爲，《逸周書·明堂》所載，可謂是周公稱王期間朝會諸侯在儀禮上的演示，以體現君臣的尊卑上下，而顯示王權的尊嚴。筆者認爲，周公之所以要用自己的權威,來確立周王作爲天下共主的地位,目的是爲自己致政子誦作準備。因爲這些制度及相關儀禮若不預先建立完備,俟子誦即位,以其年少無權威,則不足以制禮作樂,不足以號令天下。這正是周公之所以預爲之謀、苦心經營的原因所在。

周公致政成王后,退居臣位,任職冢宰。爲了進一步強化周天子的至尊地位,鞏固西周王朝的禮治制度,曾經稱王七年的周公,以身作則,在成王登基朝會諸侯的大會上,謹守爲臣的分際,成爲遵守周禮及其儀軌的楷模。其相關史事,從《逸周書·王會》對其時朝會儀禮的記載,可見莊嚴肅穆的盛況。內云:

"成周之會,墠上張赤弈陰羽。天子南面立,絻無繁露,朝服八十物,搢挺。唐叔、荀叔、周公在左,太公望在右,皆絻,亦無繁露,朝服七十物,搢笏,旁天子而立於堂上。堂下之右,唐公、虞公南面立焉。堂下之左,殷公、夏公立焉,皆南面。絻有繁露,朝服五十物,皆搢笏。……堂下之東面,郭叔掌爲天子菜幣焉,絻有繁露。內臺西面者正北方,應侯、曹叔、伯舅、中舅,比服次之,要服次之,荒服次之。西方東面正北方,伯父中子次之。方千里之外爲比服,方千里之內爲要服,三千里之內爲荒服。是皆朝於內者。"(12)

筆者認爲,此次成周之會的典禮,乃爲周公所制定。而大朝會的布置,如"墠上張赤弈陰羽",當然亦是周禮的一部分。《周禮·天官冢宰》有"幕人"一官之設,"掌帷、幕、幄、弈、綬之事,凡朝覲、會同、軍旅、田役、祭祀,共其帷幕幄弈綬"。所謂"弈"者,爲繒帛所制,平張於王座之上,乃天子接受諸侯朝覲時所用。故《周禮》一書仍保存用"弈"之制,顯然受周公所制周禮的影響。

另外,"堂下之東面,郭叔掌爲天子菜幣焉"。其時郭叔所司職者,即記錄諸侯所獻玉帛方物。古者玉帛通謂之"幣"。受周公任命郭叔司此禮之影響,後世成書的《周禮·天官冢宰》轄下的"大宰"一職的職權範圍,其實即《逸周書·王會》中郭叔之所司。如:

"大朝覲會同,贊玉幣、玉獻、玉几玉爵。"(13)

而在《周禮·秋官司寇》中,則另有"小行人"一職:"掌邦國賓客之禮籍。……凡四方之使者,大客則擯,小客則受其幣而聽其辭。……合六幣:圭以馬,璋以皮,璧以帛,琮以錦,琥以繡,璜以黼。此六物者,以和諸侯之好故。"(14)可見周公之時,諸侯向天子獻"幣"之制,在《周禮》中都有所反映,顯示前後有其一脉相承的印證。說明《周禮》一書在許多方面確實受到周公所制之禮的影響。

周成王在成周盛大的朝會,其時周公已退居臣位、就職冢宰,因此更體現了君臣之間的尊卑關係。周天子爲至尊,其體現在朝會的儀禮及其禮制上有三方面:一是堂上南面立,居中;二是朝服八十物,最多;三是搢挺,而諸臣則搢笏。

而居於周成王左側者依次爲唐叔、荀叔、周公,而右側則爲太公望。——大家知道,周公乃唐叔虞的叔父,以輩分論,爲什麼周公竟居於唐叔之後?這是否符合周禮呢?對此,《逸周書彙校集注》引唐大沛質疑曰:"周公爲成王叔父,當先周公,次荀、唐,今倒置之,殊不可解。"(15)

但筆者認爲,這一朝會制度的排列次序,正是周公根據周禮"親親""尊尊"的原則加以排列的。蓋唐叔、荀叔爲周成王之同胞兄弟,血緣最親。而周禮的"親親"原則是根據各人與周天子本人血緣的親近程度來加以界定的。故同胞兄弟最親居前,周公作爲叔父亦爲血親,次之居後,這符合周禮"親親"的原則。

至於爲什麼只有周公作爲叔父(按:成王有多位叔父)居於王之左側,而作爲異姓的太公望則居於王之右側呢?

筆者認爲,此乃周公根據周禮"尊尊"的原則次序加以排列的。在整個姬周王朝的政治體制中,除周天子爲至尊外,諸臣則以三公的地位最爲尊貴。而周公既爲三公之一,又居冢宰之位,且爲成王叔父,故居於王之左側;太公望亦爲三公之一,爲輔助文王、武王、成王之三朝元老,位望皆尊,故居於王之右側。因此,周公、太公二人立於堂上王之左右,這符合周禮"尊尊"的原則。

在上述記載中,有一些相關的儀禮值得注意,就是唐公、虞公及殷公、夏公皆"南面立"的問題。衆所周知,只有天子始可"南面立"。爲什麼會這樣呢?

筆者認爲,蓋唐公爲帝堯之後,虞公爲帝舜之後,夏公則爲帝禹之後。他們之所以有與王亦同樣"南面立"的禮制安排,此事應追溯至武王克殷之後,爲了顯示周之王統乃承堯舜等先聖王的事業而來,乃表示要與他們的後代共治天下,乃封"帝堯之後於薊,帝舜之後於陳,大禹之後於杞"。(16)

故唐公即爲薊侯,虞公即爲陳侯,夏公即爲杞侯。至於殷公則爲商祖成湯之後,周公東征誅武庚後,乃封紂王庶兄微子啓國於宋,以奉湯祀,是爲殷公,亦即宋侯。而按照三代夏、商、周的順序,本來夏公應排於殷公之前。而此次之朝會,爲什麼反而殷公在前、夏公在後呢?——筆者認爲,蓋周革殷命,殷乃周之"勝國",加上東征之役始結束不久,爲了安撫殷遺勢力,故特別在排位上稍予照顧,實爲必要之統戰措施。可見周公所制的周禮朝會制度既有大原則,在個別特殊的問題上,亦是可以權變的。

關於唐公、虞公及殷公、夏公"南面立"的問題,《王會篇》是這樣說的:

"堂下之右,唐公、虞公南面立焉。堂下之左,殷公、夏公立焉,皆南面。繞有繁露,朝服五十物,皆搢笏。"(17)

從上可知，周成王之南面立，是堂上居中；且朝服八十物，搢挺。

而唐公、虞公及殷公、夏公諸人之南面立，是堂下居左右；且彼等之朝服僅五十物，搢笏。

因此，雖然同樣是"南面立"，但此中有堂上、堂下及居中、居左右之分，且朝服之物有"八十"與"五十"的差別，故周初儀禮中的君臣尊卑及等級秩序就得以充分體現。尤其天子爲君居堂上，諸侯爲臣居堂下，此一朝覲制度維持了近一百五六十年之久。然而隨着時間之推移，周王室與姬姓侯國的血緣日漸淡薄，中央集權的能力大爲削弱。所謂"親親"疏離，"尊尊"難繼。所以，至周夷王之世，周室衰微，禮壞樂崩，天子始下堂而見諸侯。故《禮記·郊特牲》云：

"覲禮，天子不下堂而見諸侯。下堂而見諸侯，天子之失禮也，由夷王以下。"

這説明周公於西周初年所制的朝覲制度以及相關儀禮，至西周末年而延及春秋，由於周王室的日益衰疲，造成禮樂崩壞，因此造成在某些制度的內容及儀軌上，西周前、後期及東周是有所不同的。比如周夷王下堂見諸侯，一方面由於周王室與姬姓侯國的血緣已超過五代，彼此的關係日漸疏淡，沒有"親親"，便沒有"尊尊"。另一方面，更重要的是，時至西周末期，周室確已逐漸衰微，諸侯勢力日盛，王室有大事多依賴彼等出錢出力，故周夷王下堂見諸侯，實亦逼於無奈之舉。這是周王室勢衰而導致禮壞的結果。所以《禮記·郊特牲》指出："下堂而見諸侯，天子之失禮也，由夷王以下。"故夷王時周禮已告崩壞。厲王以暴政繼其後，不守周禮或變更周禮之事更多，因此有"厲始革典"之説，顯示周厲王之時，既由於王室勢衰而導致諸侯不守禮，又因厲王本人有諸多壞禮之舉。

然而，先秦典籍《儀禮》中有《覲禮》之篇，内中對諸侯朝覲周天子的整個過程的描述，從入郊行郊勞之禮始，繼之入朝行覲禮、享禮，乃至天子賜饗禮以歸的所有儀禮，保存了許多西周舊典的儀式。内中云：

"覲禮，至於郊，王使人皮弁用璧勞；侯氏（按：即某諸侯）亦皮弁迎於帷門之外，再拜。……諸侯前朝，皆受舍於朝：同姓西面，北上；異姓東面，北上。侯氏裨冕釋幣於禰，乘墨車，載龍旂弧韣，乃朝，以瑞玉，有繅。天子設斧依於户牖之間，左右几。天子衮冕負斧依，嗇夫承命，告於天子。天子曰：'非他，伯父實來，予一人嘉之；伯父其入，予一人將受之。'侯氏入門右，坐奠圭，再拜稽首。擯者謁，侯氏坐取圭，升，致命，王受之玉。侯氏降，階東北面再拜稽首。……三（按：原作'四'，兹據鄭玄考正爲'二'）享，皆束帛加璧，庭實唯國所有。……擯者謁諸天子,天子辭於侯氏,曰:'伯父無事,歸寧乃邦。'侯氏再拜稽首,出。……天子賜侯氏以車服,迎於外門外,再拜。路先設,路上;路下四亞之。重賜無數,在車南。……饗,禮,乃歸。"(18)

筆者認爲,《儀禮・覲禮》所述,應爲西周之制度。此制度乃在周公所制朝覲制度的基礎上,經成、康諸王擴充完善而成的。

上述有關比服、要服及荒服等記載,顯示周公在制定周禮的朝覲及職貢制度時,亦吸取了夏朝諸"服"納貢的制度和殷制有關內服、外服的若干要素。如《禹貢》云:

"(今天子之國以外)五百里甸服。百里賦納總,二百里納銍,三百里納秸,四百里粟,五百里米。(甸服外)五百里侯服。百里采,二百里男邦,三百里諸侯。(侯服外)五百里綏服。三百里揆文教,二百里奮武衛,(綏服外)五百里要服。三百里夷,二百里蔡。(要服外)五百里荒服。三百里蠻,二百里流。"(19)

顯然,《王會篇》中所述周制的"要服"和"荒服",是取諸自夏制的。

至於在吸取殷制方面,《尚書・酒誥》載周公對弟康叔説:

"封,我聞惟曰,在昔殷先哲王,迪畏天顯小民。……越在外服,侯、甸、男、衛、邦伯;越在內服,百僚、庶尹、惟亞、惟服、宗、工;越百姓里居,罔敢湎於酒。"

由此可知,殷制所封在外諸侯如侯、甸、男、衛、邦伯,均屬"外服"。至於中央機構的官員如"百僚",實即卿事寮及太史寮的衆多官員。此外,尚有庶尹、惟亞、惟服等文武官員;而"宗",至西周發展爲"宗伯",管理王室宗族及朝廷的禮制問題;"工"即主管百工建設的官員,後來成爲《周禮》"六官"之一。其實,"宗"與"工"二官之設置始於舜時。(20)而筆者認爲,周公制禮,建立各種制度,其中之職貢制度,一部分顯然是承襲自夏、商之制而加以改進及發展的。

筆者認爲,就《逸周書・王會》中的主要內容而論,前部分敘述的是朝覲制度的問題,體現在周成王朝會諸侯及公卿大臣的盛典中。其中根據各人爵位等級的尊卑及與王關係的親疏厚薄,以定其在朝會中所處的方位次序;而成王及周公以下的公卿大臣,在衣冠朝服及佩戴飾物的多寡上,都有一定的規制;至於王及公卿大臣的舉足動步、跪拜揖讓,亦各有儀軌。所以,筆者認爲,這是周公致政成王之後,親自主導的一次規模盛大的朝會儀禮。

至於《王會》後部分則涉及四方諸侯職貢的制度,內容極爲豐富,職貢侯國繁多,方物甚盛,顯示周公東征勝利之後,四方懾服,天下大定,諸侯共尊周天子的事實。

故分封朝會與職貢制度體現了周禮整體的禮治精神。而《王會》前後兩部分以"周公旦主東方所之"予以銜接，顯示周公確實主導此次成周之會。其時周公已退居臣位，故在周成王整個朝會的儀禮中，周公都謹守爲臣的分際，而成爲天下共尊周天子的典範，從而使姬周王朝的朝覲制度和職貢制度史加鞏固。這是周公制周禮的宗旨所在，目的是以禮制來界定姬周王朝的等級秩序，以體現君臣的尊卑上下。同時以"親親""尊尊"兩大思想觀念，來強化侯國必須屏藩周王室的原則；又以四方的職貢制度，來強化周天子作爲天下共主的地位。這是姬周王朝禮治原則的要害所在，亦是周公制禮最重要的目的之一。

三、周公制定享禮制度

按，"享"有二義，一是帝王主導的祭祀活動中向天地鬼神及祖先之靈上獻之禮，故"享"即"獻"也。此説取自《説文》"祭祀及一切下奉物於上，皆謂之享"。故涉及此方面，"享禮"與祭祀及死去的人有關。而"一切下奉物於上"，如諸侯獻貢物於天子，亦皆謂之"享"。故"享"與"獻"通，其義一也。

"享"之另一義則爲"饗"，乃帝王燕饗酒食於諸侯及大臣。故這方面之"享禮"亦稱"饗禮"。筆者認爲，先秦典籍如《尚書》許多篇什中許多有關享禮的論叙，實際上不少涉及燕饗之義。比如上文述及周公册封康叔侯衛之後，按制應有享禮，亦即作爲王的周公應該燕饗衛侯康叔。但其時東征勝利不久，需要康叔儘快赴封地安定殷人之心，所以康叔封衛乃爲一項不尋常的特別任命。加上兄弟之間，彼此爲姬周之王業而免去繁縟禮節。所以周公對康叔説：

"嗚呼！肆汝小子封，惟命不於常。汝念哉，無我殄享，明乃服命。……用康乂民。"[21]

周公對康叔時説這段話的意思是：小子封呀，對你的這一任命非同尋常，其重要性你要放在心上，我就不燕饗你了，明日儘快服命去吧，一切以穩定安民爲重！

故此處之"享"，即爲享禮，實指"饗禮"，乃王燕饗諸侯及大臣之儀禮，以示王對兄弟之國君臣之間的情誼。

筆者認爲，在《尚書·梓材》中，顯示周公進一步完善姬周王朝享禮（即饗禮）之制定。內中作爲王者的周公對自衛來朝的康叔説：

"今王惟曰，先王既勤用明德，懷爲夾（按："爲夾"疑爲"遠來"之誤），庶邦享。作兄弟方來，亦既用明德，後式典集，庶邦丕享。"[22]

219

周公説，父親文王以仁德待遠來的人，如四方諸侯來朝，則待以燕饗之禮（按：《逸周書·酆保》有文王"因饗諸侯"之記載，可互證）。現在你既爲兄弟，但亦作爲侯國國君來朝，我亦以文王明德以待諸侯之例，款以饗禮，并以此爲常典，建立王朝的享禮制度，以待天下諸侯。故在此處，"享"即"饗"也。

由此可知，《尚書》中如《康誥》《梓材》諸篇中之"享"多與"饗"通。故此處之"享"指周禮中王享諸侯的燕饗制度而言。

然而，過去許多《尚書·梓材》的譯注者常將此處之"享"與"獻"通，釋爲進獻、進貢之意。[23] 但筆者認爲周公在此處對康叔所言非講諸侯進獻之禮。此處"享"若以"獻"解，其義便不通。蓋"享禮"若僅釋爲"獻禮"，顯然只知"享"與"獻"通之義，而不知"享"與"饗"通的另一義，因而與《尚書·梓材》原文之本意未能契合。鄙意以爲《梓材》之"享"字，仍應釋以"饗"爲是。

當然，在述及西周制度的其他典籍中，"享"與"獻"通，説"享禮"即爲諸侯向周天子進獻之禮，是毫無疑義的。如《儀禮》一書的《覲禮》中，"享"顯然就專指"獻"的。而在該篇中，"饗"亦另成專禮，不同於《尚書》之"享"兼具"獻""饗"二義。筆者認爲，《尚書·梓材》諸篇所述，爲周公於西周初建立之享禮制度，時間稍早，故"享"一字而兼有二義。而《儀禮》的內容，顯然是成王以後諸周王，在周公制禮的基礎上，加以擴充，同時較周公時代"享禮"所含的"獻"與"饗"之分類更爲詳細明確，從而形成西周時期較爲成熟及系統的儀禮制度。如《覲禮》中即明確分別"享禮"與"饗禮"。內中云：

"三享，皆束帛加璧，庭實唯國所有。（侯氏）奉束帛，匹馬卓上，九馬隨之，中庭西上。奠幣，再拜稽首。擯者（代王）曰：'予一人將受之。'侯氏升，致命，王撫玉。侯氏降自西階，東面授宰幣，西階前再拜稽首，以馬出授人，九馬隨之。事畢。……饗，禮，乃歸。"[24]

從上可知，諸侯向周天子行朝覲禮之後，即行上奉貢物之享（獻）禮，而且按制有三獻（享）之多。及後，天子賜物及頒命於諸侯。最後，天子饗燕諸侯，此即"饗禮"。其前後次序如此。當然，這是在周公所建立禮制上加以發展的。沒有周公制周禮，便沒有後來西周成熟而系統的禮樂制度。

比如，從《尚書·洛誥》的記載中，可以看到周公當年進一步建立享禮制度的過程。其時周公擬致政子誦，教導其認識各種禮制儀軌，尤其着重教導他認識和應用各種享禮。

如前文所述，在《洛誥》中，周公在洛邑向子誦交代致政之事。洛邑亦爲殷遺勢力集中之地，而其時周公東征勝利未久，爲懷柔殷遺勢力及安定民心，故周公教子誦入洛邑應首先以殷禮舉行祭天儀式。至於進入成周王城太廟祭周之先公先王，當然就用周禮。及後周公教導子誦認識各種享禮，此事《洛誥》有具體的論述，云：

"公曰：'已！汝惟沖子，惟終。汝其敬識百辟享，亦識其有不享。享多儀，儀不及物，惟曰不享；惟不役志於享；凡民惟曰不享，惟事其爽侮。乃惟孺子頒，朕不暇聽。朕教汝於棐民彝，……。'"[25]

周公鑒於子誦上臺執政在即，而他又十分年輕，對各種禮制儀軌還不熟悉，尤其享禮内容繁多，所以他着重教導他認識各種享禮。"享"有"百辟"之多，可見其複雜性。而且"享"有多種儀禮，其中不涉及貢物的，那麽"享"就不是諸侯之獻禮，反而應是天子燕饗諸侯之禮。至於諸侯對王之享（獻）禮，以及王對諸侯之享（饗）禮，亦有尊卑秩序和要服、比服、荒服親疏厚薄的分别。此外，平民百姓是不需要納貢奉獻的，當然亦不能享受王之燕饗的招待，故曰"凡民惟曰不享"。可見其時有"享"與"不享"之分，有"多儀"與"不及物"之别，説明周公所建立的享禮制度已漸趨成熟。

四、周公創制祭禮的用牲制度

《禮記·祭統》云："凡治人之道，莫急於禮。禮有五經，莫重於祭。"由此可見，祭禮在整個周禮中的重要地位。而在祭祀活動的内容上，用牲制度則是祭禮最重要的組成部分。

本來，武王克殷之後，建立西周王朝，曾舉行一系列祭祀活動，其中亦包括用牲的問題。《逸周書·世俘》對此曾有記述，云：

"乙卯，武王乃以庶祀馘於國周廟，翼予沖子，斷牛六，斷羊二。庶國乃竟。告於周廟曰：'古朕聞文考修商人典，以斬紂身，告於天、於稷。'用小牲羊、犬、豕於百神水土，於誓社，曰：'惟予衝子綏文考，至於沖子。'用牛於天、於稷五百有四。用小牲羊、豕於百神水土社，二千七百有一。"[26]

顯而易見，武王在祭祀活動中的用牲種類和用牲數目繁多，且毫不規範，尚無制度可言。比如用"犬"祭百神水土，尤爲不類，至周公時已被排除於用牲制度之外。至於用牛祭天及祖先社稷竟數達五百有四之多；用羊、豕祭百神水土、社的數目則更繁，竟達到二千七百有一之多。這顯然是武王出於新得政權而大肆慶祝，屬於臨時權宜的措施，不可視爲常制，但亦可見武王用度之奢靡。

直至武王崩，周公東征取得徹底的勝利，姬周王朝不僅得到鞏固，而且極大地拓展了版圖，各種禮樂制度乃得以確立。周公在建立王朝祭祀的用牲制度方面，《尚書·召誥》云：

"乙卯，周公朝至於洛，則達觀於新邑營。越三日丁巳，用牲於郊，牛二。越翼日戊午，乃社於新邑，牛一、羊一、豕一。"

筆者認爲，周公開始營洛邑，在其稱王之五年。在是年三月十二乙卯之日，周公朝至於建造洛邑之新營。三日後乃"用牲於郊，牛二"。此乃天子舉行郊天之禮，在用牲制度方面，用牛二，屬於王制。

周公祭天之郊禮，爲什麼要用"牛二"呢？

筆者經過反復研究，從《禮記·郊特牲》中，發現郊禮中之用二牛，一爲祀天帝之用，稱"帝牛"；一爲祭祖先社稷人鬼之用，稱"稷牛"。內中云：

"郊，所以明天道也。……帝牛必在滌三月，稷牛唯具，所以別事天神與人鬼也。萬物本乎天，人本乎祖，此所以配上帝也。郊之祭也，大報本反始也。"[27]

所以，周公郊禮祭二牛的用牲制度，遂成爲後代帝王祭天的常制。

至於周公翌日"社於新邑"，即在洛邑舉行社祭之禮，以"牛一、羊一、豕一"的用牲制度，遂成爲日後的"太牢"之禮，這亦是王制。而諸侯則只用"少牢"之禮，用牲制度僅"羊一、豕一"。有關"太牢"及"少牢"用牲制度制定的原則及原因，《禮記·王制》云：

"天子社稷皆大牢，諸侯社稷皆少牢。……諸侯無故不殺牛，大夫無故不殺羊，士無故不殺犬豕，庶人無故不食珍。"

及後，天子祭社稷用一牛、一羊、一豕的太牢之禮，遂成爲常制。據《尚書·洛誥》所載，周成王將即位祭歲，就遵照周公所制的用牲制度，各以一牛祭文王和武王。內中云：

"戊辰，王在新邑，烝，祭歲。文王騂牛一，武王騂牛一。"[28]

這實際上就是周公在周初所制祭禮的用牲制度，其重點不僅在於慎用牛，而且提倡勤儉，節約用牲。

筆者認爲，姬周王朝在相繼經歷了克殷及東征二役之後，戰争對民生及農業生産帶來極大的危害。所以，在大局底定之後，國家再造，百廢待興。周公以勤儉建國的原則發展經濟，重視農業生産，而牛能犁田，是農民主要的生産資料。故周公制周禮，在祭祀的用牲制度方面，其影響所及，乃有"諸侯無故不殺牛"的原則。而其時重牛，實即重農。至於規定大夫、士無故不殺羊、豕，其實亦在於提倡勤儉建國之風氣。

更重要的是，周公爲姬周王朝建立祭禮中的用牲制度，一改周武王時動輒殺牛數以百計、殺豕羊數以千計的奢靡之風，而僅以牛一、羊一、豕一作爲天子祭社稷的用牲制度，亦稱太牢之禮，并成爲後世歷朝天子祭天的常制。而天子祭祀的用牲制度尚且如此，等而下之，臣工的用牲在禮制的規定下，必定更少。這無疑有益於國計民生，對維護封建王朝的政權和社會的穩定，無疑發揮了重大的歷史作用。

以上就是筆者經過深入的研究，從《尚書》和《逸周書》等文獻典籍考出的周公制禮的具體内容，許多爲前人之所未及，信可補學術史之不足。

毫無疑問，周公繼承并完成文王未竟之志，奠定了西周的禮樂制度，其對兩千多年來的中國古代文明，造成了極爲深遠的歷史影響。

2013 年 5 月 8 日完稿
2017 年 8 月 11 日訂定

[注]

（1）王國維《殷周制度論》，載《觀堂集林》，中華書局，1994 年。
（2）郭偉川《"禮"與禮學及其歷史演進》，載《禮樂中國——首届禮學國際學術研討會論文集》，清華大學禮學研究中心集刊，上海書店出版社，2013 年。
（3）黄懷信等撰、李學勤審定《逸周書彙校集注·作雒解》，上海古籍出版社，1995 年。
（4）彭裕商《西周青銅器年代綜合研究》，巴蜀出版社，2003 年。
（5）（10）（21）《尚書·康誥》。
（6）見《尚書·召誥》鄭注。
（7）《尚書·微子之命》。
（8）以上見胡厚宣、胡振宇《殷商史》，上海人民出版社，2003 年。
（9）《論語·季氏》。
（11）《逸周書彙校集注·明堂解》。

（12）（15）（17）《逸周書彙校集注·王會解》。

（13）《周禮·天官·大宰》。

（14）《周禮·秋官司寇·小行人》。

（16）《史記·周本紀》。

（18）（24）《儀禮·覲禮》。

（19）《尚書·夏書·禹貢》。

（20）《尚書·舜典》。

（22）《尚書·梓材》。

（23）見《尚書·梓材》相關注文。

（25）（28）《尚書·洛誥》。

（26）《逸周書彙校集注·世俘解》。

（27）《禮記·郊特牲》。

孔子儒學的南傳與子夏的西播

研究先秦史和儒學史的人都知道，孔子一生崇慕周公，并繼承其禮治思想。在春秋中晚期侯國爭戰兼并、人欲橫流的"禮壞樂崩"之際，孔子力倡"克己復禮"，及後整理《詩》《書》《禮》《樂》《易》《春秋》諸經，在困難重重、波阻不斷的環境中，堅持宣揚其政治理念和儒家學説，對當時尤其是漢後二千多年的中國封建社會産生了極其深遠的影響。

大家知道，西周前期，周公制禮作樂，大封親屬子弟以屏藩周室，其時"封國七十一，姬姓五十三"（見《荀子·儒效》），並確立周天子有制禮樂、主征伐的權力，而侯國國君有勤王和職貢的義務。周天子作爲天下共主，其地位在周禮的維護下，神聖不可侵犯，并禁止諸侯國攻戰兼并。此時之社會依靠的禮、樂、政、刑各種典章制度臻於完善，使中國歷史出現了第一個盛世——成康之治。及後西周社會穩定的局面維持達一百八十多年之久。

然而，逸樂既久，弊政叢生，侯國兼并日劇，大國之勢力益張，形成尾大不掉的局面。周天子作爲共主之權威日益旁落，其與諸侯國國君之間，君臣之禮，日漸廢弛；而王室與侯國之間，侯國與侯國之間親屬血緣關係，隨着時代的推移，也日漸疏離。

平王東遷之後，周王室勢力日衰，其賴以維持大一統局面的兩大支柱"尊尊"與"親親"觀念所形成的體制，幾乎達到分崩離析的地步。周王名義上雖爲"天下共主"，然號令不行，形同虛設，世局已爲侯國霸主所左右。如齊桓公、晉文公、秦穆公等，皆先後稱霸於世，號令天下。及後，各侯國國君的統治權也發生動搖，握有實權的卿大夫把持國政，導致出現"公室"（侯國國君）與"私門"（卿大夫）之間爭權奪利的局面。結果，公室衰微，"禮樂、征伐自大夫出"。[1]

至春秋中後期，禮壞樂崩，整個社會變成君不成君，侯不成侯，臣不成臣，周禮所定下的等級關係和地位尊卑的觀念已蕩然無存，掠奪爭霸之風益烈。分裂代替統一，暴戾掩蓋和諧，天下無道，人欲橫流。在這種情況下，孔子不避艱難險阻，與其門人不惜長期去國，離鄉別井，在長達十四年的時間中，先後多次南下各國，到處宣講其政治理念和儒家學說，到處教書育人。如此代代相傳，使其儒家學說著諸竹帛，藏之名山，形成了以孔子爲首的儒家學派，從而對其所處時代和後世影響極大。

本文就孔子的禮治思想及儒家學說在春秋戰國之際的傳播，分章叙述如下：

一、孔子將禮學結合"仁"說冀以救世

孔子生於魯襄公二十二年（前551），卒於魯哀公十六年（前479）。他所處的年代，適爲春秋中後期，上述所言之動亂世局，正好爲孔子所經歷，所以其感受尤爲強烈。他認爲社會的病根在於禮樂制度已被破壞，可謂窺透時弊。

孔子研修儒家文化，整理六經，學識淵博。但大家須知，在所有各種學問中，孔子習禮最早，所得最多，青年時期就成爲名副其實的禮學大師。《史記·孔子世家》引述魯大夫孟厘子臨終所言：

"孔丘，聖人之後也，滅於宋。……今孔丘年少好禮，其達者歟？吾即没，若必師之。"

從上述可知，孔子青少年時期就以長於禮學名聞於世，所以魯大夫孟厘子臨終前，才會叮囑他的兒子懿子在其去世後，必師孔子習禮。而懿子其後果然與魯人南宮敬叔至孔子門下學習，其時孔子正當青年時期。按照文獻的記載，上述兩人可謂是孔子所收的第一批學生，他們開始研習的專業當然就是儒家禮學。

筆者研究《左傳》，發覺書中記載春秋時人皆視孔子爲禮學大師。可見在孔子的學術生涯尤其是六經事業中，禮學是其根基，可謂研究最早，成就最大。而他也將禮學運用到實際政治中，希望能糾正時弊，以挽救天下人心。

孔子對周天子失去共主的地位，侯國霸道，卿大夫專權導致禮制崩壞，造成天下大亂，是痛心疾首的。他一針見血地指出：

"故壞國、喪家、亡人，必先去其禮。"[2]

孔子希望恢復西周初年尊行禮治的局面，其時周天子作爲天下共主受到尊重，侯國國君和卿大夫各守本分，於是乃有"成康之治"的美譽。所以，孔子主張"克己復禮"[3]，希望恢復西周盛世的局面。這是孔子在春秋時期一切政治和學術活動的理

論綱領。"克己",就是要克制自己的欲望,毋逾分,毋僭越;而周禮所制定的等級秩序和名位尊卑的關係以及由此而派生的各種權利與義務要得到恢復并須共同遵行,此之謂"復禮"。

孔子嚮往西周初年周公制禮作樂之後的盛世,毫不掩飾他要"從周"的願望。他還致力於對周禮的宣傳。如:

"周鑒於二代,郁郁乎文哉!吾從周。"(《論語・八佾》)
"吾學周禮,今用之。吾從周。"(《禮記・中庸》)
"爲國以禮。"(《論語・先進》)
"不學禮,無以立。"(《論語・季氏》)

孔子還教導門人習禮,學生們深受其禮治思想的影響。比如"禮之用,和爲貴",就是他的弟子有若説的。[4]這句話十分重要。

因爲當時侯國之間的爭霸兼并,是不和。侯國不尊周王室,卿大夫不尊侯國國君,這都是違禮僭越之舉,皆非祥和之象。他以"禮之用"作爲前提,是要人們尊禮以息爭,以達到"和爲貴"的目的。

筆者在前文中述及,"尊尊"和"親親"的觀念是周禮兩個重要的思想和制度的支柱。

衆所周知,《禮記》中有相當一部分記載淵源甚古,是講述周初禮樂制度的。筆者認爲,《禮記・大傳》中,有關"尊尊""親親"和"長長"的觀念,其實就與周初周公制周禮,有十分密切的關係。

比如周公在王位繼承制度上確立了"嫡長制",并延伸至宗法制度,其實正是《禮記・大傳》中"長長"觀念的由來。於是,"嫡長"既立,圍繞在其周圍的血緣關係隨之確立,"親親"觀念和制度也隨之產生;大家都要拱衛、禮尊和服從他,這就是"尊尊"觀念產生的直接原因。

衆所周知,孔子景從周公,最重視"君臣父子"尊卑有序、長幼有別的禮治觀念,所以這才有後來他向齊國國君提出的"君君、臣臣、父父、子子"的治國理念(見《論語・顏淵》)。這與《禮記・大傳》中所載的"尊尊""親親"的觀念是完全一致的。所以,孔子主張"克己復禮",指出首先要在禮制上尊君,所以他強調"事君以禮"[5],"事君能致其身"[6],"事君,敬其事而後其食"[7]。

在事君以禮的問題上,孔子還以身作則,對君執禮甚恭。他還提出"忠君"的觀念,如"臣事君以忠,君使臣以禮"[8]。在漫長的封建社會,因爲"朕即國家",所以,從某種角度來說,"忠君"的觀念實際上也包含了愛國的觀念,因此對其後二千多年的中國社會,產生了極爲深遠的歷史影響。

至於"親親"的觀念，由於孔子所處的年代正當春秋中後期，周王室與侯國之間、侯國與侯國之間親屬的血緣關係已極之淡薄疏離，其與周初大封親屬子弟以屏藩周室，藉"親親"的關係，共同拱護周天子，以達到"尊尊"的目的已完全不同。蓋春秋中後期禮崩樂壞，社會的客觀現實，顯示周初王室與姬姓侯國"親親"的那一重本義已失。

所以，春秋戰國之際，"親親"在人們的心目中，只存在於家族宗法中的血緣關係；擴而大之，發展成社會上"兼愛"的觀念。而孔子在家庭內部的親和關係上，主要強調了"孝悌"，認爲能孝順父母、敬愛兄長而好犯上作亂者是很少的。

另一方面，孔子認爲人們不僅要愛自己的家人，同時也要愛社會的其他人。爲此，孔子在"親親"的觀念上，便注入了"仁"的內涵，并主張説：

"泛愛衆，而親仁。"（《論語·學而》）

而孔門後人子思在《禮記·中庸》中對孔子的仁説作了如下的詮釋演繹：

"仁者，人也，親親爲大。"

這樣，"親親"的觀念到了孔門，便賦予以仁心愛大衆的內涵，這實際上就是一種"博愛"的觀念。

與"克己復禮"觀念提出的同時，孔子還提出"正名"的原則。其目的就是強調必須履行周禮所制定的典章制度，以明確社會中的等級名位與尊卑關係，俾使有所遵循，以達到恢復社會秩序的目的。孔子指出"正名"的重要性，説：

"名不正則言不順，言不順則事不成，事不成則禮樂不興，禮樂不興則刑罰不中，刑罰不中則民無所措手足。"[9]

所以，"正名"對社會的興衰治亂關係甚大。

另一方面，在上文中，顯示孔子作爲儒家創始人，在其治國理念中，作爲德治的"禮樂"與作爲法治的"刑罰"兩者之間，彼此的關係顯然十分密切，可謂相輔相成。可見在儒家學説中，禮、樂、刑、罰四者并行不悖，説明儒家在國家治理的觀念中，既主張德治，同時也主張法治，禮、法都涵蓋於儒學之中。因此，事實證明，春秋時期孔門的原典，根本不存在所謂"儒、法鬥爭"的問題，這是後人出於附會或製造對立而強加的。

同時，孔子提倡"克己復禮"，顯然希望諸侯克制自己對領土、財富和權力的欲望，尊重周王室，并恢復西周的禮樂制度。

關於"克己復禮"這一提法，我認爲并非孔子所獨創。因爲在《左傳·昭公十二年》中，有孔子如下之親述，云：

"仲尼曰：'古也有志，克己復禮，仁也。信善哉！'"

這説明"克己復禮，仁也"這句話，古志中早已有記載。

然而，客觀地説，就孔子所處的時代條件而言，此時他引用古志高倡"克己復禮"，目的是希望諸侯克制自己的私欲、恢復周禮的制度并企求人人遵循，實際上是十分困難的。因爲春秋中後期之際，周王室已極度衰疲，侯國兼并，群雄争霸，世局紛亂，人欲横流，"禮崩樂壞"的頹勢由來已久，孔子在此形勢下，提倡"克己復禮"，同時強調"仁"的重要性，是知不可爲而爲之，這是極爲難能可貴的。孔子指出："克己復禮"必須在政治上"爲仁"，即要以仁愛之心爲民衆做好事。若能做到這樣，不用争霸就能獲得天下民衆的歸心。在《論語·顔淵》中，孔子完整地表達他的這一觀念，説：

"克己復禮爲仁。一日克己復禮，天下歸仁焉。"

由此可知，在孔子的心目中，要澄清天下，單靠"禮"顯然是不夠的，所以才會重提古已有之的"克己復禮，仁也"的觀念，希望藉之挽救世道人心。

客觀而言，西周初年，周禮定出了一套等級制度，派生了名位尊卑的觀念和社會宗法制度，使諸姬侯國屛藩周室而共尊周天子，又以侯國彼此同姓"親親"而和睦天下。但是，隨着時間的推移，由於客觀上姬姓侯國與王室之間、侯國與侯國之間親緣關係的疏離，再加上人性的貪婪和私欲的膨脹，到了西周晚期和東周之際，王室衰微，強枝弱幹，諸侯犯上作亂；另一方面，侯國之間互相兼并，禮之崩壞，已到了不可收拾的地步，導致天下大亂。

因此，到了春秋中後期，諸侯争霸，家臣僭越公室，局勢更亂。因此，孔子認爲，周禮定下的規章制度，如果碰到統治者"不仁"，好的制度也會變壞，所以他才會説：

"人而不仁，如禮何！"[10]

這説明在孔子的心目中，"禮"備而宜其適中，還須加上"仁"的觀念加以制衡，目的就是要統治者懂得"愛人"，也即恤民，這樣整個社會才會較趨完美。

毫無疑問，"仁"字非孔子所首創，其前《尚書》《詩經》已經出現，周世金文中也有"仁"字。如孔子自己所言，"克己復禮，仁也"的提法，古志早已有之。但孔

229

子乃論"禮"與"仁"之集大成者,他的"禮論"和"仁説"有系統、有内涵,其主旨,顯然就是"仁者,愛人"。就思想根源而論,這顯然與孔子繼自周公重人的思想是一脉相承的。

根據筆者的研究,孔子説"仁",在一部《論語》中,共有五十八章凡一百零九處之多。其論"仁"之精神,也貫串在其許多學説之中。他對"仁"有甚多解釋,但重點都集中在如何善待"人"也即黎民大衆的問題上。因爲西周和春秋時期是禮制森嚴的等級社會,一些不仁的統治者是不把下庶和奴隸當人看待的。所以孔子提倡"仁者,愛人"的觀念,是十分難能可貴的。

按"仁"《殷墟書契前編》書爲"⿰亻二"。《説文解字》謂"仁,親也。從人"。孔子"泛愛衆,而親仁"的説法,與西哲的所謂"博愛"觀念,可謂毫無二致。

顯然,周禮固有的等級秩序,孔子當然承認其客觀的存在和必要性;但另一方面,孔子提倡"仁"的觀念,無異於告訴那些在禮制森嚴的等級社會居於上端的統治者,必須要有善待平民百姓之心。因此,我認爲孔子倡導"仁"説,可謂是對"禮"的一種平衡。所以,後世之論"仁",如戰國時,孟子向梁惠王進言,便由此而生發出"仁政"之説。及至宋代,朱熹闡明孔孟之道,對"仁"作了進一步的申論,其中心點便落在"以仁心行仁政"上[11],這是很能説明問題的。

所以,"仁"學是孔子儒家學説的核心部分,其與"禮"學是相輔相成的。

比如在《論語·顏淵》中,孔子論述"仁"的重要性,提到"克己復禮爲仁。一日克己復禮,天下歸仁焉"的高度,意即將來之天下,必歸於行仁政者。説明在孔子的心目中,在社會的治理方面,"禮"治與"仁"政兩者是密不可分的。

孔子説"仁",内涵十分豐富,其中重點顯然在於强調統治者必須行仁政。

另一方面,孔子還以"德治"的觀念對其"仁"説加以補充。其實,孔子論"仁"與"德",兩者的内涵是互相關聯的,目的都在於希望統治者能自我克制、自我修養、以民爲重,即所謂"修己以安百姓"[12]。尤其强調君主必須"爲政以德,譬如北辰,居其所而衆星拱之"[13]。如此才會得到百姓的擁戴。

孔子上論,與其"克己復禮,天下歸仁",不啻有异曲同工之妙,他還將仁政、德治的觀念具體化,認爲統治者必須對庶民寬厚,指出"寬則得衆";同時還要取信於民,"信則人任"[14]。

而在經濟上,則要輕税賦以重民生,即是"薄賦斂則民富",而且特别强調"政之急者,莫大乎使民富且壽也"。[15]他的先"富"後"教"的思想,完全符合人類社會的發展規律,後世所謂"倉廩實而知禮義,衣食足而知榮辱",即由此而來。

孔子的仁政、德治、立信、富民及重教諸説,其對象實際上都是針對統治者而言的。他顯然深刻地意識到,自東周之際到春秋時期所出現的禮崩樂壞之現象,統治者負有最大的責任,所以孔子才會指出他們必須"修己",即前文所引的"修己以安百姓"[16]。因此,孔子仁政、德治諸說,在一定程度上,可說是爲統治者的自我克制和自我修養而設的。

另一方面,筆者認爲,孔子的"仁者愛人"以及"泛愛衆,而親仁"等觀點,實際上是對周禮兩大支柱之一的"親親"觀念的修正和補充。

如前所述,"親親"觀念源於西周初年禮樂制度和宗法制度的基本宗旨,目的在於利用同姓的血親關係,連結分封於各地的五十一個姬姓侯國,以加强他們對宗周的親和力,來達到共尊及屏護周王室的目的。

但是,隨着時間的推移,自平王東遷之後,尤其至孔子所在的春秋中晚期之際,周王室與姬姓侯國之間、侯國與侯國之間,"親親"觀念已非常淡薄,彼此的血緣關係實際上已極之疏離,而與此相應建立的宗法制度也勢必隨之瓦解。筆者認爲,其時"親親"疏淡、"尊尊"毋存的客觀事實,遂令西周晚期和春秋之際周王室日益衰微、强侯主宰天下,這也是造成禮崩樂壞的根本原因之一。

所以,在這種情況下,孔子以"仁者愛人"以及"泛愛衆,而親仁"這種愛一切人的觀念來修正并補充周初的宗親之愛的觀念,從而達到"君子篤於親,則民興於仁"[17]的境界。筆者認爲,孔子這一學說具有劃時代的意義,是中國哲學思想的一種進步,這也體現了孔子學說中的人道主義精神。

孔子之"復禮"與倡"仁",其最終目的仍在於希望恢復當年西周禮樂社會上下親睦和諧的局面。顯然,在孔子的思想中,他對於周王室的衰微和强侯不尊周天子,以及侯國中大夫柄政的局面,是不以爲然的,認爲這都是禮崩導致犯上作亂的結果。所以他才會說:

"天下有道,則禮樂征伐自天子出。天下無道,則禮樂征伐自諸侯出。……天下有道,則政不在大夫。"[18]

孔子發出如此强烈的呼吁,顯然是有感而發的。因爲他所處的魯國,國君魯定公軟弱,季氏僭於公室,權臣陽虎柄政,自大夫以下皆悖離正道。

二、孔子整理六經、游學諸國與儒學的南傳

在上述這種情況下,孔子對魯國政局感到十分失望。於是急流勇退,回家整理儒家經典,并廣收學生教授儒學。正如《史記·孔子世家》所説:

"故孔子不仕,退而修《詩》《書》《禮》《樂》,弟子彌衆,至自遠方,莫不受業焉。"

孔子這段退仕在家整理六經和教授學生的時間，約自魯定公五年（前505）至八年（前502），即在其四十七歲至五十歲共三年的時間。這三年，可謂是孔子的學術思想臻於成熟而精力尚盛的三年，同時也是他的學術成果和教育成果十分豐碩的三年。

直至孔子五十一歲那年，魯國局勢出現變化。魯定公決定起用他爲中都宰。孔子顯然幹得很出色，僅僅一年，中都已經在地方行政方面成爲四方的模範。不久，孔子升任司空，最後被委任爲魯國最高的司法長官——司寇。由此説明孔子自己確實是"學而優則仕"的實踐者，而且他不僅説得好，還幹得好。所以，孔子不僅是個大學問家和禮學專家，而且也是從地方到中央把政務幹得有聲有色的政治家。《史記·孔子世家》説：

"一年，四方皆則之。由中都宰爲司空，由司空爲大司寇。"

自五十一歲至五十四歲，可謂是孔子從政最"威水"（粵語方言，指"很厲害、了不起"）的幾年。不過，及後孔子在仕途上便走了下坡路，從此幾乎退出政壇。

原來，魯定公十二年（前498）孔子五十四歲，由大司寇攝行相事，因與當權派季桓子有矛盾，被逼去職（按：此處從《史記·魯周公世家》及《史記·十二諸侯年表》），翌歲即定公十三年至衛。[19]

然而，多年來，孔子除長期在魯國任職做事，最重要的更是教書育人。在他的學生中，最多的當然是魯國人。像顏回、子騫、仲弓（冉雍）、子有（冉求）、子路、子我、曾參、子思、有若等，便都是魯國人。

由於歷史地理的原因，孔子早年打交道最多的是齊國。他曾獻議於齊景公，也收了不少齊國的學生，如公皙哀（字季次）、子遲（樊須）、叔魚、子里、子車等，皆爲齊國人，都列於孔子主要的學生七十二子之中。不過，孔子的政治主張在齊國阻力重重，而且齊景公也沒有采納他的意見，令其心灰意冷。其後齊國且采取敵視魯國的政策，令孔子十分失望。

所以，此次孔子徹底退出魯國政壇，他不再東望齊國，而是西向衛國。自此之後，孔子及其弟子便從衛國南下，輾轉游學并居停於曹、宋、鄭、陳、蔡諸國之間，到處宣傳他的儒家學説和政治主張，但結果沒有一個諸侯國的國君願意真正采用其治國理念。在這種情況下，孔子只好前後多次轉回衛國，但衛靈公一直在政治上沒有起用他。

及後十多年，孔子在上述諸侯國流離轉徙，看看究竟有哪個侯國國君會采用他的治國之道，以"克己復禮"拯救時弊。但是，當時諸侯争戰兼并和禮崩樂壞的殘酷事實，注定孔子的政治主張必定不能見用於時，其必定到處碰壁。

不過，孔子雖然在政治上不得意，但多年來，他去到哪裏，就講學到哪裏，儒學就傳播到哪裏。

比如魯定公十四年（前496）孔子五十六歲那年，從山東的魯國出發，到了河南的衛國，衛靈公給他六萬斗的俸粟，但沒有具體的官職，應屬於顧問之類。所以，居衛十個月期間，孔子有許多時間做學問，同時收了許多門生，傳播他的儒家學説，子貢顯然就是其時他在衛國收的門人之一。

《史記·仲尼弟子列傳》説：

"端木賜，衛人，字子貢，少孔子三十一歲。"

根據上述的記載，當年孔子五十六歲，子貢比他小三十一歲，那麼其時子貢就是二十五歲。從此他追隨孔子，成爲孔門最忠誠的弟子之一。

後來孔子還收了另一名杰出的衛國人做學生，他就是子夏。他對弘揚師説和傳播儒學，可説貢獻最大。有關子夏，我將於下文專章予以闡述。

除子貢、子夏外，孔子先後收的衛國籍學生，還有子羔（高柴）、子驕（顔高）、句井疆、廉絜等，也在七十二門人之列。[20]

這一次，孔子在衛國住了十個月，見衛靈公對他越來越疏遠，有的做法還令他難堪，於是決定離開。他與門人一路南下，前往陳國，但過匡地時碰到麻煩，折騰了數月，没有辦法，只好經蒲地返回衛國。這次孔子并非是衛靈公邀請的客人，所以住在友人蘧伯玉家。

顯然，離開衛國南下宣講其政治理念和儒家學説，是孔子的既定計劃。所以，及後孔子一行便前往曹國；接着，又南下前往宋國。

本來，宋國原是孔子的祖邦，宋人照理應該有點人情之類的表示吧。但宋國君臣不僅没歡迎他，甚至當孔子一行被冷落於郊野，其與弟子習禮歌詩於大樹之下時，宋國司馬桓魋竟率軍士洶洶趕來，拔去大樹，喊打喊殺，驅逐孔子一行。據《史記·孔子世家》記載，其時弟子十分緊張，對孔子説："可以速矣！"——意思是：快點逃吧！

但孔子是何等人也！他坦然説：

"天生德於予，桓魋其如予何！"[21]

在十分窘迫的境地中，孔子依舊不忘教導弟子習禮歌詩；甚至在面臨被逐殺的危險情况下，孔子對自己的信念仍然充滿信心，顯示泰山崩於前而色不變的氣概，確實非一般人所可企及。

孔子一行被逐出宋國，來到鄭國，匆忙間師徒走散，孔子獨立於鄭都城的東門。子貢到處打聽老師的下落，鄭國人對他說：東門有一老者，前額像堯，項頸類於皋陶，肩膀似子產，但自腰以下則短禹三寸，急急如喪家之狗。

及後子貢找到孔子，將鄭人如何形容他的話告訴了他。

老實說，將大師形容"似喪家之狗"，委實難聽。但《史記·孔子世家》記載："孔子欣然笑曰：'形狀，末也。而謂似喪家之狗，然哉！然哉！'"

在這種萬分窘迫的情況下，孔子竟能欣然而笑，而且實事求是，說此時形容自己的樣子像聖人，一點都沒有用。說自己此時像只"喪家之狗"，就真真實實，一點都沒有錯！——從這件事，可以看出孔子作爲大師，一點都不裝模作樣，做人十分坦誠。所以，在孔子言教、身教之下，像冉求、子貢這些一直追隨在他身邊的學生，後來出來做事都足堪大任。

另一方面，宋國當權者以暴虐手段對待孔子，但宋國仍然有青年追隨孔子，像子牛（司馬耕）即是宋人。[22]

被宋國趕走後，孔子一行前往鄭國。但鄭國也冷落孔子，他與學生們就前往陳國。陳人待他不錯，孔子居陳前後三年多。毫無疑問，這麼長的時間，孔子當然設帳授徒，教導學生。在孔子七十二門人中，子張就是陳國人。

《史記·仲尼弟子列傳》記載：

"顓孫師，陳人，字子張。"

子張是孔子最傑出的學生之一，《論語》有一篇是以他的名字命名的。

除子張外，孔子的另一學生子正（公良孺）也是陳國人，也名列七十二門人之中。[23]

但是，其時陳國正是多事之秋，先後被晉、楚所伐，及後又受吳國侵凌。沒有辦法之下，孔子只好又返回衛國。大概孔子在外多年，名聲很好，所以這次衛靈公熱情地歡迎他。不過，其時靈公年邁，怠於國政，仍然不用孔子。

孔子心灰意冷之下，打算離開衛國，擬西行赴山西境內去見晉國的當權派，即執政卿士趙簡子（即趙鞅），希望到那裏一展所長。

《史記·孔子世家》云：

"孔子既不得用於衛，將西見趙簡子。至於河而聞竇鳴犢、舜華之死也，臨河而嘆曰：'美哉水，洋洋乎！丘之不濟此，命也夫！'子貢趨而進曰：'敢問何謂也？'孔子曰：'竇鳴犢、舜華，晉國之賢大夫也。趙簡子未得志之時，須此兩人而後從政；及其已得志，殺之乃從政。丘聞之也，刳胎殺夭則麒麟不至郊，竭澤涸漁則蛟龍不合陰陽，覆巢毀卵則鳳皇不翔。何則？君子諱傷其類也。夫鳥獸之於不義也尚知闢之，而況乎丘哉！'乃還息乎陬鄉，作爲《陬操》以哀之。而反乎衛，入主蘧伯玉家。"

從上文可知，孔子確實是希望前往當時的中西部大國晉國尋求發展的。當年他已六十多歲，與弟子一行，從河南的衛國出發，不避長途舟車勞頓，西行至黃河之濱，河對岸就是晉國了。但渡河之前，孔子聽說趙簡子竟殺了於其有功的兩位晉國賢大夫：竇鳴犢及舜華。孔子對這兩人評價甚高，引爲同道。如今兩人竟遭趙簡子橫戮身死，孔子真有兔死狐悲、物傷其類之感。於是隨即中止行程。就這樣，其擬往晉國等中西部地區宣講政治主張和儒家學說的計劃，終於告吹。⁽²⁴⁾

孔子無奈，只好返回衛國，又入住老友蘧伯玉家。

多年來，孔子流落在外，因季氏長期僭越魯國公室，政敵陽虎專權，所以有家歸不得，因而衛國變成他的第二故鄉。在衛國，孔子又有一位難得的好朋友蘧伯玉，可以將自己的家作爲孔子的家。而衛靈公表面對孔子客客氣氣，但就一直在政治上不用他。

不過，孔子是個一心一意想實踐自己政治理念的人，既然不見用於衛靈公，乃與學生於魯哀公二年（前493）再次南下至陳國，繼續宣傳其政治主張和儒家學說，并在那裏設壇講學。必須指出，陳是孔子南下宣傳其政治理念和儒家學說的重要國家，他前次南下期間，就曾在陳國居停講學，而且長達三年之久。⁽²⁵⁾

魯哀公三年（前492），魯國權臣季桓子病卒，其子季康子代立，乃召孔子學生冉求出任魯國宰相，其時孔子六十歲。

魯哀公四年（前491），孔子六十一歲，自陳國遷至蔡國，前後居蔡三年。其時因陳國被吳國入侵，楚國出兵救陳。楚人聞孔子在陳、蔡之間，想聘請孔子到楚國，孔子竟因爲陳、蔡大夫的忌恨而被困於野。此事時在魯哀公六年（楚昭王二十七年，前489）春，孔子已六十三歲，與學生一起，又餓又病，差點被困死、餓死在那裏。但是，在如此艱難困苦的情況下，孔子仍然"講誦弦歌不衰"。有關這件事，《史記·孔子世家》有詳細記載，內云：

"吳伐陳，楚救陳，軍於城父。聞孔子在陳蔡之間，楚使人聘孔子。孔子將往拜禮，陳、蔡大夫謀曰：'孔子賢者，所刺譏皆中諸侯之疾。今者久留陳、蔡之間，諸大夫所設行者皆非仲尼之意。今楚，大國也，來聘孔子。孔子用於楚，則陳、蔡用事大夫危矣。'於是乃相與發徒役圍孔子於野。不得行，絕糧。從者病，莫能興。孔子講誦弦歌不衰。"

從這件事，可以看出孔子確實是個信其所信、慨然任道和樂天曠達的人，雖然處於窮途末路，但仍然志氣不衰，居然餓着肚子"講誦弦歌"，宣傳儒學。

當然，以孔子的智慧，他是不會坐以待斃的。期間他派子貢潛往楚國求援。根據《史記·孔子世家》記載，楚昭王聞知，"興師迎孔子"。把孔子及其弟子從絕境中解救出來。此事發生在魯哀公六年（即楚昭王二十七年，前489）春。^{（26）}

楚昭王很敬重孔子的道德和學問，十分隆重地接待他，優渥有加。因爲在客觀上，楚國本身受北地文化的影響由來已久，早在孔子來楚國的一百多年前，楚莊王（公元前613至前591年在位）要大夫士亹當太子的老師，士亹向大夫申叔時請教，叔時就建議他結合中原文化來教導楚太子。《國語·楚語》記載：

"叔時曰：'教之《春秋》（按：周室有《春秋》書姬周王業歷史，楚不敢僭稱本國史爲《春秋》，稱《檮杌》），而爲之聲善而抑惡焉，以戒勸其心；教之《世》（按：應即爲《世本》之類），而爲之昭明德而廢幽昏焉，以休懼其動；教之《詩》，而爲之導廣顯德，以耀明其志；教之《禮》，使知上下之則；教之《樂》，以疏其穢而鎮其浮；教之《令》，使訪物官；教之《語》，使明其德，而知先王之務用明德於民也；教之故《志》，使知廢興者而戒懼焉；教之《訓典》，使知族類，行此義焉。'"^{（27）}

士亹究竟是否有按申叔時的建議辦，《國語》沒有說。但據上文也可知，楚國確實有熟知中原經典的人才，楚國早受中原文化的影響。

另據《左傳·昭公十二年》記載，楚靈王曾稱讚左史倚相說：

"是良史也，子善視之。是能讀《三墳》《五典》《八索》《九丘》。"^{（28）}

又皮錫瑞《今文尚書考證》引孔疏云：

"三皇之書爲《三墳》，五帝之書爲《五典》，八卦之《易》爲《八索》，九州之《志》爲《九丘》。"^{（29）}

我認爲上述解釋，并非無據。比如後來經孔子整理的《書》，經秦火焚燼，到西漢初年的搶救整理，《書》雖有古文、今文之分，但內中都有《堯典》《舜典》，此兩《典》應包含在原來古代《五典》之中，分別記述帝堯、帝舜的典故。因爲此兩《典》顯然是古史中比較有根據的，故孔子整理《書》時，便加以采用。

魯昭公十二年即公元前530年，其時楚有史官名倚相者，因能讀懂中原的傳統經典而爲楚靈王所贊賞，足證楚國君臣歷來有崇慕中原文化的傳統，是頗有修養的。所以，過了差不多五十年之後，楚昭王對來自中原的大儒孔子便顯得十分欽敬，請其講學，甚至擬以七百里地封孔子，只因爲大臣的諫阻而中止。尤其不幸的是，到了這年秋天，楚昭王竟卒於城父。有關上述這些事，《史記·孔子世家》有所記述。內中說：

"昭王將以書社地七百里封孔子。楚令尹子西曰：'王之使使諸侯有如子貢者乎？'曰：'無有。''王之輔相有如顏回者乎？'曰：'無有。''王之將率有如子路者乎？'曰：'無有。''王之官尹有如宰予者乎？'曰：'無有。''且楚之祖封於周，號爲子男五十里。今孔丘述三（墳）、五（典）之法，明周、召之業，王若用之，則楚安得世世堂堂方數千里乎？夫文王在豐，武王在鎬，百里之君卒王天下。今孔丘得據土壤，賢弟子爲佐，非楚之福也。'昭王乃止。其秋，楚昭王卒於城父。"[30]

從上述這段記載中，可知孔子在楚國逗留期間，登壇講學的一些具體內容，其中包括《三墳》《五典》之法，而《五典》中，便包括《堯典》和《舜典》，經孔子整理後，就成了《書經》的一部分。另一就是"明周、召之業"。大家知道，在周公的事業中，制《禮》作《樂》可謂是其最重要的部分；而在《詩》中，《周南》《召南》也在其中，以歌頌周公、召公之業。所以，我認爲孔子在楚國講學的內容，主要包括他在四十七至五十歲期間退居在家整理而成的《詩》《書》《禮》《樂》等儒家經典。

那麼，孔子在楚國逗留講學的時間，究竟有多久呢？

根據《史記·孔子世家》的相關記載，孔子抵達楚國在哀公六年（前489）春，而楚昭王卒於是年秋。昭王厚待孔子，恩遇有加，如今既逝，孔子是知禮之人，必定參加昭王祭禮，事畢，始離開楚國。因此，自春至秋，據之可推知孔子在楚居停講學的時間，至少在半年以上。而孔子自楚返衛，應在魯哀公六年冬。

孔子在楚國居停期間，設帳授徒，教導楚國學生，其中登錄在《史記·仲尼弟子列傳》中七十二子之列者，有公孫龍（字子石）及任不齊（字選）等，他們都是楚國人。根據《史記·儒林列傳》的記載，孔子卒後，其學生武城人澹臺子羽居楚，顯然也做着傳播儒學的事。

孔子在楚講學，影響所及，連毗鄰的吳國也有青年學子前來楚地求學，拜倒於孔子門下。其中最出名的吳國學生如言偃（字子游），具名於孔子七十二弟子之列。他比孔子小四十五歲，則知當年言偃被孔子收爲學生時，年齡爲十八歲（按：魯哀公六年，孔子六十三歲）。[31] 這些人學成之後，又設帳教導學生，講授儒家經典文化。如此代代相傳，其影響之大，不言而喻。

所以，在孔子及其弟子的推動下，儒家學說終於在春秋時期跨過長江，在楚國等南方國家得到廣泛的弘揚和傳播，使我國南、北文化其後在共同以儒家文化爲基礎的學術環境中，得到進一步的融合。

如前所述，根據《國語・楚語》和《左傳・昭公十二年》的記載，在孔子之前，楚國也受北地中原文化的影響，但只能讀些《三墳》《五典》《八索》《九丘》之類的典籍，其時楚國顯然尚未有儒家"六經"之屬。數十年後，因爲孔子的南傳儒學，從此之後，楚國等地才有儒家《詩》《書》《禮》《樂》《易》《春秋》六經文化的傳播。

孔子南傳儒學的重大影響，在現代考古學上也得到确切的印證。自二十世紀九十年代開始，湖北荊門郭店等出土了大量戰國楚簡，及後公開的上博簡和清華簡，也都是數量龐大、內容豐富的戰國楚簡。上述這三種重要的出土文獻，不少都與孔子整理過的儒家文化有關，其中包括《詩》《書》《論語》《逸周書》《禮記》等。

尤其上博楚簡《孔子詩論》，更與孔子直接有關，是孔子在楚地傳播儒家經學的重要證據。而此篇楚簡在二十世紀與二十一世紀之交一經公示，馬上轟動了海內外學術界。

本來，傳世《詩經》中，按毛詩的類序爲《風》《雅》《頌》，但上博楚簡《孔子詩論》在《詩》類序方面却是《頌》《雅》《風》，可謂完全相反。

原來，在《孔子詩論》的第2、第3留白簡中，有這方面的相關記述，內云：

"寺也，文王受命矣。《頌》，平德也（多言後）。其樂安而遲，其歌伸而引，其思深而遠，至矣。《大雅》，盛德也。（多言）02［……《小雅》］口［德］也。（多言）難而怨湛者也，衰也，小也。《邦風》，其納物也，博觀人俗焉，大斂材焉。其言文，其生善。孔子曰：唯能夫。03"[32]

細考上述《孔子詩論》第2、第3留白簡的內容，我認爲其實就是孔子在楚地登壇講述《詩經》的證明。當年他說的要點由弟子記錄下來，由於其時書寫工具的限制，孔子講得多而記錄下來的很少。因爲門人只能僅記其講解的主旨，而孔子在講解過程中說的許多話，在竹簡上不能盡錄，只能用"多言後"或者"多言"等字樣加以註明。否則便無以解釋在每一主句之後，會附加"多言後"或"多言"這種與《孔子詩論》的主旨毫不相干的字樣。至於第3留白簡末尾的"孔子曰"，顯示楚簡《詩論》與孔子有着密切的關係，是孔子在楚地講學的明證。

從上述第2、第3留白簡的記載看來，孔子在講學時，确實將《詩經》的前後次序按《頌》《大雅》《小雅》《邦風》加以論述的。這就完全顛覆了《毛詩》的先後次序。

衆所周知，《毛詩》主導了《詩》類序的基本形態達二千多年之久。直至上博楚簡《孔子詩論》之出，對《毛詩》類序的成説造成極大的衝擊，這無疑是中國學術史上的重大問題。於是隨即引起海內外學術界的廣泛關注，也引發了許多學者對這一問題極大的研究興趣。

2002年3月，由清華大學思想文化研究所和台灣輔仁大學主辦的"新出楚簡與儒家思想"學術研討會在清華大學舉行，是上博簡公布後第一個將其列入議程的大型學術會議，其中楚簡《孔子詩論》顯然是被討論的"主角"。同年7月，由上海大學和台灣楚文化研究協會主辦、上海博物館協辦的"新出土文獻與古代文明研究"國際學術研討會在上海大學和上博舉行，更集中展開了對上博簡的討論，這一次，《孔子詩論》更是"主角"。及後上海方面還出版了《新出土文獻與古代文明研究》論文集，還將在北京清華大學舉行的學術會議有關上博簡的論文，也納入其中，內容十分豐富。

對於上博楚簡的研討，在《詩》類序方面，當年參與北京、上海兩次大會有關《孔子詩論》研究的海內外學者，幾乎絶大部分人都仍然認同毛詩的類序，即《風》《小雅》《大雅》《頌》，理由是二千多年大家都以這一類序爲是，而且孔子從來就沒有改動過這一《詩》類序。當時只有上海博物館的馬承源先生等少數學者認爲經孔子整理的《詩》類序，應爲《頌》《大雅》《小雅》《邦風》。但很遺憾，他們成了少數的非主流派。

當年我沒有參加上述兩次研討會，但讀了2004年由上海大學出版社出版的大會論文集《新出土文獻與古代文明研究》之後，感到海內外學者對楚簡《孔子詩論》確實非常重視，諸家爭鳴，十分精彩。

但仔細考讀之下，我發現當年維護《毛詩》類序成説的大部分學者所持的意見很有問題，尤其他們認爲孔子從來就沒有改動過《詩》類序，這就與歷史事實完全不符。因爲在《論語·子罕》中，明明孔子自己説：

"吾自衛返魯，然後《樂》正，《雅》《頌》各得其所。"[33]

這説明孔子認爲自己返魯之前，魯國的《樂》不正，《雅》《頌》不得其所。這才導致他返魯後"正"之，其後《雅》《頌》才"各得其所"。——我認爲這種因果關係是清清楚楚的。

而在孔子心目中這種"不正"的《樂》《詩》的先後次序，恰好與後來傳世的《毛詩》類序《風》《小雅》《大雅》《頌》，是完全一致的。

那麽，何謂《毛詩》？它究竟又出自何人之傳呢？

原來，《詩》的姓"毛"與戰國末年至西漢初的兩位姓毛的人有關。第一位叫毛亨，魯國人，他的《詩》學是由戰國末年的荀子傳授的；而在《荀子》中，其《詩》類序恰好就是《風》《小雅》《大雅》《頌》。其後毛亨又將《詩》學傳給趙國人毛萇。於是漢人稱毛亨爲"大毛公"、毛萇爲"小毛公"。而毛萇爲漢河間獻王的博士，教授學生《詩》

學,代代相傳,世人稱爲《毛詩》。至西漢末王莽篡位,《毛詩》被立爲官學,從此統治《詩》壇二千多年,以至於今日。

根據我的考證,《毛詩》類序與春秋時期的孔子及其學生子夏毫無關係,而是出自戰國末年荀子之傳。至於荀子的《詩》類序,顯然又受春秋戰國時期中國政局受侯國所主導,《邦風》因而被排列於前的政治現實所影響。

以魯國在春秋時期行之有年的《詩》類序爲例,情形正是如此。

據《左傳‧襄公二十九年》記載,當年吳公子季札聘魯觀《周樂》,其時表演樂詩的先後次序,就是《風》《小雅》《大雅》《頌》,而且一直沿用,成爲魯國《樂》《詩》先後次序的常態。而吳公子季札聘魯觀《周樂》那年,孔子七歲。等到他晚年返回魯國時,才糾正了此一次序,變成《頌》《大雅》《小雅》《邦風》。因此,他才會自負地指出:"然後《樂》正,《雅》《頌》各得其所。"

那麼,孔子爲什麼認爲魯國的《詩》類序不正,最後要把它改正過來的呢?

我認爲這與孔子的禮治思想和《詩》學理念之間的關係密切相關。在《孔子家語‧論禮》中,孔子教導子夏,說:

"《詩》之所至,《禮》亦至焉;《禮》之所至,《樂》亦至焉。"(34)

所以,《詩》《禮》《樂》三者之間關係極爲密切,其中《禮》起了關鍵的連帶作用。

衆所周知,孔子的禮治思想是"君君、臣臣、父父、子子"。既然孔子認爲"《詩》之所至,《禮》亦至焉"。那麼,我認爲在孔子的理念中,《詩》的類序也是有禮制等級即君臣上下的。

比如《周頌》是歌頌姬周王室的先公先王尤其是文王的,所以《頌》在禮制上具有"君"的屬性。而《邦風》則爲諸侯國的詩。按周禮的規定,王室是君,侯國是臣,所以,相對於歌頌周王室的的詩《周頌》而言,《邦風》在禮制上便帶有"臣"的屬性。這是孔子的禮治觀念在學術上的反映,是不可動搖的。所以,在孔子的心目中,於《詩》類序方面,只有《頌》《大雅》在前,《小雅》《風》在後,是謂之"正",否則便是"不正"。

因此,我認爲孔子說:"吾自衛返魯,然後《樂》正,《雅》《頌》各得其所。"證明孔子確實改動過《詩》類序。他將魯襄公二十九年(前544)吳公子季札聘魯觀《周樂》中的《詩》類序《風》《小雅》《大雅》《頌》改正過來,變成《頌》《大雅》《小雅》《風》——這與上博簡《孔子詩論》中第2、第3留白簡中的先後次序,是完全一致的。

經過深入研究之後,基於上述的學術認知,及後我乃撰成《戰國楚簡〈孔子詩論〉與〈詩經〉類序考析——兼論〈毛詩〉類序非出孔子、子夏真傳》一文,發表於2008年由饒宗頤先生主編的《華學》雜志第九和第十合集上,引起學術界頗大的震動,許多學者都認同我在文章中的學術觀點。這篇論文及後收進拙著《中國歷史若干重要學術問題考論》一書之中。⁽³⁵⁾大家有興趣可找來讀一讀,我在這裏就不多談了。

毫無疑問,上博簡《孔子詩論》的問世,顯示孔子在長達十四年間輾轉於今山東、河南、湖北諸省,南下傳播儒家學說尤其是《詩》《書》《禮》《樂》等傳統經學,而楚國可謂是孔子南傳儒學最後的一站。

事實證明,在這十四年間,孔子的"君君、臣臣、父父、子子"的禮治思想更加堅定,上博簡《孔子詩論》中第2、第3留白簡先《頌》而後《風》的《詩》類序排列,就是最好的證明。也正因爲如此,及後孔子北上返衛,其後自衛返魯,才會改正魯國《周樂》中的《詩》類序,而《雅》《頌》才會"各得其所"。

毫無疑問,孔子繼承周公的禮樂觀念并力倡其用於國家和社會的治理,這是他的理想。但實際上,孔子的學說却在當時業已分裂和禮崩樂壞的春秋社會,諸侯割據和互相兼并的政治現實面前,到處碰壁,侯國國君顯然都沒有接受他那一套治國理念,因而其學說不能得到有效的施行并發揮其對社會治理的作用。

雖然,由於時代的局限性,孔子的政治理念和儒家學說在春秋戰國時期乃至秦代莫能施行,但是,後世却大行其道。歷史證明,孔子的禮治觀念、仁學和教育理念至關重要,對於國家和社會治理其實有很大的作用。後來漢武帝之所以聽從董仲舒的獻議,采取"罷黜百家,獨尊儒術"之策,實際上施行的就是孔子所倡行的禮治和教育理念,其後歷朝沿用不衰,二千多年封建社會所實行的典章制度和世世尊孔就是證明。

孔子的學說和許多政治見解,除載於《春秋經》《論語》《孝經》《孔子家語》之外,還見諸於《左傳》《禮記》以及《史記·孔子世家》《史記·仲尼弟子列傳》等經典之中。筆者認爲研究孔子,不能像一般人那樣,只拿《論語》中個別章節的片言隻語來論說,或認爲孔子只是個"有教無類"的教育家,而必須把上述有關孔子的經典文獻貫串而觀,尤其必須結合孔子自己所撰《春秋經》中的主體思想,非如此無以全面、真切地瞭解整體的孔子。因爲在《史記·孔子世家》中,記載了孔子對其學術思想的重要自述:

"後世知丘者以《春秋》,而罪丘者亦以《春秋》。"⁽³⁶⁾

其實,我認爲孔子在《春秋經》中,最重要的是以其禮治思想針砭時弊,而令亂臣賊子懼。這也是孔子自己最爲看重的學術功業之一。

《史記·孔子世家》又說:

"孔子之時,周室微而禮樂廢,《詩》《書》缺,追迹三代之禮,序《書·傳》(按:即《尚書·大傳》),上紀唐虞之際,下至秦繆,編次其事。……故《書·傳》《禮記》自孔氏。……古者《詩》三千餘篇,及至孔子,去其重,取其可施於禮義,上采契、后稷,中述殷周之盛,至幽、厲之缺。……三百五篇,孔子皆弦歌之,以求合《韶》《武》《雅》《頌》之音。禮樂自此可得而述,以備王道,成六藝。孔子晚而喜《易》,序《彖》《繫》《象》《說卦》《文言》。……孔子以《詩》《書》《禮》《樂》教,弟子蓋三千焉,身通六藝者七十有二人。"

從上述可知,孔子在學術上最大的貢獻,除整理《詩》《書》《禮》《樂》《易》《春秋》六經之外,《尚書·大傳》《禮記》和《易·繫辭》等,也出自孔子。所以,孔子誠然是春秋時期承先啓後的思想家和一代學術大師。他的偉大貢獻,爲中國二千多年來的傳統學術文化奠下深厚基礎,并對其後中國的思想文化和社會制度,發揮了極爲深遠的影響。他的後繼者——歷代大儒接受他的薪火,使他的學說發揚光大,從而令儒家思想成爲中國社會思想文化的主體。孔子是儒學的創始人和奠基者,後人稱其爲"至聖先師""萬世師表"和"泰山北斗",他是受之無愧的。而這所有的一切,我認爲與孔子五十六歲後,於十四年間,不避艱難險阻,輾轉南下各國宣講其政治理念和儒家學說,并廣收門徒,使其學說得以著諸竹帛,藏之名山,代代相傳,深入人心,有極大的關係。

值得一提的是,孔子南傳儒學,從山東轉河南一路南下,在渡過長江到湖北的楚國時,眼見滔滔江水日夜滾滾東流,孔子觸景生情,感慨繫之。於是《論語·子罕》乃有如下的記載,云:

"子在川上曰:'逝者如斯夫!不舍晝夜。'"[37]

這可說是孔子南下渡江入楚國傳播儒學的最生動的證據。

必須指出,孔子本來有西赴晉國等中西部地區傳播其政治理念和儒家學說的計劃,并已付諸行動。他不惜以六十多歲的老邁之年,長途顛簸,艱辛西行。不料於渡河入晉境前,驚聞其時掌國政的晉卿趙簡子誅殺賢臣,乃不得不黯然中止行程。於是西入晉國宣講其政見和儒家學說的計劃遂告破滅,此事不能不說是孔子生前的最大遺憾。

但是,孔子去世後,至戰國初年,他的學生子夏繼承其遺志,西入三晉魏國,大力傳播儒學,并廣收學生,上至魏文侯,下至公卿大臣和士大夫,宣講及研習孔子學說,并大規模整理儒家經典文獻,做出一番轟轟烈烈的事業,使儒家文化不僅在三晉大地得到迅速的傳揚,而且影響及於河對岸的陝西等西北部地區。

三、子夏繼承孔子六經事業與儒學的西播

在孔子的門人中，能傳其學術而極大地擴展儒家文化的影響，且史有記載者，我認爲應以子夏爲最。

據《史記·孔子世家》説，孔子有弟子三千，"身通六藝者七十有二人"。不過，《史記·仲尼弟子列傳》又引孔子曰："受業身通者七十有七人。"人數稍有出入。但受業身通者七十餘人，却是肯定的。

按照《史記·仲尼弟子列傳》的記載，孔子這七十多名弟子各有所長。其中顏淵、閔子騫、冉伯牛、仲弓長於德行；冉有、季路長於政事；宰我、子貢長於言語；子游、子夏長於文學。此外還談到孔子對師（子張）、曾參、高柴、由（子路）、顏回和賜（子貢）等人的簡單評價。

根據《論語》和《史記·仲尼弟子列傳》以及其他文獻的記載，在孔子的衆多弟子中，在其身後能真正傳其學術而載諸史册者，除曾參編撰《孝經》《大學》之外，其中卓有建樹及貢獻最多的，我認爲應該是子夏。

據《史記·仲尼弟子列傳》所言，子夏長於"文學"。筆者認爲，春秋時期的所謂"文學"，與現代屬於文藝範疇的語言文字及其文化的"文學"，其意義及内涵是完全不同的。其時的"文學"，實際上應指"六藝"也即"六科"之學（按：其内容多與六經相應），應該屬於現代"經學"學術研究的範疇。如《史記索隱》按：

"子夏（即卜商）文學著於四科，序《詩》，傳《易》。又孔子以《春秋》屬商。又傳《禮》，著在《禮志》（按：即《禮記》。後在西晋太康年間河南汲郡魏王墓出土）。"

又《史記正義》云：

"（魏）文侯都安邑，孔子卒後，子夏教於西河之上，文侯師事之，咨問國政焉。"

魏文侯是戰國初期的一代明君與霸主，他内修治政，發展經濟，富國强兵；另一方面，出於保障魏國戰略安全的考慮，外則采取主動西渡黄河擊秦的策略，盡取秦七百里西河地（今陝西省東部），并築成魏長城，使其成爲魏國的戰略屏障，并自此阻遏秦東渡黄河逐鹿中原達七八十年之久。

魏文侯在對秦西河戰略取得成功之後，應趙國的請求，出兵北伐中山，盡取其恒山下之河北地。根據筆者的研究，魏文侯乃將中山國地與趙國割讓的山西境内原

智伯之地連成一片,并爲一新州,是爲"并州",作爲九州之一,并載於魏文侯主導下、由子夏爲首的西河學派編著而成的《周官》也即《周禮》一書之中,詳細考證可參閱拙著《〈周禮〉制度淵源與成書年代新考》一書。[38]

魏文侯是春秋戰國之際最爲尊儒好古的國君。他尊子夏爲師,所以在學術上,魏文侯的學問實際上與孔門六經有密不可分的關係。

《史記·魏世家》記載:

"文侯受子夏經藝。"

說明子夏傳授魏文侯的,都是儒家經學。而子夏又頗得孔子經學的真傳,其中包括《詩》《禮》《易》《春秋》諸經,這是《史記索隱》考證出來的。後來西晉太康年間在河南汲郡出土的魏王墓中,發掘出大批戰國竹書,其內容就與子夏所傳經學有密切的關係。有關這方面,我將在下文作詳細的考述。

魏文侯在子夏及其所授儒家文化的影響下,推行禮治仁義,使國家上下團結,在國內外的威信很高,受到諸侯國的稱譽,連秦國想對魏國動武也因其隆名盛譽而中止。《史記·魏世家》云:

"秦曾欲伐魏,或曰:'魏君賢人是禮,國人稱仁,上下和合,未可圖也。'文侯由此得譽於諸侯。"

在子夏的講授和影響下,魏文侯對儒家禮學最有心得,很有禮賢下士之風,以致四方名士能人聞風歸附。於是,在大量人才的輔助下,魏國的政治、經濟、軍事日益強盛,成爲戰國初年的霸主。有關這方面,《呂氏春秋·下賢》曾有述及,內中說:

"文侯可謂好禮士矣。好禮士,故南勝荊於連堤;東勝齊於長城,擄齊侯,獻諸天子。天子賞文侯以上聞。"[39]

由此可知,在子夏的影響下,魏文侯作爲戰國最爲重儒的一位君主,以禮治仁義得人心,從而令魏國強大。而儒家文化也藉助魏文侯的影響力,在三晉等中西部地區得到極大的傳揚!而孔子由於有子夏這樣一個學生繼其遺志,完成他生前想做而沒有做成的事。這對孔門的六經事業來說,是一個重大的貢獻。

在《論語》《禮記·孔子閑居》《孔子家語》《史記·孔子世家》和《史記·仲尼弟子列傳》等典籍中,對孔子與子夏之間的師生關係及相關史事都有所涉及。

據《史記·仲尼弟子列傳》記載,子夏少孔子四十四歲。孔子生於魯襄公二十年（前551年），那麼子夏就是生於魯定公三年（前507）。如果説，子夏師從孔子時年約二十歲的話，那麼其時孔子已是六十四歲，已至遲暮之年了。孔子去世時，子夏顯然還不足三十歲。

在《論語・八佾》中，記載孔子與子夏有關《詩・衛風・碩人》中詩句的答問。内中云：

"子夏問曰：'"巧笑倩兮，美目盼兮，素以爲絢兮"，何謂也？'子曰：'繪事後素。'曰：'《禮》後乎？'子曰：'起予者商也！始可與言《詩》已矣。'"⁽⁴⁰⁾

子夏因知《禮》，故孔子認爲"起予者商也！始可與言《詩》已矣"。説明孔子對子夏在《詩》《禮》方面的研習成果，是十分滿意的。因爲《詩》與《禮》在内容及主旨上，實際上有密不可分的關係。所以，孔子認爲，只有知《禮》，始足以言《詩》，而子夏做到了。因此孔子稱道"起予者商也！"説子夏"《禮》後乎"一言對自己有所啓發。在其所有的門人中，這可謂是孔子極高的評價，是少有的贊揚。

孔子曾教導子夏《詩》《禮》《樂》諸經之學的關係，可見之《孔子家語・論禮》。内中説：

"子夏侍坐於孔子，曰：'敢問《詩》云："愷悌君子，民之父母。"何如斯可謂民之父母？'孔子曰：'夫民之父母，必達於《禮》《樂》之原，以致"五至"……。志之所至，《詩》亦至焉；《詩》之所至，《禮》亦至焉；《禮》之所至，《樂》亦至焉；《樂》之所至，哀亦至焉。《詩》《禮》相成，哀、樂相生。是以正明目而視之，不可得而見；傾耳而聽之，不可得而聞。志氣塞乎天地，行之充於四海，此之謂"五至"矣。……'"⁽⁴¹⁾

"《詩》《禮》相成，哀、樂相生。"——孔子這兩句富含哲理的話，合乎事實，合乎情理，説得十分精彩！説明《詩》《禮》《樂》三者之間，顯然有密不可分的關係。而在這些方面，子夏確實得到孔子的真傳。這在《禮記・樂記》中，可以得到充分的證明。

在《論語・先進》中，記載子貢曾經問過孔子：年少的子張和子夏哪個賢能點？——原話是這麽説的：

"'師與商也孰賢？'子曰：'師也過，商也不及。'曰：'然則師愈與？'子曰：'過猶不及。'"⁽⁴²⁾

245

"師"即子張，姓顓孫，名師；"商"即子夏，姓卜名商。

子貢問孔子：子張和子夏哪個賢能點？

孔子說："師也過，商也不及。"——按照我的理解，孔子這句話的意思是：子張過於喜歡表露自己，子夏則較爲内斂拘謹。

子貢問："然則師愈與？"——是否子張更聰明些？

孔子答曰："過猶不及。"——我認爲這句話的意思是：過於表露和過於拘謹一樣，都是有缺點的。

以上是孔子對當時年紀尚小的學生子張和子夏不同性格的看法。

在門人中，孔子顯然認爲子夏學有所成，足以成爲儒家學者，所以對他寄予厚望。在《論語·雍也》中，他告誡子夏，云：

"女爲君子儒，無爲小人儒。"

歷史事實證明，後來子夏確實沒有令孔子失望。他不僅成爲一代君子大儒，而且創立西河學派，連戰國初期的一代霸主魏文侯都師事他，從而極大地擴展了儒學在山西、陝西等中西部地區的影響，實現了孔子生前想西行傳學而沒能完成的願望。在《禮記·樂記》中，有魏文侯請教子夏關於"新樂"與"古樂"問題的記載。内中説：

"魏文侯問於子夏：'吾端冕而聽古樂，則唯恐卧。聽鄭、衛之音，則不知倦。敢問古樂之如彼，何也？新樂之如此，何也？'

"子夏對曰：'今夫古樂，進旅退旅，和正以廣；弦匏笙簧，會守拊鼓；始奏以文，復亂以武；治亂以相，迅疾以雅；君子於是語，於是道古，修身及家，平均天下。此古樂之發也。今夫新樂，進俯退俯，奸聲以濫，溺而不止；及優侏儒，獶雜子女，不知父子；樂終不可與語，不可以道古。此新樂之發也。今君之所問者樂也，所好者，音也。夫樂者，與音相近而不同。'

"文侯曰：'敢問何如？'

"子夏對曰：'夫古者天地順而四時當，民有德而五穀昌，疾疢不作而無妖祥，此之謂大當。然後聖人作，爲父子君臣，以爲紀綱。紀綱既正，天下大定。天下大定，然後正六律，和五聲，弦歌《詩·頌》。此之謂德音，德音之謂樂。《詩》云："莫其德音，其德克明。克明克類，克長克君，王此大邦。克順克俾，俾於文王。其德靡悔，既受帝祉，施於孫子。"此之謂也。今君之所好者，其溺音乎！'"(43)

從上述魏文侯與子夏的問答中，可見子夏精於儒家經學，有非常深厚的學術和藝術修養。他首先説明"古樂"與"新樂"的區别所在，指出魏文侯所喜歡的不是"樂"，只是"溺音",因爲唯有"德音"才是真正的"樂"。而"德音"的產生,子夏認爲只有在"父子君臣,以爲紀綱"的禮治社會,由聖人所作,即所謂"正六律,和五聲,弦歌《詩·頌》",這才是"德音",是真正的"樂"。——從這裏可以看出,子夏確實學到孔子儒家思想的真諦,他將孔子教導他的"《詩》之所至,《禮》亦至焉;《禮》之所至,《樂》亦至焉"的經學思想,貫徹到他的學術實踐中,由是影響了戰國初期既是一代霸主又能尊儒好古的魏文侯,從而令孔子的儒家思想和學術宗旨,在中西部地區得到廣泛的傳播。

另一方面,從子夏將禮治社會"弦歌《詩·頌》"作爲"德音"的最高境界看來,說明孔子及子夏師生,推崇《詩》中《頌》的部分。毫無疑問,在《詩》類序的排列方面,他們顯然會將《頌》排在最前面,而把《風》置於最後。這進一步證明上博簡《孔子詩論》第2、第3留白簡中所載以《頌》《大雅》《小雅》《邦風》爲先後的《詩》類序,才是孔子改定的《詩》類序。而存世二千多年以《風》《小雅》《大雅》《頌》爲先後的《毛詩》類序,並非出於孔子、子夏的真傳,而是出於後來戰國末年荀子的影響。

戰國初年,子夏在魏國傳播孔子的正宗儒學,不僅影響了國君魏文侯,以師禮敬事子夏,而且連魏國最傑出的文臣武將都拜他爲師,跟他學習儒家學說。有關此事,司馬遷在《史記·儒林列傳》有詳細的記述。內云:

"自孔子卒後,七十子之徒散游諸侯,大者爲師傅卿相,小者友教士大夫,或隱而不見。故子路居衛,子張居陳,澹臺子羽居楚,子夏居西河,子貢終於齊。如田子方、段干木、吳起、禽滑厘之屬,皆受業於子夏之倫,爲王者師。是時獨魏文侯好學。"[44]

魏文侯的尊儒好學在春秋戰國之際的諸侯國國君中,是絕無僅有的。《漢書·藝文志》曾據實而論,說:

"六國之君,魏文侯最爲好古。"[45]

而文侯顯然並非僅停留在"好古"上,他自己也整理儒家文獻,撰有這方面的著作。《漢書·藝文志》收錄迄至其時爲止的古今儒家著作五十三家、共八百三十六篇,其中"魏文侯六篇。李克(悝)七篇。原注:子夏弟子,魏文侯相"。

魏文侯與李悝君臣的文章,在漢代被列爲儒家著作。這並非是偶然的,因爲他們都是子夏的學生,實際上也是孔子的再傳弟子。

李悝(前455—前395),河南濮陽人,魏文侯之宰相。他爲子夏的門人,撰有儒家著作,已如上述。李悝也精通法學,這與他是一位儒家學者並無矛盾,因爲儒家歷來主張禮、樂、政、刑四者并重。因此，正宗的儒家著作從來不廢法，比如《周官》也即《周禮》一書，內中就有《秋官大司寇》一章，專門講刑法方面的職官制度。而李悝身任宰相，作爲政治家，他輔助魏文侯治國，因此精研政經與法制刑律，是順理成章的事。李悝在這方面很有成就，著有《法經》一書。又撰有《李子》三十二篇，《漢書·藝文志》有著錄，在收錄的十名法家中名列第一，并注曰：

"《李子》三十二篇。名悝，相魏文侯，富國强兵。"[46]

據《史記·儒林列傳》記載，吳起也是子夏的門人。

吳起（約前440—前381），衛國左氏人，戰國初著名軍事家，有《吳子兵法》傳世。他又師事子夏，以儒家思想治軍。據《吳子·圖國》記述，吳起曾獻策於魏文侯，內中說：

"吳子曰：'凡制國治軍，必教之以禮，勵之以義，使有恥也。夫人有恥，在大足以戰，在小足以守矣。然戰勝易，守勝難。'"[47]

《管子·牧民》云：

"禮、義、廉、恥，國之四維。四維不張，國乃滅亡。"

而在"四維"中，《管子》是以"禮、義"行先的，說明作者管仲以"禮"治國的宗旨。管仲曾相齊桓公九合諸侯、一統天下，而助其終成霸業。管仲主張"尊王攘夷"，對周王室始終守禮篤敬，說明他在思想和行事上有儒者之風。而吳起在《圖國》中，顯然以管子的"四維"理念制國治軍，這與魏文侯重儒并以之治國、治軍的理念是完全一致的。所以他重用吳起指揮對秦的西綫戰事，取得勝利後，在占領的秦七百里西河地置西河郡，任命吳起爲郡守。及後子夏講學西河，弟子衆多，形成西河學派，使儒家學說在山西、陝西兩地得到廣泛的傳播。

在子夏的"西河學派"諸弟子中，除宰相李悝、儒將吳起外，還包括學者田子方、段干木等魏國的客卿，都受到文侯極大的禮敬和尊重。《呂氏春秋·開春》云：

"魏文侯師卜子夏，友田子方，禮段干木，國治身逸。天下之賢主，豈必苦形愁慮哉！其執要而已矣。"

魏文侯不僅禮敬田子方和段干木，還聘請他們以儒家文化教導公室貴族子弟如公叔痤、公子昂等，使他們成爲具有儒家思想的杰出人物，成爲魏文侯推行其治國理念的有力幫手。

特別要指出的是，在子夏的"西河學派"諸弟子中，還有公羊高、穀梁赤等儒家學者。

《史記索隱》説：

"孔子以《春秋》屬商（即子夏）。"

所以，子夏在《春秋》學上，顯然得孔子的真傳。及至講學西河，子夏又將《春秋》學傳於齊人公羊高、魯人穀梁赤兩人。其後兩人又各有傳人，如此口傳心授，至漢代乃有《春秋公羊傳》《春秋穀梁傳》的問世。於是後人遂將此兩《傳》與《春秋左傳》并稱"三傳"，同被列於"十三經"之中。

《春秋》三傳在内容上各有側重，在學術上也各有特點。

一般來説，《左傳》以孔子《春秋經》的記述爲基礎，以其中的年月爲經緯，增補了大量春秋時期相關的重要人物史事，極大地豐富了《春秋》的内容，爲後人研究春秋史作出了重大的貢獻。

《春秋公羊傳》則嚴守"尊王攘夷"的宗旨，着重發揮《春秋經》的微言大義，大力宣揚《春秋》"大一統"的精神，所以深得後世帝皇的重視。在研究方法和主要内容的特點上，我認爲《公羊傳》側重於取上述的若干要點，以一問一答的方式，評論春秋史事，帶有爲王室宣傳的濃厚色彩。——爲什麽這樣説呢？

我認爲這與以子夏爲首的"西河學派"當年所處的特定歷史時期和歷史環境有十分密切的關係。他們既爲魏文侯所禮敬，養尊處優，當然也要爲魏文侯服務。因爲無論古今，世上没有白吃的午餐。而魏文侯作爲戰國初年的霸主，有一統天下的雄心，而且在位長達五十年，有足够長的時間實施其文韜武略。

魏文侯尊重周王室，實際上也在於效法齊桓公和晉文公，頗有挾天子以令諸侯之意，故實行"尊王攘夷"的策略。比如《吕氏春秋·下賢篇》記載：魏文侯東伐田齊，擄齊侯并獻俘於周天子，這就是"尊王"；而南伐荆楚，阻其北犯中原，則無疑爲"攘夷"。而魏文侯最重要的"攘夷"之舉，無疑就是應趙烈侯的請求而出兵北伐中山了。由魏文侯主導、子夏爲首的"西河學派"編成了《周官》也即《周禮》一書。[48] 該書每一部分的開首，多冠以"惟王建國"，這都與魏文侯的"尊王"宗旨密不可分。

魏文侯當年以尊儒重文相號召，因此，在他的主導下，以子夏爲首的"西河學派"整理并注疏儒家經籍，其中顯然就包括孔子所撰的《春秋經》。實事求是地説，子夏的門人公羊高所"傳"的《春秋經》，顯然側重於"疏"。他既是子夏的學生，也是魏文侯的客卿，因此承其意旨，有針對性地選擇《春秋經》中符合魏文侯想法的部分，加以盡量的發揮和演繹。

因此，我認爲《春秋公羊傳》就是在這一特定的歷史大環境中寫成的，內中着重發揮了《春秋經》"尊王攘夷""大一統"以及"微言大義"的思想內容和宗旨，對春秋的人物史事進行褒貶。而這些方面，恰好充分反映了魏文侯的雄圖、意旨以及對歷史的看法。

至於子夏另一學生穀梁赤所"傳"的《春秋經》，顯然則着重於"注"，即對原著經文作《春秋穀梁傳》，則深得《春秋》大中至正之道，其研究方法和主要內容，着重客觀地釋讀孔子《春秋經》的主旨和本義，不遽加己意加以演繹，絕少偏頗之辭，因此深受後世學者的肯定。我認爲這是一本對《春秋經》純學術性的譯注，作者穀梁赤顯然受老師子夏的影響。因爲子夏性格比較內斂（按：孔子曾說子夏性格上"不及"），他與魏文侯論《樂》（按：見《禮記·樂記》），引經據典，有根有據，顯示其實事求是的性格和學風。因此，我認爲《春秋穀梁傳》從內容主旨到研究方法上，應該與子夏的學術觀點比較接近。

子夏西傳儒學於山西、陝西兩地（即河東與河西），在魏文侯的支持下，除講學西河，教授弟子修習儒經、弘揚孔子學說之外，他還帶領"西河學派"進行整理、修纂大量的儒家文獻典籍。有關這方面，也得到後世出土文獻的印證，而且與中國歷史上第一次大規模的地下考古發掘有關。

原來，西晉太康二年（281），河南汲郡發現魏文侯的第五世裔孫魏僖王之墓，出土了數量巨大的戰國竹書，其內容多爲《詩》《書》《禮》《易》《春秋》以及其他相關的典籍，與子夏當年至魏國傳播儒家經學文化，實有不可分割的密切關係。《晉書·束晳傳》對這方面的情況有相關的記載，其內容可視爲對當年河南汲郡魏僖王墓的"考古發掘報告"。內中說：

"初，太康二年，汲郡人不準盜發魏襄王墓，或言安僖王冢，得竹書數十車。其《紀年》十三篇，記夏以來至周幽王爲犬戎所滅，以（晉）事接之；三家分（晉），仍述魏事至安僖王之二十年。蓋魏國之史書，大略與《春秋》皆多相應。……其《易經》二篇，與《周易》上、下經同。《易繇陰陽卦》二篇，與《周易》略同，《繇辭》則異。《卦下易經》一篇，似《說卦》而異。《公孫段》二篇，公孫段與邵陟論《易》。《國語》三篇，言楚、晉事。《名》三篇，似《禮記》，又似《爾雅》《論語》。《師春》一篇，書《左傳》諸卜筮，'師春'似是造書者姓名也。《瑣語》十一篇，諸國卜夢妖怪相書也。《梁丘藏》一篇，先叙魏之世數，次言丘藏金玉事。《繳書》二篇，論弋射法。《生封》一篇，帝王所封。《大曆》二篇，鄒子談天類也。《穆天子傳》五篇，言周穆王游行四海，見帝臺、西王母。《圖詩》一篇，畫贊之屬也。又雜書十九篇：《周食田法》《周書》《論楚事》《周穆王美人盛姬死事》。大凡七十五篇,七篇簡書折壞,不識名題。家中又得銅劍一枚,長二尺五寸。漆書皆科斗字。初發冢者燒策照取寶物,及官收之,多燼簡斷札,文既殘缺,不復詮次。武帝以其書付秘書校綴次第,尋考指歸,而以今文寫之。暫在著作,得觀竹書,隨疑分釋,皆有義證。遷尚書郎。"(49)

以河南汲郡魏王墓出土的竹書典籍歸類而言,其中《紀年》十三篇,也即現在傳世的《今本竹書紀年》一書的考古原件,作爲記述從夏代至戰國魏安僖王一朝爲止的歷史紀年實錄(按:我曾撰寫《〈汲冢竹書紀年〉源流考析》一文作詳細考證,文載拙著《中國歷史若干重要學術問題考論》一書,國家圖書館出版社 2009 年出版)。另有《梁丘藏》述魏之世系,蓋梁即魏也。此外還有一些竹書叙述晉、楚間的歷史,因爲魏文侯是以繼周繼晉爲己任的。而一部春秋史,實際上,我認爲主要就是講述以晉國爲首的北方聯盟對抗南方强楚的歷史。

另外,還有一些涉及《國語》《左傳》的竹書,同時還有關於曆法和解夢等方面的雜書。

顯然,汲冢中所藏,其中也充分反映魏文侯"尊周尊王"的宗旨,所以竹書中有"《生封》一篇,帝王所封"。我認爲"生封"是與"死諡"相對舉的,意在强調此篇中所記錄的都是魏氏宗族成員生前受周王所封的封號,説明他們對周天子的封贈如何珍重。至於汲冢中還有《周食田法》《周書》《穆天子傳》等竹書,説明魏文侯確實尊崇周王室。

但是,必須指出,在所有出土的汲冢戰國竹書中,絕大部分仍然是儒家經學著作,其中與《易經》有關係的最多,共有七篇之多。而出土的《周書》,其實就是《書經》的一部分。至於"《繳書》二篇,論弋射法",則類似於《儀禮·鄉射禮》。"《名》三篇",則與《禮記》《爾雅》《春秋》有關。

至於"《圖詩》一篇,畫贊之屬也",我認爲《詩經》中的《周頌》《大雅》,其實內容就是關於姬周家族創立王業的史詩,從"誕后稷之穡""篤公劉"到古公亶父的開基周原,乃至文王在西岐苦心經營,承先啓後,奠定王業;及後武王伐紂,創建西周王朝;繼之周公東征平叛……。這些《詩經》的人物史事,都可以連環圖的形式加以表現,我認爲這就是所謂《圖詩》的由來,實際上即是《詩經》與畫圖的結合。此外,汲冢還出土竹書《爾雅》,此書於後世被列爲"十三經"之一。

綜上所述,汲郡魏王墓出土與儒家經學相關的文獻典籍,其中包括《易》、《詩》、《書》、《禮》(包括《儀禮》《禮記》各一部分)、《春秋》五經。此外還有《春秋左傳》,如果將子夏門人公羊高和穀梁赤所著的《春秋公羊傳》和《春秋穀梁傳》包括在內,則顯示當年戰國初年的魏地已有《春秋》三傳流傳。

至於汲冢中出土竹書涉及類於《儀禮·射禮》的《繳書》二篇論弋射法和《禮記》

各一部分，如果將魏文侯主導、由子夏爲首的"西河學派"撰成的《周官》也即《周禮》一書包括在内，那麽，我認爲其時魏地已有"三禮書"傳播，足見在魏文侯的提倡和子夏的影響下，當年魏國禮學之盛。

應該說，子夏西傳儒學，廣授學生，形成"西河學派"，對儒家文化貢獻巨大，影響極爲深遠。根據我在上文對汲冢所出竹書和其他方面相關考證，後世尊爲儒家"十三經"的文獻經典，除曾子（按：他比子夏小兩歲）[50]編的《孝經》及《孟子》一書的年代較後外，其他的《易》《詩》《書》《儀禮》《周禮》《禮記》《論語》《春秋左傳》《春秋公羊傳》《春秋穀梁傳》《爾雅》共十一經，幾乎都在魏國等地流傳，這無疑是對孔子學說的發揚光大，而且使儒學在山西、陝西等中西部地區廣泛的傳播，從而完成了當年孔子想做而没能做成的事。

結語

毫無疑問，中國傳統文化是以儒家經學爲主體的，其源頭起於文王、周公。根據《禮記·王制》記載，西周初年，王室的太學庠序之中，已教授《詩》《書》《禮》《樂》諸經。出土的甲骨文有"太學"兩字，就是極好的證明。而《周易》爲文王所制作，史有載籍。至於周公制禮作樂，更是人所共知。

孔子崇慕周公，尊重周王室，提倡"克己復禮"，撰寫《春秋》，整理儒家六經，并廣授學生，以傳播儒家文化。至春秋中後期，孔子五十六歲後，自山東魯國出河南衛國尋求出路，及後帶領徒衆一路南下，在長達十四年的時間裏，輾轉居停於衛、曹、宋、陳、蔡諸侯國之間，宣講其政治理念，并設帳廣收學生，教授儒家學說；甚至南渡江漢，進入湖北的楚國，傳播"六經"文化。上海博物館所藏戰國楚簡《孔子詩論》，就是孔子入楚講學的證明。

如前所述，在孔子之前，楚國所接受的中原文化中，實際上尚未有儒家經學，只有《三墳》《五典》《八索》《九丘》之類，這是《左傳》和《國語》記載的。直至春秋中後期，孔子南下楚國，其時他整理的儒家"六經"已漸趨成熟，而楚昭王又很敬重其學術，所以孔子在楚地登壇講學，設帳授徒，傳播儒家學說。延及戰國，儒家文化在楚地已經蔚成大觀，成爲該國文化的主體。晚近出土展示的上博所藏戰國楚簡、湖北荆門郭店戰國楚簡、清華戰國楚簡，其中就大量記載與儒家經學文化有關的出土文獻。應該說，這與孔子當年南傳儒學，有不可分割的密切關係。

毋庸諱言，由於歷史的原因，當年孔子只能傳儒學於東南，未能西播至山西、陝西等地。應該說，這是孔子的遺憾。好在其學生子夏，於孔子逝世後，繼承其未竟之志，於戰國初年西入三晋，而當時魏國又出了一個魏文侯，禮尊師事子夏，并大力支持其學術事業，重視儒家文化；而在子夏的學生中，有的出將入相，有的是出身於王室的貴族，有的是術業有專攻的飽學之士，都是一時俊杰。如此天時、地利、人和三者俱備，使以子夏爲首的"西河學派"在魏國如魚得水，因此得以大規模整理儒家文獻典籍。正如上文所說，後來於西晉太康年間在河南汲郡魏王墓出土的數十車戰國魏簡中，就有大量的儒家經學著作，這就是當年子夏西入魏國傳播儒學最好的證明。

就這樣，在春秋末年，孔子傳儒學於東南；及至戰國初期，其學生子夏又傳儒學於西北。經他們師徒相繼於七八十年間大力宣講推行，再經孔門其他學生和後儒長期發揚光大，儒家學說終於在華夏大地的東、西、南、北、中得到廣泛的傳播。至秦統一六國的時候，儒家文化影響之大，顯然使秦始皇感到足以威脅其政權，因此才有"焚書坑儒"之舉。

另一方面，由於孔子儒家學說於春秋戰國數百年的影響，促使南北文化的融合，爲中國在秦、漢時期的兩次國家統一，奠定了深厚的文化基礎。尤其自漢武帝"獨尊儒術"之後，歷代皇朝尊孔，儒家學說影響了中國二千多年來的社會倫理和思想文化，從而成爲中華傳統文化的主體。回顧歷史，這與當年孔子儒學的南傳和他的學生子夏的西播，有十分密切的關係。他們師生兩人，共同爲中華傳統文化的鑄成，作出了重大的貢獻。

2018年3月26日

（本文乃作者據2018年4月18日應邀於中國社會科學院哲學研究所所作《孔子儒學的南傳與子夏的西播》專題演講整理而成。）

[注]

（1）（18）《論語·季氏》。
（2）《禮記·禮運》。
（3）《論語·顏淵》。
（4）（6）《論語·學而》。
（5）（8）（10）（40）《論語·八佾》。
（7）《論語·衛靈公》。
（9）《論語·子路》。
（11）《朱子全書》。
（12）（16）《論語·憲問》。

（13）《論語·爲政》。

（14）《論語·陽貨》。

（15）《孔子家語·賢君》。

（17）《論語·泰伯》。

（19）（21）（24）（25）（26）（30）（36）《史記·孔子世家》。

（20）（22）（23）（31）（50）據《史記·仲尼弟子列傳》。

（27）《國語·楚語上》。

（28）《左傳·昭公十二年》。

（29）引自皮錫瑞《今文尚書考證》，中華書局，1989年。

（32）引自吕紹綱、蔡先金《楚竹書〈孔子詩論〉"類序"辨析》一文，載謝維揚、朱淵清主編《新出土文獻與古代文明研究》，上海大學出版社，2004年。

（33）（37）《論語·子罕》。

（34）（41）《孔子家語·論禮》。

（35）郭偉川《戰國楚簡〈孔子詩論〉與〈詩經〉類序考析——兼論〈毛詩〉類序非出孔子、子夏真傳》，載郭著《中國歷史若干重要學術問題考論》，國家圖書館出版社，2009年。

（38）（48）參閱郭偉川《〈周禮〉制度淵源與成書年代新考》，國家圖書館出版社，2016年。

（39）《吕氏春秋·下賢》。

（42）《論語·先進》。

（43）《禮記·樂記》。

（44）《史記·儒林列傳》。

（45）（46）《漢書·藝文志》。

（47）《吴子·圖國》。

（49）《晉書·束晳傳》。

春秋戰國之際"尊王攘夷"的禮治思想

——以《春秋》三傳"荆夷"與秦簡《日書》"刑夷"爲例

西周初年由於裂土分封衆建諸侯,造成强枝弱幹之局。至春秋戰國時期,周王室日漸衰微,强侯犯上之舉屢見不鮮,禮壞樂崩之勢已不可挽回。但是,儘管如此,孔子仍然景從周公之道,在《論語·顔淵》中,他高倡"克己復禮,天下歸仁"的理念。門人子夏得其真傳,司馬貞《史記索隱》按:

"子夏文學著於四科,序《詩》,傳《易》。又孔子以《春秋》屬商(按:子夏姓卜,名商);又傳《禮》,著在《禮志》。"

孔子晚歲整理并傳授《詩》《書》《禮》《樂》《易》《春秋》六經,其中門人子夏精通《詩》《禮》《易》《春秋》四經,并有著述。至戰國初年,中原霸主魏文侯尊周王室,重儒好古,師事子夏。子夏講學西河,大規模整理儒家經籍。子夏門人公羊高、穀梁赤以"尊王攘夷"及"微言大義"的宗旨傳繹孔子《春秋》,分别撰成《春秋公羊傳》和《春秋穀梁傳》,與左丘明的《春秋左傳》,鼎足而成《春秋》三傳。

我師饒宗頤先生對秦簡《日書》素有研究,在其大著《饒宗頤二十世紀學術文集》的《簡帛學》卷中,即有《睡虎地秦簡〈日書〉研究》的長篇撰述,内附《秦簡〈日書〉中夕(柰)字含義初探》一文,其中涉及"刑夷"的問題,認爲是楚正月的代名,并嘗試用"刑德説"來解釋這些月名的特殊含義。近期拜讀了李學勤先生大作《文物中的古文明》一書,對其中《有紀年楚簡年代的研究》一文中涉及諸家對"荆尸"的論述[1],很受啓發,從而引起我研究的興趣。兹就所見略述如下,以就正於專家碩學。

一、有關諸家對《左傳》"荆尸"的注疏及見解

湖南睡虎地《日書》記楚月名，內載"正月楚刑夷"。李學勤先生指出：于豪亮先生《秦簡〈日書〉記時記月諸問題》[(2)]與曾憲通先生《楚月名初探》[(3)]二文，皆謂楚特有的月名有很早的來源，具體說，即寅月的"刑夷"或作"䎽尿"等，見於《左傳》，作"荆尸"。

《左傳》載"荆尸"有二例。首例見於《左傳·莊公四年》，文云：

"四年春王三月，楚武王荆尸，授師孑焉，以伐隨。將齊（齋），入告夫人鄧曼曰：'余心蕩。'鄧曼歎曰：'王祿盡矣。盈而蕩，天之道也。先君其知之矣，故臨武事，將發大命，而蕩王心焉。徒無虧，王薨於行，國之福也。'王遂行，卒於樠木之下。"

對於上述傳文中之"荆尸"，古籍文獻的注疏并非作楚月名解。杜預《春秋左氏經傳集解》注"荆尸"，釋爲"陳兵之法"。孔穎達疏引申云："楚本小國，地狹民少，雖時復出師，未自爲法式。今始言'荆尸'，則武王初爲此楚國陳兵之法，名曰'荆尸'，使後人用之。"楊伯峻先生《春秋左傳注》中雖然亦介紹了于豪亮先生的楚月令說，但却不以爲然，仍說"疑此'荆尸'當作動詞，指軍事"。[(4)]說明仍以杜注爲是。

顯然，後世乃至今人注《左傳》，對上述傳文中"荆尸"之注釋，大多延用杜注，以"陳兵之法"解之。

李學勤先生在《有紀年楚簡年代的研究》一文中，從古文字學的角度，既承認睡虎地《日書》中之"刑夷"即"荆尸"一詞，說："'荆尸'一詞與我們看到的月名有關，是肯定的。"又據律曆學的考證，指出："莊公四年的實際曆日并不是建子，而是建丑。……實際上，只要把'荆尸'解爲月名，放在'春王三月'下面，便是不通順的。"[(5)]——這等於否定了將"荆尸"作爲楚月名的說法。

次例見《左傳·宣公十二年》，文云：

"十二年春，楚子圍鄭，旬有七日。……楚子退師，鄭人修城。進復圍之，三月，克之。……鄭伯肉袒牽羊以逆，曰：'孤不天，不能事君，使君懷怒以及敝邑，孤之罪也，敢不唯命是聽？其俘諸江南，以實海濱，亦唯命。其翦以賜諸侯，使臣妾之，亦唯命。……不泯其社稷，使改事君，夷於九縣，君之惠也，孤之願也，非所敢望也。……'王曰：'其君能下人，必能信用其民矣，庸可幾乎？'退三十里而許之平。……夏六月，晋師救鄭。……及河，聞鄭既及楚平，桓子

欲還，……隨武子曰：'善！會聞用師，觀釁而動，德、刑、政、事、典、禮不易，不可敵也，不爲是征。楚君討鄭，怒其貳而哀其卑。叛而伐之，服而舍之，德、刑成矣。伐叛，刑也；柔服，德也，二者立矣。昔歲入陳，今茲入鄭，民不罷勞，君無怨讟言，政有經矣。荆尸而舉，商、農、工、賈不敗其業，而卒乘輯睦，事不奸矣。'"

對於上述傳文的注釋，楊伯峻先生認爲"三月，克之"之"三月"，可有二義："一爲季春三月，一爲歷時三閱月。"(6)顯然，楊先生認爲此"三月"乃"歷時三閱月"之義。結合傳文下面的"荆尸而舉"，似乎"荆尸"正好是三月，與楚月名相合。

但李學勤先生認爲，楊注指傳文中之"三月"乃"歷時三閱月"而與楚月令名"荆尸"相合的說法，仍然有問題。他指出：

"傳文'荆尸而舉'，'舉'指舉兵，即軍力的動員。楚軍動員啓程，以至開始圍鄭，要有一段時間，第一次圍鄭，又有十七天，隨後退師，再進而復圍，還得有一段時間。況且傳文明言'進復圍之，三月，克之'，是第二次圍鄭歷時三月，不是從舉兵到克鄭只有三月。孔疏估計'從初以至於克，凡經一百二十許日'，即四個月以上，是合情理的，他（指孔穎達）所講'三月始圍'乃指第二次圍鄭而言。這樣看，楚的舉兵不可能在寅月。"

李先生進一步指出：

"品味'荆尸而舉'數句，'荆尸'也不像是月名，而應是組織兵員的一種方式。正因爲用'荆尸'，才做到'商、農、工、賈不敗其業，而卒乘輯睦'。莊公四年傳杜注釋'荆尸'爲陳兵之法還是不中不遠的。"

——顯然，在這裏，李先生不同意楊伯峻對《左傳》中兩"荆尸"的不同解釋，而仍按杜注"陳兵之法"統一解之。

但是，李先生最後仍然有一折衷的看法，說：

"這麼說，是否《左傳》的'荆尸'同楚月名全不相干呢？我認爲不是的。楚月名各個的含義，我們還不清楚，似若與各月行事，或者歷史上一定事件有關。'荆尸'之月可能宜於徵召兵員，也可能過去曾在該月有一次著名的舉兵之事。無論如何，當時還沒有這裏討論的楚月名存在的證據。"(7)

應該說，李先生最後對《左傳》的"荆尸"與楚月名的關係作了某些肯定，但也作了若干假設，并承認對楚月名各個的含義還不清楚。對於《左傳》"荆尸"之解釋，他顯然尊重傳統，傾向於杜預所注。但對其他諸家之說法，則有所保留。對於"荆尸"要如何解釋，他自己也有存疑，因而没有一個肯定的說法。

二、論周、楚關係與春秋時期的"尊王攘夷"及《春秋》經傳筆法

照實際情況而言，自西晋杜預注《左傳》"荆尸"爲"陳兵之法"，歷代而至於今日，許多《左傳》注本大都沿襲此說。而從古文字學的角度，于豪亮、曾憲通諸家認爲秦簡《日書》中"正月楚刑夷"中之"刑夷"或作"䧹𡰥"，即《左傳》中之"荆尸"二字。李學勤先生也指出："'荆尸'一詞與我們看到的月名有關，是肯定的。"——李、曾二位都是造詣精湛的古文字學家，他們從文字訓詁上釋《左傳》之"荆尸"即秦簡《日書》上之"刑夷"，無疑是正確的。二詞在古文字學上實爲同詞，此一事實無可否認。

但是，由此引申的一系列問題，却引起我作進一步的研究。我認爲"刑夷"所涉及的并非曆書那樣簡單，因爲無論《左傳》中之"荆尸"或秦簡《日書》中之"刑夷"，都在涉及楚王的特定情況下出現的；而二詞本義皆同，都是貶指楚王爲"荆夷"。因此，我認爲二詞的正確寫法，應爲"荆夷"。——根據我的考證，這顯然與春秋時期"尊王攘夷"的主旨及其影響下所形成的《春秋》筆法有關。

在秦統一南北之前，上至夏、商、周三代，尤其自周立國并推行以禮治國的西周王朝之後，長期以來，基本上都是由北方政權主導并記載了中國的歷史。彼等以正統自居，而視周圍之國爲"四夷"，屢加貶抑，從而長期壟斷了史學上的話語權，以示夷、夏之别。直至春秋時期，雖然周王室大權旁落，但其時的主體思想仍然是：以尊重周王室爲號召，以中原政權爲中心，以姬姓血親之國爲主要骨幹，聯結姻親之國及地處中原地區的其他諸侯國，組成北方聯盟，以對抗主要來自南方日益強大的楚國不斷向北方擴張的軍事行動。比如齊桓公和晉文公都先後高擎"尊王攘夷"的旗幟，抵制并打擊了楚國北進的野心和氣焰，甚至南下渡江進行伐楚之舉；及後且由晉國爲首長期領導北方聯盟，多次進行對抗楚國的軍事戰爭行動。可以說，自春秋初期開始，周王室以及幾個"尊王"的主要侯國，已視南方的楚國爲外部主要的"敵對勢力"。

爲甚麼這樣說呢？——這須從周、楚的關係說起。

如上所述，周王室及北方尊王之諸侯，歷來據中土而以正統自居，而視荆楚爲"蠻夷"。但實事求是而言，楚之先祖季連也爲黄帝一系之後，《史記·楚世家》謂"楚之先祖出自帝顓頊高陽"。故楚族絶非出自蠻貊异族之血統。拙著《兩周史論》中之若干篇什[8]，以及載於拙著《中國歷史若干重要學術問題考論》中的《論夏商周時期

南北基本格局的改變——兼論〈燹公盨銘〉"廼黎方克征"解讀》一文[9]，對荊楚之族源及立國始末，頗有述及。當年季連率部眾追隨夏禹南征三苗，後來又隨禹長期艱苦闢山治水，季連部落所治者乃荊山荊江，至禹治水功成，分天下爲九州，荊州之地乃爲季連部落所據。所以《路史·後紀五》云："伯禹定荊州，季羋實居其地。"可見楚之先據有荊地且立國之早，猶先於周太王公劉之開闢岐山周原。又《墨子·兼愛中》云：

"古者禹治天下，……南爲江、漢、淮、汝，東流之注五湖之處，以利荊楚、于越與南夷之民。"

如所周知，禹於會稽建于越國，而墨子文中將荊楚與于越并列爲國，且將荊楚排在于越之前，此一史實與《路史·後紀五》所言"伯禹定荊州，季羋實居其地"相參，顯示荊楚確與于越同立國於夏禹之時。而于越國地處會稽，《山海經·海內東經》云："會稽山在大楚南。"——則進一步證實荊楚立國於夏禹之時，確有所據。因爲《山海經》一書之基本內容，乃禹時之伯益所搜羅。觀其所述，多爲定山川、辨國別風俗及禽獸草木之類，且述及舜、禹墓穴之所在。漢劉秀（歆）《上〈山海經〉表》，證其出於三代之初，云：

"昔洪水洋溢，漫衍中國，民人失據。……禹乘四載，隨山刊木，定高山大川。益與伯翳主驅禽獸，命山川，類草木，別水土。……禹別九州，任土作貢；而益等類物善惡，著《山海經》。"[10]

荊楚立國於夏另一重要的證據，見於今本《竹書紀年》的記載，云：

"夏桀二十一年，商帥師征有洛，克之；遂征荊，荊降。"

夏朝末年，桀無道，商湯勢力已極盛，將取而代之。其時商帥師克征河南有洛之後，南下渡江伐荊，荊降。——這可說是荊楚立國於夏的鐵證。

商繼夏之後，有關荊楚的歷史記載，連續不斷。今本《竹書紀年》云：

"武丁三十二年，伐鬼方，次於荊。"

這是荊楚立國於夏后，繼續存在於商朝的鐵證。

直至殷周之際，西伯姬昌在位五十年，以仁義禮治令天下歸心，并與腐敗殘暴之紂王受分庭抗禮，晚年且自立爲王，受到諸侯之擁戴。如：

"文王合六州之侯。"（見《逸周書·程典》）

"周文王處岐，諸侯去殷三淫而翼文王。"（見《呂氏春秋·古樂》）

其時六州諸侯中，荆州的侯國就是荆楚，其國君就是鬻子。參諸《史記·周本紀》中云：商朝末年，文王在西岐，其時"太顛、閎夭、散宜生、鬻子、辛甲大夫之徒皆往歸之"。——諸種文獻互參，證明歷史確有其事。尤其1977年陝西岐山周原遺址出土商周之際的甲骨文有"曰今秋楚子來告"的記載[11]，更證實鬻子與周文王的關係，顯示其時的楚國與姬周親善，同時也説明在姬周統一天下之前，荆楚在商朝時，早已是子爵之國。凡此種種，皆證明楚立國於夏禹之時，歷經三代，有其歷史上一脈相承的證據。因此，實事求是而言，楚之立國比商、周之立國還要早。

但問題在於，姬周在商末之際，得天時、地利、人和，故能一統天下。所謂"天時"，即殷紂暴虐，衆叛親離；文王仁德，天下歸心，故"天時"與"人和"兼而有之。而更重要的是，姬周的"地利"得天獨厚，其所處的地理位置，既有關中平原的大糧倉，又有北面大草原充足的馬資源，因此，在軍事上，其武裝起來的馬車部隊最終打敗了紂王的軍隊。有關這一問題，拙文《略論馬在中國歷史上的作用》曾有論及[12]，讀者可參閱之。我在這裏之所以強調姬周後來一統天下的這些基本因素，因爲這是南方的荆楚所不能具備的。

尤其自夏、商以來，天下皆以北方中原政權爲正統。自三代以來，以陶文、甲骨文和金文所構成的北方文化系統，也即華夏文化，實際上構成了中華民族傳統文化的主體，有其文字和文化的先進性，南方的荆楚顯然受這一主體文化的輻射和影響。所以，先秦時期中國的歷史文化包括一切的文獻典籍，其話語權由北方中原政權及其史官或執筆者所壟斷，乃爲理所當然的事。周成王時，荆楚臣服姬周王朝，安分上供職貢。因此，當荆楚爲姬周之與國時，彼此相安無事，一般文獻記載就無貶稱；但當姬周王朝力量有所削弱，而荆楚在南方日益壯大，且恃長江天險，不供職貢，於是矛盾遂生，西周昭王時期就是如此。結果昭王二次南征：首次於漢上遇大兕，無功而返；再次南征而不復，溺於漢水，六師盡喪。

數十年後，周昭王之子穆王爲報父仇，湔雪前恥，乃大舉伐楚。今本《竹書紀年》記載是次南征前後之事，云：

"（穆王）三十五年，荆人入徐，毛伯遷帥師敗荆人於泲。

"三十七年，伐楚，大起九師，東至於九江，叱黿鼉以爲梁，遂伐越至於紆。

荆人來貢。

"三十九年王會諸侯於塗山。"

今本《竹書紀年》有關此次穆王南征荆楚、于越等南方諸國，并取得偉大勝利，同時會盟上述南方諸邦國的記載，與出土穆王時器《宗周寶鐘》銘文，可謂完全契合。文中云：

"……南國𠱾變敢臽虐我土，王𢎛伐其至。……南尸（夷）東尸（夷）具見，廿又六邦。"

我認爲銘文中之"南國"即荆楚，此與今本《竹書紀年》中穆王三十五年"荆人入徐"內容相合。三十七年穆王大起九師伐楚伐越，楚乃"南尸"，越即"東尸"；至於王與包括楚、越等"廿又六邦"共見，此即穆王"三十九年會諸侯於塗山"，前後史事幾乎完全一致。拙文《宗周鐘（周王𢾰鐘）新考——郭沫若、唐蘭二先生論說考正》對該鐘銘文所涉及的人物史事及斷代問題，尤其是銘文與今本《竹書紀年》相關記載的關係有較詳細的考證，[13] 讀者可參閱之。

另一同爲穆王時器之《競卣》，其銘文中有"命伐南尸"之句，[14] 所記即穆王伐荆楚之事。競爲穆王大將，領軍伐荆，因戰功而銘彝文。故"伐南尸"實即伐"荆尸"也即伐"荆夷"。從古文字的訓詁來說，這固然沒有問題。雖然，《墨子·兼愛中》曾云：

"古者禹治天下，……南爲江、漢、淮、汝，流之注五湖之處，以利荆楚、于越與南夷之民。"

上述引文似乎說荆楚是荆楚，南夷之民是南夷之民，但實際上并沒有矛盾。蓋荆楚是統治者，其治下的南方土著民族則稱"南夷之民"。且《宗周寶鐘》與《競卣》皆爲西周穆王時器，二者皆言伐楚即伐南尸（夷）。

所以，我認爲，"南夷"即指荆楚，這是擁有話語權的北方政府在非常時期對荆楚之貶稱。有關先秦文獻上記載荆楚即"南夷"的問題，《春秋公羊傳·僖公四年》就有明確的說法，云：

"《經》：楚屈完來盟於師，盟於召陵。
"《傳》：……師在召陵，則曷爲再言盟？喜服楚也。楚有王者則後服，無王者則先叛，夷狄也，而亟病中國。南夷與北夷交，中國不絕若綫。桓公救中國而攘夷狄,卒怗荊,以此爲王者之事也。"

由上可知,《春秋公羊傳》是直指荊楚爲南夷的。另一相關之事,就是當齊桓公征服楚國後班師北還中原時,陳國大夫濤塗怕軍隊途經陳國損害該國利益,乃慫恿桓公乘勝還師征服東面的吳、越諸國,云:

"君既服南夷矣,何不還師濱海而東,服東夷且歸?"[15]

請注意,《公羊傳·僖公四年》再一次強調荊楚爲"南夷",而《左傳》二次將之簡稱爲"荊尸(夷)",其實二者是完全一致的。而荊楚既稱"南夷",能與其對應而稱"東夷"者,當然只有吳、越二國。吳國遠祖雖爲姬姓,但僻處海濱,且血緣已薄,以地緣而論,乃被視爲夷。《公羊傳·定公四年》云:

"吳何以稱子?夷狄也,而憂中國。"

可見連吳這樣的姬姓國,只要地不在中原,也會被視爲"夷狄"。以其所處區域在我國濱海的東部,因此與于越同被稱"東夷"。故在論及穆王時器《宗周寶鐘》銘文中有關征服楚、越諸國之後,"南尸(夷)東尸(夷)具見,廿又六邦"時,我認爲南夷即荊楚,東夷即于越諸國,是符合歷史事實的。

所以,我認爲荊楚被稱"南夷",或簡稱"荊尸(夷)",是在戰爭時期或彼此敵對的情況下,才會在文獻或鐘銘中,使用這種特殊的貶稱。而在和平時期的一般情況下,對楚國則大多稱荊、楚、荊人、楚人、楚子;只有在楚叛周或南北戰爭時期,北方政府的文告典籍或銅器彝文才會痛斥荊楚爲"夷狄"。有關這種"夷夏之辨",最得《春秋》筆法要旨者,莫過於《公羊》和《穀梁》二傳,彼等對此都有極爲細緻而嚴謹的論述。如《春秋公羊傳·莊公十年》云:

"《經》:秋九月,荊敗蔡師於莘,以蔡侯獻舞歸。
《傳》:荊者何?州名也。州不若國,國不若氏,氏不若人,人不若名,名不若字,字不若子。蔡侯獻舞何以名?絕。曷爲絕之?獲也。曷爲不言其獲?不與夷狄之獲中國也。"

顯然,此處是稱荊楚爲"夷狄"的。而蔡乃姬姓國,爲武王弟蔡叔度之後,處河南地,因其血緣地緣,遂稱"中國"。故《春秋》經傳對"夷狄"與"中國"之辨,是涇渭分明的。又如《春秋穀梁傳·昭公十一年》云:

> "《經》：夏四月丁巳，楚子虔誘蔡侯般殺之於申。
>
> "《傳》：何爲名之也？夷狄之君誘中國之君而殺之，故謹而名之也。"

上文所言之楚子虔，即楚靈王，《穀梁傳》指其爲"夷狄之君"，而蔡侯則是"中國之君"。可見《公羊》《穀梁》諸書，對"夷夏之辨"是何等嚴厲！

由此可知，先秦典籍如《春秋》經傳等，歷來對以姬周王朝爲主體的北方政權及華夏民族生活的中原地區，稱"中國"。并以此爲天下之中心，而不問種族，遂稱周圍地區爲"四夷"。據《公羊傳》對《春秋經》之詮釋，指四夷地區的邦國有七種稱呼，即州、國、氏、人、名、字、子。稱呼其所在州者爲最鄙視，稱其爵位者屬最客氣，各種稱呼視其時敵友的關係，或戰爭與和平的情況而定，以寓褒貶之義。比如對楚國，就有荆、荆人、楚、楚人、楚子等稱呼。試觀今本《竹書紀年》所載，自夏、商、周至春秋戰國之際，對楚國確實不出此五種稱呼。而孔子爲魯國所撰之《春秋經》，對楚之筆削，也不出此五種稱呼。然而《春秋》三傳則有所不同。如前所述，《公羊》《穀梁》二傳是以嚴"夷夏之辨"著稱的。即使以《左傳》而論，我認爲其歷史內容最爲豐富，重於記事，對具體的歷史人物及相關引言，爲昭信史而存實錄，予以客觀記載，但仍不忘褒貶之義，甚至超出上述五種稱呼，直指楚君爲"荆夷"，如《左傳·莊公四年》之"楚武王荆尸（夷）"即其例。爲甚麼會如此呢？

原來，在東西周之際，荆楚於天下諸侯中，第一個叛周稱王。拙作《從春秋戰國諸侯稱王論周禮"親親"之義》一文[16]曾重點論及此一問題。內中引用《史記·楚世家》有關楚率先稱王的內容，云：

> "當周夷王之時，王室微，諸侯或不朝，相伐。（楚）熊渠甚得江漢間民和，乃興兵伐庸、揚越，至於鄂。熊渠曰：'我蠻夷也，不與中國之號謚'。乃立其長子康爲句亶王，中子紅爲鄂王，少子執疵爲越章王，皆在江上楚蠻之地。及周厲王之時，暴虐，熊渠畏其伐楚，亦去其王。"

楚君熊渠在西周晚期王室衰疲之際，遂萌異心，說：既然他們視我們爲"蠻夷"，我們就可以不理他們的號謚那一套。——這實際上是其叛周稱王的藉口。所謂"號謚"，即王稱年號及謚法等。楚既稱王，不僅有上述自己的一套禮制，而且勢必有自己的貨幣、度量衡和曆法等。故楚之有其王曆，是由來已久的。雖然，後來周厲王繼位，楚人懼其暴，畏其伐，故暫去其王號。

但是，楚叛周稱王的行爲無疑令周王室與尊王的侯國及其史官不能容忍。誠如《禮記·坊記》引用孔子所強調的"尊王"原則："天無二日，土無二王。"因此，稱王之舉無异於冒天下之大不韙。

尤其自西周衰亡，平王東遷，在亟需諸侯勤王扶持的春秋初年之際，楚君熊通竟落井下石，憑藉長江天險及日益强大的國力，遽然再次與周王室分庭抗禮，竟於周平王三十一年（前740）再次公然稱王，這就是楚武王。《左傳・莊公四年》傳文中之"楚武王荆尸（夷）"，就是這個人。自楚武王帶頭第一個在南方稱王後，過了一百五十五年，吳壽夢才繼之於周簡王元年（前585）稱王，及後越允常於周敬王十年（前510）再稱王，則以後楚君之稱王達二百四十年之久。

可見在春秋時期，楚武王被視爲諸侯叛周稱王的罪魁禍首。這種明目張膽的挑戰，不能不令周王室及尊王的北方諸侯及其史官文人，在内心上對荆楚切齒痛恨，於是乃有"尊王攘夷"之號召并付諸行動；而形諸於文字的貶抑，除了荆、荆人、楚、楚人以及楚子一般的貶稱外，更有荆蠻、荆夷、楚蠻一類的痛詆。考《春秋經》及《左氏》《公羊》《穀梁》三傳，在對待楚國尤其稱王之後的楚君，在"夷夏之辨"的原則問題上，可謂嚴若冰霜，針鋒相對。

三、論《左傳》及《日書》中之"刑夷"（或翻尿）乃對楚王之貶稱

在研究過程中，我發現無論《左傳》中二次出現的"荆尸"，或雲夢睡虎地秦簡《日書》中之"刑夷"或荆門包山2號墓簡中之"翻尿"，都無一例外地直接與楚王有關，我認爲都是貶稱楚王爲"荆夷"。其所以如此，蓋受嚴"夷夏之辨"的《春秋》筆法所影響。

衆所周知，《春秋》三傳中，《左傳》是以所述人物史事詳盡、徵引翔實、内容豐富著稱的。其每述一事，必有主旨。如前所述，《左傳・莊公四年》三月發生者，其内容之主旨并非述楚武王"陳兵之法"，而是言其夫人鄧曼從楚武王出師之前"心蕩"之徵兆，預測其將死之事。於今日而言，楚武王患有嚴重心臟病而隨軍出征，不勝繁劇，其死可以理解。但在春秋時期，對於這位被周王室和北方諸侯視爲大逆不道、首先叛周稱王的楚武王之死，却無疑是一件歷史大事；尤其此事還包含一些神秘色彩，因此《左傳・莊公四年》才專文記述，實暗喻楚武王窮兵黷武，故不得其死（卒於樠木之下），蓋有警示之意在焉。故《左傳》於此事固不可不書，於"楚武王"其稱也不得不書，因爲文中引用鄧曼對楚武王的原話"王禄盡矣"，所以《左傳》就不得不指明其爲"楚武王"。

但在春秋時期，周王室與尊王的北方諸侯及其文化學術界，對楚君妄自稱王是絶不承認并予以强烈抵制的，《春秋經》及《公羊》《穀梁》諸傳在述及楚王時，最多就以"楚子"稱之，就是極好的證明。

《左傳》在這種"夷夏之辨"的大原則面前，當然絶不能例外。所以在叙述人物

史事時，在不得不書"楚武王"名號的情況下，就刻意附加"荊夷"之貶稱，以示嚴"夷夏之辨"。我認爲這就是《左傳·莊公四年》之所以有"楚武王荊尸"句式出現之由來。

至於杜預爲甚麼會將"荊尸"釋作"陳兵之法"呢？——我認爲這與其個人之經歷及學識有極大的關係。杜預爲西晉杜陵人，以文人而擅韜略，曾都督荊州諸軍事，拜鎮南大將軍，領導平吳之役，封當陽縣侯。"既立功之後，從容無事，乃耽思經籍，爲《春秋左氏經傳集解》；又參考衆家譜第，謂之《釋例》；又作《盟會圖》《春秋長曆》，備成一家之言。"[17]而杜氏酷嗜《左傳》，自謂有"《左傳》癖"。

爲什麼杜氏獨酷嗜《左傳》呢？

我認爲《左傳》所敘述的人物史事，其内容多涉及軍事與謀略。而杜預曾都督荊州諸軍事，官拜鎮南大將軍，身負軍國重任，故從《左傳》中吸取軍事謀略，以資用兵。事實上杜預亦以身不能武而善以用兵名於時，以至朝野號其爲"杜武庫"。因此，我認爲杜預注《左傳》，也必多從軍事之角度加以詮釋。而《左傳·莊公四年》中"楚武王荊尸"下面，恰好有"授兵子焉"之句，於是杜預乃遽斷"荊尸"二字爲"陳兵之法"。正如老將軍夢中永遠是戰爭的場面一樣，這是他的誤解。其實楚武王即"荊尸（夷）"，"荊尸（夷）"即楚武王，這是《左傳》對東周初期第一個叛周稱王的楚君之貶稱，是"尊王攘夷"《春秋》筆法的一種體現。因此，我認爲此句不必點斷，應爲"楚武王荊尸授兵子焉，伐隨"。——即是説，楚武王授將軍子焉領兵之權以伐隨。其時楚武王尚在楚國王宫，故才有與夫人鄧曼對話"心蕩"之一幕。而人尚在楚境，兵未至隨，則何須甚麼"陳兵之法"？何況此句只是整件事之引子，全文之重點在於講楚武王之死，實與"陳兵之法"無關。不識"荊尸"之義而亂以"兵法"解之，這顯然是"杜武庫"之誤注。

我認爲杜預作爲軍事家，對《左傳》的釋讀多從戰爭學的實用角度加以考慮。而從魏晉以來，由於自漢末受曹操誹儒思想的影響，儒學微而玄學興，以禮學爲核心的儒家經典大受漠視。杜預顯然也受這種社會思潮的影響，我發現其研究及著作未涉三《禮》，且只獨嗜《左傳》而又未參《公羊》《穀梁》二傳，而"夷夏之辨"這類關乎春秋時期的政治思想哲學，又恰好與這些儒家經典分不開。因此，由於杜氏學術上的偏頗，從而對《左傳·莊公四年》中的"荊尸"，便不能從政治哲學的角度加以詮釋，而以軍事上"陳兵之法"解之，我認爲這是造成其誤注的根本原因。

那麼，對《左傳·宣公十二年》文中出現之"荊尸"，又將作何解釋呢？

我認爲，《左傳·宣公十二年》中之"荊尸（夷）而舉"，此"荊夷"實即指楚莊王。爲甚麼呢？

如前文所述，首先，我認爲必須瞭解該段傳文所述人物史事之主旨，不明乎此，則無以解"荊尸而舉"中之"荊尸"。

《左傳·宣公十二年》所述事，其主要内容是説楚莊王自是年春開始攻打鄭國，經過二次圍城，三閱月，始克之。城既破，鄭國投降。鄭襄公竟以一國之君，"肉袒牽羊"以迎。所謂"肉袒牽羊"，是鄭襄公光着上身，表示自己願像牛羊一樣，任楚國宰割；同時説願以鄭"夷於九縣"，而自己願"臣妾"楚莊王。他不僅做而且説了一番投降史上最令人不忍卒睹、最不堪聞問的卑下之狀和卑下之辭。於是，楚莊王可憐他，沒有滅亡鄭國，也沒有搶掠，所謂"民不罷勞"，"商、農、工、賈不敗其業"，頗有秋毫無犯之意。最後楚莊王決定退兵三十里，與鄭國簽訂和平條約了事。而作爲北方聯盟盟主的晉國，於是年六月派三軍南下救鄭，軍至黄河邊，聞悉楚、鄭已訂和議，中軍主將荀林父及上軍主將士會都主張還師（按：及後中軍副將先穀反對還師，晉軍乃渡河伐楚，於邲地與楚軍舉行會戰，晉軍敗績。此乃後話，於此不贅），士會（即隨武子）并説了一番贊賞楚莊王的話。如前所述，按《春秋》筆法，《左傳·宣公十二年》文中，凡述及楚莊王，多稱"楚子"，僅有二處例外，一爲"王曰"，一爲"王見右廣，將從之乘"，但晉隨武子在説到楚莊王時，則稱爲"楚君"。他還爲楚莊王伐鄭之舉辯護，説：

"楚君討鄭，怒其貳而哀其卑。叛而伐之，服而舍之，德、刑成矣。……今兹入鄭，民不罷勞，……荆尸而舉，商、農、工、賈不敗其業，而卒乘輯睦，事不奸矣。蒍敖爲宰，擇楚國之令典，……百官象物而動，軍政不戒而備，能用典矣。其君之舉也，内姓選於親，外姓選於舊，舉不失德，賞不失勞。"[18]

隨武子以晉國上軍主將而贊賞敵國之君楚莊王，是一種實事求是的態度。楚莊王於後世被定爲春秋五霸之一，是并非無因的。而宣公十二年是楚莊王十七年，也即公元前597年，此時距楚武王首先於春秋初叛周稱王（周平王三十一年、前740年）已達一百四十三年之久，及後傳文、成、穆而至於莊王，楚之稱王已歷五世，政局穩定，日益强大，至楚莊王且成霸業，周王室及以晉國爲首之北方聯盟也無奈其何。我認爲晉軍主將隨武子既實事求是地肯定楚莊王對内對外的政策舉措，但又不忘"夷夏之辨"，在贊賞時又加以貶抑，於是才有"荆尸（楚君）而舉，商、農、工、賈不敗其業，而卒乘輯睦"之句。晉爲唐叔之後，是周武王一系之姬姓國。

在平王東遷，王室日益衰疲，而又面臨夷狄侵擾、尤其是楚國首先稱王以分庭抗禮的春秋時期，齊桓公、晉文公先後高擎"尊王攘夷"的旗幟，以應對東周以來"禮崩樂壞"之局面。

所謂"尊王"，我認爲尊的就是周王室，這是針對楚的叛周稱王而發出的；而"攘夷"者，我認爲所攘的，主要就是荆夷。而且以此相號召，組成北方聯盟，以抗擊南方荆楚之不斷侵凌。

因此，我認爲一部《春秋》史，其主要内容，幾乎就是一部北方聯盟對抗楚國的歷史。而晉國在春秋中後期，長期作爲北方聯盟的盟主。所以，此次晉國派三軍救鄭抗楚的軍事行動，正是在這樣的歷史背景下發生的。

對於楚莊王內外政策舉措的得體和楚國日益强大的事實，晉上軍主帥隨武子大加贊賞，《左傳》固不得不書；但在"尊王攘夷"的大原則下和嚴"夷夏之辨"的歷史氛圍中，如果對楚莊王只有稱贊而不加貶抑，那麼就明顯違背上述的大原則，這是絶對不被允許的。所以在稱贊聲中又對楚莊王加諸"荆尸（夷）"的貶稱，這也是《春秋》筆法的一種通例，《左傳》對此則不可不書。

閲《左傳·宣公十二年》隨武子通篇所言，其主旨如此。故"荆尸而舉"，係指"楚莊王之內外政策舉措"，而不是杜預所注的"陳兵之法"。李學勤先生在其大作中對杜、楊二説提出質疑，甚具見地。蓋以杜、楊二説解《左傳·宣公十二年》之"荆尸而舉"，與上下文相參，完全説不通，與通篇內容的主旨完全不合。因此，我認爲杜、楊二説皆明顯錯誤。

那麼，秦簡《日書》中之"正月楚刑夷"中之"刑夷"，又該作何解釋呢？

首先，《日書》既爲秦墓出土之秦簡，那就必定爲秦人所書。觀《日書》中之"楚刑夷"，顯然并非楚人的自稱，而是出自秦律曆史之筆法。

1975年湖北省雲夢縣睡虎地出土秦墓，於11號墓中出土1150餘枚竹簡，近四萬字，墨書秦隸，及後歸類爲《編年紀》《秦律雜抄》及《日書》等九種文獻。曾憲通先生對《日書》研究甚力，且有《楚月名初探》等專文，其中對秦、楚曆法之异同進行細緻的比較，有不少精闢之論，如：

"秦以建亥之十月爲歲首，九月爲歲終，屬顓頊曆。但從'對照表'上看，秦用顓頊曆只改歲首而未改月次及四季搭配，……因而秦曆的月次與春夏秋冬搭配亦與夏曆相同。

"楚在戰國時已用夏曆，即以建寅之夏正爲歲首。但'對照表'上楚曆以'冬夕'爲一月，當秦曆十月，是楚曆亦與秦曆一樣以十月爲歲首，因知'對照表'上的楚曆已將夏曆的月次改從顓頊曆。"

又指出：

"雲夢秦時屬南郡，原爲楚之故地。據《史記·秦本紀》記載，秦於昭王二十九年（前278）始置南郡。此表出土於雲夢，説明秦時雲夢一帶仍沿用楚曆，故此才有必要將兩種用曆加以對照"。[19]

據《史記·曆書》及其他相關文獻可知，先秦之古曆建正各有不同：夏曆建寅孟春之月,以陰曆正月爲歲首;商曆建丑季冬之月,以陰曆十二月爲歲首;周曆建子仲冬之月,以陰曆十一月爲歲首。

但如前文所述,一個王朝的建立,除王稱位號及謚法外,還要有自己的貨幣、度量衡及曆法等,以體現政治上的改朝換代。但是,改正朔換曆法是否合乎實際應用,則是另一回事。

因此,我認爲西周時期在北方地區,周王室在政治象徵上會用建子的周曆,但於農時及祭祀等則用夏曆,此事《逸周書·周月》有記載。至於平王東遷之後,王室日益衰微,及春秋中後期,晉國實際上已取代周王室的地位,被北方諸侯奉爲盟主。而其時先進的四分曆術是首先在晉國發展起來的。[20]但及後齊爲田氏取代,晉爲三家所分,北方聯盟隨之瓦解,自此無一國可與秦敵,至戰國中後期,其一霸獨大之勢已成。

其時北方諸侯紛紛稱王,秦乃於周顯王四十四年(前325)稱王,是爲秦惠文王。於是既有號謚,自然有其曆法,就是《顓頊曆》。我認爲其以"顓頊"名曆,蓋與秦人之祖先爲"帝顓頊之苗裔"[21]有關。

而相關的研究指出:

"《顓頊曆》是在先進的四分曆術創立後不久,由三晉的夏曆移植到秦國,只是改用了秦國的歲首,屬於人正系統。"[22]

秦曆建亥初冬之月,以陰曆十月爲歲首,這也是《顓頊曆》之特色。《顓頊曆》在秦頒行後,於掃滅六國之過程中,每占領一國一區,則必立郡縣以行秦政,并推行《顓頊曆》,以體現其統治權威。秦統一中國後,當然以《顓頊曆》頒行天下。漢承秦制,少所變更,亦沿用《顓頊曆》,直至漢武帝時始廢之而改用《太初曆》。

我認爲楚之有曆法是由來已久的。正如前文所言,楚之立國在夏禹之時,比商、周立國之歷史更早,故其曆法顯然受夏影響。曾憲通先生指出:"楚在戰國時已用夏曆,即以建寅之夏正爲歲首。"——其論十分正確,亦非常重要,證明楚與夏確有千絲萬縷的關係,其用夏曆自有其遠源,我認爲應該早在戰國之前就已經應用。至於後來楚曆會將夏曆的月次改從《顓頊曆》的原因,我認爲是在秦昭王二十九年(前278)秦將白起拔楚之郢都後,於今湖北地置南郡,雲夢在轄區,秦必依例強制推行其《顓頊曆》。

因此,其時雲夢地顯然以秦之《顓頊曆》爲主,楚曆爲輔。楚曆之被允許繼續使用的事實,有睡虎地出土《日書》中之秦、楚曆法《對照表》加以證明。我認爲秦在占領區實行兩曆并用,確實有其必要。爲甚麼這樣説呢?

這是因爲楚國幅員遼闊,雖郢地爲秦所據,但却能徙北都於陳(今河南淮陽),

而南方依然有今湖南、安徽、江西及江浙一帶爲廣大腹地,而且人口衆多,維持半壁江山,足以與秦周旋。所以,秦既正視楚國實力尚强之現實,且其時北方敵國尚多,故此在一段時間内對楚采取緩和政策,是秦出於戰略考慮的需要。因此,包括雲夢在内之南郡,才不得不采用秦、楚兩曆并用的權宜之法。秦之徹底滅楚,須遲至秦王政二十四年(前223),距雲夢之陷秦,已達五十五年之久。秦滅楚後,以其地置楚郡、九江郡及長沙郡。翌歲,秦再滅趙、燕,統一全國,乃推行統一文字及度量衡等一系列之措施;并頒行《顓頊曆》於天下,以統一曆法。相信雲夢等地暫行之楚曆,最遲亦於此時作廢。

所以,雲夢睡虎地秦墓出土之秦簡《日書》,必出於秦律曆吏之手。其時秦於南北侯國中一霸獨大,其欲統一天下之野心,路人皆知。早在秦惠文王更元十四年(前311,楚懷王十八年)張儀就以秦之强大威嚇楚懷王,云:

"秦地半天下,兵敵四國,被險帶河,四塞以爲固。虎賁之士百餘萬,車千乘,騎萬匹,積粟如山丘。法令既明,士卒安難樂死,主明以嚴,將智以武,雖無出甲,席捲常山之險,必折天下之脊,天下有後服者先亡。"(23)

而在五年前,即公元前316年(秦惠文王更元九年),秦先取巴蜀,再於前312年(秦惠文王更元十三年,楚懷王十七年)大敗楚師於丹陽,虜楚大將軍屈氏等七十餘人,斬甲士八萬,盡取漢中郡地。楚懷王悉發國内兵復襲秦,秦敗之於藍田,韓、魏乘之困再襲楚,至鄧。楚乃引兵歸,割兩城與秦和。(24)

另《戰國策·秦策》云:

"秦取楚漢中,再戰於藍田,大敗楚軍。韓、魏聞楚之困,乃南襲至鄧,楚王引歸。"

據《史記·楚世家》及《戰國策·秦策》可知,楚失漢中後,傾全國之兵力與秦決戰於藍田,秦大敗楚軍。因此,我認爲"藍田之役"是繼秦取楚漢中之後,軍事上的又一重大勝利。此役秦既取藍田,又割楚之兩城,使秦得以在今湖北地建立戰略前沿,構成對郢都的直接威脅,使楚完全處於戰略守勢。爲甚麼這樣説呢?據譚其驤先生主編的《中國歷史地圖集》所載,戰國時期的藍田,其地理位置恰好在今湖北省荆門市北面,南下就是郢都,東指即爲雲夢,相距皆甚近。秦既取漢中,再取藍田,遂以强横之勢鄙夷楚國。

而秦既欲王天下,卧榻之旁,豈容他人鼾睡,當然與楚勢不兩立,是絶不會承認荆楚真正具有王者之地位的。故秦每取楚一地,必在行政上推行秦制,其中包括頒行《顓頊曆》，因此包括巴國、藍田及鄀地皆莫能例外。

而出土簡書之包山適在荆門市，即古藍田地區。李學勤先生在《有紀年楚簡年代的研究》大作中，涉及荆門包山2號墓簡的部分，其中有"簡文'大司馬悼滑將楚邦之師以救郙之歲'，所繫有'䎽尿之月'和'夏尿之月'，即寅月、卯月，可知悼滑出兵救巴事在年初"。李先生認爲"郙"就是巴國，并考出"公元前316年，這正是從簡文曆法推定的'大司馬悼滑將楚邦之師以救郙之歲'"。(25)

如前所述，李先生認爲悼滑救巴在是年寅月，也即"䎽尿之月"。及後李先生在《蜜梅》章中指出：

"楚曆建亥，是由睡虎地簡中與秦曆的對照，以及楚曆本身七至八月的名稱確定的，驗之包山2號墓簡全部曆日，無不符合。"(26)

李學勤先生上述論證非常重要。可見包山2號墓簡"䎽尿之月"中之"䎽尿"，亦即睡虎地秦簡《日書》"正月楚刑夷"中之"刑夷"。這不僅如李先生所說的彼此在曆法上"無不符合"，而且在古文字學的訓釋上，其實亦完全一致。李先生認爲悼滑救巴在公元前316年初。而是年稍後巴國爲秦所滅。我認爲自此之後，巴地行秦制，亦必頒行秦之《顓頊曆》，簡文"大司馬悼滑將楚邦之師以救郙之歲"亦必爲秦吏所書，而絕非出自楚吏之手筆。蓋若爲楚吏，簡文必稱"王師"或"我師"，而不可能書爲第三者的"楚邦之師"，其理甚明。

當公元前316年秦國占領巴國之後，越四載（即公元前312年）秦師即由巴地先取漢中，再東下取鄀，而鄀地南下即爲藍田。《戰國策·魏策》中所載"秦果南攻藍田、鄢、郢"，可爲之證。由滅巴蜀，繼之東下取漢中，再據藍田，秦之進軍路綫如此。

我認爲秦吏所書之簡亦自巴地隨軍携至藍田，及後在秦主官去世時，陪葬於藍田亦即今荆門包山一帶。因秦占據巴國、藍田及鄀地三十餘年，故包山簡涉及巴國（即郙）及鄀地之人物史事，理有固然。及後秦才於公元前278年（秦昭王二十九年）由大將白起南下拔郢，并在湖北地置南郡。

而在此之前的三十餘年間，巴國及今荆門包山在内的藍田等，皆爲秦地而施行秦制，并頒行建亥於冬十月之《顓頊曆》。故湖北荆門包山之墓，我認爲是秦墓而非楚墓，其所出乃秦簡而非楚簡。因若爲楚簡則必爲楚吏所書，而包山2號墓簡中所言"大司馬悼滑將楚邦之師以救郙之歲"對楚以第三者的書法，就不合邏輯；其所繫"䎽尿之月"中的"䎽尿"，在古文字上亦釋爲"荆夷"，明顯對建寅的楚王有貶義，楚吏不可能自貶其王、其曆。我認爲原原本本的楚曆寅月必非用此月名，否則便不合情理，亦不合春秋戰國書例的義法。從睡虎地秦簡《日書》"正月楚刑夷"中之"刑夷"，以視包山簡之"䎽尿之月"中之"䎽尿"，可謂如出一轍。我認爲皆指"荆夷"，以之貶稱楚曆中楚王建正之寅月。故包山簡爲秦簡而非楚簡，既合乎史實，亦比較合理。

且秦自春秋初即據周龍興之地，既有西北之山河險要，在地勢上可以居高臨下；又有豐富的馬資源和關中的大糧倉，因此才有張儀所説的"車千乘，馬萬匹，積粟如山丘"。有這些充足的戰争資源，秦才有橫掃六國的勝利。

楚懷王在位約三十年（前329—前299）。秦於公元前316年滅巴蜀之後，自此秦取攻勢而楚取守勢，是年爲楚懷王十三年。其後之十餘年，秦日强而楚日弱，以至公元前299年楚懷王爲秦所囚，及後且卒於秦，顯示楚處於空前衰疲的困境。公元前278年郢都被秦取後，楚之國勢更如江河日下。

所以，其時秦必鄙視楚，其欲王天下，而將楚王貶爲"荆夷"，乃是理所當然的事。所謂成王敗寇，自古已然。當春秋初年，秦既非姬姓國，又僻處西陲，也曾被周王室和以姬姓爲主體的中原侯國譏爲"夷"。[27]

如今時移勢易，秦既定鼎中原，遂以正統自居，當然一仍春秋以來北方政權對荆楚嚴"夷夏之辨"的傳統，以"荆夷"貶稱楚王。所以，我認爲秦先後在諸如荆門、雲夢一類佔領地上，在政府頒布的公文典籍或曆法上，凡涉及楚王王稱的地方，秦吏當然不予承認，而必"夷"之。因此，在包山簡和睡虎地秦簡《日書》中，才會出現楚曆中有"卲尿之月"和"正月楚刑夷"這類匪夷所思的月名。卲尿即"刑夷"，亦即《左傳》中之"荆尸"，實皆指"荆夷"。

我認爲這些篇什中所出現的"荆尸（荆夷）"都與楚王有關，都是對楚王的貶稱。如前所述，我已考證《左傳》中二次出現的"荆尸"，一指楚武王，一指楚莊王。而我認爲荆門包山簡中的"卲尿之月"，與雲夢睡虎地秦簡《日書》"正月楚刑夷"一樣，其實皆爲"荆夷"，都是指頒布楚曆之楚王。説明包山簡與睡虎地簡一樣，都是秦簡，使用的主要都是秦的《顓頊曆》。

爲甚麽説秦簡《日書》中之"正月楚刑夷"或包山簡中的"卲尿之月"，乃貶稱立正之楚王爲"荆夷"呢？

衆所周知，在古代，凡一國之曆法，必由王者頒布及推行。如孔子撰《魯春秋》，因其尊周王室而沿用周曆。而凡某國之曆必尊其王之立正。故《春秋經》中，孔子言必稱"某年春王正月"。楚既稱王，楚曆亦必效此書法，稱"王春正月"。但秦既欲滅楚，在諸如荆門、雲夢一類的佔領地上暫用楚曆，當然不可能承認楚之王稱，更不會在秦簡《日書》涉及楚曆"正月"時，繼續使用楚之"王正"，而必"夷"之而後快。楚即爲"荆"，其王則貶爲"夷"，我認爲這正是荆門包山簡中的"卲尿（荆夷）之月"，以及在雲夢睡虎地秦簡《日書》中，其所以出現"正月楚刑夷"中"刑夷"一詞之真正原因。其所内藴之含義，與前面所述《左傳》中之"荆尸"同，皆爲北地政權對楚王之貶稱。

我認爲這是自春秋時期以來，由於南北對立，北方政權爲尊周王室而對抗荆楚之率先稱王及北侵之挑戰，而在組織及思想上提倡"尊王攘夷"及嚴"夷夏之辨"的必然結果。其影響所及，不僅使同爲北地政權的秦國，於戰國後期在對楚統一戰争的過程中，在"王統"的問題上處於有利的地位；而且對後世的所謂"正統"觀念，産生了極爲深遠的歷史影響。

2015 年 4 月 3 日

[注]

（1）（5）（7）（25）（26）李學勤《有紀年楚簡年代的研究》，載氏著《文物中的古文明》第 419—454 頁，商務印書館，2008 年。

（2）于豪亮《秦簡〈日書〉記時記月諸問題》，載中華書局編輯部《雲夢秦簡研究》第 351—357 頁，中華書局，1981 年。

（3）（19）（21）曾憲通《楚月名初探》，載《曾憲通學術文集》，汕頭大學出版社，2002 年。

（4）（6）楊伯峻《春秋左傳注》第 162 頁，中華書局，1990 年。

（8）郭偉川《兩周史論》，北京圖書館出版社，2006 年。

（9）郭偉川《論夏商周時期南北基本格局的改變——兼論〈燹公盨銘〉"遂黎方克征"解讀》，載拙著《中國歷史若干重要學術問題考論》，國家圖書館出版社，2009 年。

（10）劉秀（歆）《上〈山海經〉表》。

（11）引自楊寬《西周史》第 598 頁，台灣商務印書館，1999 年。

（12）郭偉川《略論馬在中國歷史上的作用——兼評姜戎〈狼圖騰〉》，載拙著《中國歷史若干重要學術問題考論》，國家圖書館出版社，2009 年。

（13）見郭偉川《宗周鐘（周王𣄰鐘）新考——郭沫若、唐蘭二先生論説考正》，載拙著《中國歷史若干重要學術問題考論》，國家圖書館出版社，2009 年。

（14）容庚《金文篇》，中華書局，2002 年。

（15）見《春秋公羊傳·僖公四年》。

（16）郭偉川《從春秋戰國諸侯稱王論周禮"親親"之義》，載拙著《兩周史論》，北京圖書館出版社，2006 年。

（17）《晉書·杜預傳》。

（18）《左傳·宣公十二年》。

（20）（22）白光琦《顓頊曆三事考》，載《自然科學史研究》，2002 年 02 期。

（23）《史記·張儀列傳》。

（24）事見《史記·楚世家》等，及張習孔、田玨《中國歷史大事編年》前312年條，北京出版社，1992年。

（27）見《春秋公羊傳·昭公七年》。

《〈周禮〉制度淵源與成書年代新考》引言

《周禮》一書原名《周官》，其内容主要包括兩周職官制度及相關禮制。自漢代整理先秦經籍，此書得以發現而正式問世。同時，又因此書在官制、禮制上豐富的歷史内涵，故爲歷代學人所重視，有重要的研究及參考價值。

筆者之所以要撰寫《〈周禮〉制度淵源與成書年代新考》一書，乃有感於二千年來，學者對《周禮》一書的内容與成書年代的探索，著作甚多，各陳勝義，但可惜時至今日，對作爲《周禮》主體内容的"六官"系統，從其官制淵源及相關人物史事等問題的研究上，迄未能中其要旨，以致《周禮》成書年代的問題，亦根本没能得到解決。有鑒於此，筆者不揣淺陋，不憚其難，另闢蹊徑，由《周禮》的"六官"制度淵源入手，從早期"六卿"官制之萌芽、發展的形成過程及歷史演變，結合傳世文獻和甲骨、金文的相關資料，力求融會貫通，闡幽發微，以冀開出新路。而筆者於研究過程中發現，從帝舜至夏、商、周三代，在以"六卿"官制爲主體的職官制度上，有十分明顯的承襲關係。從夏啓時"六卿"官制的産生，到商代"卿士"和"卿事寮"制度的設立，以及西周初年周公所作《周官》(即《尚書·周官》)中對"六卿"職官制度的發展，乃至春秋中期晉文公以"被廬之法"所建立的"三軍六卿"制度，最後歸結到戰國初年與《周官》一書關係最爲密切的魏文侯身上。筆者經過反復考證，發現有充分的歷史事實，證明《周官》亦即《周禮》一書是在魏文侯主導下，由子夏爲首的西河學派編制成書的。而《周禮》一書中的"六官"體系，恰好與帝舜時代及夏、商、西周乃至春秋時期晉國的"六卿"職官制度，有其一脉相承的歷史軌迹，其影響且及於後世。所以，在研究方向及方法上，筆者根據歷史事實，首先確立了以"六卿"官制爲主體的中國古代職官制度史的整體觀念，而《周禮》一書中的"六官"系統，正是這一職官制度中的有機組成部分。可以説，筆者的這一論述，正是本書主要的理論框架及藉以論證的重要理據所在。此其一。

其二，在研究過程中，筆者深深地認識到，由於《周官》亦即《周禮》是一本記述兩周職官制度的專書，而與兩周官制有密切關係的關鍵歷史人物，無論周初的周公，或是春秋時期的晉文公，乃至戰國初期的魏文侯，他們顯然都屬於具有共同血緣關係的姬周系。因此，研究此中的關係，關鍵在一"周"字。而《周官》亦即《周禮》一書與許多冠以"周"字的經典，如《周易》《周書》《周詩》及《周禮經》等典籍一樣，在經典的來源及整理編修上，都與姬周王室及姬姓侯國有十分密切的關係。所以，研究兩周時期的社會政治、典章制度和相關的人物史事及典籍文獻，如果不明周禮"親親"之義，那麼在考證《周禮》一書的制度淵源，以及研究其究竟成書於何時和成於何人之手的問題上，肯定不得要領。

其三，筆者認爲，對《周禮》成書年代問題的論證，必須緊緊把握住此書專述"官制"的性質特點，從而實事求是地從中國職官制度史的角度加以考索。蓋職官制度及相關職官名稱乃政治實體之組成部分，具明顯的時代印記，有歷史痕跡可尋。故按此一方向進行研究，可以循名責實，根據相關綫索加以考證，較爲切實可靠。所以，筆者認爲，只有從"六卿"官制到"六官"體系的發端、發展和形成過程，結合周王室和相關姬姓侯國的官制、禮制及相關的重要人物史事，進行全面系統和環環相扣、一步一個脚印的研究，既溯本求源，又廓清其流，纔能夠令《周禮》成書年代問題的研究得出較爲确切的結論，捨此別無他途。

其四，研究《周官》亦即《周禮》一書，筆者認爲，首先必須全面瞭解此書之體例及內容的主旨，同時要明瞭此書以"周"字冠名的用意所在，尤其要辨明此書整體的思想哲學傾向。

從"六官"體系奄貫《周禮》全書，除冬官《考工記》之外，其他天官冢宰、地官司徒、春官宗伯、夏官司馬、秋官司寇五官之卷首，皆書"惟王建國，辨方正位，體國經野，設官分職，以爲民極"。——筆者認爲，這就是全書的主旨所在。而春秋戰國時期，"正名"的問題很重要，孔子對此就很重視，曾有專論，見諸《論語》。故在兩周時期，一本書的命名尤其是對王朝或侯國官書的命名，決不會輕易從事，必有其立意在焉。而《周官》一書既冠以"周"名，其主旨必爲"尊周"無疑。至於文中諸"官"卷首一再論述國爲王建、官爲王設，顯示"六官"的設置，其職責就是"佐王治國"。因此，《周禮》全書反復強調這種觀念，其目的顯然在於"尊王"。故筆者認爲，研究《周禮》一書，首先必須明瞭此書編制者所秉持的"尊周""尊王"的本意所在。這一點是客觀事實，十分重要。

至於《周禮》"六官"各自統領所屬官員，等級有差，尊卑有別，逐層負責，秩序分明，這正是自古以來"禮"的主要特徵和儒家禮治思想的精髓所在。而這一觀念貫穿全書，可謂是《周禮》的主體精神所在，這是治禮學者必定瞭然於心的。何況《周禮》"六官"中專設"春官宗伯"，作爲王朝的最高禮官，統領所屬龐大的職官系統，充分體現了兩周社會尤其是西周重"禮"的歷史事實，這亦是《周禮》一書主要的組成部分之一。而禮學是儒學最重要的核心部分，故《周禮》一書顯然充分地體現了儒家的禮治觀念。至於治國方面，儒家歷來主張禮、樂、政、刑四者幷舉，而以禮樂爲先，但對刑法幷不偏廢。這一點，從《周禮》"六官"中設"秋官司寇"可知。於是，國家典章制度既立，禮制昭然，法在其中。故筆者認爲，從《周禮》一書的主要內容及其所體現的治國理念看來，顯然是以"禮"爲主，"法"爲其輔。因此，研究《周禮》一書，就不能像某些學者那樣，在觀念形態上對此書的主旨辨析不清，甚至本末倒置，說此書與儒家毫無關係，而將其視爲法家著作。實事求是而言，這些看法顯然與《周禮》一書的內容主旨相違悖，而且不符合客觀的歷史事實。故筆者認爲，研究《周禮》一書，首先務必辨明其主要的政治思想及哲學傾向，這一點至關重要。否則，方向錯了，要想得出正確的結論，便難乎其難。

基於上述認知，筆者乃確信主導編寫《周禮》一書的人，本身必抱持"尊周""尊王"的思想，且篤信儒家學說。而魏文侯正是這樣的人。作爲姬姓侯國國君，他確實具有周禮"親親"的觀念。他既爲戰國初年的中原霸主，而又尊儒好古，不僅尊奉孔子門人子夏爲師，且禮敬以子夏、田子方、段干木等人爲主體的西河學派，從而得到他們的大力協助。這是魏文侯時期能夠整理編纂大量儒家文獻典籍的必要條件和主要力量。而筆者經過深入考證，認爲《周官》一書以及後來於西晉太康年間在河南汲郡發掘魏安釐王墓出土的《周易》《周書》《周食田法》等大批儒家經籍，都是在魏文侯時期整理編成的。這與魏文侯尊周重儒的思想有十分密切的關係。而且他在位五十年，宏謀碩劃，有足夠的時間幷具備各種必要的條件去完成這些事。尤其在歷史文獻的記載上，魏文侯是唯一與《周官》一書發生關係的先秦歷史人物。《漢書·藝文志》云：

"六國之君，魏文侯最爲好古，孝文時得其樂人竇公，獻其書，乃《周官·大宗伯》之《大司樂》章也。"

從這一記載的上下文可知，《周官》一書與魏文侯有着極爲密切的關係。因爲文中首先叙述六國之君中，以魏文侯最爲好古，及後即述及竇公向漢文帝上獻《周官·大宗伯》中的《大司樂》之篇章。毫無疑問，竇公所上獻的《周官》一書的部分篇什，應屬戰國初年的魏文侯所擁有，否則文首說他於六國之君中"最爲好古"，便毫無意義。故辨析其前後文之語句，其意彰彰明甚。因此，這一史料在考證《周官》一書的成書年代問題上，便顯得極爲重要。所以，有此認知，同時綜合各種歷史因素和相關資料，魏文侯便成爲筆者研究這一問題的主要對象和重要綫索，從而成爲解開《周禮》一書成書年代問題的關鍵所在。反觀整個春秋戰國時期，根本就沒有其他侯國國君或任何一個人，能夠具備魏文侯上述主、客觀方面的必要條件；而根據史書文獻的記載，除了魏文侯一人之外，先秦時期事實上亦沒有其他歷史人物與《周官》一書發生任何關係。這是很能説明問題的。

其五，筆者認爲，研究《周禮》一書的内容主旨及其成書年代的問題，既要知其制度的淵源，但重點還要瞭解與其年代相近，且對其有直接影響的歷史原因，特别要明瞭與其有直接承襲關係的職官制度的源頭，如此始能有的放矢。

爲了達到對《周禮》一書"六官"制度究本窮源的目的，筆者上溯堯舜，下及夏、商、周三代，從"六卿"官制的發端到"六官"體系的形成以及相關的人物史事，作了較爲深入和全面的探索，以明其源流。而在研究過程中，筆者充分地認識到，《周官》即《周禮》是一本記載兩周職官制度的專書，且其成書於戰國之初，但此書所載的官制及官名，主要還是屬於西周的制度及名稱，傳世文獻及出土西周金文資料足以證明。因此，就《周禮》一書的制度淵源而論，西周是源，東周是流；而西周的制度建設，關鍵人物是周公。而周公所建立的官制、禮制，事實上皆爲王制。所以，周公稱王的問題，實際上是研究西周史尤其是西周禮制、官制問題的關鍵所在，是不能回避亦是無法回避的。尤其在武王崩後，"三監"勾結紂子武庚在中原發動叛亂，際此危急存亡之秋，周公乃依照禮制踐阼稱王、東征平亂，并極大拓展了王國的版圖。在天下大定之後，建侯衛，營洛邑，大封姬姓諸侯（按：據《荀子·儒效》所言，周初封國七十一，姬姓五十三），以屏藩周室，從而建立以周王室爲中心、以姬姓侯國爲翊輔的龐大宗親政治系統，并制禮作樂，以體現周禮的"親親"之義。而在職官制度建設方面，周公作《周官》（即《尚書·周官》）所建立的西周官制，上承夏之"六卿"，商之"三公"及"卿士"（按：即冢宰）、"卿事寮"制度，下啓春秋時期晉國"三軍六卿"制度和戰國之初魏文侯《周官》一書的"六官"體系，從而在先秦職官制度史上，發揮了承先啓後的重要作用。根據筆者之考證，周公作《周官》所建立的西周"六卿"制度，至春秋時期，周王室所存文獻即"周之《秩官》"，尚有記述，此可見諸《國語·周語》中，周定王使單襄公出聘地方侯國之相關史事。而《尚書·周官》中的"六卿"制度，更成爲戰國初期《周官》一書"六官"體系的直接源頭。因爲若將兩者作比較，細考内容，當可發現彼此之間，在職官制度淵源方面，確實存在着不可分割的因果關係；甚至連"周官"一名，亦顯示後者對前者的着意承襲，這都是毋庸置疑的客觀事實。因此，研究《周禮》一書的制度淵源與周公的歷史關係，便成爲筆者撰寫本書的重點之一。

至於歷史上有的學者説《周官》一書成於周公之手，固然不符合歷史事實；但若如顧頡剛先生在《"周公制禮"的傳説和《周官》一書的出現》一文中所認爲的，説《周官》一書"跟周公和儒家根本不發生關係"（按：顧文載於《文史》第六輯），則顯然不符合歷史事實。有關這方面的問題，筆者將於本書中作進一步的探討。

以上所述，僅爲筆者的若干研究心得和要點。至於具體的論證和詳細的考述，將於內文中次第展開，俾使讀者能進一步瞭解本書的觀點和結論。

那麼，在過去二千年來，古今衆多的學者又如何去考證《周禮》一書及其成書年代的呢？

原來，自東漢鄭玄、林孝存、何休等學者開始，有關《周官》亦即《周禮》一書的成書年代問題，已引起大家的關注和考論。及後歷代的研究層出不窮，可謂衆說紛紜，莫衷一是，至今學者仍爭論不休。毫無疑問，這是中國歷史上一個久懸未決的重大學術問題。

衆所周知，《周官》一書，在歷經秦火燼餘之後，於漢文帝時由戰國時期魏國樂人竇公獻其中之《春官大宗伯·大司樂》一章；景帝、武帝時，河間獻王命學者將發現之《周官》一書加以整理，并獻之武帝。而武帝不喜《周官》所述的兩周官制與漢制不合，恐其亂政，遂擯斥不用。輾轉至於西漢末，王莽利用周公輔成王故事陰謀篡政竊國，而周公在歷史上的重要事功就是制周禮，劉歆參與其事，始改《周官》其名爲《周禮》。故此書之被利用乃至被改名，有其特定的歷史背景。由於上述的原因，自新莽敗後，《周禮》一書的是非真僞問題，便受牽累；對其成書年代的問題，更是迭世爭論。如唐代賈公彥在《序〈周禮〉廢興》一文中，反映東漢時，學者對此書的爭論已甚激烈。內中云：

"然則《周禮》起於成帝劉歆，而成於鄭玄，附離之者大半。故林孝存以爲武帝知《周官》末世瀆亂不驗之書，故作《十論》《七難》以排弃之。何休亦以爲六國陰謀之書。"[1]

何休説《周官》乃"六國陰謀之書"——以《周官》一書而涉"六國"之陰謀。至於究竟涉及何國，賈公彥沒有進一步説明何休的論據，語焉不詳。然而，作爲東漢之大學者，何休精研六經，對《春秋》之《左傳》《公羊傳》《穀梁傳》的研究尤爲精到，其對《三傳》的研究皆有專著，史籍明載其事。故何休對先秦史顯然有詳細的瞭解，其言《周官》一書事涉"六國之陰謀"，必有一定之依據。既稱"六國"，即知其時已由春秋而進入戰國時代。所謂"六國"，顯然指戰國七雄中，除秦以外之魏、韓、趙、楚、燕、齊六國。如所周知，戰國初期，六國所雄爭者，中原也，因此，這時若能整理編寫《周官》成書，以助爭霸的目的，則爲時勢所需。但到了戰國中後期，六國除出於利益的爭戰兼并外，各國國君心中的頭等大事，主要是要如何以合縱連橫之術對抗秦國的虎狼之師，此乃涉及本身生死存亡的問題。顯然，至此一階段，秦與各國強弱之勢已成。因此，是否能編成《周官》一書，其實對六國已毫無意義，而且實際上六國亦已無力顧及於此。所以，筆者認爲何休所指者，應是戰國初期之"六國"。而六國中，楚在南，自西周昭王以來，荆楚向與周王室與北方諸侯對抗，而其制度亦與中原略有區別，顯然與《周官》無涉。而燕在北，其雖爲召公之後，但至春秋戰國時期，已與周王室不親，且其未有雄霸天下之企圖，因此亦無作《周官》的動機與目的，故亦與《周官》一書無關係。至於齊國本爲姜太公之後，至春秋，管仲相齊桓公，匡扶周室，尊王攘夷，原本與周室有姻親之誼，關係甚爲密切。但桓公之後，諸子爭國，齊遂一落千丈，至春秋戰國之際竟爲田氏所篡。故戰國之初，齊之大權實際上已爲田氏所掌握，其去桓公、管仲之時已近二百年，國力已遠不及桓公時，形勢已完全不同；而田氏於戰國初篡奪齊國，爲周王室及中原諸姬所不容，備受打壓；即使戰國中期齊宣王、威王相繼利用賢人政治以強國，但其時秦之國力已睥睨群雄，齊一國固難與爭鋒，則遑論稱霸了。且田氏與周王室無親無淵源，顯然亦沒有作《周官》之動機與條件。

因此，筆者認爲，六國中，惟魏、韓、趙三國原出於晉，而以戰國初期魏文侯主導下的魏國條件最爲完備，在三晉中實力最爲雄厚。而歷史事實證明，魏文侯其時確有"繼周繼晉"之志，以達到爭霸中原，并進一步統一天下的目的。而晉爲唐叔虞之後，自春秋時期晉文公定霸後，晉爲北方最強大之姬姓侯國，領導諸侯對抗楚國，主導北方政治近二百年，周王室長期在其庇護之下，而晉則利用周王室的名義挾天子以令諸侯。故春秋時晉國在西周制度的基礎上，進行軍政制度的改革，而且"作秩官"以完善職官制度。如《左傳·魯僖公二十七年》述及晉文公設三軍，"作執秩之官，爲被廬之法"，并強調此乃"大蒐以示之禮，作執秩以正其官"，顯然晉文公利用大蒐之禮，同時建立晉國的禮制和"三軍六卿"的職官制度。因此，此舉實際上影響了戰國初期魏文侯主導整理編寫的《周官》一書，爲其提供了豐富的參考資料。筆者認爲，所謂"作執秩以正其官"，就是上下有序，排列規整，設官置職，等差有別。所以，從魏文侯時期編寫而成的《周官》一書的許多内容看來，其"六官"架構既導源於《尚書·周官》的"六卿"職官制度，同時亦結合春秋時期晉文公所進行的軍政制度改革内容，以及其後在晉國繼續稱霸北方期間正式建置的"六卿"職官制度，是在這些官制的基礎上整理編寫而成的（按：有關此一問題，下文將詳細論述）。因爲魏爲畢公高之後，與晉及周室皆爲姬姓；且戰國初期諸國中，以魏之國力最盛，而魏文侯頗有繼周繼晉之志。他既尊重周王室，又能團結三晉，即位之後，重視經濟、軍事方面的改革，在政治文化上，又尊儒好古，求賢若渴，因此文治武功，皆有成就，在戰國初期的歷史上確曾稱霸一時。其欲挾天子以令諸侯，并假藉《周官》之名義以統一天下，便成爲完全可能的事。其時他既有政治與軍事上的實力，而又修文稽古，尤其對儒家經學特別傾心。同時，魏文侯禮賢下士，令儒家學者聞風歸附。所以他既有修成《周官》的動機，又有爭霸天下之志，同時與周王室還有血親關係而得以參考自西周以來的王室秘典，復繼承了自晉文公以來有關"六官"職官制度的文獻資料，因而具備了整理編纂《周官》成書的人力、物力等一切基本條件。尤其重要者，筆者認爲，魏文侯還擁有晉文公所缺少的三個重要條件：其一，晉文公在位僅九年（前636—前628年在位）而卒，期間以武功稱霸，未遑文治；而魏文侯在位五十年，文治武功皆盛，有足夠的時間完成《周官》一書。其二，史書并無關於晉文公尊儒好學的記載，而魏文侯則以"尊儒好古"聞名於世，所以他有興趣和動機主導整理編寫完成《周官》一書。其三，晉文公身邊只有武將謀士，而魏文侯身邊除了武將謀士外，還有以子夏爲首的西河學派作爲寫作班子，輔助其整理并完成《周官》一書的編寫。而歷史事實證明，魏文侯的確擁有《周官》一書。蓋此書於魏亡後散佚，其中明載爲魏文侯所擁有的《周官·春官·大宗伯》之《大司樂》一章，輾轉至於漢初，由樂人竇公獻之於漢文帝。這是一個重要的歷史證據，已如前述。

然而，在過去二千年來，有關《周禮》一書之創始及成書年代，尤其究竟成於何人之手的問題，引起古今學者的激烈爭論甚劇。比如有的稱其出自周公之手筆。如賈公彥在《序〈周禮〉廢興》一文中：

"唯有鄭玄遍覽群經，知《周禮》乃周公致太平之迹，故能答臨碩之論難，使《周禮》義得條通。"

但是，後世却有學者認爲《周禮》一書乃出於王莽指使劉歆"造假"，此說始於宋代胡安國、胡宏父子。及後同朝之包恢著《六官疑辨》，對《周禮》大加指謫。朱彝尊《經義考》引學者兼詞人劉克莊贊同包說："《周禮》一書用於新室，再用於後周，三用於熙寧，皆爲天下之禍。"[2]

筆者認爲上述南宋學者之所以疑《周禮》且批《周禮》，主要是針對宋神宗熙寧年間任用王安石推行新政實行變法之事，而王安石藉以推行新政的理論根據，正是這本《周禮》。王氏且撰《周官新義》一書[3]，對《周禮》某些相關的內容進行新的詮釋，以配合其變法的需要。及後熙寧新政失敗，王安石及其《周官新義》即被大加撻伐，從而也禍及《周禮》一書，致使該書乃王莽唆使劉歆僞作之說，在宋代大行其道，甚囂塵上。而去宋八百年後，清季康有爲在所著《周官證僞》及《新學僞經考》中，爲政治的需要而在《周禮》一書的真僞問題上大作文章，更將宋儒的"劉歆僞作說"發揮至極致。

然而，早在宋代，在對待《周禮》一書的真僞問題上，學者如北宋之程顥與南宋之朱熹，既不肯定《周禮》乃出自周公之手筆，但顯然也不完全贊同當時大行其道的"劉歆僞作說"。如《二程集》記載程顥所言，云：

"《周禮》不全是周公之禮法，亦有後世隨時添入者，亦有漢儒撰入者。"

至於朱熹則云：

"《周禮》畢竟出於一家。謂是周公親筆做成，固不可，然大綱却是周公的意思。某所疑者，但恐周公立下此法，却不曾行得盡。……恐是當時作成此書，見設官太多，遂不用，亦如《唐六典》今存，唐時元不曾用。"⁽⁴⁾

上述程、朱二說，後世謂之爲"調停說"。⁽⁵⁾

自乾嘉之後至清季，毛奇齡、皮錫瑞等學者對經學的研究甚有成果，對包括《周禮》在内的《三禮》尤有心得，所論頗有可采之處。

近年楊天宇先生《鄭玄三禮注研究》一書旁徵博引，包羅備至。該書論述三禮，其中有《〈周禮〉的成書時代與真僞》一篇，論證頗爲周詳。内中云：

"經過近現代許多學者的研究，周公作《周禮》說及劉歆僞造說，大體上已經沒有人相信了，而調停說是建立在前者基礎上的，自然也不可信。但《周禮》究竟成書於何時，至今也還沒有定論。"⁽⁶⁾

彭林先生於二十年前所著《周禮主體思想與成書年代研究》一書，網羅宏富，論說周詳，對古今中外有關《周禮》成書年代研究的相關論著引述甚多，并加以概括歸納，古今大概有六說。兹簡述如下：

1. 《周禮》爲周公手作。如漢代學者劉歆、鄭玄等，即持此說。
2. 作於西周。如林泰輔（日本）、蒙文通、陳漢平等學者，即持此說。
3. 作於春秋。如劉起釪、金景芳等學者，即持此說。
4. 作於戰國。此說始於東漢經師何休（按：說見本文前述），漢儒張禹、包咸從其說。清儒崔述、皮錫瑞，近世學者錢穆、郭沫若、顧頡剛、范文瀾、楊向奎等均持此說，成爲目前學術界最有影響的說法。
5. 作於周秦之際。清儒毛奇齡，近世學者梁啓超、魏了翁、胡適、陳連慶、史景成、池田溫（日本）等，皆持此說。
6. 劉歆僞造。宋代學者胡安國、胡宏父子及包恢均持此說，清季康有爲則爲此說之集大成者。

而彭林先生則在其業師趙光賢先生的支持下，獨持《周禮》成書於漢初一說。他在書中認爲：

"《周禮》成書於漢初"，"《周禮》一書的作者當是與賈誼同時代的人"，"《周禮》成書的下限，當不得晚於文景之世"。[7]

但楊天宇先生并不同意彭林先生的"漢初説"。楊先生指出：

"持漢初説者，則對於《周禮》中的畿服制和王權分封制與大一統的漢代所實行的中央集權制的矛盾很難作出令人滿意的解釋，且《周禮》所設計的職官系統與漢代的官制也根本不類，如果《周禮》的作者是漢人而以漢代的情況爲背景來設計的建國規劃，怎麼可能搞出這樣一套同現實制度如此大相徑庭的東西來呢？且漢初天下統一，制度已定（儘管還不完備），哪裏還需要什麼人出來再設計一套建國綱領或規劃之類的東西呢？大凡一種思想，一種規劃，或一種制度，都是因時代的某種需要而產生的，否則就只能如無本之木、無源之水，没有產生的可能。因此能夠產生出像《周禮》這種作品的時代，決不可能在天下一統的秦漢時代。"[8]

從上可知，在《周禮》的成書年代問題上，楊天宇先生顯然否定了彭林先生的"漢初説"，認爲彭説難以解釋《周禮》中的王權分封制與漢代中央集權制之間的矛盾，并指出"且《周禮》所設計的職官系統與漢代的官制也根本不類"。

筆者也認爲彭林先生的"漢初説"不能成立。但對於楊天宇先生持以反對彭説的部分觀點和論據，却認爲并不正確。比如楊先生説"對於《周禮》中的畿服制和王權分封制與大一統的漢代所實行的中央集權制的矛盾很難作出令人滿意的解釋"，即指《周禮》中的王權分封制與漢初大一統的中央集權制有矛盾，這種説法顯然與史實不相符合。

筆者認爲漢初實行的是郡縣制與分封制并行的政治雙軌制。郡縣制乃沿襲自秦制。誠如司馬遷在《史記·禮書》所言：

"至於高祖，光有四海，叔孫通頗有所增益減損，大抵皆襲秦故，自天子稱號，下至佐僚，及宮室、官名，少所變改。"

在拙作《漢代禮治的建立及其對後世的影響》一文中，筆者曾指出：

"秦漢制度之承襲，最重要有如下三方面：一、繼承了秦朝封建大一統的專制帝制政體；二、郡縣制；三、職官制，以及與此相應的禮儀制度。此外，還沿襲了秦代社會的禮俗"[9]

但是，在同文中，筆者也指出漢初吸取秦"不立尺土之封"而招致敗亡的教訓，於是實行王權分封制，内中云：

"在憲章大政上，漢并没有完全沿襲秦制。'秦以爲周制微弱，終爲諸侯所喪，故不立尺土之封，分天下爲郡縣。'⁽¹⁰⁾而漢則'懲戒亡秦孤立之敗，於是剖裂疆土，立二等之爵。功臣侯者百有餘邑，尊王子弟大啓九國'。⁽¹¹⁾如此巨大之分别，説'漢承秦制'并不十分準確。"⁽¹²⁾

從漢代第一手的文獻典籍《史記》《漢書》的史料可知，漢初采用政治雙軌制的制度：既采用秦的郡縣制，同時實行西周的分封制，不僅分封諸子爲王，而且大封异姓王。《史記·惠景間侯者年表》明載："昔高祖定天下，功臣非同姓疆土而王者八國。"可見漢初事實上推行的是郡縣與裂土分封并行的政治雙軌制，而并非像楊先生所説的中央集權制，因爲既裂土分封就勢必影響中央集權。且從職官制度而言，則漢初顯然沿襲了秦的官制。因爲《史記》明明說漢初"……大抵皆襲秦故，……官名少所變改"。所以，筆者認爲漢初的職官乃脱胎於秦官而非周官，所以漢初根本不存在編寫《周官》的動機，亦没有這一方面的歷史記載。

同時，筆者之所以不贊同"漢初説"的原因，主要還在於其研究方法值得商榷。因爲按照彭林先生自己的説法，其所撰《周禮主體思想與成書年代研究》一書，從《周禮》所藴含思想體系入手，因而判定其由儒、法、陰陽、五行四家思想融爲一體，在《吕覽》之後。同時指出：文、景之時，黄、老盛行，但此書無黄、老痕迹。因此，彭林先生推定此書成於西漢之初，并指出《周禮》一書的作者與賈誼同爲文景之世的人。

實事求是而言，彭林先生的大作《周禮主體思想與成書年代研究》一書，以其另闢蹊徑，從《周禮》所藴含思想体系的角度加以闡發，涉及甚廣，多所發揮。就此而論，這無疑是對《周禮》研究的一大貢獻。但問題在於，從"思想"的角度來研究《周禮》一書的成書年代，則似乎與《周禮》一書的内容主旨相距甚遠。蓋該書之主要内容，是專講職官制度及相關禮制。因此，研究此書之成書年代，若從"思想"入手，則易流於務虚，難以得出正確結論。筆者認爲，只有從"官制"及"禮制"入手，始能貼近該書内容，較爲務實。另一方面，彭林先生說《周禮》的作者與賈誼是同時代人。但賈誼所處的西漢時期，由於朝野各種矛盾交集而導致民生凋敝、人心不安，因而士大夫階層對漢初以來所推行的"漢承秦制"的國策進行了空前的大辯論，并對秦制進行極爲激烈的抨擊，反對再加因循。所以，賈誼之時，實際上亦是一個醖釀着治國理念大變革的時代。比如賈誼本人就曾向漢文帝上奏《過秦論》及《陳政事疏》，對秦之暴政大加抨擊。但就其内容而論，主要涉及的是治國理念及治國方法的問題，而没有觸及包括秦的郡縣制及職官制度等問題。比如賈誼在《過秦論》中指出：

> "秦王懷貪鄙之心，行自奮之智，不信功臣，不親士民，廢王道，而立私愛，禁文書而酷刑法，先詐力而後仁義，以暴虐爲天下始。……二世受之，因而不改，暴虐以重禍。子嬰孤立無親，危弱無輔。三主之惑終身不悟，亡不亦宜乎！"

所以，賈誼在《過秦論》中，主要是批判秦以暴力手段奪取天下，也以暴力和嚴刑酷法治天下，最終導致二世而亡。顯然，其中心主旨是指治國理念的問題。

賈誼在《陳政事疏》中，同樣指出：

> "秦滅四維而不張，故君臣乖亂，六親殃戮，奸人并起，萬民離叛，凡十三歲而社稷爲虛。今四維猶未備也，故奸人幾幸，而眾心疑惑。"

顯而易見，賈誼此《疏》之中心點，實在於強調"四維"乃立國之根本。而國之"四維"，指禮、義、廉、耻。此乃《管子》之所言。儒家歷來提倡以禮治國，故賈誼特別在《疏》中建議采用禮治取代秦律之嚴刑酷法，云：

> "豈如今定經制，令君君臣臣，上下有差；父子六親，各得其宜。……以禮義治之者積禮義；以刑罰治之者積刑罰。刑罰積而民怨背，禮義積而民和親。……秦王置天下於法令刑罰，德澤亡……而怨毒盈於世，下憎惡之如仇，禍幾及身，子孫誅絕，此天下之所共見也。"

從上述可知，賈誼在《過秦論》和《陳政事疏》中，其中心思想可歸結爲一條，那就是漢皇朝在嚴酷的歷史教訓和政治現實面前，在治國理念方面，究竟是要實施儒家禮治，還是仍然沿用秦律的嚴刑酷法？——可見在賈誼所處的時代，朝野所爭論的是治國理念的問題，而不是行政體制和職官制度的問題。揆之歷史事實，亦證明漢初所承襲之秦制，至文景之世仍沿用不替者，除郡縣制外，還有職官制度中的二十等爵和其他許多官名。因此，歷史事實證明，漢初的文景之世，根本就沒有大規模地改變職官制度，因而亦不存在產生《周禮》亦即《周官》一書的歷史環境和條件。所以，彭林先生的"漢初説"，顯然難以成立。

至於楊天宇先生個人則傾向於《周禮》一書成書於戰國時代。其於書中説：

> "就個人的看法而言，第一，我比較傾向於成書於戰國説。像《周禮》這樣的建國規模，只有在戰國那樣有統一希望和統一要求的時代背景下才有可能被制定出來。……"[13]

楊先生幷引用顧頡剛、錢穆、楊向奎、蔣伯潛等學者之論，以證其説。同時，楊天宇先生還認爲：《周禮》中以充作冬官之《考工記》，"實亦戰國時人所作"。其根據是《南齊書·文惠太子傳》中的一條材料，證實了南齊時從襄陽楚王墓出土的《考工記》是用科斗書寫成的。幷引用李學勤先生的論點，説：

"所謂科斗書，李學勤先生説，是'春秋戰國之際毛筆手寫的文字'，'其特點是筆劃中肥末鋭，形似蝌蚪'[14]。因此科斗書《考工記》的發現，正是《考工記》作於秦以前的一個有力的證據。"[15]

筆者認爲，李學勤先生上述考證無疑是正確的。然而，楊天宇先生藉之證明《周禮》中之《考工記》作於"秦以前"，目的是爲了駁斥彭林先生之"漢初説"，幷堅持他自己所認同的"戰國説"。顯然，目前學界似乎以"戰國説"占上風。

但筆者認爲，若簡單地以"戰國説"來涵蓋整個戰國時期，則較爲籠統。因爲所謂"戰國"還需分期，究竟是初期還是中後期？此中大有分別。至於"戰國"究指何國？這一點亦關係甚大。此緣於持"戰國説"的多數學者大都認爲，《周官》乃成於戰國中葉齊人之手。其中持此説者，尤以顧頡剛、楊向奎二先生爲代表。如顧頡剛先生即認爲：

"《周官》我敢斷定是齊國人所作，但今本《周官》是否即齊國的原本，我却不敢斷定。"[16]

而楊向奎先生則説：

"我向來認爲《周禮》是齊人編成，他們根據西周文獻及齊國當時制度加以理想化而成書。"[17]

其實，認爲《周禮》一書成於戰國齊人之説，應與以前有些學者認爲其中的《考工記》爲齊人所作有關。如清人江永就認爲《考工記》乃戰國時期齊人作品，郭沫若先生則認爲是春秋末年齊人所作，而學者楊寬先生於所著《戰國史》中則認爲《考工記》應爲戰國初年齊人著作。——對於古今諸家論説，筆者認爲都值得商榷。

筆者認爲，《周官》亦即《周禮》一書不可能成書於戰國中期，同時亦絶非出於齊人之手。這是因爲《周禮》乃官書，而且該書所述龐大的職官系統和大量官名，都顯示其與周王室的職官系統及相關的文獻資料有千絲萬縷的關係，有關這一點，西周金文的大量職官名稱可資印證[18]。而《周禮》一書涉及國家的制度和眾多的官方機構及職官名稱，其結構之龐大及内容之豐富，顯示此官書的編寫，其決策及成書的過程必定是國家行爲，而不可能出於一般民間學者之手。同時，決定編寫及輯成此書的侯國國君，亦必定與周王室有十分密切的關係，否則便不會以"周官"名書；而且當時其國力顯然亦應非常强盛，有睥睨群雄之慨，并有利用周王室的名義稱霸天下的企圖和謀劃，否則便無法解釋其大費周章編成《周官》一書的動機和目的。

因此，筆者并不認同顧頡剛、楊向奎等學者所主張的《周禮》爲戰國中期齊人編寫之説。正如筆者於前文所述，齊於戰國已爲田氏所篡，其與周王室的關係甚遠，已不及齊桓公小白在意太公之齊與姬周王室有姻親之誼，因田齊本身與周王室毫無關係。雖然，至戰國中期齊宣王、齊威王以賢人政治而令齊國稱雄一時，但其時大部分侯國固已稱王，至此，周王室的名義已毫無利用價值，齊國根本就没有作《周禮》的動機與目的。而事實上，正因爲戰國時期齊國根本就没有編寫《周禮》這樣的官書，所以顧頡剛、楊向奎二位先生的著作都没能明確考證出《周禮》究竟於戰國時由齊國何朝之國君主導編寫成書的，只籠統地説該書出於齊國法家人物之手。而大家須知，要編纂像《周禮》這種涉及大規模職官制度的官書（按：它實質上亦是一部禮書），若非國君的提倡和主導，根本不足以成事。而顧頡剛先生之所以斷言《周禮》一書出於法家之手，是因爲該書的内容有類於《管子》的地方，因此不僅斷定《周禮》一書爲齊人所作，且因《管子》爲法家著作，故亦認定《周禮》亦即《周官》一書同樣是法家的著作。其結論云：

"至於全書，它是法家的著作，和西漢的儒家思想絶不相同，而迂拘的儒家也一定没有這般大的氣魄建起這個龐大帝國組織的大系統來。……《周官》和《管子》的文辭雖有參差，而其中心思想則同是組織人民，充實府庫，以求達到統一寰宇的目的，由此可以猜測它出於齊國以及别國的法家，跟周公和儒家根本不發生關係。它上面可以聯繫到齊宣王立稷下之學、燕昭王爲郭隗築黄金臺、秦孝公尊顯商鞅等等戰國時代的史事，下面則可以聯繫到王莽的托古改制。"[19]

顯然，顧頡剛先生一方面説《周官》是出於齊國的法家著作；另一方面，他又説《周官》成書年代的上限在戰國齊宣王（前319—前301在位，屬戰國中後期）時，而下限則至西漢末王莽的托古改制。如此，在《周官》成書的年代問題上，則其不僅持"戰國説"，同時還包含"劉歆僞造説"。而且，他既説《周官》中有齊宣王時之史事，同時又涵蓋燕昭王和秦孝公時的史事。如此一來，其論證在邏輯上便顯得缺乏條貫與綿密，而顯得零散與混亂。而筆者尤須指出者，《周官》是一部講職官制度的專書。其全書分"六官"諸部，各有主官，其職責主要在輔弼王；而主官轄下諸官吏，又各有隸屬。如此上下有序，尊卑有別，各司其職，逐層向上級主官負責；而最高一層，所尊者，王也。所以，此中有尊卑，有制度，有級別，有秩序，完全符合周禮"尊尊"之義。因此，筆者認爲《周官》全書從頭到尾，都充滿了儒家禮治的精神。何況在《周官》之"六官"中，還獨闢《春官大宗伯》一章，主官宗伯屬下，有龐大的禮官、樂官隊伍。而該章專講禮樂之事，成爲《周官》的主要内容之一。此乃對禮學稍有認識者所共知。歷代學者大多認爲《周官》是一部禮書，它在漢代之所以被改名爲《周禮》，是并非無因的。遺憾的是，顧頡剛先生不重視儒家禮學，因此忽略了上述這些非常重要的基本事實，從而得出《周官》乃法家著作、"跟周公及儒家根本不發生關係"的錯誤結論。

楊向奎先生對《周官》成書的看法雖與顧頡剛先生略有不同，但在認爲《周官》成書於齊國法家之手這一點上，二位的看法却基本一致。如楊向奎先生在其結論中如是說：

"《周禮》雖然近於雜家的作品，然而也有它的中心思想，是一部重視刑法而有儒家氣息的書，因此有人以爲出於荀子學派，這雖然有待證明，它出於齊國有儒家氣息的法家是可以肯定的。總結以上的論述，《周禮》可能是一部戰國中葉左右齊國的書。"[20]

顧頡剛先生説《周官》與儒家根本不發生關係，而楊向奎先生却説它有儒家氣息，這是他們的看法稍異之處。而他們所同者，就是皆認爲《周官》出於齊國法家之手。其説之誤，筆者前文已有論述。至於他們認爲成書於戰國中期之説，亦根本不能成立。衆所周知，戰國初期，魏之國力最盛；中期之後，秦已傲視群雄。公元前337年秦國稱王（按：即秦惠文王）時，楚、韓、趙、蜀諸國皆赴秦朝見，翌歲連周天子都向秦惠文王致賀，可見秦之豪雄已不可一世。公元前311年（秦惠文王更元十四年）張儀爲秦破諸侯連横之局，乃説之於楚懷王，曰：

"秦地半天下，兵敵四國，被山帶河，四塞以爲固；虎賁之士百餘萬，車千乘，騎萬匹；粟如丘山；法令既明，士卒安難樂死；主嚴以明，將知以武，雖無出兵甲，席捲常山之險，折天下之脊，天下後服者先亡。"[21]

張儀當然對楚懷王有恐嚇的成分，但他説的亦是事實。其時秦已據有天下之半，且兵精糧足，大有橫掃六合之勢，中國實際上已處於統一的前夜。此時六國已自顧不暇，各國爲自身的安危已惶惶不可終日，更不必侈言編寫像《周官》這種事涉大一統的官書了。故一言以蔽之，整個戰國時期，齊國無論官方或民間，根本就沒有編纂《周官》一書的動機、能力和條件。故顧頡剛先生、楊向奎先生等學者說《周官》成書於戰國中期齊國法家之手，顯然昧於其時之歷史大勢而作出誤判。

那麼，拙撰《〈周禮〉制度淵源與成書年代新考》一書在研究方法上，究竟與古今學者的研究，又有什麼不同呢？

首先，筆者認為，既然《周官》亦即《周禮》是一本關於兩周時期尤其是西周盛世職官制度的專書，因此在研究其制度淵源上，就必須從西周和春秋戰國時期相關的人物史事及文獻典籍入手加以研究，尤其必須以周公踐阼稱王東征平亂之後，制禮樂，作《周官》(即《尚書·周官》) 以定官序，建立以"六卿"為主體的西周職官制度這一段歷史作為考證的重點，這是全書的關鍵所在。蓋周公所建立的西周"六卿"制度，上承夏、商之官制，下啟成書於戰國初《周官》一書的"六官"體系。筆者之所以有上述的結論，是因為在研究西周官制及名稱的過程中，發現周公所作的《周官》中的"六卿"制度，不僅與堯、舜以來至夏、商二朝職官的官制與名稱，有極為密切的歷史淵源，而且亦成為戰國初魏文侯時期編成的《周官》一書"六官"制度的依據。而這一方面，恰好為古今許多《周禮》的研究者所忽略，這或許正是他們的研究結論不能成立的主要原因。因為做歷史研究，知本源最為重要。如果在這一問題的研究上，既缺乏中國職官制度史的整體觀念，又不知《周禮》的"六官"制度之本源，那麼要得出合乎歷史事實的結論，是難乎其難的。

那麼，《周官》亦即《周禮》一書所載職官制度的內容，究竟與堯舜及夏、商、周三代以來的古制有何淵源呢？

首先，《周官》一書所述雖為兩周之職官制度，但溯其源流，筆者認為則離不開自堯舜時代及夏、商二朝以來職官制度及名稱的影響。尤其以之與先秦文獻典籍及甲骨、金文出現的職官制度、名稱相比較，就不難發現，自堯舜至夏、商、周三代的官制及名稱，彼此之間有着一脈相承的沿襲關係。這一方面，在《周官》一書中亦得到充分的反映。故筆者認為，《周官》亦即《周禮》一書有關官制的內容，顯然是中國古代職官制度史的有機組成部分；但就其在官制的主體架構及名稱而論，則無疑是對《尚書·周官》的直接繼承和發展。根據筆者對《尚書》和《逸周書》有關篇什的考證，發現《周官》一書在職官制度的內容及名稱方面，與周公制周禮的觀念存在着千絲萬縷的關係；而全書的主旨，亦受到文王、周公禮治思想的影響。筆者認為，《周官》一書非成於周公之時，亦非出自周公之手，但卻絕不能說其在官制及禮制的淵源上與周公毫無關係。為厘清此一問題，筆者乃對殷周之際的歷史，尤其對克殷前後姬周王朝的歷史演變和周初的禮制政治與周公所發揮的重大歷史作用，以及周公制周禮的具體內容等，進行較為全面及詳細的考證，以闡明《周官》一書的內容及禮治思想等方面，與周公時期所制的官制、禮制有深厚的歷史淵源。其中一個最重要的證據就是，戰國初魏文侯時期完成的《周官》一書中的"六官"體系，顯然是在周公作《周官》爲西周王朝設置"六卿"制度的基礎上建立起來的。因爲《尚書·周官》的"六卿"爲：冢宰、司徒、宗伯、司馬、司寇、司空，而《周官》一書的"六官"爲：天官冢宰、地官司徒、春官宗伯、夏官司馬、秋官司寇、冬官司工（按：以《考工記》代之）。從上可知，兩者之間確實有極爲明顯的承襲關係；而後者甚至連"周官"一名，亦本於周公所作。因此，可以說，如果沒有周公《周官》中的"六卿"，便沒有魏文侯《周官》一書的"六官"。而衆所周知，在中國古代職官制度史上，"六卿"制度，按禮制是王制。所以，如果不解決周公稱王的問題，便無以解答周公發布《大誥》以東征、制禮作樂和作《周官》以定"六卿"官制等問題，後世魏文侯主導整理編寫《周官》的"六官"架構及其禮制思想便失去根據。所以，研究周公稱王及相關問題，便成爲本書必須解決的重點和主要内容之一。因爲這是涉及周禮制度淵源的重大問題。

至於筆者在前文的論述中，認爲若按應劭的說法，"六官"的觀念似乎與春秋時期晉文公以"被廬之法"所建立的三軍六卿制度有關係。但筆者認爲，以"六官"職官系統爲主要内容的《周官》一書，最後却是由戰國初期的魏文侯主導整理編寫而成的。筆者之所以得出上述結論，乃基於如下的理由，即主導編寫《周官》一書者，必須符合春秋戰國客觀形勢下的多項基本條件，始能成事。比如：

1.《周官》一書的"六官"職官制度及相關禮制乃王制，體系龐大，禮秩分明，其官制、官稱皆有所本，故斷非一般士大夫或民間學者所能爲。其主導者必爲一國之君，由其發起及組織編寫的《周官》乃爲官書。

2. 該國君必有統一天下之志，作《周官》乃爲達至此一目的作政治上的準備。

3. 該國君其時必具有天時、地利、人和的有利因素及相對強大的國力，因而得以稱雄於時。

4. 該國君必與周王室同爲姬姓血親，作《周官》的目的在於挾天子以令諸侯，以助其達至統一天下的目的。

5. 該國君在傳世的文獻典籍上，必留下與《周官》一書有緊密聯繫的歷史痕迹，或在職官制度上與《周禮》的"六官"體系有關聯。

6. 據《南齊書》記載，其時出土的《周官·冬官考工記》爲"科斗書"，而科斗書業經李學勤先生證其流行於春秋戰國。故主導編寫《周官》者應爲春秋戰國時人。同時，《周官》亦即《周禮》一書所述乃兩周職官制度及相關禮制，而筆者斷其成書的年代不在西周而在東周，主要還在於文字載體的問題。蓋《周官》一書四萬五千字，但西周青銅器銘文多爲數十字或數百字，少數長篇亦不超過千字。因此，限於時代條件，說此書成於周公或西周，必無可能；而東周之前的簡牘現代考古中則尚未發現。故可以斷言，只有在廣泛使用簡牘作爲書寫工具的春秋戰國時代，數萬字的《周官》始能成書。筆者認爲，配合簡牘及毛筆等書寫工具的使用，科斗書亦於春秋戰國之際應運而生，這并不是偶然的。

若按前述六項基本條件而言，本來晉文公與魏文侯一樣，亦具備了編成《周官》一書的大部分條件，如：

1. 晉文公重耳乃晉國國君，魏文侯爲魏國國君，他們都有絶對的權威主導編寫《周官》這部官書。

2. 晉文公繼齊桓公之後，高擎"尊王攘夷"的旗幟，顯然有繼周統一大卜之志，其以"被廬之法"作三軍六卿，東漢學者應劭認爲與"六官"架構有關係。而魏文侯於戰國初年雄霸中原，他有"繼周繼晉"之志，其作《周官》的目的，正是按圖籍以定王業，爲統一天下建立龐大的職官系統作政治上的準備。

3. 晉國位於中原腹地，東、西分別有太行、吕梁二山爲之屏障，北接北狄而得其奥援，有大量馬資源武裝軍隊、加强運輸及促進農業生産，故"國險而多馬"（按：見《左傳·昭公四年》晉平公語）乃晉國成爲强國的基本條件。兼之晉文公助周襄王復位，爲酬其勤王之功，周襄王賜其南陽陽樊、温、原、攢茅之田，所得皆爲河南地，遂令晉之幅員得以向中土擴張，此則得"地利"也；晉國被諸侯推爲盟主，稱霸北方二百餘年，此則爲"人和"也。所以，晉文公既有統一天下之心，又有與之相副的强大國力。而魏與韓、趙三家分晉，得其地利，再加上魏文侯雄才大略，即位之後，即西渡黄河以擊秦，占領西河戰略要地；繼而北伐鮮虞中山；并東征田齊，南抑强楚，從而成爲戰國初年雄霸中原的强國。

4. 晉爲周成王之弟唐叔虞之後，與周王室同爲姬姓血親。而魏爲周初畢公高之後，亦與周王室同爲姬周系統。

5. 晉文公乃春秋中前期人，魏文侯主政時期則爲戰國之初，這與《周官》（按：《南齊書》曾記載出土的《周官·冬官考工記》爲科斗書）作爲科斗書流行於春秋戰國時期的考證，在時間上可謂完全吻合。

6. 晉文公與魏文侯所處的春秋戰國時代已廣泛使用簡牘作爲書寫工具，從而具備了編寫長達數萬字的《周官》并令其撰成書稿的必要條件。

客觀而言，晉文公以"被廬之法"作執秩以正其官，建立"三軍六卿"制度，根據東漢應劭作注的説法，認爲此即"六官"。如果按照上面所列，晉文公本來亦似乎具備了編成類似《周官》一書那樣的基本條件。可惜他晚年始復國，在位時間既短，且傾其全力以武功争霸，未遑文治。因此，筆者認爲，《周官》一書并非成於晉文公之手。而文公之後，晉國雖以其强盛的國力繼續主導北方政治近二百年，而且在禮制與官制上續有深化發展。尤其至晉景公時，正式設置"六卿"職官制度。但隨着時間的推移，晉公室日漸衰微，晉之國政被衆多豪門勢族所把持，彼等勾心鬥角，互相吞并，既無助晉國統一天下之心，反而有乘機瓜分晉國之志。結果由魏、趙、韓三强鼎立而瓜分晉國。而晉文公當年以"被廬之法"作三軍六卿的職官制度，顯然爲在血緣上與晉公室及周王室同爲姬姓的魏國所繼承，而且其時主國政的魏文侯喜歡這些東西。從晉武帝太康年間於河南汲郡魏安釐王墓出土的竹簡經籍看來，顯示《周官》一書的確與上述冠以"周"字諸經籍有極爲密切的關係，因爲它們實質上同屬於周王室的文獻系統。而戰國初期的魏文侯與周王室同爲姬姓血親，故與"周"字號包括《周官》等經書典籍，顯然都有血緣和文化上的深厚淵源。尤其從汲郡魏王墓出土的《竹書紀年》，表明在歷史統緒的記載上，魏是直接繼周繼晉的。所以，筆者認爲，戰國初年的魏文侯，正是以尊周繼晉爲己任，同時亦出於爭霸的目的，故《周官》一書的編成，與他的關係最爲密切。因爲魏文侯除了大體具備上述六項基本條件外，他還修文好古，儒、法并重，而且在位長達五十年，特別還有子夏爲首的西河學派的輔助，因此有足夠的時間和條件主導編成《周官》一書。這是他優於晉文公之處。因此，筆者認爲，流傳至今的《周禮》亦即《周官》一書，其成書年代應在戰國初年，最終是由魏文侯主導整理編寫而成的。

尤須指出者，從《竹書紀年》的編寫體例，顯示魏以繼承夏、商、西周、晉之後的中原華夏政權爲正統而自居，筆者認爲，這一正統觀念正是來自戰國初年的魏文侯。蓋魏爲姬姓血親，與周王室及晉國同屬於姬周系統，尤其戰國初年魏文侯作爲中原霸主，爲三晉之首，所以魏以繼周繼晉自任，是合乎邏輯的。這一點尤爲重要。由於這個原因，戰國初期，魏文侯較爲尊重周王室，而"尊周"有助於以周王室的名義挾天子以令諸侯；亦由於這個原因，在三家分晉後，魏因與晉同屬於姬周系統，而晉於文公之後稱霸中原二百餘年，故魏文侯顯然亦欲挾晉之餘威以助其雄霸中原的大業；同樣亦基於這一原因，魏文侯時期顯然整理編寫了大量以"周"字冠名的經典圖籍，如晉武帝太康年間於河南汲郡發掘魏安釐王墓出土大量戰國魏簡中，就有《周易》《周書》《周食田法》等。因此，筆者認爲，同爲"周"字號的《周官》亦即《周禮》一書，顯然亦是在魏文侯時期整理編寫而成的。正是因爲此書是魏文侯命西河學派整理編成的，屬魏文侯所有，及至漢文帝時，其樂人竇公始將屬於魏文侯所有的《周官·大宗伯》之《大司樂》一章，獻於漢文帝。說明魏文侯是史書上提到的唯一與《周官》一書有關係的先秦歷史人物。

筆者作出《周官》成於魏文侯時期的結論，還基於一個重要的歷史因素：時勢。因爲時勢造英雄，時勢亦造成《周官》亦即《周禮》一書的整理和編成。儘管古今許多學者對其成書年代的研究結論千差萬別，但認爲《周禮》是一本有助於統一的書，這幾乎是學術界的共識。

必須指出，過去大部分人對魏文侯的認識，多數是從《禮記·樂記》中，瞭解有關他與子夏論樂的相關內容，知道他端冕而坐以聽古樂，則唯恐臥；但一聽新樂，則喜而忘倦。因而在許多人的印象中，都以爲魏文侯是一個喜新厭舊、貪圖享樂、毫無作爲的昏庸君主。其實，這種看法十分片面，是極大的誤解，與歷史事實并不相符。筆者經過深入研究，認爲歷史上的魏文侯，其實是一位雄才大略、文治武功皆足稱道的一代雄主。而戰國初年的歷史時勢,既造就了他的霸業,亦促成了《周官》一書的出現。爲什麽這樣説呢?

這是因爲戰國初期的大勢所趨,三家分晋後,以魏最强。魏又地處中原,得其地利。其時西面的秦尚未强大,且受内政困擾;而東面田氏篡齊之舉,尚未獲周王室及中原諸姬侯國的諒解;北面之燕則受鮮虞中山之侵擾,自顧不暇;南面則越方滅吴,其勢正盛,與楚形成兩雄對峙的局面,從而使楚國不能像春秋時期一樣,構成對中原侯國的重大威脅。於是,魏國得時、得勢、得人,在文侯的主導下,抓住戰機,果斷西渡黄河,發動對秦國的戰略行動,以十餘年的戰爭,占領秦西河七百里地,使其成爲魏國之戰略屏障,極大地增强魏之國力,并阻遏秦國東進中原六七十年之久。繼之魏文侯又北伐鮮虞,占領中山國;并東征田齊,南抑强楚,武功之盛,遂成稱霸中原之勢。於是周王室對其甚爲倚附,而魏文侯顯然亦有統一天下之志。所以,客觀而言,"時勢"造成了魏文侯成爲戰國初年的中原霸主,從而令其有按圖籍以定王業的動機。而六國國君中,魏文侯最爲尊儒好古。因此,在文治方面,他尊崇儒家禮樂,重文修史。筆者認爲,汲冢所出戰國竹書,實際上即在魏文侯時期編成的。蓋西晋太康年間於河南汲郡發掘戰國魏安釐王墓,出土數十車竹書。筆者前文引述的《竹書紀年》一書,就是其中的一部分。據《晋書·束皙傳》説,其中有《紀年》十三篇,内容"記夏以來至周幽王爲犬戎所滅,以事接之;三家分(晋),仍述魏事至安釐王之二十年。蓋魏國之史書,大略與《春秋》多相應"。[22]——蓋束皙親睹當年出土的《竹書紀年》原本,并參與整理該書。他説《紀年》所記年代起自夏朝,歷商、西周至幽王被犬戎所滅;春秋時期則以周王室及晋國之事接之;三家分晋後,則以魏紀年以述魏國之事,直至魏安釐王二十年(按:即前257年。魏安釐王在位三十四年。其薨後十八年,至其孫魏王假三年,即公元前225年,魏爲秦所滅)爲止。而《紀年》記魏事,正是從魏文侯開始的。説明魏國自文侯(前445—前396年在位)之後,確有繼周繼晋之志,以中國之正統自居。故在修史上,其《紀年》上承夏、商、西周及春秋時期晋國之歷史,下接戰國魏二百餘年之史事。説明自魏文侯之後,歷代魏國國君皆持此正統觀念,故累代相繼將魏國之史事編載《紀年》以相接。這一重要的歷史證據,從《竹書紀年》一書的内容可以看出。這亦足以説明魏國自文侯之後,確有重文修史的傳統。因此,筆者認爲《周官》一書顯然正是在這種歷史氛圍中,在魏文侯的主導下,由子夏爲首的西河學派整理編成的。而編纂此書的動機,目的正是有助於魏文侯其時稱霸中原、統一天下之大業。

可惜顧頡剛、楊向奎二先生都没能看到這一重要的歷史事實,而忽略了魏文侯在位五十年的文治武功,以及魏國在戰國初期所發揮的歷史作用。他們二位亦不重視周禮"親親"之義,因而在考證《周官》成書於何國何人之手的問題上,便造成捨本逐末。就先秦經典而言,無論是早已成書的《周易》《周書》以及《尚書》中的《周官》之篇，還是至戰國初期整理完善的《周官》(即《周禮》)一書，其所以突出"周"字，正是因爲這些經典著作無一不與"姬周"有直接的關係。而《周官》一書顯然與《周易》《周書》及《尚書·周官》一樣，必出自姬周血親之手。故筆者考證其乃成書於魏文侯的主要原因之一，正是因爲魏與周王室及晉同爲姬姓血親，他們都與"周"字有不可分割的關係，這合乎周禮"親親"之義。但齊國尤其後來竊國的田齊與姬周王室既非血親，與"周"字毫不沾邊，故田齊絕無作《周官》的可能。然而顧頡剛、楊向奎二先生及其他學者却誤以爲《周官》一書出於戰國齊人之手，這是他們忽略了周禮"親親"之義的緣故。筆者認爲，據戰國典籍《荀子·儒效》所言，周初大小封國七十一，姬姓五十三。因此，研究兩周歷史，若不重視周禮"親親"之義，往往是不得其要領的。

另一方面，《周官》成書時的簡文文字，與西晉太康年間從汲郡戰國魏王墓出土大量竹簡的文字風格，幾乎完全相同。汲郡戰國魏王墓出土七十餘車竹書中，除了《竹書紀年》外，還有《周易》《周書》《周食田法》及《穆天子傳》等，其簡文"漆書皆科斗字"。(23) 而據《南齊書·文惠太子傳》記載，《周官·冬官》之《考工記》，亦同樣爲科斗文所書。(24) 因此，筆者從李學勤先生認爲科斗書乃"春秋戰國之際毛筆手寫的文字"此一考證，(25) 既與春秋時期的晉文公相合，而魏文侯則處於與春秋相交之際的戰國初年，其時正是廣泛應用科斗文書寫於簡牘的年代，因而在時間上亦完全吻合。這是一個重要的歷史證據。同時，從汲郡戰國魏王墓出土的《周易》《周書》等經籍看來，說明在戰國時期，魏國確有保存及編纂儒家經典的傳統。而《周官》的主要內容是論述兩周職官和禮樂制度的官書，同屬儒家經典。因此，筆者認爲，《周官》成書於文侯之魏國，此亦爲有力之證據。

同時，魏文侯亦重視法治。公元前406年(魏文侯四十年)，他任用李悝爲相，主持變法。其變法的主要內容爲：廢除"世卿世禄"制；在職官制度上，論功行賞，舉賢選能；在土地制度上，實行重農政策，"盡地力之教"，鼓勵耕作，增加產量；在糧食分配的政策上，則行"平糴"之法，以平糧價；同時在吏治上實行賞罰分明的措施，以加強法治；而在軍事上，則建立常備"武卒"的制度。李悝還匯集各國刑典，著成《法經》六篇。(26) 所以，《周官》的內容中有重刑法的成分，并闢《秋官大司寇》一章以闡述之。正因爲《周官》有重法制的一面，遂導致顧頡剛、楊向奎二先生錯認其乃法家之書，這是很大的誤解。蓋儒家歷來主張禮、樂、刑、政并行不悖；而在職官制度上，主司刑法的"司寇"一官之設，亦由來已久。故《周官》一書的內容以禮治制度爲主體，并結合刑法，此乃儒家歷來主張的治國理念。而這亦符合當年魏文侯強國爭霸的政治韜略。尤其他在位五十年，有足夠的時間經營其夢寐以求的大業及主導編成并完善《周官》一書。而他所以要完成《周官》一書的目的，正是師晉文公當年之舊智，藉周王室的名義挾天子以令諸侯。因此，魏文侯在周王室及晉文公時期職官制度的基礎上，主導編寫并完成《周官》一書，以冀配合魏國未來統一天下之霸業。他這樣做，有非常充足的理由，亦符合歷史事實。而且據《漢書・藝文志》的記載，在先秦所有的歷史人物中，只有魏文侯一人與《周官》一書發生直接的關係，這絕不是偶然的。故筆者認爲，《周官》一書之成，必須具備得時、得地、得人以及其他歷史條件的配合，始克有濟。而筆者細考先秦各國之人物史事，認爲戰國時期既與姬周王室有血緣關係，又有動機、有能力做成此事者，唯魏文侯一人。至於《周官》一書的主要內容，筆者則認爲絕非一時、一國、一人所能獨就。其必經過漫長的歷史醞釀，是中國職官制度源流演變的結果。早者不論，商、西周時期的職官制度已非常成熟，甲骨、金文的大量官名所體現的職官制度，以及紙上文獻如《尚書・周官》等，可爲佐證；及平王東遷後的春秋時期，晉文公則以"被廬之法"立秩官、建三軍六卿，應劭認爲類於"六官"；至戰國初期，魏文侯出於爭霸的目的，在尊周繼晉觀念的主導下，在周、晉職官制度相關文獻的基礎上，結合魏國的政治、經濟和職官制度的實際情況以編成此書，希望有助於魏國的統一事業。最後，筆者認爲，若要編寫完成這本數達四萬五千字、內容包含兩周以來龐大職官系統及相關的禮樂制度的官書，如非長期經營，則斷不能成書。而魏文侯在位五十年，期間文治武功皆足稱道，於戰國初期國力最盛，既崇儒好古，師事孔子的門人子夏，又藉助以子夏爲首的西河學派衆多的人力資源，整理和編寫自西周以來的經典文獻；且魏文侯顯然又重法，故以李悝爲相，制《法經》，實行經濟制度改革。這與《周官》一書既重禮樂又重刑法的主旨，是基本一致的。另一方面，魏文侯與周王室同爲姬姓血親，其於戰國初年雄霸中原，且以"尊周繼晉"自任，有統一天下之志。故編寫完成有助於統一目的的《周官》一書，魏文侯不僅有動机、有能力，而且有足夠的時間，因而完全具備主導編成此書的一切條件。所以，筆者綜合上述的考證，從而得出《周官》最後成書於魏文侯年代的結論。而戰國的田齊與周王室既非血親，亦非姻親，與《周官》亦即《周禮》這種以"周"字行頭的官書或經典，田齊既沒有動機，亦沒有能力，而且以齊國的職官制度傳統而論，亦不可能編寫出像《周禮》以"六官"架構作爲提綱挈領的官書。因爲齊國的官制名稱與《周禮》的職官制度完全不同。有關這一點，筆者將於本書作進一步的論述。

在有關《周禮》一書的成書年代問題上，還有趙光賢先生等所持戰國時期并不存在《周禮》一書之説。早在二十世紀九十年代初，趙先生在爲彭林先生《〈周禮〉主體思想與成書年代研究》一書所作的《序》中就指出：

"戰國是百家爭鳴時期，當時如有這樣有組織、有條理，講周代官制的書，設官分職，細密如此，一定會震驚一世，爭相引用。事實乃正相反，先秦諸子不僅無人引用，甚至無人提及此書，豈非怪事。"[27]

趙光賢先生上述的論點無疑代表了學術界部分學者的看法。難怪彭林先生於1991年出版的《〈周禮〉主體思想與成書年代研究》中，有《周禮》成書於"西漢初"一說，顯然便受其業師趙光賢先生的影響，因爲趙先生認定戰國時期不可能有"這樣有組織、有條理，講周代職官的書，設官分職，細密如此"。

趙光賢先生之所以有上述的誤解，顯然是因爲他未能系統地考及先秦中國職官制度演變的歷史。其實，幾乎大部分作《周官》成書年代研究的學者，他們的相關撰作都缺乏對先秦職官制度源流的研究。而《周官》一書的形成，實際上卻離不開先秦時期中國職官制度的深刻影響。就源頭而言，帝舜時，中國的職官制度已初具"六卿"的雛形。受其影響，夏啓時已正式有"六卿"的官制。至商代，不僅繼承了夏之"六卿"，而且進一步發展了卿士制度，并以卿士冢宰百官；同時設太傅、太師、太保三公以輔王政；且由於職官日多，因此設卿事寮、太史寮以及內、外廷諸官。由甲骨文及紙上文獻研究的結果，證明商代的職官制度已非常成熟。[28]至西周，從《尚書·周官》中顯示姬周王朝幾乎全盤繼承商代職官制度架構；其後在此基礎上，增加了許多官員。據張亞初、劉雨所著《西周金文官制研究》一書所得，西周官名已達900多個，占《周禮》一書所包含職官名稱的四分之一。[29]說明其時職官制度之發達。及至春秋時期晉文公"作執秩以正其官"，在職官制度上顯得更加規整、細緻和綿密，使《周官》一書的"六官"系統，初具規模；至戰國初，文治武功皆足稱道的魏文侯主政五十年，在前代極其豐富的職官制度內容的基礎上，其主持而最後編成《周官》一書，便合乎歷史事實和歷史邏輯。

至於趙光賢先生說，在百家爭鳴的戰國時代，如果有《周官》這樣的書，必定震驚一世，然而先秦諸子著作卻無人提及。

但筆者認爲，這是因爲戰國初期魏文侯當政時，魏之國力甚盛，有傲視群雄之勢，其所以要編成《周官》一書，目的實欲利用周王室的名義，作爲爭霸爭天下之用。東漢大學者何休之所以說《周官》是"六國陰謀之書"，[30]其原因蓋在於此。而魏文侯編此書既有爲爭霸之用的目的，又有其挾天子以令諸侯的"陰謀"，故《周官》一書必爲魏公室所獨秘，而絕不可能在諸侯國中流行，故戰國時人無從得知，因而亦無人提及，這是不足爲奇的。及後的歷史事實證明，《周官》一書確爲魏文侯所獨具：至漢文帝時，其樂人竇公上獻《周官·春官大宗伯》中之《大司樂》一章。雖然《漢書·藝文志》在相關表述上存在爭議，但無論如何，至少證明魏文侯是歷史記載上唯一與《周官》一書有關係的人，[31]這是很能說明問題的。

有關《周官》亦即《周禮》制度淵源及其成書年代問題的研究，筆者因考慮到此書既爲官書，同時實際上亦是一部禮書，所以在研究其官制、禮制的形成上，便采取追本溯源之法，從堯舜時代開始，延及夏、商、周三代，而重點當然在兩周，以考索先秦中國官制及禮制歷史演變的大體過程，及其與《周禮》一書内容的關係；并結合漢後相關的歷史文獻和出土文物，進行較爲系統的歷史考證。而筆者向來認爲，人物是歷史的中心，没有人物便不足以構成歷史。因此拙書遂以人物史事爲主體，來論述《周官》的形成是如何受先秦中國官制和禮制相關歷史演變的影響的。其中姬周家族的發展和西周王朝的建立，及其職官制度在各個歷史階段的演變，對《周官》一書的形成，尤爲關鍵。蓋中國禮制文明之盛及禮治思想的形成，是在殷周之際及西周初年奠定的。在這一過程中，文王與周公是最重要的歷史人物。及後武王遵文王的遺訓伐紂，其崩後，周公踐阼稱王、東征平叛，并擴疆闢土，極大地開拓了西周王朝的版圖，爲姬周八百年之王業，奠定了緒業丕基。繼之周公遵文王的遺教制周禮，立政任官。在建立了西周禮制和官制及確立西周禮治思想之後，周公乃致政成王。故成王時西周之職官制度已極爲成熟，内容非常豐富，《尚書·周官》可爲之證。而筆者認爲，從《尚書·周官》所包含的西周官制，到戰國初年成書於魏文侯的《周官》一書所涵蓋的職官内容，與自舜帝開始并歷經夏、商二朝逐漸發展成熟的職官制度，是一脉相承的。凡此種種，徵之於文獻典籍及甲骨、金文資料，皆彰彰可考。所以，筆者視《周官》一書的"六官"體系爲先秦中國職官制度史的一部分。因爲在研究中，筆者發現，自舜帝設職任官，歷經夏、商、周三代的歷史演變，顯示先秦的中國職官制度史有源有流，有其相沿相襲的歷史軌跡。而筆者在以古史證《周官》的過程中，因其中涉及許多重要的人物史事，而歷史上相關的學術懸疑亦多，因此筆者於本書中亦連帶考論了中國歷史上不少重大的學術問題，頗有所得。

至於在《周官》成書年代問題的研究上，如果說《周官》并非成書於周公之手，這當然没有錯。但若按顧頡剛先生所說，此書"跟周公及儒家根本不發生關係"，則又與歷史事實完全不符。據筆者考證，戰國初年的魏文侯，正是出於周禮"親親"之義，而使《周官》一書得以編成。這實際上與當年文王的禮治思想以及周公制周禮以血親政治屏藩周室的策略，有密不可分的關係；而《周官》的"六官"中配以天地及春、夏、秋、冬四時，實際亦導源於文王"禮無時則不貴"的觀念。故筆者認爲，從源頭上來說，文王、周公實際上乃西周禮治思想和禮制、官制的締造者。然而，由於歷史上有關文王、周公是否稱王的問題，自古以來就爭論不休，至今許多人尚未解疑竇，或者不願承認其歷史事實。因此，如果不徹底解決這一問題，周禮形成的源流和許多史事便說不清，周公制禮作樂、作《尚書·周官》以定"六卿"職官制度的事便缺乏說服力。而周公制周禮的主要內容究竟是什麼，以及《周官》亦即《周禮》一書的"六官"究竟是否受到周公所作《尚書·周官》"六卿"的影響，凡此種種，首先便必須加以釐清。而研究的結果，筆者認爲，《周禮》一書雖非出自周公之手，但在《周禮》制度淵源上，却與周公有十分密切的關係。所以，這些方面，便是本書考述的重點之一。

總之，在研究方向和研究方法上，筆者認爲，對於《周禮》制度淵源以及相關史事的研究，必須從中國古代職官制度史的角度，并結合兩周禮制以及相關人物史事加以論析，只有緊緊把握這一至關重要的整體觀念，以冀從源頭上來考證并解决這些爭論已久的重大歷史問題，才能得出較爲确切的結論。

因此，在《周禮》亦即《周官》一書的成書年代問題上，筆者從上古"六卿"到《周禮》"六官"的制度淵源入手，溯其源，明其流，最後歸結到戰國初期的魏文侯身上。而筆者在研究過程中發現，在先秦漫長的歷史過程中，自堯舜及夏、商、周三代以來，歷代王朝在以"六卿"官制爲主體的中國古代職官制度上，有極其明顯的繼承關係和互相沿襲的歷史軌迹。可以説，如果没有《尚書·舜典》中帝舜所封的司空、司徒、后稷、士（即司寇）、工（即《周禮·冬官考工記》所本）、宗（即宗伯）的"六事之人"，便没有《尚書·甘誓》所載夏啓時代的"六卿"；若没有夏朝之"六卿"，就没有商朝之所謂"卿士"及"卿事寮"；若没有夏、商二朝的"六卿"和"卿士"及"卿事寮"制度，便没有周公作《尚书·周官》定官序，爲西周王朝所建立的"六卿"及"卿士"（即冢宰）、"卿事寮"等職官系統（按：這些官制可見諸《尚書·周官》和相關的西周金文資料）；若没有周公在"六卿"職官制度上承先啓後的作用，便没有春秋時期在東周王室失去作用的情况下，作爲姬姓系統的晉國置"六卿"以充王制，更没有戰國初期同爲姬姓的魏文侯雄霸中原之後，主導編成《周官》的"六官"體系。筆者上述的考證，可見上述歷朝官制的承襲關係，環環相扣，源流井然，從而構成了先秦中國職官制度史的整體觀念。故筆者認爲，若不明乎此，同時又不明周禮"親親"之義，則不足以論《周禮》的制度淵源及其成書年代。這也許正是古今衆多學者對此一問題論説甚多，而大多不得要領的原因所在。

最後，筆者的結論是：《周禮》亦即《周官》一書，乃成書於戰國初年的魏文侯。蓋其時魏文侯文治武功甚盛，并以"尊周繼晉"爲己任，有統一天下之志，遂在周王室所存西周以來職官制度相關文獻的基礎上，結合晉文公以"被廬之法"作六官的資料，在以子夏爲首的西河學派的輔助下，遂使《周官》一書，終於編成。至於兩漢年間對《周官》一書的收集和整理，以及新莽時期始由其國師劉歆將其改名爲《周禮》，至東漢爲鄭玄等學者所肯定，并進一步推動對《周禮》的研究，影響及於後世，遂使其流傳至今。凡此種種，本書亦將述及，此乃應有之義。

（2018年4月17日北京大學禮學研究中心爲拙著《〈周禮〉制度淵源與成書年代新考》一書舉行專題研討，本人應邀以此文在會上演講。）

[注]

（1）（30）賈公彥《周禮注疏》。

（2）朱彝尊《經義考》卷一百二十四《周禮五》。

（3）王安石《周官新義》，台灣商務印書館，1968年。

（4）《朱子語類》卷八十六《周禮·總論》。

（5）（6）（8）（13）（15）楊天宇《鄭玄三禮注研究》第五章《三禮概述》第一節之《〈周禮〉的成書時代與真僞》，天津人民出版社，2007年。

（7）彭林《〈周禮〉主體思想與成書年代研究》第七章第五節，中國社會科學出版社，1991年。

（9）（12）郭偉川《漢代禮治的建立及其對後世的影響》，載郭偉川著《儒家禮治與中國學術——史學與儒、道、釋三教論集》，北京圖書館出版社，2002年。

（10）《漢書·地理志》。

（11）《漢書·諸侯王表》。

（14）（25）李學勤《東周與秦代文明》第366頁，文物出版社，1984年。

（16）（19）顧頡剛《"周公制禮"的傳說和〈周官〉一書的出現》，《文史》第六輯第36頁，1979年。

（17）楊向奎《宗周社會與禮樂文明》，人民出版社，1992年。

（18）（29）可參張亞初、劉雨《西周金文官制研究》，中華書局，1986年。

（20）楊向奎《〈周禮〉的内容分析及其成書時代》，載《二十世紀中國禮學研究論集》，北京學苑出版社，1998年。

（21）《戰國策》。

（22）（23）《晋書·束皙傳》。

（24）《南齊書·文惠太子傳》。

（26）張習孔、田玨主編《中國歷史大事編年》，北京出版社，1992年。

（27）見趙光賢爲彭林《〈周禮〉主體思想與成書年代研究》一書所作的《序》，中國社會科學出版社，1991年。

（28）參閲張亞初《商代職官制度》，載《古文字研究》第十三輯，1986年6月。

（31）《漢書·藝文志》。

略談選堂先生倡導禮學研究與古史重建

選堂饒宗頤先生是世所公認的學術大師，文、史、哲、藝樣樣皆精，儒、道、釋之學俱皆涵蓋，貫通古今，融會中外。尤其開拓許多學術新域，倡導經學研究和古史重建，身體力行，建樹良多。茲就我個人從游的感悟和學術研究的體驗，略說二三事，以表述先生在學術上導夫先路和開拓新域的重大貢獻，以及在學術研究上對我的巨大影響。

一、選堂先生對二十多年來中國禮學研究的影響與推動

選堂先生對儒家禮學的研究着力甚早。1986年9月下旬，他應邀赴巴黎出席法國高等研究院宗教部成立百年紀念暨世界禮學研討會，其參會的論文題目爲《〈春秋左傳〉中之"禮經"及重要禮論》。先生在該文中指出：

"《春秋》所以稱得爲'禮義的大宗'，由於有關禮義的事例，《春秋·左傳》中揭櫫的資料甚爲豐富。通過《春秋》所揭示的合乎禮義和悖乎禮義的種種事例，可以取得明辨是非的效果，來作爲行爲的準則。"

又指出：

"禮的宇宙義充分說明禮是每個國家應該共同遵守的義法。所以齊、晋、鄭諸國的政治家都講禮。大家以周禮爲依據，因爲春秋尚是'尊王'的時代，一入戰國，六國均勢已成，王道便無從講了。法家、縱橫家橫行，禮也給撇開了。秦漢而後，鑒於'法'的制度隨着亡秦而崩潰，'禮'的需要，遂更加迫切。大

家覺悟到法施於已然之後,禮則禁於未然之前。如果能在未發生以前,先作自律、自反、自制、自治的步驟,可以撲滅錯誤於未萌,無論在個人、集團、社會任何方面,講禮是非常緊要的,禮學的發展在漢以後更加蓬勃,事實是出於時勢的要求的。"

最後,選堂先生特別指出:

"《春秋》中的'禮經',由制度儀式而發展到宇宙性'義法',除本身形成經學的一重要環節之外,對於後來的史學與文學,都有重要的影響。"[1]

先生此文對《春秋左傳》中有關"禮"的精闢論述和許多真知灼見,使我知道儒家禮學確實非常重要。

所以,我從事這方面的研究,乃直接受選堂先生的啓迪和影響。自此之後,我在這方面便有較爲深入的研究,用力頗多,并先後撰寫了《論〈史記〉的禮治思想——兼論"樂"與"仁"及大一統觀》[2]《漢代禮治的建立及其對後世的影響》[3]及《禮壞與不仁的朝代——略論朱明王朝敗亡的幾個遠因》[4]諸文。前篇載於中國歷史文獻研究會主編的學術刊物《歷史文獻研究》第7輯上,次篇被收進《第九屆秦漢史學術研討會論文集》中,後篇則刊於劉夢溪先生主編的《中國文化》上。及後,我又著有《儒家禮治與中國學術——史學與儒、道、釋三教論集》一書,蒙先生親自題簽賜序,先於1999年由香港容齋出版社出版,其修訂本於2002年再由北京圖書館出版社出版。所以,有關我對歷史上"禮治"問題的研究和討論,在學術界造成一定的影響。而追本溯源,我對禮學研究的一點小成果,實出於當年饒師的啓沃和導引。對此,我是念念不忘的。後來,我的另一本著作《兩周史論》一書,內中不少篇什亦涉及"禮治"的問題。當年蒙李學勤先生賜序,以其學術巨擘的眼光并專治過思想史,故所論極爲精闢,切中肯綮;又承其嘉言多所勉勵。其《序》中且引用我的原話,指出:

"郭偉川先生曾經自述:'饒師選堂先生對禮學之重要性,揭櫫甚早,且身體力行,著述宏富。尤其利用甲骨資料,撰成《殷禮提綱》,對中國上古制度史之研究,貢獻至巨。余之涉足禮學領域,實亦出自先生啓迪。'以'禮治文化'的研究貫穿《兩周史論》,正由此引申發展而來,無怪乎書中論說多有新見。"[5]

李學勤先生的引述,確是我的肺腑之言。因而學術界中人大都知道我從事禮學研究,乃出自選堂先生的啓迪。

而在中國禮學的研究和推動方面,有一件事不能不提,就是中國歷史文獻研究會禮學研究中心的成立。此事之緣起,有其淵源。原來,1990年11月,選堂先生與我應邀赴汕頭大學參加"中國歷史文獻研究會第11屆年會暨潮汕歷史文獻與文化學術討論會"。對於選堂先生的親自莅會,中國歷史文獻研究會會長、北京師範大學劉乃和教授在大會上特別指出:

"這次會議,有海內外著名學者饒宗頤老專家參加。饒老研究的方面廣:古代史、敦煌學、方志學、目錄學等等,我也數不清了。尤其是自青年時期就鑽研潮汕文化寫出多種撰著,可以說是著作等身,我們非常佩服。饒老的莅會,為會議增添了光彩,提高了質量。我們謹向饒老致意,表示我們崇敬的心情。"[6]

選堂先生應邀在大會作即席演講,其中指出:

"從潮汕文化歷史的角度來說,像此次集全國各地許多專家學者於一堂,以潮汕歷史文獻與文化學術作為專題進行討論,從而將潮汕歷史文獻與文化學術的研究提升至全國性的層次,這可說是潮汕文化歷史上的空前盛事。"

選堂先生并着重指出:

"有關潮汕歷史文獻和文化學術問題,海外與內地一樣,都要進行研究。"[7]

選堂先生的發言,獲得與會專家學者的熱烈掌聲。當時由我記錄整理,經先生過目,及後發表於拙編《國際潮訊》第13期上。至於我本人的參會論文,則為《韓愈貶潮前"潮人未知學"辨》,後來發表在《歷史文獻研究》第6輯上。而在此次會議期間,經周少川教授介紹,我亦正式成為中國歷史文獻研究會會員。這是選堂先生和我與該會及其主辦刊物《歷史文獻研究》結緣的開始。

此次中國歷史文獻研究會第11屆年會之所以選擇在汕頭大學舉行,并將潮汕歷史文化的研究作為大會的主題,其中牽綫的關鍵人物,是該會的秘書長、北京師範大學古籍研究所副教授、潮籍學者周少川先生,他是會長劉乃和教授的高足、著名國學大師陳援庵先生的再傳弟子(按:少川先生繼承師門治學嚴謹之風,學術著作甚富創見。後來在北師大古籍所任教授、博士生導師,并長期擔任中國歷史文獻研究會秘書長、副會長、會長,主編并改革《歷史文獻研究》,對該會貢獻甚巨),是他促成中國歷史文獻研究會第11屆年會在汕大召開的。少川先生對鄉賢饒宗頤教授精深的學問和道德文章早就非常敬仰,而此次汕大之會是他認識選堂先生的開始。及後於1994年9月上旬,在當時的全國政協委員、香港潮籍企業家趙漢鐘先生的贊助下,由全國美協、全國書協、中央美術學院、中國畫研究院、中國藝術研究院聯合主辦的"饒宗頤教授書畫展"在北京中國畫研究院舉行。其時全國政協主席李瑞環出席開幕式并仔細觀賞選堂先生的書畫作品。而同時舉行的有關先生的專題學術座談會，京華冠蓋雲集，出席者有季羨林、李學勤、馮其鏞、史樹青、劉乃和、劉勃舒等數十位名家大師和專家學者，可謂極一時之盛。其時我與少川兄都參加了此次座談會，親歷其盛況。在此期間，少川在我的陪同下，特別對選堂先生做了一次深入的學術訪談，并撰成《治史論學六十年——饒宗頤教授訪談錄》一文，刊登在北京著名的刊物《史學史研究》上。(8)及後，他又撰成《江山代有才人出——饒宗頤教授學術成就管窺》一文，(9)對選堂先生的學術成就做了全面深入的論析。2013年7月下旬，"饒學國際學術研討會"在韓山師範學院舉行，他又撰寫了《饒宗頤先生對潮汕歷史文獻的發掘與研究》一文，對選堂先生於潮汕地方史尤其在文獻學上所作的重大貢獻，有追本溯源的理論研究。而他應邀在大會的演講，闡述了饒學研究的重點應在總結選堂先生的學術思想上。真是空谷足音，十分精彩，給人留下極爲深刻的印象。至於中國歷史文獻研究會禮學研究中心成立的緣起，正是始於1994年9月我與少川兄在北京的一次叙晤和深談，當時在座還有另一位潮籍學者、北師大史學所陳其泰教授。由於其時我在趙漢鐘先生擁有的企業集團屬下的香港容齋出版社當總編輯，二位又知道我對儒家禮學有一些研究，而他們本身對禮學的重要性亦有深刻的認識，因此大家便商議在中國歷史文獻研究會屬下成立一個禮學研究中心。此事亦得到趙漢鐘先生的熱心贊助，使中心成立的事有了經濟上的支持。及後我將此事禀知選堂先生，他亦給予大力的支持，并應允擔任禮學研究中心的學術顧問。

　　1995年10月30日，中國歷史文獻研究會禮學研究中心在北京師範大學正式成立，由會長、歷史學家劉乃和教授兼任中心主任，張岱年、任繼愈、楊向奎、方克立、何兹全、劉家和等三十多位著名專家學者出席盛會，季羨林、李學勤二位先生爲成立儀式發了賀信、賀辭。上述這些名家大師，與選堂先生一樣，皆出任中心的學術顧問。而當年聘任我爲禮學研究中心研究員兼副主任的證書，是由劉乃和會長在大會上親自頒授的。選堂先生被聘爲學術顧問的證書，亦由我携回香港呈交。先生對禮學研究中心的工作非常支持，陳其泰、周少川與我三人合編的《二十世紀中國禮學研究論集》(10)一書書名，即由先生親自題簽；而先生有關禮學的兩篇著作《史與禮》及《〈春秋左傳〉中之"禮經"及重要禮論》亦被收入書中。而此書網羅宏富，編排合理，陳、周二位先生的工作功不可没；尤其少川兄從搜集資料到聯絡出版，勞績最著。至於拙作《論〈史記〉的禮治思想——兼論"樂"與"仁"及大一統觀》《漢代禮治的建立及其對後世的影響》以及《禮壞與不仁的朝代——略論朱明王朝敗亡的幾個遠因》三篇，則入選該書，編在"禮治"部分。而陳、周二位教授讓我撰寫該書序文。乃就個人對"禮"、禮治思想及禮學研究的相關問題，略抒己見，雖卑之無甚高論，然學術界中亦頗有認同者。而此書於十五年來學者對中國儒家禮學的研究顯然不無幫助。及至2012年4月初，我應邀赴北京參加在清華大學舉行的"首屆禮學國際學術研討會"時，許多與會的學者都向我提起《二十世紀中國禮學研究論集》這本書，可見其確實頗有影響。

2012年4月7日，清華大學中國禮學研究中心成立暨首屆禮學國際學術研討會的舉行，無疑是海內外學術界的盛事。清華大學的彭林教授長期從事儒家禮學的研究和教學工作，并經常在大衆媒體上現身説法，爲推廣禮學研究篤志力行，給人留下深刻的印象。此次他高擎禮學研究之大纛，在香港嘉禮堂張頌仁先生的支持下，與香港大學中文系主任單周堯教授，在清華大學聯合主辦了首屆禮學國際學術研討會。其時海內外專家學者雲集，會議開得十分成功。而此次禮學會議與選堂先生亦有密切的關係，彭林、單周堯、張頌仁三位先生在會議舉行之前曾拜候選堂先生，當面向他請益，得到先生高度的肯定和大力支持。而"清華大學中國禮學研究中心"的牌匾和"禮學國際學術研討會"的橫額，皆爲選堂先生揮筆親書。因此，在當日大會的揭幕儀式上，我親眼看到清華大學中國禮學研究中心主任彭林教授，指着選堂先生親書的牌匾，語重心長地對與會學者説："這是香港接近一百歲的國學大師饒宗頤先生的墨寶，寄托着他老人家對中國禮學研究的期盼，我們不能辜負他老人家的殷切期望。"（大意）

衆所周知，儒家禮學博大精深，是中華文明的重要象徵。大凡古今有國者求治之道，以及社會與家庭要達至和諧，皆不能外於"禮"。但是，回顧二十世紀百年的歷史，儒家禮學由於清封建專制政體的垮臺，而飽受新文化運動的衝擊，其時在一片"打倒孔家店"的時代風潮中，被視爲"吃人的禮教"而遭受口誅筆伐。然而，從二十世紀二三十年代起至五十年代之交，秉持中國文化傳統之學人堅信儒家經典不可偏廢，禮學有其補偏救弊的作用，所以對先秦典籍包括禮學亦陸續加以整理和研究。我與北師大陳其泰、周少川二教授合編的《二十世紀中國禮學研究論集》一書中，有相當一部分禮學著作就是出自當時許多名家大師之手筆。然而，二十上世紀下半葉，內地的禮學研究又消沉了幾十年，其時後生學者幾乎不知"禮學"爲何物！直至改革開放後幾年，少數老輩學者始重操舊業，然而整個八十年代有關禮學的撰作面世不多，實際上未形成影響。至於臺灣學術界多年來對中國傳統經術文化續有研究，很有成果；特別是在臺灣的孔府後人孔德成先生世襲"衍聖公"任祭祀官，因此對祭孔儀禮的保存和禮樂文化的研究持續不斷，尤爲難得。但因爲衆所周知的原因，大陸改革開放後，在二十世紀八十年代及九十年代，乃至廿一世紀之初的十餘年間，兩岸學術界根本未具備公開進行文化交流的條件，或者彼此之間很少進行深入的溝通，因此臺灣學術界的禮樂文化研究成果對內地顯然未能造成影響。比如世襲"衍聖公"的孔德成先生自遷臺至2008年去世爲止，迄未曾返回大陸。孔府祭祀大典中的禮樂及相關儀軌制度未能由其於曲阜親自宣講傳授，十分可惜！故實事求是地説，兩岸學術界進行這方面的學術交流，直至近年始較爲廣泛和深入。

因此，選堂先生在二十世紀八十年代便在香港提倡禮學研究，就顯得非常重要。他除了自己撰寫一系列非常重要的禮學研究著作（按：先生有關這方面的著作已編入《饒宗頤二十世紀學術文集》卷四《經術禮樂》一册）之外，還作了《禮與樂》[11]以及《史與禮》[12]的公開演講，大力倡導對禮學的研究。而香港與内地文化溝通便捷，而且選堂先生很早就與内地學術界有廣泛的學術交流。尤其先生在禮學研究上，不僅自己身體力行，努力踐履，而且還影響學生和其他人落力去做。故實事求是地説，從選堂先生提倡禮學研究開始，過去多年來受其直接或間接的影響，二十世紀九十年代北京中國歷史文獻研究會禮學研究中心的成立及《二十世紀中國禮學研究論集》一書的出版，對禮學研究的漸成風氣不無助力。而近年彭林先生對推動禮學研究不遺餘力，在昆仲嘉禮堂張頌仁先生的支持下，清華大學中國禮學研究中心的成立和一系列禮學國際研討會相繼之舉行，成果突出，影響很大。繼之浙江大學、中國人民大學、北京大學等都先後成立中國禮學研究中心，專門的禮學研究機構像雨後春笋般在著名學府成立，禮學且成爲一獨立之學科，遂一改過去近百年來學術界"廢禮"和"無禮"之暗淡局面，而呈現蓬勃的新興氣象。尤其北大禮學研究中心在吳飛教授的領導下，踏踏實實地推動禮學的研究和交流，已逐漸成爲海内外研究禮學的重鎮，大有後來居上之勢，這是值得學術界感到欣慰的事。

至於近三十年來中國禮學研究的逐步發展，此中的前因後果，許多方面實際上都與選堂先生直接或間接的影響有關。而此一過程大都爲我所親歷，故縷述如上，以存史實，并彰顯先生對推動中國禮學研究的貢獻。

二、選堂先生對牙璋文化的研究和古史的重建

牙璋（又稱石璋）實際上屬於玉文化的範疇，屬於禮器，因此與儒家禮學有十分密切的關係，是中國古代文明最重要的象徵之一。而選堂先生對這些方面的研究，都有重大的學術貢獻。

我認爲選堂先生對考古學上玉文化的研究和推動分兩方面：一是對重要禮器牙璋的研究并撰寫論文，同時由於他的影響和推動，海内外對牙璋的研究日益重視，前後兩次專門舉行的有關牙璋研究的國際學術會議，都與先生有密切的關係。二是結合國内外出土牙璋的分布，先生糾正了顧頡剛先生在疑古思想影響下古史地域觀念的錯誤，爲推進古史重建作出不可磨滅的貢獻。

有關選堂先生對牙璋的深入研究，由我親歷及目睹的一件事，就是先生在我的陪同下，於1999年農曆正月初八（即公曆2月23日）至粵東參觀揭陽縣博物館。因

爲我從小在揭陽生活及接受教育，所以在當地文化界頗多故交，亦因此對先生的到訪作了事先的聯絡和安排。

原來，此次選堂先生風塵僕僕地來到揭陽博物館，除參觀文物之外，其主要目的就是要親睹該館所藏的兩件石璋。此兩件石璋原爲二十世紀七十年代在揭陽仙橋地區出土。《揭陽文物志·大事記》載："1975年1月仙橋山前村出土原始社會魚尾式石璋。"[13]

我認爲所謂"魚尾式石璋"，實即牙璋。而該館將此二柄石璋的分期定於"原始社會"，則顯然欠妥。因爲圭璋乃玉石之美者，是中國古代社會的禮器和信物。故用璋之年代，應是中國步入文明社會之年代。《周禮·冬官考工記》云：

"大璋、中璋九寸，邊璋七寸，……天子以巡狩，宗祝以前馬，大璋亦如之。諸侯以聘女，瑑圭璋八寸、璧琮八寸，以覜聘。牙璋中璋七寸，射二寸，厚寸，以起軍旅，以治兵守。"

以此觀之，大璋應爲天子巡狩及祭天地之禮器與信物，由宗祝等禮官持之作前導即可知。河南偃師二里頭夏代都城出土一件大璋，顯然爲夏王之禮器，證明《周禮·冬官考工記》所言不謬。而瑑圭璋則是諸侯聘女的禮器與信物。

至於牙璋，就其"以起軍旅，以治兵守"的作用而言，我認爲顯然與軍事有關，是王對地方調兵的兵符或是委任地方部落首領的信物，以作王治及於此的象徵。而以玉石之器作兵符用於軍事行動，其事由來已久。《越絕書·寶劍》記載："黃帝之時，以玉爲兵。"説明以牙璋之類的玉器作爲兵符用於軍事調度，或作爲王委任地方首領的信物，以顯示其勢力範圍達於此地，此即後來所謂"普天之下，莫非王土；率土之濱，莫非王臣"之意。而"以玉爲兵"，在中國古代已有悠久的歷史。

至夏商周三代，牙璋所至之處，就是王權所及之處。所以，我認爲《周禮·冬官考工記》之言，顯然有其根據。因此，1975年在揭陽仙橋山前村出土的兩件牙璋，其意義正在於此。其中一件有孔的牙璋長28厘米，與《周禮·冬官考工記》所言"牙璋中璋七寸"之制，基本吻合。説明仙橋這個有山有水宜於群居生活亦宜於兵員駐守的地方，在約四千年前曾是揭陽地區的管治中心。此地正與由選堂先生親自發起，并同中國著名考古學家、北大李伯謙教授合作的2003—2005年"榕江先秦兩漢考古學文化綜合研究"中，被定爲"虎頭埔文化"的普寧廣太一帶，處於相鄰的區域。揭陽市普寧縣廣太鎮綿遠村虎頭埔南坡遍布數目衆多的古陶窯，經發掘研究，考古專家已將該處出土的陶器定爲"新石器晚期土著文化遺存"。[14]其與毗鄰的仙橋山前村出土的兩件石璋，在考古年代上可謂完全契合。而這些考古發現對粵東上古時期古文明的研究，無疑有重要的意義。

由此説明，選堂先生重視粵東的考古、重視對牙璋的研究，确具深邃的學術眼光，是非常正确的。

事實上，在1999年初赴揭陽博物館參觀牙璋之前，選堂先生早就對牙璋文化有系統的研究，并且撰有一系列确具真知灼見的學術論作。

比如1992年12月，先生應法國遠東學院等主辦機構之邀，赴越南河内參加"遠東學院90周年紀念學術研討會"，作爲首位發言人，先生演講的主題就是有關牙璋的研究。後來其所撰《由牙璋略論漢土傳入越南的遺物》一文中，先生對此事曾有回顧，説：

"1992年12月，法國遠東學院90周年紀念學術討論會在河内舉行，我是第一個發言者，報告牙璋在中國内地及沿海分布的情况。并放映香港大灣出土牙璋的經過，由鄧聰報導。由于越南考古家的美意，贊同合作研究。此次牙璋討論會的舉行，成爲考古學界的一樁盛事。河内多年以來，考古工作成績斐然。已發現有四枚牙璋，其中一件是在紅河沿岸永富省地方采集所得。……此類當爲典型早商之物，後來傳至南方者。它是當地的製成品，抑從華夏傳入的禮器？一時不易解决。我認爲殷人的勢力已遠及東南亞群島，我們看入貢的巨龜，有馬來大龜，近來英倫劍橋所藏的卜甲經 E. N. Arnold 鑒定，屬於棕褐巨龜爲分布於緬甸至印尼的一種大龜。這些事實是很值得注意的。"[15]

其實，選堂先生文末的意思很明确，意謂越南出土的四件牙璋是禮器，是由華夏傳入的。從其文題曰《由牙璋略論漢土傳入越南的遺物》，可知選堂先生的本意所在。這是很能説明問題的。

我很贊同選堂先生的這一看法。事實上，交趾（按：即今之越南）在夏、商、周三代，已成爲華夏之藩屬。就其淵源而論，早在舜禹之際，交趾已屬華夏鎮撫的藩國。據《史記·五帝紀》記載，帝舜委任二十二名官員中，"唯禹之功爲大，披九山，通九澤，决九河，定九州，各以其職來貢，不失厥宜。方五千里，至於荒服。南撫交趾、北發，……東長、鳥夷，四海之内，咸戴帝舜之功"。

有關這一方面，《尚書·益稷》亦有類似記載，云：

"禹曰：'俞哉！帝光天之下，至於海隅蒼生，萬邦黎獻，共惟帝臣。惟帝時舉，敷納以言，明庶以功，車服以庸。誰敢不讓，敢不敬應？'"

這説明舜禹之際，華夏确具强大的實力，恩威并舉，影響遍及天下，以至海隅蒼生。其時包括交趾在内的南海諸島國受其恩撫，乃爲必然之事。而從《史記·五帝紀》可知，交趾正是在舜禹之時，确已受撫而戴帝舜之功。延及夏朝之後的商周之際，其顯然仍受華夏王朝的册封。而河南偃師二里頭夏代都城出土了夏王之大牙璋，説明牙璋作爲禮器，在夏朝早已如此。著名考古學家、北大李伯謙教授對這一問題有專精和深入的研究，他在著作中説：

"1959年在河南西部作調查的時候，在偃師市二里頭村發現了一個比較大的遺址。……後來研究證實，該遺址主要和夏文化有關。我認爲，二里頭遺址的發掘是真正從科學意義上探索夏文化的開始。……二里頭宫殿基址和宫城的發現，説明它確實是當時的政治中心，是夏王居住的地方。……除青銅器外，還發現了玉器，有戈、璋、鉞、刀、柄形器等。玉戈、玉鉞、玉牙璋都是象徵權力的一種儀仗，國王的'王'字，經吉林大學林澐教授考證，就是由古代的兵器鉞演變來的。"(16)

李伯謙教授指出牙璋等玉器是夏朝王權的象徵，其論證十分精闢。而由此引申，我認爲牙璋不僅成爲象徵權力的儀仗，而且進一步作爲華夏王朝封贈邦國之禮器及册封的信物。此一制度，應自夏朝始，其影響所及，商周二代册封藩屬并恩賜牙璋等禮器和信物的制度亦皆如是。所以，在夏、商、周三代，交趾作爲華夏藩屬，因而接受華夏王朝所賜牙璋一類的禮器，是合乎史實的。

毫無疑問，在古交趾故地的越南出土的四件牙璋，正是華夏王權當年達於彼地的重要象徵。這是數千年前古史的事實。而李伯謙教授和我的上述相關考論，亦進一步證明了選堂先生考證越南出土的四件牙璋，乃由華夏所傳入的這一論點，是十分正確的。

選堂先生在河內學術會議的講演中，介紹了牙璋在國內外的分布。繼之先生又於1994年2月由香港中文大學中國文化研究所主辦的"南中國及鄰近地區古文化研究國際研討會"作開幕演講。先生説：

"這次會議的中心爲南中國與鄰近地區古文化交流，特別以彩陶和牙璋爲焦點。把牙璋作爲獨立研究是古器物學的一樁大事。……1992年12月我去越南參加遠東學院90周年的慶典，取得更多的成果。作爲第一個發言，我介紹牙璋在國內外的分布，引起越南考古學界的興趣，……促進了牙璋研究的交流活動，加上鄧聰各位專家的努力，中國、日本、越南、及美國等學者的支持，遂有了今天的盛會。……牙璋的分布，目前所知，以山東龍山文化臨沂大范莊的發現及海陽司馬臺爲最早，特別是無闌或小闌，形制古樸。次爲陝西二里頭文化的神木石峁，上有齒，面有刻紋。及偃師二里頭的長達48.1公分的大牙璋出土，帶有成排的鉏牙,成爲典型的牙璋,證知夏代已有此類禮器。二里崗文化邊緣的鄭州和三星堆牙璋的發達,說明商代遠到西南地帶此類瑞玉的普遍使用。廣漢祭祀坑出土銅人作雙手拱握羊角形凹刃牙璋跪地祈求狀,知牙璋可以手執而不止於佩帶。自香港大灣出土牙璋以後,引起大家的注目。其他福建漳浦、湖北黃陂、湖南石門各處零星發現的牙璋逐漸有人重新報導,而越南出土牙璋四件過去尚少報導,其最完整者鉏牙成列,與二里頭、鄭州(楊石村)、許昌(陳村)及三星堆之典型牙璋完全一致。由牙璋發現地點觀察,東瀕黃海,南至交州及閩、粤海隅,都有牙璋傳播的足迹。"[17]

選堂先生治學嚴謹,一絲不苟。當他從廣州中山大學曾騏教授所撰《仙橋石璋》一文中,知道揭陽仙橋山前村曾出土二件石璋的訊息,乃於1994年2月在香港中文大學中國文化研究所主辦的"南中國及其鄰近地區古文化研究國際研討會"的開幕演講中說:

"提出《由牙璋分布論古史地域擴張問題》,附帶提到揭陽仙橋的有孔石璋,爲該次會議印發的論文集内的牙璋遺址分布圖,增加了揭陽一個新地點。"[18]

選堂先生對揭陽市仙橋山前村曾出土二件牙璋的事,始終念念不忘,這才有時過五年之後的1999年2月23日,先生在我的陪同下,親臨揭陽博物館參觀之事。說明在學術研究上,先生凡事務求親證的嚴謹學術風範和一絲不苟的精神,實在令人蕭然起敬。有此緣遇,2012年當地編寫《仙橋志》,乃敦請選堂先生封面題簽,并邀我作序。期間我應邀參訪了揭陽市仙橋山前村,目睹當年牙璋出土之地。而仙橋人至今對選堂先生十多年前曾親臨揭陽博物館參觀牙璋之事,仍然津津樂道,十分敬仰。

客觀地說,前後兩次以牙璋爲主要研究對象的國際學術研討會,實際上都與選堂先生的親自推動和影響有關。這一方面既緣於先生本身是牙璋研究的專家,對此一古器物的考古意義有不同凡響的真知灼見。另一方面,促成此兩次國際學術研討會的兩位相關人物,都是選堂先生的學生:一位是法國學者汪德邁教授,當年是法國遠東學院院長,1992年12月在河内舉行的遠東學院90周年紀念學術討論會,他是主要的推動者之一。另一位就是香港中文大學中國文化研究所的鄧聰教授,他是知名的田野考古學家,很有成就。當年香港大灣的考古發掘發現包括牙璋在内的商代文物,就是在其主持下進行的。正因爲他發掘了香港牙璋,選堂先生乃得以藉之深入地對海内外牙璋進行考證,其研究成果在河内會議開幕演講中公布,引起與會學者的廣泛興趣,造成很大的影響。而鄧聰教授在香港大灣考古發掘發現牙璋的影片,亦在大會中播映。師生的配合,不僅主導了河內會議的研究方向,而且直接催生了1994年2月在香港中文大學舉行的以牙璋研究爲主要内容的"南中國及鄰近地區古文化研究國際研討會"的舉行。這説明選堂先生爲了推動海内外學術界進行牙璋研究,身體力行,不遺餘力。後來,在2011年4月15日,我應鄧聰教授之邀,至香港中文大學中國文化研究所考古研究中心主講《"禮"與中國古代文明》專題講座,期間曾參觀該所文物館,親睹香港大灣出土的牙璋和選堂先生借展的另一件牙璋,而聯想到近二十年來選堂先生爲此一古器物的研究所付出的大量心血,實在令人感動。

那麼,選堂先生如此落力研究牙璋在海内外的分布,其良苦的用心何在?其意義究竟何在?

以我個人的理解,認爲其意義主要有三方面:一是體現先生重視對牙璋此一古器物本身的研究;二是先生要力求證明越南出土的四件牙璋,乃華夏王朝傳入古交趾之物;三是先生的重點所在,就是要以實證來糾正顧頡剛先生在古史地域方面的錯誤看法。選堂先生對此曾十分明確地説:

"(由牙璋的分布),這使我想起半世紀前顧頡剛先生(1893—1980)創辦《禹貢》半月刊時候,他寫了一篇文章《古史中地域的擴張》,認爲時代愈後,歷史傳説對地域的知識愈加擴大。因此,《尚書·堯典》'宅南交'一類的記載乃是出於漢代人的觀念。當日談古史的人們無不受他的影響,把三代地域盡量縮小,因此談殷代地理也只局限於大河南北。幸而頻年以來考古事業的發展,令人看法完全改觀,證明商代遺址的分布東至遼寧、内蒙古,西及四川,南極湘贛。據彭邦炯初步統計,有181個縣市。現今我們看牙璋的分布又推進一步,更遠到南海和交趾了。可見《淮南子·泰族訓》所稱商人疆土:'左東海,右流沙,前交趾,後幽都。'完全符合事實。顧先生過去的狹隘觀念,應該重新檢討。"[19]

至此,我們可以清楚地看到,選堂先生研究牙璋文化,不僅注重牙璋本身的時代、形制及其禮制作用,而且更重視以牙璋在海内外的出土分布,來考證包括殷商在内的上古三代華夏王朝疆域所至的範圍。這種以出土文物與傳世文獻作互證的研究方法,當然比顧頡剛先生在疑古思想主導下狹隘的古史地域觀念,更加符合歷史事實,更有説服力。而糾正顧先生在錯誤觀念下人爲地縮小上古華夏王朝疆域的做法,以還原史實,我認爲這正是選堂先生念茲在茲,志在重建古史的一部分。毫無疑問,這一工作意義十分重大,影響極爲深遠。

三、選堂先生對中國古文明的研究和重要貢獻

選堂先生對中國古文明的研究是多方面的。他以多領域、多學科的相參互證，來論述中國文明的起源及其悠久的歷史。如以古玉本身及其刻劃符號以證史，選堂先生在這方面撰有多篇重要論文，舉凡《凌家灘玉版——遠古表示方位與數（九天）的圖紋》《紅山玉器豬龍與豨韋、陳寶》《有翼太陽與古代東方文明——良渚玉器刻符與大汶口陶文的再檢討》《續論良渚陶器及玉器上之刻劃符號》《風胡子論玉器時代》及《古玉證史》諸篇，包括研究牙璋文化的多篇文章，都是以玉文化論證中國古文明的重要著作。而近年東北興隆窪出土玉玦，經鄧聰教授與中國社科院考古所同人共同發掘研究，證明其考古年代已達8000年以上；而且從墓中陪葬玉玦數目的多寡，呈現明顯的等級制度，[20]說明其時已處於古代禮制萌芽的階段。

而選堂先生又從出土古器物的符號和初文，追溯中國古文字逐漸演變的過程，經過多年的努力，撰成《符號·初文與字母——漢字樹》一書。蓋漢字乃中國古文明的主要載體，選堂先生正是從研究漢字發凡的歷史入手，來論證中國古文明的發凡，拙撰《論選堂先生學術》一文中，曾稱其爲"以字源證史源"[21]。大凡研究和論證中國古文明的起源問題，途徑有各種各樣，但我認爲選堂先生的這一研究方法最爲可靠，亦最科學。因爲當人類有意識地將某種符號、初文或字母刻劃在器物上以表示記數、比物、類事時，就顯示其文明意識已成熟至非要通過刻寫筆劃符號形狀來加以表達的階段，說明人類已開始步入文明的歷史。而選堂先生在這些方面有很多著作，除了上述多篇有關玉文化與符號相關的論文外，又如《論賈湖刻符及相關問題》《良渚、大汶口圖文的一二考察》《美國所藏良渚黑陶上的符號試釋》等諸篇，[22]都涉及這些問題。

經過從陶器和玉器上刻劃符號、初文的長期演變，到了甲骨文的出現，便逐漸形成了成熟的漢字系統。但是，毋庸諱言，符號、初文的出現無疑是中國文明的發端，經過漫長歷史時期的孕育和演變，才促成中國古文字漸趨成熟，始有甲骨文的出現。而商代的甲骨文明是伴隨着瑰麗典雅的青銅文明共同出現的，體現了彼時社會經濟文化的高度發展，從而成爲中國古文明高度成熟的象徵。於是，不少中外學者乃將中國古文明的上限定在殷商時代，理由正是由於此時才出現甲骨文字。但是，這種看法顯然不符合歷史事實，亦是不科學的。因爲以甲骨文字爲據來作爲中國古文明的分界綫，顯然只看到果而忽視了因，從而抹殺了中國古文明的發端及其形成過程。因此，這種看法無疑是錯誤的。我認爲，中國古文字逐漸成熟的過程，實際上就是中國古文明逐步形成的過程。而先生的《符號·初文与字母——漢字樹》一書的主要內容，正是纜述中國的古文字從符號、初文到甲骨文、金文乃至秦漢以後形成的漢字系統。先生後來在與人對談中，曾指出該書的主旨，說：

"我在《符號·初文與字母——漢字樹》一書的序文中就說過一個觀點：本書主旨在結合考古學和民族學一些最新資料，從世界觀點出發，對漢字的成就做一總的考察，探索原始時代漢字的結構和各自演進的歷程，以及它何以能延續數千年，維持圖形不變的緣故。"[23]

毫無疑問，選堂先生此書的主旨之一，正是在於"探索原始時代漢字的結構和各自演進的歷程"。而正如我在上面所指出的，漢字的逐漸演進歷程，顯然就是中國古文明逐漸形成的過程。選堂先生這本著作的主要內容，正是這一演變過程的有力證據。我認爲其重要性正在於此。

有關中國古文化的基礎亦即古文明起源的問題，某些中外學者長期以來有很大的誤解。他們不僅據甲骨文的出現而認爲中國古文明發凡於殷商時代，而且有的西方學者甚至說中國傳統思想文化乃建基於殷商時代的甲骨占卜學。比如法國著名漢學家汪德邁先生近期的一篇論文《中國特有的互關性思想之起源：龜卜技術》中，就談到這一問題。內中說：

"西洋方面，文化基礎於神學；中國方面，文化基礎於占卜學。神學，關係到上帝命令的概念，而且這個概念作因果律概念的原型。至於占卜學，它起源於龜卜術，而且其技術關係到中國原始時期的巫覡宗教，即沙曼教。沙曼教的信仰并不是對於世間而上的上帝的，而是對於自然而上的一種靈性的力量的。"[24]

應該說，在西方漢學家中，能像汪德邁先生如此研究中國甲骨文的學者確實爲數不多，所以十分難得。但可惜其上述的看法顯然不符合中國文明發展史的實際情況。其論述的主要脉絡是：中國的文化乃建基於占卜學，占卜學又起源於龜卜術，而龜卜術又關係到中國原始時期的巫覡宗教——沙曼教（按：即薩滿教）。顯然，這樣推論的結果，無疑說中國的古代文化起源於薩滿教，是一種巫文化。我認爲汪德邁先生的上述觀點不僅是片面的，而且顯然是錯誤的。

汪德邁先生顯然對甲骨學的瞭解并不全面，只看到甲骨學中涉及占卜的問題，而誤以爲占卜巫覡充斥了整個中國古代社會，從而誤認爲中國古代文化的基礎來源於以巫覡活動爲象徵的薩滿教。其實，許多西方學者都持有此一觀點，我認爲正是由於他們僅據甲骨學中出現較多的卜事，乃誤認爲殷商時代處於巫卜的世界，并認爲這是受薩滿文化所影響。這種看法顯然是十分片面的。他們應該多讀點選堂先生和其他學者眾多的甲骨著作，以便從中瞭解殷商時代的政治制度、禮制曆法、職官制度、社會生活和文化藝術等，使他們明白中國文化并非基礎於占卜文化，而且與薩滿教風馬牛不相及。

殷代貞人的占卜固然在當時的社會生活中占據重要的地位，但選堂先生却絕不同意巫術是殷商社會歷史的主體，殷代文化乃爲薩滿教所主導。有關這一問題，選堂先生早在1990年前後發表的一篇重要著作《歷史家對薩滿主義應重新作反思檢討——"巫"的新認識》中，對當年流行一時并對海内外古史學界影響甚巨的"薩滿主義"提出批判，指出：

"魔術决不等於宗教。殷固有他們立國的禮制，巫卜只是其龐大典禮機構中負責神事的官吏。巫，從殷以來成爲官名，復演變爲神名。

"巫咸是殷的名臣，……在屈原的心目中，巫咸應該是一位代表真理的古聖人，和巫術毫不相干。"⁽²⁵⁾

選堂先生顯然不同意以"巫"字來涵蓋中國古史，而將殷商文明社會貶返至爲巫術統治的蒙昧時代。他很明確地批判那些持"薩滿主義"古史觀的人，"把古人記錄下來的典章制度，一筆抹殺，把整個中國古史看成巫術世界，以'巫術宗教'作爲中國文化的精神支柱"，⁽²⁶⁾是錯誤的。

有鑒於此，選堂先生提倡以實證爲依歸，應根據不斷出土的文物資料，尤其從甲骨文中考其禮制，"從制度史觀點來整理"⁽²⁷⁾。及後，先生根據甲骨資料撰成《殷禮提綱》⁽²⁸⁾，就是這一方面很好的示範。

選堂先生對"薩滿主義"古史觀的批判十分中肯，可謂震聾發聵。

其實，我認爲薩滿教是遠古人類處於蒙昧時代奉行天靈崇拜的原始宗教，薩滿文化是一種世界性的宗教文化現象。但是，從中國現存的薩滿文化現象進行研究，從語言、民族、地域三大要素加以概括，結果不難發現，中國信仰薩滿教的族群所使用的語言，大部分屬於阿爾泰語系，他們是古代的游牧民族，如中國東北地區古代的滿族和鄂倫春族等。而創造甲骨文字的殷商社會則完全不同：殷商王朝及其人民的主體是華夏民族，他們使用的語言屬於漢藏語系，在文字上則是世界上獨有的方塊字系統；他們屬於農耕民族，其生活的中心區域在中原地區。因此，兩者之間有如此大的差別，又怎能因甲骨文中有"占卜"一事而將他們等同起來呢？而筆者敢於斷言，三四千年前信仰薩滿教的民族，大都是没有文字的游牧民族，其與創造先進的甲骨文明和青銅文明的華夏民族及殷商社會，有極爲明顯的分野，又怎可同日而語呢？因此，我認爲汪德邁先生不明白此中的分别，其說中國文化基礎於占卜巫覡、導源於薩滿教的論點，顯然是錯誤的。

所以，研究中國古代文明的發凡，我認爲仍應像選堂先生所説，"從制度史觀點來整理"。選堂先生的這一真知灼見,我是十分贊同的。拙作《"禮"與禮治思想及其歷史演進》一文的《引言》中,從禮學亦即制度史的角度,來闡述中國文明起源和傳統文化的相關問題,内中説:

> "中國的古代文明及其傳統文化,筆者認爲在上古時代,基本是由兩條主綫主導着:一條主綫是,隨着人類自遠古以來的逐漸進化,從與野獸相差無幾的野蠻蒙昧,到文明意識的覺醒,并逐漸在家庭和社會形成某些行爲的規範,其主要特徵是:從早期一些習慣與規矩所形成的不成文的家庭倫理和社會倫理,經過漫長歲月的演進和完善,到成文制度文化的出現,并逐漸形成以'禮'爲主導的從個人、家族到國家龐大的制度體系,旨在解決人類社會本身的問題;與此同時,人類出於對大自然及天地鬼神的敬畏和祖宗的紀念,因此祭禮、喪禮及葬禮等制度也隨之産生。另一條主綫則是觀念形態方面,從蒙昧時代人們對天地鬼神的崇拜,到人類對自然、宇宙的認識和思考,逐漸形成了天命論、天道論和天人感應論等一系列屬於思維形式的東西,應歸入我國早期樸素的自然哲學、宗教哲學和社會哲學的範疇。後來的《易經》和《道德經》的部分内容,及漢後廣爲流行的讖諱學説和魏晋玄學,就是涉及這些方面思想觀念的著作。這兩條主綫各自獨立,又互相影響,共同構成中國的傳統文化。"[29]

拙文的上述論説,可謂是對選堂先生"從制度史觀點來整理"這一真知灼見的詮釋和發揮。這對於闡明中國古文明的起源和傳統文化的形成,從而糾正包括汪德邁先生在内的西方學者的錯誤看法,是很有必要的。在這裏,我特别要談到由選堂先生親自創刊并長期予以支持的大型學術刊物《華學》,在其所撰的1995年8月出版的該刊《發刊辭》中,先生對中華文明的形成及其發展的意義,有極爲精闢的論述,發出如洪鐘大吕般的聲音。内中開宗明義地指出:

> "中華文明是屹立大地上一個從未間斷的文化綜合體,儘管歷盡滄桑,經過無數紛擾、割據、分與合相尋的歷史波折,却始終保持她的連續性,像一條浩浩蕩蕩的長河滚滚奔流,至於今日,和早已沉澱在歷史斷層中的巴比倫、埃及、希臘等古老文化完全不一樣。中國何以能維持七八千年的綿延不斷的歷史文化,光這一點,已是耐人尋味而不容易解答的問題。"[30]

其實,我認爲答案就在選堂先生本身的研究之中。長期以來,他根據不斷發現的出土文物,研究了從符號、初文、字母到甲骨文、金文、簡文乃至秦漢之後整個漢字系統形成的過程,實際上就是中國七八千年來的文明從發軔到不斷成長壯大的過程。所以，中國獨特的文字創造了獨特的文明和傳統文化。選堂先生的研究，證明中國的文明并非自甲骨時代始；同時亦證明中國的傳統文化，并非建基於占卜巫覡，亦非導源於薩滿文化。選堂先生認爲中國文化乃建基於禮制文明和典章制度，這一觀點廣泛存在於其著作之中。上述諸方面，包括倡導對禮學的研究和古史的重建，是選堂先生對中華文明及其傳統文化的重大貢獻。

2019 年 10 月 10 日改定

［注］

（1）以上見饒宗頤《〈春秋左傳〉中之"禮經"及重要禮論》，載《聯合書院三十周年紀念論文集》，香港中文大學中文系 1986 年印行。

（2）郭偉川《論〈史記〉的禮治思想——兼論"樂"與"仁"及大一統觀》，載《歷史文獻研究》第 7 輯，1996 年。

（3）郭偉川《漢代禮治的建立及其對後世的影響》，載《朱子學刊》，1997 年第一輯。

（4）郭偉川《禮壞與不仁的朝代——略論朱明王朝敗亡的幾個遠因》，載劉夢溪主編《中國文化》總第 15 期，1997 年。

（5）李學勤《序》，載郭偉川著《兩周史論》，北京圖書館出版社，2006 年。

（6）（7）見《國際潮訊》第 13 期，香港潮州會館 1991 年印行。

（8）周少川《治史論學六十年——饒宗頤教授訪談錄》，載《史學史研究》1995 年第 1 期。

（9）見《國際潮訊》第 20 期，香港潮州會館 1998 年印行。

（10）陳其泰、郭偉川、周少川編《二十世紀中國禮學研究論集》，北京學苑出版社，1998 年。

（11）饒宗頤著《禮與樂》，載香港中文大學校外進修部主編《禮：情理的表達》，香港商務印書館，1990 年。

（12）饒宗頤著《史與禮》，載陳其泰、郭偉川、周少川編《二十世紀中國禮學研究論集》，北京學苑出版社，1998 年。

（13）見張宗儀、張秀清主編《揭陽文物志》，揭陽縣博物館 1986 年印行。

（14）魏峻執筆《普寧市虎頭埔新石器時代遺址發掘報告》，載《揭陽考古（2003—2005）》，北京科學出版社，2005 年。

（15）饒宗頤《由牙璋略論漢土傳入越南遺物》，載《饒宗頤二十世紀學術文集》卷一《史溯》，臺灣新文豐出版有限公司，2003 年。

（16）李伯謙《夏文化探索與中華文明起源與形成研究》，載李伯謙著《文明探源與三代考古論集》，文物出版社，2011 年。

（17）（19）饒宗頤《由牙璋分布論古史地域擴張問題——南中國及鄰近地區古文化研究國際研討會開幕演講》，載《饒宗頤二十世紀學術文集》卷一《史溯》，臺灣新文豐出版有限公司，2003年。

（18）饒宗頤《浮濱文化的符號》，載《饒宗頤二十世紀學術文集》卷一《史溯》，臺灣新文豐出版有限公司，2003年。

（20）中國社科院考古所、香港中文大學中國考古藝術研究中心編《玉器起源探索——興隆窪文化玉器研究及圖錄》，由香港中文大學·中國文化研究所·中國考古藝術研究中心2007年印行。

（21）郭偉川《論選堂先生學術》，載《饒學研究》第1輯，暨南大學出版社，2014年。

（22）上述諸篇載《饒宗頤二十世紀學術文集》卷一《史溯》，臺灣新文豐出版有限公司，2003年。

（23）饒宗頤等《文化藝術之旅》，香港天地圖書有限公司，2007年。

（24）[法]汪德邁《中國特有的互關性思想之起源：龜卜技術》，載《饒學研究》（第二卷），暨南大學出版社，2015年。

（25）（26）（27）見饒宗頤《歷史家對薩滿主義應重新作反思檢討——"巫"的新認識》，載《宗教與文化》，臺灣學生書局，1990年。

（28）饒宗頤《殷禮提綱》，載《饒宗頤二十世紀學術文集》卷四《經術·禮樂》，臺灣新文豐出版有限公司，2003年。

（29）郭偉川《"禮"與禮治思想及其歷史演進》，載清華大學中國禮學研究中心集刊，彭林、單周堯、張頌仁主編《禮樂中國——首屆禮學國際學術研討會論文集》，上海書店出版社，2013年。

（30）饒宗頤主編《華學》發刊辭，中山大學出版社，1995年。

後 記

我年輕時從事學術研究是從地方史和韓學開始的，因爲韓愈在唐代曾任家鄉潮州的刺史，而他又是中古的一代大儒。這樣一來，就勢必涉及儒學的研究，就不能不瞭解儒學宗師孔子及儒家文化，於是研究範圍自然就擴及國史和經學。

1988年我師從選堂先生之後，在治學方法和研究領域上，許多方面得到先生的啓迪，令我的文化視野和學術胸襟，得到極大的開拓。即以"禮學"二字而言，就是先生在1990年間一次與我的長談中言及的。他指出儒家禮學在中國數千年學術文化中的重要性，因此，搞歷史考證，不能外於禮學。先生的話對我啓發甚大。從此之後，我在研究古史和經學時，禮學便成爲研究重點之一。

我的第一篇關於禮學研究的撰作，是在1992年年中動筆的《略論"禮"與"仁"及大一統觀——從孔子至韓愈歷代大儒薪傳之業》一文，及後於1999年收進由香港容齋出版社出版的我的第一本國學研究方面的著作《儒家禮治與中國學術——史學與儒、道、釋三教論集》一書之中。饒師在爲拙書撰序中説：

"余素主張史學出於禮家。史公著《五帝本紀》，取之《大戴禮》斯其明徵。郭君偉川頗趁余説，擴大其論及於全史。項讀其新著《儒家禮治與中國學術》，張皇幽渺，大有助於史學。"

我認爲禮學是中國古代文明史不可分割的一部分，所以很早以前就體認到禮學與歷史的密切關係。毋庸諱言，我研究禮學的主要目的，仍然在於用其與古史互證，尤其是研究古代王朝的禮制即典章制度與某一歷史階段治亂的相互關係，以及禮制的沿襲與變革在中國歷史進程中的作用等。

有關上述學術觀點的探索與實踐，二十年前出版的拙著《儒家禮治與中國學術——史學與儒、道、釋三教論集》一書的內容，就可以證明。

我研究禮學，重點在於"禮治"。所謂"禮治"，就是以"禮"治之。因爲三代异禮，故一時代有一時代之禮，一國有一國之禮，禮制是可以因襲或變革的。但若國家的禮制崩壞，不能實施以"禮"治之，時代的禮治精神喪失，那麼便會造成國本無存，王朝便會垮台。因此孔子說："故壞國、喪家、亡人，必先去其禮。"(《禮記·禮運》)

我認爲孔子這裏所說的"禮"，應指實行禮制的禮治精神及其原則。孔子顯然認爲，若喪失禮制的本質及禮治的精神，只保留或演示某些徒具形式的儀禮和樂器，是沒有意義的。對此，孔子曾慨乎言之："禮云禮云，玉帛云乎哉！""樂云樂云，鐘鼓云乎哉！"可見孔子認爲峨冠博帶的服飾、白玉器物的奉獻，絕不是"禮"的本質；而敲鐘擊鼓的鳴奏，也不是"樂"的本質，都同樣只是一種形式而已。只有禮制和禮治精神的實行，才是"禮"之根本，關乎國家的治亂，才是最重要的。而《禮記·樂記》進一步發揮了孔子上述思想，内中說："樂者，非謂黄鐘、大吕、弦歌、干揚也，樂之末節也。""鋪筵席，陳尊俎，列籩豆，以升降爲禮者，禮之末節也。"——這是很能說明問題的。所以我一開始對研究一般古代的儀禮不大感興趣，覺得現在將精力去研究古人認爲是徒具形式的東西，可能意義不大。

正是出於上述的認知，所以我研究禮學，一開始便以"禮治"文化爲重點。

我認爲孔子所指之"禮"，包含國家、社會、群體、宗族、家庭及於個人的各種典章制度、宗法制度和個人守則，其中心之所在，就是"親親"與"尊尊"，使長幼有别，尊卑有序，實際即立規矩以成方圓，俾使上下遵循。這些禮制宗法得到遵行，即"禮治"精神及其原則得以實施，國家社會因而出現治世，如西周初期周公制禮并得到切實的推行，其後出現"成康之世"即是。相反，若這些禮制宗法受到破壞，得不到實行，即所謂"禮壞"，便出現亂世，東周的春秋戰國時期就是如此。因此孔子反復強調"復禮"，其所欲復之"禮"，就是周公所制之"周禮"。他之所以經常夢見周公，正是内心念兹在兹的緣故。

而我所著的《儒家禮治與中國學術——史學與儒、道、釋三教論集》和《兩周史論》兩書，其實就是根據我研究所得的禮學與歷史政治相互關係的學術理念而寫成的，中心觀點就是強調"禮治"的重要性，也是我上述禮學觀念的學術實踐。其實，不僅兩周社會如是，秦漢至唐、宋、元、明、清的歷史也莫不如是，都可以用禮治是否實施與社會的治亂進行檢驗，我的一系列相關著作證明了這一點。對此，李學勤先生眼光如炬，在爲《兩周史論》一書撰序時指出：

"《兩周史論》一書，自文獻典籍到考古文物，縱論周代歷史，看來頭緒紛繁，然而我仔細尋繹，覺得其中心要義，實在於郭偉川先生說的'禮治'。看書中幾篇重心論文，無不緊扣'禮治'這一點。始於文王立國，周公制禮樂，一直講到西周覆亡，春秋戰國的禮壞樂崩，'禮治'是其中主綫。……實際上，郭偉川先生對'禮治文化'的闡述還不限於兩周。……從漢晋以迄兩宋，就其'禮治文化'已討論過半。特別是論宋代理學一文，認爲'儒學發展至此一階段，已經成爲社會政治文化的主流，……儒家禮治觀念所建立的客觀世界已趨完備。……儒學至此一階段，只有向主觀唯心哲學方面發展，因此以儒家的心學、佛教禪宗的心學與道家的天際理論互相會通，而主旨在於闡述儒家經學并進而令其哲理化，這正是宋代理學的特色。……最後通過對朱熹集注《四書》的肯定，使社會的政治文化又重新納入儒家禮治的軌道，此乃宋代學術的歸結所在'。這一看法確實相當重要，啓人深思。"

李學勤先生以古文字學、考古學聞名於世，同時又熟諳古史，尤其昔歲曾師從侯外廬先生學習思想史，對中國古代哲學文化藴蓄於心，因此見解自是不同。他特別指出拙著《兩周史論》及其他著作貫串了我在古史研究上的"禮治"觀念，確實道出了拙著學術思想上的核心所在，令我非常佩服。由於李先生淵茂博雅，能見人之所不能見，故拙著《〈周禮〉制度淵源與成書年代新考》一書又請其賜序，李先生在《序》中指出：

"郭偉川先生的這部《〈周禮〉制度淵源與成書年代新考》，正是把《周禮》一書的文獻學考察與周代制度的歷史研究互相密切結合起來。郭偉川先生完成這部大著，是他多年傾心於禮學研究的最新成果。"

李學勤先生在《序》中殷殷指教，勖勉良多，令我十分感激。先生能者多勞，近年爲整理和研究清華簡，可謂殫精竭慮，盡瘁學術，去歲遽歸道山，噩耗傳來，至爲慟悼！回憶他多年來對我的教言和策勵，實在銘記在心，難以忘懷。如今披覽李先生昔日舊序，字字真切，不禁感動乎中，内心涌起對這位一代名家去世的惋惜和深切懷念。

由於選堂先生的紹介，我認識不少内地文化界的學術巨擘，如已故季羡林、李學勤諸先生，還有現在尚爲學術不辭辛勞、繼續爲中國考古學和古文明研究作出貢獻的北大李伯謙先生等名宿大家，他們在學術文化上都對我關愛有加，多所扶掖和鼓勵，使我得到很多的教益。

至於我本人與内地學術界同人的交往，也有近三十年的時間。記得那時我在香港主編《國際潮訊》，一方面撰寫學術著作，與内地高校和文化界已有不少交流。如1990年11月中國歷史文獻研究會於汕頭大學舉辦學術研討會，邀我撰文參加，同時加入該會成爲會員。期間與北師大周少川教授等人結下學術之緣，即始於此。這也證明我進入學術界，是以歷史研究者的專業和身份加入的。

及後我因選堂先生的啓迪，兼治儒家禮學，爲學術界所認知，其後才有1995年10月30日中國歷史文獻研究會禮學研究中心的成立，聘我爲該中心研究員兼副主任的事。其時張岱年、任繼愈、楊向奎、方克立、何茲全、劉家和等三十多位著名專家學者出席盛會，見證了我在大會上從中國歷史文獻研究會會長兼禮學研究中心主任劉乃和教授手上接受聘書的一幕，周少川教授其時負責中心的實際事務，他也是重要的參與者和見證者。

其後我與北師大史學所的陳其泰教授、古籍所的周少川教授合編《二十世紀中國禮學研究論集》，二位推我撰寫序文，該書由北京學苑出版社於1998年出版，爾來已逾二十載矣。此書對學術界有志於研究禮學者，顯然不無裨益。其後我也經常以中國歷史文獻研究會禮學研究中心研究員的名義，於內地學術刊物上刊載相關論文，希望能對中國禮學的研究略盡綿力。

2012年4月7日至10日清華大學中國禮學研究中心成立暨首屆禮學國際學術研討會在該校舉行，其時我應邀撰文參加學術研討會。

其後浙大、人大和北大諸大學相繼成立中國禮學研究中心，在沉寂近百年之後，禮學研究終於如雨後春笋般重新得到蓬勃發展，令學術界同人倍感欣慰。後來我聽說在北大禮學研究中心主其事者，是北大哲學系的吳飛教授。

吳飛教授也曾參加清華首、二屆禮學研討會，但因分組的關係，我與他接觸不多，彼此不太熟絡。不過我對吳教授的參會論文有印象，記得首屆是《論婦人不杖》，內容涉及《儀禮》的喪服制度，寫得頗精細嚴謹。另一次研討會在杭州舉行，他寫的論文是《說闢領》，仍然講古代的喪服制度，考論諸家得失，很有見地，而且圖文并茂，給我留下頗深的印象。因此，以吳教授對禮學研究的專注和求真務實的研究方法，學問扎扎實實，因此我對其領導北大禮學研究，很有信心，也爲北大深慶得人。

吳飛教授是美國哈佛大學人類學博士、北京大學哲學博士後，有許多專業方面的研究著作。但他對中國古代《儀禮》的喪服制度竟研究得如此深入細緻，精心考證，甚有所得，實在令人刮目相看。

我認爲吳教授一開始就以《儀禮》的喪服制度作爲研究中國禮學的切入點，而且非常專注，是極爲正確的選擇。蓋喪服制度最能體現周禮"親親""尊尊"之義，自西周迄清季，近三千年間，其基本形式、原則和精神，自天子至庶人，無不遵循，是"禮之用"最廣泛、最實用且影響最大的一種儀禮制度。自西周《儀禮》以降，至漢代禮學中興，注疏諸家對喪服制度尤爲重視，其中以鄭玄的學說影響最大，至清末民初之際，學者張錫恭乃有《喪服鄭氏學》之著。吳飛教授以此書作爲堂上的授課教材，且窮數年之功，耗費大量心力，精心點校此部大書，其後由上海書店出版社出版，這是他對中國禮學研究的一項貢獻。

2017年10月吳飛教授領導的禮學研究中心與北大中國考古學研究中心、周原國際考古研究基地合作，於周禮發祥之地扶風、西岐，聯合舉辦"郁郁周文：周代禮樂文明學術研討會"，邀我出席。我深感這種以古代禮學文獻與出土西周青銅禮器互證的研究方向，切實可行，大有助於禮學。於是撰文赴周原之地，參與學術討論。期間親見眾多中青年學者踴躍發言，相關論文都很有質量，令我十分感奮，對中國今後的禮學研究充滿信心。

近幾年來，吳飛教授以"燕園禮學"爲研究平臺，廣邀海內外禮學方面的名家學者，經常舉行學術講座，廣泛傳播禮學知識，使北大禮學研究中心的影響越來越大，大有後來居上之勢，儼然已成爲中國禮學研究的又一學術重鎮。

2018年4月中下旬，我應吳飛教授之邀，赴北大燕園舉行兩個專題講座：4月17日講拙著《〈周禮〉的制度淵源與成書年代新考》，4月20日講《中國古典禮學與現代禮學研究初論》，引起與會學者的熱烈探討，前來聽講的博士和碩士研究生甚多。期間承吳教授周到的安排，還蒙他親贈其點校的《喪服鄭氏學》一巨冊，披覽之下，感到點校甚精，且旁徵博引，見解允當，其深厚的禮學修養，令我內心至爲激賞。

其時，北京學術界的朋友聽說我將講學於北大，乃相繼發出講學的邀請。於是應劉豐教授之邀，4月18日在中國社科院哲學研究所作《孔子儒學的南傳與子夏的西播》的講演；4月19日又應周少川教授之邀，於北京師範大學古籍與傳統文化研究所講《禮學：中國古代文明的基石》，反應頗爲熱烈。

這樣，此次我在北京居停期間，便變成四日四講了。而吳飛、劉豐、周少川三位教授，都是當今中國學術界的精英，都是各自領域的領軍人物，能受他們的邀請，講學於京師著名的學府上庠，這是我莫大的榮幸！

近期，我將十多年來發表於內地刊物和晚近在學術講座上演講的相關論文，加以整理，都爲一集。內中對禮學和史學的研究，是我多年來學術探索的心血結晶。大凡讀書時略有心得，研究中間有新見，於是形諸筆墨，整理成章。我歷來重視學術上的融會貫通，深知傳統須闡發、學術貴新知的道理，繼承固然重要，但舊學有精華，也有糟粕，故在學術研究中涉及經典的詮釋，倘發現前人注疏或解詁有誤，我反對一味因循，力求有更正確的解讀，因此若能出新而糾謬者，決不守舊，而一切應以歷史事實爲依歸。

這次所收的十多篇論文中，就學術歸類而言，實際上仍以禮學與史學互證爲主，故決定將書名定爲《禮學與歷史研究》，并邀吳飛教授、周少川教授寫序。蓋吳飛教授之所長在哲學和禮學，故縱論經學與禮學研究的傳承、演變和發展，其引申與發揮，確實不同凡響；而對我的學術研究和相關著作，吳教授眼光如炬，對其中得失，切實評論，言人之所未曾言，有甚多真知灼見，足可窺見其在經學和禮學上深厚的學術修養，允屬難得，甚爲感佩。

周少川教授乃北京師範大學歷史學院教授、博士生導師、中國古代史研究中心副主任、中國歷史文獻研究會榮譽會長，其精專則在歷史文獻學、史料學和史學史的研究上，是著名的古文獻學專家。

少川教授是史學大師陳援庵先生的再傳弟子。如所周知，援庵大帥當年曾窮十載之功，遍閱文津閣《四庫全書》并加以整理，故其掌握文獻史料之廣茂衆多，學問之厚實淵深，史學著作之通博精闢，考據校勘之允當嚴謹，晚近學人無出其右者。此外，援庵先生對元代學術貢獻獨多，可補《元史》之不足。在學術宗脉上，援庵先生的學問傳之於劉乃和，劉乃和傳之於周少川，使"勵耘"學風得以傳承。少川先生好學不倦，窮研極思，融會貫通，最得師門學術精詣，長期擔任北師大陳垣研究室主任。其著作甚爲宏富，先後出版專著《古籍目錄學》《中華典籍與傳統文化》《藏書與文化》《文獻傳承與史學研究》《元代史學思想研究》《中國出版通史：魏晉南北朝卷》等著作，還與劉乃和教授合著《陳垣年譜配圖長編》《陳垣圖傳》等。近年更獨立主持國家重大文化出版工程《中華大典·文獻目錄典》和國家重大社科基金項目《百年中國古籍整理與古文獻學學科發展研究》，不僅繼承了"勵耘"的治學風格，而且加以發揚光大，爲我國的古籍文獻的整理和發展事業，作出很大的貢獻。

我與少川先生訂學術之交於1990年，爾來已逾三十載，他是我相知極深的學術界朋友。2018年4月19日，我應其所邀在北京師範大學古籍與傳統文化研究院作《禮學：中國古代文明的基石》的演講。近期，我將該演講稿進行補充整理，篇名加一"禮"字，定爲《"禮"與禮學：中國古代文明的基石》，并作爲我應邀參加於2020年9月中在山東曲阜舉行的"三禮學與中國傳統文化學術研討會"的論文。蒙大會重視，將拙文置於研討會論文集的第一篇。此次拙書既成，該文也置於卷首。其實，究本窮源，此文之成，與當年少川先生的邀約有十分密切的關係，何況他精於歷史研究，治學嚴謹，眼光獨到，能邀請他爲拙著撰序，以匡不逮，是我至感欣幸的事！

此次拙書蒙吳飛先生、周少川先生於百忙中撰成大序，内中對拙著洞燭表裏，臧否是非，多所闡發，各具見地，令我獲益良多，銘感於心！至兩位名教授序文中對我的溢美之辭，實在愧不敢當，我當視爲激勵和鞭策，在學術之路上不懈奮力前行，繼續對中國傳統文化略盡綿力，以報兩位大雅君子之至意與期望。

本書承蒙中州古籍出版社的重視和支持，責任編輯李曉文女士認真審稿，精心校勘，并此致以衷心的謝忱！

2022年7月29日於香港

附　　錄

郭偉川著作名錄

一、國史、經學研究

1.《〈周禮〉制度淵源與成書年代新考》：郭偉川著，國家圖書館出版社，2016年

2.《中國歷史若干重要學術問題考論》：郭偉川著，國家圖書館出版社，2009年

3.《先秦六經與中國主體文化》：郭偉川著，北京圖書館出版社，2007年

4.《兩周史論》：郭偉川著，北京圖書館出版社，2006年

5.《儒家禮治與中國學術——史學與儒、道、釋三教論集》（修訂本）：郭偉川著，北京圖書館出版社，2002年

二、地方史及人文研究

1.《嶺南百年家國間》：郭偉川著，開明書店，2020年

2.《嶺南古史與潮汕歷史文化》（列入《嶺南文庫》）：郭偉川著，廣東人民出版社，2012年

3.《南陽集》：郭偉川著，深圳海天出版社，1993年

4.《揭氏族譜考證》：郭偉川著，汕頭市中華傳統文化研究會，2004年

三、饒學研究

1.《饒宗頤的學術文化》：郭偉川著，廣州花城出版社，2017年

2.《饒學與潮學研究論集》：郭偉川著，藝苑出版社，2001年

3.《饒宗頤的文學與藝術》：郭偉川編（撰序及文章四篇），香港天地出版社，2002年

四、編撰及譯注

1.《二十世紀中國禮學研究論集》：郭偉川編（與人合編，撰序及論文三篇），北京學苑出版社，1998年

2.《周公攝政稱王與周初史事論集》：郭偉川編（撰序及論文一篇），北京圖書館出版社，1998年

3.《著名學者散文精選》：郭偉川編（季羨林序），香港容齋出版社，1998年

4.《菜根談》：[明]洪應明著，郭偉川譯注，香港容齋出版社，1998年